普通话与
沟通能力训练

PUTONGHUA YU
GOUTONG NENGLI XUNLIAN

主　编◎谢增伦　张　容　刘友林
副主编◎张　金　王达会　陈秋甫
彭春艳　朱先容

北京师范大学出版集团
BEIJING NORMAL UNIVERSITY PUBLISHING GROUP
北京师范大学出版社

图书在版编目(CIP)数据

普通话与沟通能力训练 / 谢增伦，张容，刘友林主编．—北京：北京师范大学出版社，2021.9(2024.7 重印)
ISBN 978-7-303-27092-7

Ⅰ.①普… Ⅱ.①谢… ②张… ③刘… Ⅲ.①普通话—教材 Ⅳ.①H102

中国版本图书馆 CIP 数据核字(2021)第 129320 号

图书意见反馈 zhijiao@bnupg.com
营销中心电话 010-58802755 58800035
编 辑 部 电 话 010-58802751

出版发行：北京师范大学出版社 www.bnupg.com
北京市西城区新街口外大街 12-3 号
邮政编码：100088
印　　刷：北京虎彩文化传播有限公司
经　　销：全国新华书店
开　　本：787 mm×1092 mm 1/16
印　　张：15.25
字　　数：335 千字
版　　次：2021 年 9 月第 1 版
印　　次：2024 年 7 月第 5 次印刷
定　　价：36.80 元

策划编辑：王云英　　责任编辑：冯　倩　王贺萌
美术编辑：焦　丽　　装帧设计：陈　陈
责任校对：康　悦　　责任印制：马　洁　赵　龙

《普通话与沟通能力训练》
编　委　会

主　任：刘友林

副主任：付　琳　李远祥　张　金　张　容　石国万　陈大鉴

委　员：朱先容　赖晓丽　李祖平　舒德凯　杨　山　冯晓玲

主　编：谢增伦　张　容　刘友林

副主编：张　金　王达会　陈秋甫　彭春艳　朱先容

参　编：周文凭　李乾敏　李婷婷　钟明兰　黄建英
王　娟　刁晓兰　徐　颖　黄莉娜　熊孝伦
沈　验　杜常见　杨　英　肖　婷　赵运莲
龚慧捷　黄　静　杨洪舒　杨茂琳　王　敏
万　燕　王晓明

前 言

为更好地贯彻《中华人民共和国国家通用语言文字法》，按照国家语言文字工作委员会“必须加强职业中学普及普通话的工作。要把掌握和使用普通话纳入职业中学的培养目标，作为职业技能训练的一项重要内容，使学生的普通话水平能够适应未来职业的需要。”“职业中学各专业的普通话教学属于基本技能训练课，必须列入专业基本技能类的必修课”等要求，以及落实重庆市教育委员会、重庆市语言文字工作委员会印发的《关于在全市教育系统大力推广普通话的通知》中“各区县要将普通话水平等级合格纳入中职学生毕业条件”的要求，全面推进素质教育，方便职业院校普通话课程教学和帮助学生顺利通过普通话水平等级测试，满足工作岗位沟通交流的实际需要，特编写《普通话与沟通能力训练》教材。

本教材以立德树人为目标，依据课程教学目标要求，结合职业院校学生的实际情况，设计了普通话语音训练、普通话水平测试训练、朗读训练、朗诵训练、演讲训练、人际语言沟通六部分内容，旨在培养职业院校学生普通话口语表达能力、沟通交流能力，增强学生在未来职场的竞争力。教材内容的编排遵循学生技能形成规律，从普通话语音基础训练、普通话水平测试训练、朗读训练到朗诵训练、演讲训练和人际语言沟通等，由易到难，循序渐进。教材将普通话水平测试等级标准融入到教学内容中，语音方法的讲解多采用示意图呈现，直观易学；案例的训练提示详细，操作性强；练习材料丰富，针对性强。本教材主要有以下几个特点。

(一)发音讲解直观

普通话语音训练部分的方法讲解，配发音示意图和发音动画，使发音部位和发音方法变得直观形象，学生容易掌握，能大幅提高学习效率。教材配套资源包含了微课、发音动画、录像课、发音示意图、技能训练示意图、电子教案和 PPT 课件、案例库、题库等。借助平台功能，能够支撑混合式教学，提高教学效果。

(二)技能训练为主线

本教材每节按“方法与训练”“技能巩固”的顺序编练，方法讲解精炼，易懂易学；训练安排循序渐进，层次清晰。技能训练内容配合方法讲解，即学即练，契合度高。课后技能巩固，促进学生理解、回忆学习材料，强化技能运用，提升技能。

（三）能力提升为根本

本教材以能力提升为根本，通过方法讲解与技能训练，帮助学生达到规定的普通话等级水平，提高朗读、朗诵、演讲等基本技巧，学会运用口语表达技巧演绎文学作品，准确表达自己的所思所想，成为一个会说话的人，在生活及职场沟通交流中，成为受欢迎的人。

指导和参与本书编写的，是普通话教研专家和一线语言教学骨干，谢增伦、张容、刘友林担任主编，张金、王达会、陈秋甫、彭春艳、朱先容担任副主编，周文凭、李乾敏、李婷婷、钟明兰、黄建英、王娟、刁晓兰、徐颖、黄莉娜、熊孝伦、沈验、杜常见、杨英、肖婷、赵运莲、龚慧捷、黄静、杨洪舒、杨茂琳、王敏、万燕、王晓明参与了编写工作。全书由谢增伦执笔完成初稿，全体编写人员分工协作，历时两年完成，是重庆工商学校集体创作的成果。教材编写过程中，得到了重庆市教育委员会、教育科学研究院和相关领导的关心、支持，在此谨致敬意和谢忱。教材依托重庆市高水平中职学校建设项目，由谢增伦、彭春艳、吴玥、肖子榆制作完成配套的教案、课件、微课等资源及网络课程。

鉴于编者的水平，疏漏不当之处在所难免，敬请各位在使用过程中，提出宝贵意见，以便本教材再版时修订。本教材在编写过程中参考、引用和借鉴了一些读物及资料，从中吸取了很多有益的学术成果，在此谨向相关的作者、出版者致以诚挚的谢意。部分资料的选用，由于时间和条件的关系，未能及时与作者联系，如有疑问，请与我们联系。

编者
2021 年 2 月

目 录

第一章
普通话语音训练

第一节　认识普通话

扫二维码

微课小讲堂：认识普通话

方法与训练

一、什么是普通话

普通话是以北京语音为标准音，以北方话为基础方言，以典范的现代白话文著作为语法规范的现代汉民族共同语。

从语音上看，普通话以北京语音为标准音。这并不意味着北京人口语中所有的语音成分都可以作为普通话的语音标准，都要作为人们学习普通话的语音参照。这里的“北京语音”是指北京的语音系统，即北京话的声、韵、调系统，不包括北京话中带有地方色彩的语音成分。

从词汇上看，普通话以北方话为基础方言。“北方话”中的“北方”，不是地理意义上的“北方”，而是一个方言分区意义上的“北方”。北方话分布的区域很大，大致包括我国东北地区、华北地区、西北地区、西南地区和江淮地区，在不同的地区又形成了“次方言”。使用北方话的人口大约占汉族总人口的四分之三。北方话的词汇系统在各地的差异相对较小，适合作为普通话词汇的基础。

从语法上看，普通话以典范的现代白话文著作为语法规范。“白话”与“文言”相对。用白话写成的文章，遣词造句的方式和行文风格与人们日常交际所用的口语基本上一致，语法的规范程度比口语更高，以书面的形式存在，更有利于人们学习和掌握。

二、普通话的由来

新中国成立后，在 1955 年 10 月召开的全国文字改革会议和现代汉语规范问题学术会议上，汉民族共同语的正式名称被定为“普通话”。1956 年 2 月 6 日，国务院发布《关于推广普通话的指示》，正式确定普通话为“以北京语音为标准音，以北方话为基础方言，以典范的现代白话文著作为语法规范的现代汉民族共同语”。这个定义从语音、词汇、语法三个方面明确规定了普通话的标准，使得普通话的定义更为科学，更为周密。其中，“普通话”一词的含义是“普遍”和“共通”的意思。

宋元以来，几个历史朝代(元、明、清)都曾定都北京，北京是政治、经济和文化的中心，北京话的影响逐渐显著，其地位日益重要。北京话作为官府的通用语言传播到了全国各地，发展成为"官话"，"官话"便逐渐成了各方言区之间共同使用的交际工具。可见，远在数百年以前，以北京话为代表的北方方言在整个社会中就已经处于非常重要的地位，这使北方方言成了汉民族共同语的基础方言。

宋元以来，用白话写作的文学作品很多，有话本、戏曲等，特别是元明戏曲，更多地受到北京话的影响，还有影响较大的小说，如清朝的《红楼梦》是用北方方言写成的。这些作品的流传，加速了北方方言的推广。

到了 20 世纪，特别是五四运动时期，随着民主革命运动的高涨，一方面，掀起了"白话文运动"，动摇了文言文的统治地位，为最后在书面上取代文言文创造了条件；另一方面开展了"国语运动"，又在口语方面增强了北京话的代表性，促使北京语音成为全民族共同语的标准音。这两个运动互相推动、互相影响，使书面语和口语接近起来。

中华人民共和国成立后，由于国家的统一、人民的团结、经济和文化的发展，对民族共同语的进一步统一和规范化有了更高的要求。因此，在党和政府的领导下，中国科学院于 1955 年在北京召开了现代汉语规范问题学术会议，会上确定把现代汉民族共同语称为"普通话"，并且规定了普通话的科学含义。

三、推广普通话的意义

历史上，人们非常重视民族共同语的作用。早在春秋时期出现的"雅言"，就带有民族共同语的性质。《论语：述而》里记载："子所雅言，《诗》、《书》执礼，皆雅言也。"可见孔子在诵读诗书和执行礼仪活动时，使用的是通行的"雅言"。汉代扬雄在《方言》中提到的"通语"，明清时期使用的"官话"，都可以看作当时的共同语。20 世纪初的"国语运动"，实际上也是一场推广民族共同语的运动。中华人民共和国成立以后，党和政府非常重视推广普通话的工作。1955 年，在"大力提倡、重点推行、逐步普及"的工作方针指导下，我国推广普通话工作蓬勃开展。1986 年，为了适应改革开放、经济建设和社会发展的需要，国家把推广普通话列为新时期语言文字工作的首要任务。1992 年，把推广普通话工作方针调整为"大力推行、积极普及、逐步提高"，在强化政府行为，扩大普及范围，提高全民普通话应用水平方面提出了更高的要求。1994 年，国家语言文字工作委员会、国家教育委员会、广播电影电视部联合发出文件，要求在一定范围内对某些特定岗位人员进行普通话水平测试，并逐步实行持普通话等级证书上岗制度，使推广普通话工作进一步走上了科学化、规范化和制度化的轨道。2000 年 10 月 31 日，第九届全国人民代表大会常务委员会第十八次会议通过了《中华人民共和国国家通用语言文字法》，推广普通话工作从此有了法律依据。

在建设新时代中国特色社会主义的历史进程中，大力推广、积极普及全国通用的普通话，对社会主义经济、政治、文化建设都具有重要意义。

第一，推广、普及普通话，有利于促进人员交流和商品流通，有利于建立统一的市场，对经济建设的意义不容忽视。随着社会主义市场经济的发展，全国各地的人员和商品流动的范围、规模以及频度远远超过历史上任何时候，社会对普通话的需求日益迫切。

第二，我国是一个多民族、多语言、多方言国家，对外开放政策使我国的国际往来越来越频繁。推广、普及普通话，有利于破除语言隔阂，增进各民族、各地区的交流，维护国家统一，增强中华民族凝聚力；有利于促进国际交往，对政治建设意义重大。

第三，语言文字是文化的重要载体。当今，文化教育的普及和提高、信息传播技术的进步和发展、计算机语言输入和语言识别问题的研究，都对推广普通话提出了新的要求。推广、普及普通话，有利于贯彻党的教育方针，提高民族文化素质和加强社会主义精神文明建设；有利于推动中文信息处理技术的发展和应用，促进科学技术的现代化，对文化和科技事业的发展意义重大。

四、方言

现代汉语方言根据其特点可分北方方言、吴方言、赣方言、湘方言、闽方言、客家方言和粤方言。

(一)北方方言

北方方言是现代汉语普通话的基础方言，以北京话作为代表，通行地域最广。北方方言内部一致性比较强。北方方言在语音方面的主要特点是没有浊塞音、浊塞擦音声母。在古代汉语中这些浊音声母都变成了清音；辅音韵尾很少，只有舌尖前鼻音韵尾和舌尖后鼻音韵尾两个辅音韵尾；声调有阴平、阳平、上声、去声四个，入声消失。根据特点，一般把北方方言分为华北方言、西北方言、西南方言、江淮方言四个次方言。

(二)吴方言

吴方言主要通行在江苏南部地区、上海市、浙江、江西东北部、福建西北角和安徽南部地区，以上海话为代表。吴方言在语音方面的突出特点是：有一整套浊音声母浊塞音和浊塞擦音；没有舌尖后音声母；韵尾较少，普通话前鼻音韵尾一律读作后鼻音韵尾，普通话复韵母的韵尾脱落变成单元音韵母；有七八个声调。

(三)赣方言

赣方言主要通行在江西大部分地区和湖北的东南部，以南昌话为代表。赣方言没有其他方言那样突出的特点。赣方言语音的突出特点是古代的浊塞音和浊塞擦音声母全部变成了同一发音部位的送气清音，而不是像普通话那样平声送气，仄声不送气。

(四)湘方言

湘方言主要分布在湖南的大部分地区和广西省北部，以长沙话为代表。其语音主要特点是：部分地区有比较完整的浊塞音、浊塞擦音和浊擦音声母；声母 h、f 不分；声母 n 和 l 混用；入声调没有塞音尾。

(五)闽方言

闽方言以福州话为代表，主要通行于福建、海南、台湾地区，以及广东潮汕地区和雷州半岛。闽方言是汉语方言中内部分歧最大的一个方言。现在一般把闽方言再划分为五个方言片：闽南方言，以厦门话为代表；闽北方言，以建瓯话为代表；闽东方言，以福州话为代表；闽中方言，以永安话为代表；莆仙方言，以莆田话为代表。其中闽南方言的影响最大，福建省范围以外地区使用的闽方言，主要就是闽南方言。

（六）客家方言

客家方言以广东梅县（今梅州市）话为代表。客家方言主要通行于广东东部和北部地区、广西和江西南部、福建西部以及湖南、四川、台湾的部分地区，海外华侨有很多使用客家方言。该方言主要的语音特点是：古代浊塞音和浊塞擦音声母大部分变成同部位的送气清音声母，这一点与赣方言一致；舌尖后音声母读作舌尖前音；g、k、h 和 z、c、s 可以同齐齿呼韵母相拼；没有撮口呼韵母；声调有 6 个。

（七）粤方言

粤方言主要通行于广东珠三角、广西东南部地区和香港、澳门特区，以广州话为代表。海外很多华侨和华裔也使用粤方言。粤方言的语音系统比较复杂，韵母多达 53 个，辅音韵尾非常丰富，除鼻音韵尾 m、n、ng 外，还有与之对应的入声塞韵尾 b、d、g，声调一般有八九个，是汉语诸方言中调类最多的方言。

技能巩固

1. 根据方言习惯，列举 5 个本地方言，并改为对应的普通话词语，如表 1-1 所示，然后在全班交流。

表 1-1　方言所对应普通话词汇

序号	本地方言	普通话
1		
2		
3		
4		
5		

2. 尝试朗读下列短文，请老师或同学评一评，普通话是否标准。

那是力争上游的一种树，笔直的干，笔直的枝。它的干呢，通常是丈把高，像是加以人工似的，一丈以内，绝无旁枝；它所有的丫枝呢，一律向上，而且紧紧靠拢，也像是加以人工似的，成为一束，绝无横斜逸出；它的宽大的叶子也是片片向上，几乎没有斜生的，更不用说倒垂了；它的皮，光滑而有银色的晕圈，微微泛出淡青色。这是虽在北方的风雪的压迫下却保持着倔强挺立的一种树！哪怕只有碗来粗细罢，它却努力向上发展，高到丈许，两丈，参天耸立，不折不挠，对抗着西北风。

这就是白杨树，西北极普通的一种树，然而决不是平凡的树！

（选自《普通话水平测试实施纲要》作品 1 号《白杨礼赞》）

3. 练习：列举两个本地方言，并改为普通话词语。

本地方言：__________ 普通话词语为：________________

本地方言：__________ 普通话词语为：________________

第二节 认识汉语拼音方案

方法与训练

一、汉语拼音方案的内容

汉语拼音方案

（1957 年 11 月 1 日国务院全体会议第 60 次会议通过）

（1958 年 2 月 11 日第一届全国人民代表大会第五次会议批准）

（一）字母表

字母	A a	B b	C c	Dd	Ee	Ff	Gg
名称	ㄚ	ㄅㄝ	ㄘㄝ	ㄉㄝ	ㄜ	ㄝㄈ	ㄍㄝ
	Hh	Ii	Jj	Kk	Ll	Mm	Nn
	ㄏㄚ	ㄧ	ㄐㄧㄝ	ㄎㄝ	ㄝㄌ	ㄝㄇ	ㄋㄝ
	Oo	Pp	Qq	Rr	Ss	Tt	
	ㄛ	ㄆㄝ	ㄑㄧㄡ	ㄚㄦ	ㄝㄙ	ㄊㄝ	
	Uu	Vv	Ww	Xx	Yy	Zz	
	ㄨ	ㄪㄝ	ㄨㄚ	ㄒㄧ	ㄧㄚ	ㄗㄝ	

V 只用来拼写外来语、少数民族语言和方言。

字母的手写体依照拉丁字母的一般书写习惯。

（二）声母表

b	p	m	f	d	t	n	l
ㄅ玻	ㄆ坡	ㄇ摸	ㄈ佛	ㄉ得	ㄊ特	ㄋ讷	ㄌ勒
g	k	h		j	q	x	
ㄍ哥	ㄎ科	ㄏ喝		ㄐ基	ㄑ欺	ㄒ希	
zh	ch	sh	r	z	c	s	
ㄓ知	ㄔ蚩	ㄕ诗	ㄖ日	ㄗ资	ㄘ雌	ㄙ思	

在给汉字注音的时候，为了使拼式简短，zh、ch、sh 可以省作 ẑ、ĉ、ŝ。

（三）韵母表

	i 丨 衣	u ㄨ 乌	ü ㄩ 迂
a ㄚ 啊	ia 丨ㄚ 呀	ua ㄨㄚ 蛙	
o ㄛ 喔		uo ㄨㄛ 窝	
e ㄜ 鹅	ie 丨ㄝ 耶		üe ㄩㄝ 约
ai ㄞ 哀		uai ㄨㄞ 歪	
ei ㄟ 欸		uei ㄨㄟ 威	
ao ㄠ 熬	iao 丨ㄠ 腰		
ou ㄡ 欧	iou 丨ㄡ 忧		
an ㄢ 安	ian 丨ㄢ 烟	uan ㄨㄢ 弯	üan ㄩㄢ 冤
en ㄣ 恩	in 丨ㄣ 因	uen ㄨㄣ 温	ün ㄩㄣ 晕
ang ㄤ 昂	iang 丨ㄤ 央	uang ㄨㄤ 汪	
eng ㄥ 亨的韵母	ing 丨ㄥ 英	ueng ㄨㄥ 翁	
ong （ㄨㄥ）轰的韵母	iong ㄩㄥ 雍		

①“知、蚩、诗、日、资、雌、思”七个音节的韵母用 i，即知、蚩、诗、日、资、雌、思拼作 zhi，chi，shi，ri，zi，ci，si。

②韵母儿写成 er，用作韵尾的时候写成 r。例如，“儿童”拼作 ertong，“花儿”拼作 huar。

③韵母ㄝ单用的时候写成 ê。

④i 行的韵母，前面没有声母的时候，写成 yi（衣），ya（呀），ye（耶），yao（腰），you（忧），yan（烟），yin（因），yang（央），ying（英），yong（雍）。

u 行的韵母，前面没有声母的时候，写成 wu（乌），wa（蛙），wo（窝），wai（歪），wei（威），wan（弯），wen（温），wang（汪），weng（翁）。

ü 行的韵母，前面没有声母的时候，写成 yu(迂)，yue(约)，yuan(冤)，yun(晕)；ü 上两点省略。

ü 行的韵母跟声母 j、q、x 拼的时候，写成 ju(居)，qu(区)，xu(虚)，ü 上两点也省略；但是跟声母 n、l 拼的时候，仍然写成 nü(女)，lü(吕)。

⑤iou、uei、uen 前面加声母的时候，写成 iu，ui，un，例如，niu(牛)，gui(归)，lun(论)。

⑥在给汉字注音的时候，为了使拼式简短，ng 可以省作 ŋ。

（四）声调符号

阴平	阳平	上声	去声
ˉ	ˊ	ˇ	ˋ

声调符号标在音节的主要母音上，轻声不标。例如：

妈 mā	麻 má	马 mǎ	骂 mà	吗 ma
(阴平)	(阳平)	(上声)	(去声)	(轻声)

（五）隔音符号

a、o、e 开头的音节连接在其他音节后面的时候，如果音节的界限发生混淆，用隔音符号(’)隔开。例如，pi’ao(皮袄)。

二、汉语拼音字母

（一）字母的读法

《汉语拼音方案》字母表按序朗读是用名称音来读的，分四组读，读名称音时都要用普通话的阴平调，行末的字母押韵。26 个汉语拼音字母的名称音依次为：

a	bê	cê	dê	e	êf	gê
ha	i	jie	kê	êl	êm	nê
o	pê	qiu		ar	ês	tê
u	vê	wa		xi	ya	zê

（二）字母的写法

《汉语拼音方案》字母表中的字母采用拉丁字母。字母大写和小写的楷体笔顺如图 1-1、图 1-2 所示。

图 1-1　大写楷体字母的笔顺

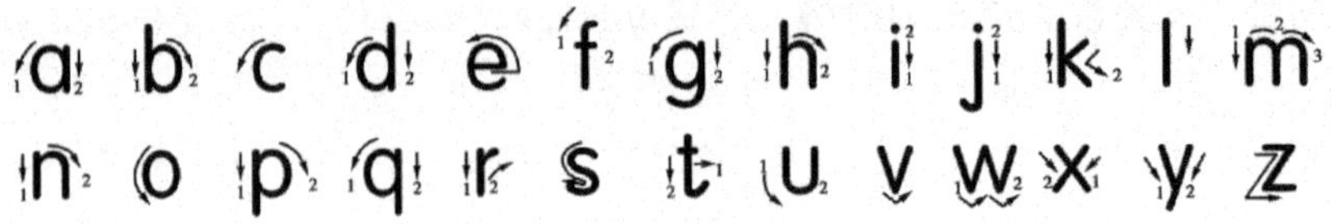

图 1-2　小写楷体字母的笔顺

书写小写字母，还要注意字母在四线格中的位置，如图 1-3 所示。

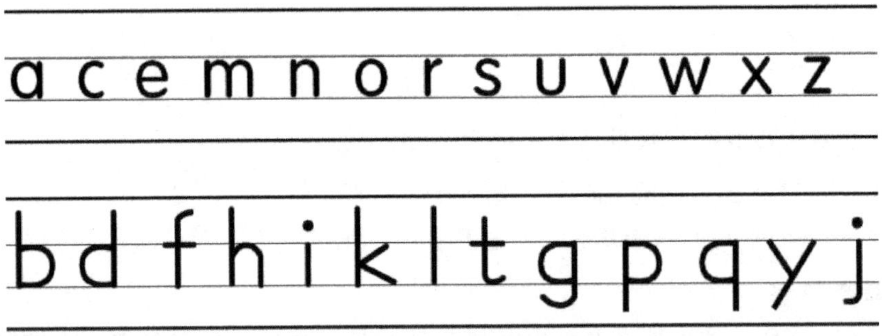

图 1-3　小写字母

三、汉语拼音声母

汉语拼音声母的读法，有本音和呼读音两种。本音是对汉语拼音音节中具体的音素音值而言的。声母的本音就是声母作为辅音的发音。汉语拼音声母通常用呼读音来呼读。由于声母的本音多为清辅音，发音不响亮，为了教学方便，就在每个声母后面分别配上不同的元音，辅音元音连发，这样发出的音就是声母的呼读音。21 个声母的呼读音依次为：bo，po，mo，fo，de，te，ne，le，ge，ke，he，ji，qi，xi，zhi，chi，shi，ri，zi，ci，si。发声母的呼读音时，元音应尽量发短一些，以区别于音节的发音。

技能巩固

1. 练习用名称音的读法朗读字母表。
2. 练习在四线格中正确书写字母。
3. 熟读声母表的呼读音，并试学声母表的本音。
4. 朗读下面一段话，注意读准声韵调。

中国的第一大岛、台湾地区的主岛台湾，位于中国大陆架的东南方，地处东海和南海之间，隔着台湾海峡和大陆相望。天气晴朗的时候，站在福建沿海较高的地方，就可以隐隐约约地望见岛上的高山和云朵。

台湾岛形状狭长，从东到西，最宽处只有一百四十多公里；由南至北，最长的地方约有三百九十多公里。地形像一个纺织用的梭子。

（选自《普通话水平测试实施纲要》作品 56 号《中国的宝岛——台湾》，有所改动）

扫二维码

微课小讲堂：声调训练

第三节　声调训练

方法与训练

一、声调的性质和作用

声调是音节的音高变化，也就是音节音调的高低升降变化。一般一个音节对应一个汉字的读音。

声调是音节结构中不可缺少的组成部分，它同声母、韵母一样有区别意义的作用。例如，liànxí(练习)和 liánxì(联系)，它们表示的意义不同，主要靠不同的声调来区别。

二、调类、调形和调值

(一)调类

调类就是声调的种类。普通话有四个调类，分别是阴平、阳平、上声和去声，也叫第一声、第二声、第三声、第四声。

(二)调形

调形是音节的音高变化的形式，也就是声调的高低、升降、曲直、长短的形状。

普通话四个声调的调形分别为平调、升调、曲折调和降调。具体地说，阴平就是高平调，声音高而平；阳平就是中升调，由中音升到高音；上声就是降升调，由半低音先降到低音，再升到半高音；去声就是全降调，由高音降到低音。普通话的这些调形可以简单地用“ˉ ˊ ˇ ˋ”四种调号来标记。“ˉ”表示高平调，“ˊ”表示中升调，“ˇ”表示降升调，“ˋ”表示全降调。

(三)调值

调值是声调的实际发音。

描写声调的调值，通常用“五度标记法”：用一条竖线表示音高的高低，分为“低、半低、中、半高、高”五度，分别用 1、2、3、4、5 表示。竖线的左边用横线、斜线、折线表示高低、升降、曲直的变化。平调和降调用两个数字，曲折调用三个数字。根据这种标记法，普通话声调的四种调值可以用图 1-4 表示出来。

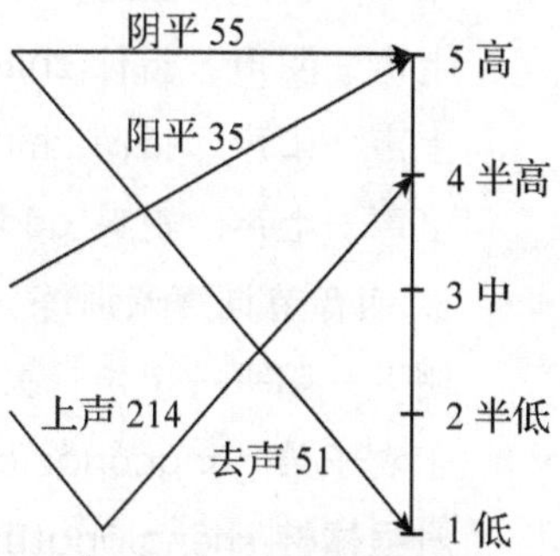

图 1-4　声调调值示意图

如果把四种声调分开来说明，可参照表 1-2 所示。

表 1-2　四种声调调值、调型示例

调类	例字	调值	调形
阴平	妈 mā	55	高平
阳平	麻 má	35	中升
上声	马 mǎ	214	降升
去声	骂 mà	51	全降

[55]、[35]、[214]、[51]表示声调实际的高低升降，叫作“调值”。为了便于书写和印刷，一般就用标数码的办法来表示，不必把每一个声调都画出图来。《汉语拼音方案》更简化一步，只在韵母的韵腹上标出“ˉ ˊ ˇ ˋ”四个符号来表示声调的大致调形。

汉语六个主要元音中，发音最响亮的是 a，依次下去是 o、e、i、u、ü。标调时按“a、o、e、i、u、ü”，顺序标调。i 上标调去掉点，i、u 并排标后边。一个音节有 a，调号就标在 a 上；没有 a，就标在 o 或 e 上；碰到 iu、ui 组成的音节，就标在最后一个元音上。

轻声属于变调，不是一个调类。轻声音节都不标调号。

技能巩固

1. 双音节词声调训练。

阴平—阴平	参加 cānjiā	西安 xī'ān	播音 bōyīn	工兵 gōngbīng
阴平—阳平	资源 zīyuán	坚决 jiānjué	鲜明 xiānmíng	飘扬 piāoyáng
阴平—上声	批准 pīzhǔn	发展 fāzhǎn	班长 bānzhǎng	听讲 tīngjiǎng
阴平—去声	庄重 zhuāngzhòng	播送 bōsòng	音乐 yīnyuè	规范 guīfàn
阳平—阴平	国歌 guógē	联欢 liánhuān	革新 géxīn	南方 nánfāng
阳平—阳平	直达 zhídá	滑翔 huáxiáng	儿童 értóng	团结 tuánjié
阳平—上声	华北 huáběi	黄海 huánghǎi	遥远 yáoyuǎn	泉水 quánshuǐ
阳平—去声	豪迈 háomài	辽阔 liáokuò	模范 mófàn	林业 línyè
上声—阴声	指标 zhǐbiāo	整装 zhěngzhuāng	转播 zhuǎnbō	北京 běijīng
上声—阳声	指南 zhǐnán	普及 pǔjí	反常 fǎncháng	谴责 qiǎnzé
上声—上声	古典 gǔdiǎn	北海 běihǎi	领导 lǐngdǎo	鼓掌 gǔzhǎng

2. 四音节词声调训练。

阴平—阳平—上声—去声

工农子弟 gōngnóngzǐdì　　千锤百炼 qiānchuíbǎiliàn

身强体健 shēnqiángtǐjiàn　　精神百倍 jīngshénbǎibèi

心明眼亮 xīnmíngyǎnliàng　　光明磊落 guāngmínglěiluò

山明水秀 shānmíngshuǐxiù　　花红柳绿 huāhóngliǔlǜ

开渠引灌 kāiqúyǐnguàn　　风调雨顺 fēngtiáoyǔshùn

阴阳上去 yīnyángshǎngqù　　非常好记 fēichánghǎojì
高扬转降 gāoyángzhuǎnjiàng　　区别起落 qūbiéqǐluò
去声—上声—阳平—阴平
弄巧成拙 nòngqiǎochéngzhuō　　碧海蓝天 bìhǎilántiān
大显神通 dàxiǎnshéntōng　　妙手回春 miàoshǒuhuíchūn
万古流芳 wàngǔliúfāng　　背井离乡 bèijǐnglíxiāng
万里长征 wànlǐchángzhēng　　刻骨铭心 kègǔmíngxīn
万马齐喑 wànmǎqíyīn　　顺理成章 shùnlǐchéngzhāng
奋起直追 fènqǐzhízhuī　　墨守成规 mòshǒuchéngguī
驷马难追 sìmǎnánzhuī　　大好河山 dàhǎohéshān
痛改前非 tònggǎiqiánfēi　　厚古薄今 hòugǔbójīn
破釜沉舟 pòfǔchénzhōu　　热火朝天 rèhuǒcháotiān

3. 阳平与上声对比训练。

好麻 má—好马 mǎ　　土肥 féi—土匪 fěi　　战国 guó—战果 guǒ
小乔 qiáo—小巧 qiǎo　　返回 huí—反悔 huǐ　　老胡 hú—老虎 hǔ
牧童 tóng—木桶 tǒng　　大学 xué—大雪 xuě　　菊 jú 花—举 jǔ 花
琴 qín 室—寝 qǐn 室　　情 qíng 调—请 qǐng 调　　骑 qí 马—起 qǐ 码

4. 朗读下列短文，注意读四声。

两个同龄的年轻人同时受雇于一家店铺，并且拿同样的薪水。

可是一段时间后，叫阿诺德的那个小伙子青云直上，而那个叫布鲁诺的小伙子却仍在原地踏步。布鲁诺很不满意老板的不公正待遇。终于有一天他到老板那儿发牢骚了。老板一边耐心地听着他的抱怨，一边在心里盘算着怎样向他解释清楚他和阿诺德之间的差别。

“布鲁诺先生，”老板开口说话了，“您现在到集市上去一下，看看今天早上有什么卖的。”

布鲁诺从集市上回来向老板汇报说，今早集市上只有一个农民拉了一车土豆在卖。

“有多少?”老板问。

布鲁诺赶快戴上帽子又跑到集上，然后回来告诉老板一共四十袋土豆。

“价格是多少?”

布鲁诺又第三次跑到集上问来了价格。

“好吧，”老板对他说，“现在请您坐到这把椅子上一句话也不要说，看看阿诺德怎么说。”

（选自《普通话水平测试实施纲要》作品 2 号《差别》）

第四节　声母发音部位和发音方法

方法与训练

声母就是一个音节开头的辅音，是气流在口腔和咽头受阻碍而形成的音。发音时，一是要找准发音部位，即阻碍气流的部位；二是要正确使用发音方法，包括阻碍方式，声带是否颤动，气流的强弱。普通话的声母，除零声母外，其余的 21 个都是由辅音充当的。

一、声母的发音部位

发音部位，指发音器官(如图 1-5)在发辅音时对气流形成阻碍的地方。双唇、唇齿、舌面与硬腭、舌根与软腭等，都可以形成对气流的阻碍，构成不同的发音部位，如图 1-5 所示。

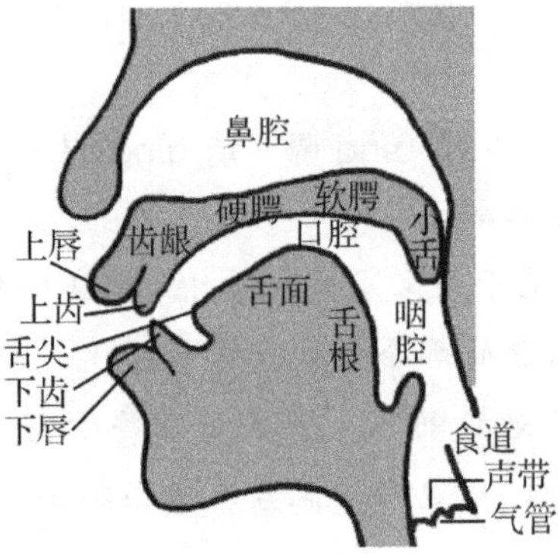

图 1-5　发音器官图

按发音部位来划分，普通话的辅音声母有七类。

(一)双唇音

上唇和下唇紧闭，阻塞气流而形成的音，有 b、p、m。

(二)唇齿音

下唇和上齿接近，阻塞气流而形成的音，有 f。

(三)舌尖前音

舌尖和上齿背接触或接近，阻塞气流而形成的音，有 z、c、s。

(四)舌尖中音

舌尖和上齿龈接触，阻塞气流而形成的音，有 d、t、n、l。

(五)舌尖后音

舌尖和硬腭前部接触或接近，阻塞气流而形成的音，有 zh、ch、sh、r。

（六）舌面前音

舌面前部和硬腭前部接触或接近，阻塞气流而形成的音，有 j、q、x。

（七）舌面后音

舌面后部和软腭接触或接近，阻塞气流而形成的音，有 g、k、h。

二、声母的发音方法

声母由辅音构成。辅音是气流呼出时，在口腔某个部位遇到程度不同的阻碍形成的。我们把起始阶段叫“成阻”，持续阶段叫“持阻”，阻碍解除的阶段叫“除阻”。辅音声母发音方法有以下五种。

（一）塞音

成阻时发音部位紧闭；持阻时气流积蓄在阻碍的部位之后；除阻时受阻部位突然解除阻塞，使积蓄的气流透出破裂成声，有 b、p、d、t、g、k。

（二）鼻音

成阻时发音部位完全闭塞，封闭口腔通路；持阻时软腭下垂，打开鼻腔通路，声带振动，气流到达口腔和鼻腔，气流在口腔受到阻碍，由鼻腔透出成声；除阻时口腔阻碍解除，有 m、n。

（三）擦音

成阻时发音部位之间接近，形成适度的间隙；持阻时气流从窄缝中摩擦成声；除阻时发音结束，有 f、h、x、sh、s、r。

（四）边音

成阻时舌尖和上齿龈稍后的部位接触，使口腔中间的通道阻塞；持阻时声带振动，气流从声带两边与上颚两侧、两颊内侧形成的夹缝中通过，透出成声；除阻时发音结束，有 l。

（五）塞擦音

以“塞音”开始，以“擦音”结束。“塞音”的除阻阶段与“擦音”的成阻阶段结合很紧密，有 j、q、zh、ch、z、c。

普通话的辅音声母还有以下区别。

发送气音时，肺部(声门以下)呼出的气流比较强，共有 p、t、k、q、ch、c 6 个；发不送气音时，肺部呼出的气流比较弱，共有 b、d、g、j、zh、z 6 个。

浊辅音，发音时声带颤动，有 m、n、l、r。清音，声带不颤动，除 4 个浊辅音外，其他声母都是清音，它们是 b、p、f、d、t、g、k、h、j、q、x、zh、ch、sh、z、c、s。

还有一种零声母。零声母也是一种声母，可分为两类，一类是开口呼零声母，另一类是非开口呼零声母。

开口呼零声母(以 a、o、e 开头的音节)汉语拼音字母不表示。非开口呼零声母中的齐齿呼零声母音节汉语拼音用隔音字母 y 开头；合口呼零声母音节汉语拼音用隔音字母 w 开头；撮口呼零声母音节汉语拼音用隔音字母 y(yu)开头。如：

恩爱 ēn’ài	偶尔 ǒu’ěr	额外 éwài	洋溢 yángyì
谣言 yáoyán	医药 yīyào	万物 wànwù	忘我 wàngwǒ
威望 wēiwàng	永远 yǒngyuǎn	踊跃 yǒngyuè	孕育 yùnyù

技能巩固

1. 什么是“发音部位”？什么是“发音方法”？

2. 根据本节所列的声母发音表，分别说出哪些是塞音、塞擦音、擦音、鼻音、边音，哪些是清音、浊音。

3. 根据下面提供的发音部位和发音方法，在括号内填上相应的声母。

(1)双唇 送气 清 塞音(　　)

(2)舌尖后 清 擦音(　　)

(3)舌尖后 浊 擦音(　　)

(4)舌面 不送气 清 塞擦音(　　)

(5)舌尖中 浊 边音(　　)

4. 朗读下列短文，注意体会音节声母的发音。

它不像汉白玉那样的细腻，可以刻字雕花，也不像大青石那样的光滑，可以供来浣纱捶布；它静静地卧在那里，院边的槐阴没有庇覆它，花儿也不再在它身边生长。荒草便繁衍出来，枝蔓上下，慢慢地，它竟锈上了绿苔、黑斑。我们这些做孩子的，也讨厌起它来，曾合伙要搬走它，但力气又不足；虽时时咒骂它，嫌弃它，也无可奈何，只好任它留在那里了。

终有一日，村子里来了一个天文学家。他在我家门前路过，突然发现了这块石头，眼光立即就拉直了。他再没有离开，就住了下来；以后又来了好些人，都说这是一块陨石，从天上落下来已经有二三百年了，是一件了不起的东西。不久便来了车，小心翼翼地将它运走了。

(选自《普通话水平测试实施纲要》作品 3 号《丑石》)

第五节　声母 b p m f 的发音训练

方法与训练

b　双唇、不送气、清、塞音。发音时，双唇自然闭拢，软腭上升，堵塞鼻腔通道，声带不颤动，让较弱的气流突然冲开双唇的阻碍，迸发而出，爆破成声，双唇中部着力，集中蓄气，用力喷弹。舌面后两边略卷，舌头处于自然的静止状态，声带不振动。b 的呼读音为 bo，如图 1-6 所示。

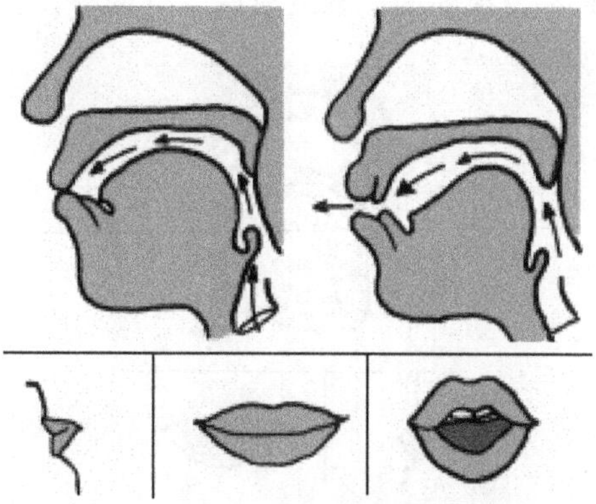

图 1-6　声母 b 的本音发音示意图

把柄 bǎbǐng	爸爸 bàba	步兵 bùbīng	颁布 bānbù
标榜 biāobǎng	卑鄙 bēibǐ	褒贬 bāobiǎn	辨别 biànbié
半边 bànbiān	臂膀 bìbǎng	摆布 bǎibù	奔波 bēnbō
八百 bābǎi	百般 bǎibān	包办 bāobàn	本部 běnbù
败北 bàiběi	北部 běibù	背包 bēibāo	变动 biàndòng

p　双唇、送气、清、塞音。发音时，软腭上升，鼻腔通道关闭，气流不从鼻腔穿过。成阻阶段双唇闭合，不太紧。除阻后有一股强气流吐出，气流比 b 强，舌头比 b 略后，舌尖离下齿背较远，舌面后横面略凹，两边微卷，声带不振动。p 的呼读音为 po，如图 1-7 所示。

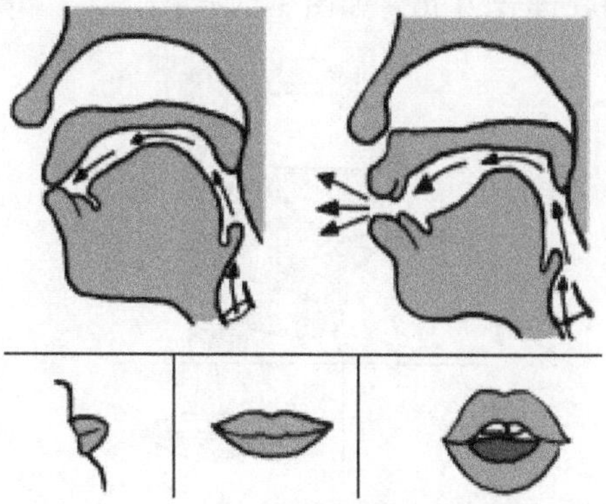

图 1-7　声母 p 的本音发音示意图

乒乓 pīngpāng	匹配 pǐpèi	批评 pīpíng	澎湃 péngpài
偏僻 piānpì	婆婆 pópo	排炮 páipào	铺排 pūpái
蓬蓬 péngpéng	批判 pīpàn	拼盘 pīnpán	爬坡 pápō
琵琶 pípa	噼啪 pīpā	瓢泼 piáopō	偏旁 piānpáng

m　双唇、鼻音。发音时，双唇闭拢，软腭下降，鼻腔通道打开，气流同时到达口腔和鼻腔。成阻阶段双唇闭合，气流不能从口腔通过，转到鼻腔流出，同时颤动声带，舌尖

微离下齿背，舌面中部隆起，舌横面凹下程度较深。m 的呼读音为 mo，如图 1-8 所示。

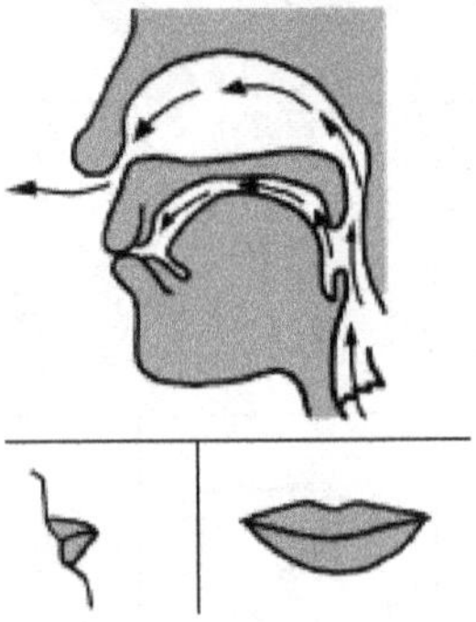

图 1-8　声母 m 的本音发音示意图

埋没 máimò	美妙 měimiào	茂密 màomì	眉目 méimù
命脉 mìngmài	弥漫 mímàn	妈妈 māma	麻木 mámù
骂名 màmíng	默默 mòmò	磨灭 mómiè	买卖 mǎimai
麦苗 màimiáo	面貌 miànmào	牧民 mùmín	卖命 màimìng
美满 měimǎn	美貌 měimào	没门 méiménr	冒昧 màomèi
谋面 móumiàn	谩骂 mànmà	满目 mǎnmù	命名 mìngmíng

f　唇齿、清、擦音。发音时软腭上升，堵塞鼻腔通道，上齿接触下唇，不太紧。声带不颤动，气流从唇齿之间的窄缝中挤出，发出摩擦声。舌头离下齿背较远，舌面前部略凹，后部隆起而微卷。f 的呼读音为 fo，如图 1-9 所示。

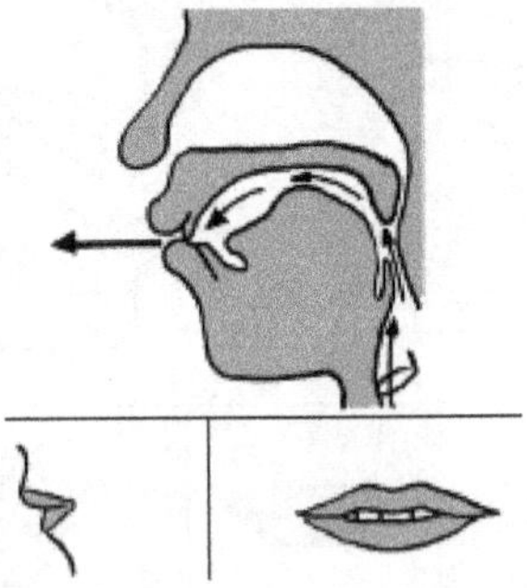

图 1-9　声母 f 的本音发音示意图

奋发 fènfā	肺腑 fèifǔ	发奋 fāfèn	发疯 fāfēng	发福 fāfú
发放 fāfàng	非法 fēifǎ	非凡 fēifán	非分 fēifèn	反复 fǎnfù
翻覆 fānfù	吩咐 fēnfù	纷繁 fēnfán	芬芳 fēnfāng	份饭 fènrfàn
方法 fāngfǎ	仿佛 fǎngfú	防范 fángfàn	芳菲 fāngfēi	丰富 fēngfù
风范 fēngfàn	夫妇 fūfù	复方 fùfāng	福分 fúfen	犯法 fànfǎ
防风 fángfēng	放飞 fàngfēi			

技能巩固

1. 词语混合训练。

b-p	编排 biānpái	爆破 bàopò	半票 bànpiào
b-m	蓖麻 bìmá	饱满 bǎomǎn	表面 biǎomiàn
b-f	缤纷 bīnfēn	北方 běifāng	爆发 bàofā
p-b	旁边 pángbiān	派别 pàibié	普遍 pǔbiàn
p-m	飘渺 piāomiǎo	篇目 piānmù	皮毛 pímáo
p-f	平凡 píngfán	屏风 píngfēng	佩服 pèifú
m-b	棉被 miánbèi	漫笔 mànbǐ	蒙蔽 méngbì
m-f	模范 mófàn	蜜蜂 mìfēng	萌发 méngfā

2. 读绕口令，注意双唇音要有力。

八百标兵奔北坡，
炮兵并排北边跑。
炮兵怕把标兵碰，
标兵怕碰炮兵炮。(《八百标兵》——b、p 的练习)

白庙外蹲一只白猫，
白庙里有一顶白帽。
白庙外的白猫看见了白帽，
叼着白庙里的白帽跑出了白庙。(《白庙和白猫》——b、m 的练习)

黄凤凰，灰凤凰，
粉红墙上画凤凰。
凤凰黄，凤凰灰，
粉红墙上凤凰飞。(《画凤凰》——f、h 的练习)

3. 朗读下列短文，注意读准加点的字。

父亲走进孩子的房间：“你睡了吗?”“爸，还没有，我还醒着。”孩子回答。

“我刚才可能对你太凶了，”父亲说，“我不应该发那么大的火儿——这是你要的十美金。”“爸，谢谢您。”孩子高兴地从枕头下拿出一些被弄皱的钞票，慢慢地数着。

“为什么你已经有钱了还要?”父亲不解地问。

“因为原来不够，但现在凑够了。”孩子回答：“爸，我现在有二十美金了，我可以向您买一个小时的时间吗？明天请早一点儿回家——我想和您一起吃晚餐。”

(选自《普通话水平测试实施纲要》作品 7 号《二十美金的价值》)

第六节　声母 d t n l 的发音训练

方法与训练

d　舌尖中、不送气、清、塞音。发音时，舌尖抵住上齿龈，软腭上升，堵塞鼻腔通道，声带不颤动，较弱的气流冲破舌尖和上齿龈的阻碍，迸发而出，爆破成声。d 的呼读音为 de，如图 1-10 所示。

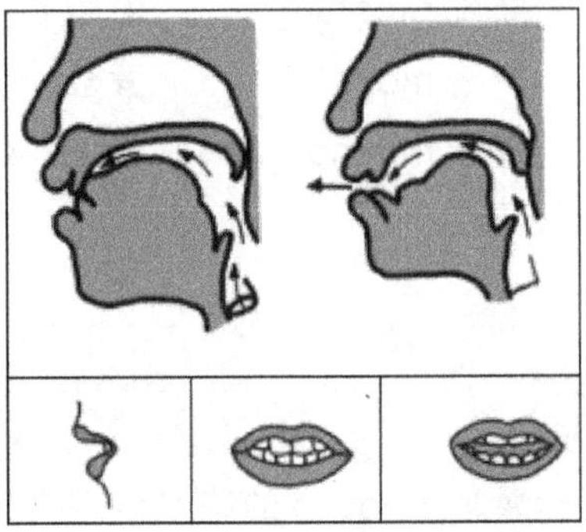

图 1-10　声母 d 的本音发音示意图

大豆 dàdòu	单调 dāndiào	等待 děngdài	当地 dāngdì
达到 dádào	调动 diàodòng	搭档 dādàng	带动 dàidòng
到底 dàodǐ	道德 dàodé	捣蛋 dǎodàn	导弹 dǎodàn
斗胆 dǒudǎn	担当 dāndāng	单独 dāndú	当代 dāngdài
地点 dìdiǎn	顶端 dǐngduān	颠倒 diāndǎo	

t　舌尖中、送气、清、塞音。发音时，除冲破阻碍用较强的气流外，其他情况和 d 完全一样。t 的呼读音为 te，如图 1-11 所示。

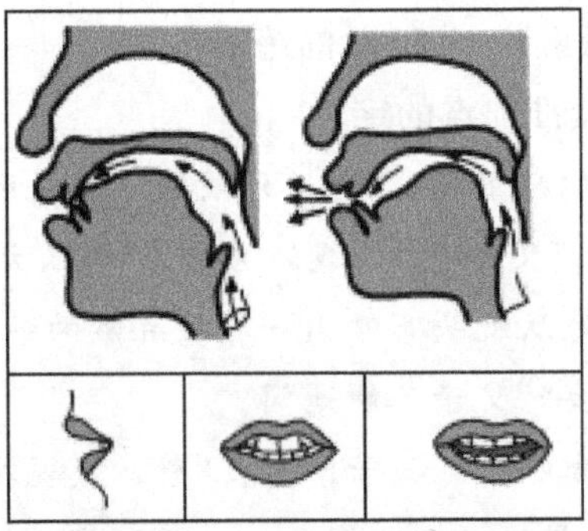

图 1-11　声母 t 的本音发音示意图

逃脱 táotuō	体贴 tǐtiē	天堂 tiāntáng	跳台 tiàotái
团体 tuántǐ	淘汰 táotài	头痛 tóutòng	谈天 tántiān
探讨 tàntǎo	唐突 tángtū	疼痛 téngtòng	铁塔 tiětǎ
调停 tiáotíng	图腾 túténg	脱逃 tuōtáo	屯田 túntián
通透 tōngtòu	忐忑 tǎntè	吞吐 tūntǔ	推脱 tuītuō
探听 tàntīng	拖沓 tuōtà	体态 tǐtài	

n　舌尖中、鼻音。发音时，舌尖抵住上齿龈，软腭下降，阻塞气流在口腔中的通路。打开鼻腔通道，气流从鼻腔出来，同时颤动声带。n 的呼读音为 ne，如图 1-12 所示。

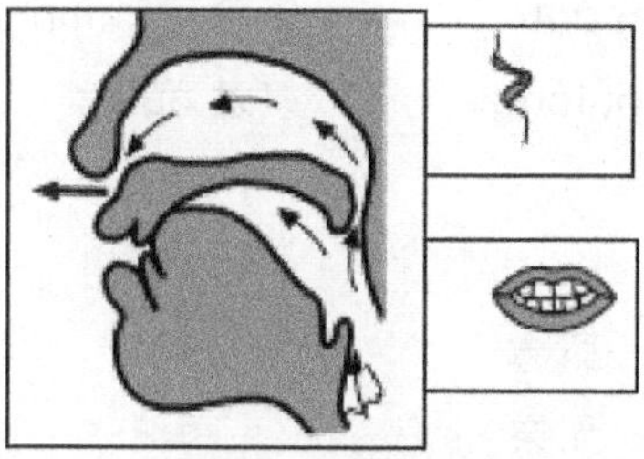

图 1-12　声母 n 的本音发音示意图

农奴 nóngnú	能耐 néngnai	男女 nánnǚ	喃喃 nánnán
扭捏 niǔniē	袅娜 niǎonuó	南宁 nánníng	呢喃 nínán
奶奶 nǎinai	奶牛 nǎiniú	恼怒 nǎonù	捏弄 niēnòng
忸怩 niǔní	牛腩 niúnǎn	年年 niánnián	娘娘 niángniang
难能 nánnéng	牛奶 niúnǎi	泥泞 nínìng	

l　舌尖中、边音。发音时，舌尖顶住上齿龈，软腭上升，堵住鼻腔通路。气流振动声带，从舌头前部的两边流出。l 的呼读音为 le，如图 1-13 所示。

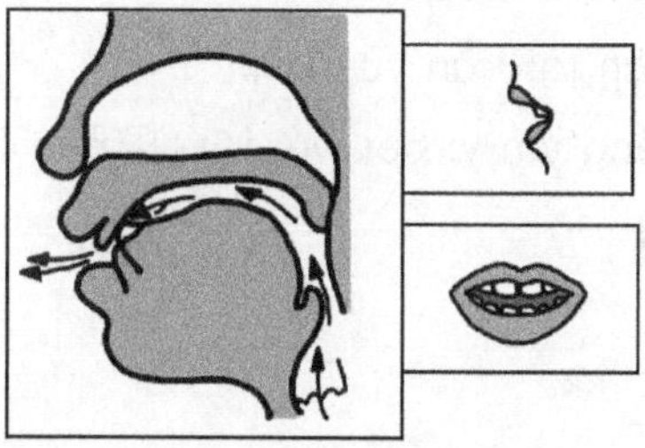

图 1-13　声母 l 的本音发音示意图

留恋 liúliàn	联络 liánluò	理论 lǐlùn	拉练 lāliàn
玲珑 línglóng	冷落 lěngluò	流露 liúlù	来历 láilì
露脸 lòuliǎn	褴褛 lánlǚ	嘹亮 liáoliàng	流利 liúlì
淋漓 línlí	罗列 luóliè	伦理 lúnlǐ	勒令 lèlìng
劳碌 láolù	力量 lìliàng	浏览 liúlǎn	拉力 lālì

磊落 lěiluò　　劳力 láolì　　老练 lǎoliàn　　轮流 lúnliú
流浪 liúlàng　　利率 lìlǜ

技能巩固

1. n—l 词语对比训练。

纳凉 nàliáng　　耐劳 nàiláo　　奶酪 nǎilào　　脑力 nǎolì
内涝 nèilào　　内陆 nèilù　　内乱 nèiluàn　　嫩绿 nènlǜ
能量 néngliàng　　尼龙 nílóng　　逆流 nìliú　　年龄 niánlíng
年历 niánlì　　年利 niánlì　　年轮 niánlún　　凝练 níngliàn
农林 nónglín　　女郎 nǚláng　　奴隶 núlì　　努力 nǔlì
暖流 nuǎnliú

2. l—n 词语对比训练。

水流—水牛　　留恋—留念
黄鹂—黄泥　　无赖—无奈
拦住—难住　　褴褛—男女

3. 读绕口令，注意读准舌尖中音声母。

河边有棵柳，　　Hébiān yǒu kē liǔ,
柳下一头牛。　　Liǔ xià yìtóu niú。
牛要去顶柳，　　Niú yào qù dǐng liǔ,
柳条缠住了牛的头。　　Liǔtiáo chán zhù le niú de tóu。(《牛和柳》——n—l 的练习)

4. 朗读古诗，注意加点字的声母。

绿蚁新醅酒，　　Lǜyǐ xīn pēi jiǔ,
红泥小火炉。　　Hóngní xiǎo huǒlú。
晚来天欲雪，　　Wǎn lái tiān yù xuě,
能饮一杯无？　　Néng yǐn yì bēi wú?（白居易《问刘十九》n—l 的练习）

5. 背诵常见鼻音字顺口溜。

男女年年捏泥妞，
哪能南囊拿牛奶。
年内倪聂闹难宁，
恼怒挠脑念囡儒。（囡 nān）

6. 朗读下列短文，注意读准加点的字。

当达瑞为父亲取报纸的时候，一个主意诞生了。当天他就按响邻居的门铃，对他们说，每个月只需付给他一美元，他就每天早上把报纸塞到他们的房门底下。大多数人都同意了，很快他有了七十多个顾客。一个月后，当他拿到自己赚的钱时，觉得自己简直是飞上了天。

很快他又有了新的机会，他让他的顾客每天把垃圾袋放在门前，然后由他早上运到垃圾桶里，每个月加一美元。之后他还想出了许多孩子赚钱的办法，并把它集结成书，书名为《儿童挣钱的二百五十个主意》。为此，达瑞十二岁时就成了畅销书作家，十五岁有了自己的谈话节目，十七岁就拥有了几百万美元。

（选自《普通话水平测试实施纲要》作品 4 号《达瑞的故事》）

7. 熟读 n、l 辨音字表，并对比记忆，如表 1-3 所示。

表 1-3 n、l 辨音字表

备注：表中的数字表示声调：①是阴平，②是阳平，③是上声，④是去声。

韵母	声母	
	n	l
a	①那②拿③哪④那纳呐捺钠娜	①拉啦垃③喇④辣剌瘌蜡腊
e	④讷	①嘞④乐勒
i	①妮②尼泥呢霓③你拟④腻匿逆溺	②离篱璃厘狸黎犁梨蛃③礼里理鲤李④立力历厉励莉栗
u	②奴③努④怒	②卢庐炉芦轳颅③卤虏鲁橹④碌陆路赂鹭露（～水）录鹿辘绿（～林）
ü	③女钕	②榈③吕侣铝旅屡缕履④虑滤律率（效～）氯绿
ai	③乃奶④奈耐	②来④赖癞睐籁
ei	③馁④内	①勒②雷擂镭③累（～进）垒儡蕾④累类泪肋擂
ao	②挠蛲铙③脑恼④闹	①捞②劳痨牢③老姥④涝烙酪
ou		①搂②楼喽耧③搂篓④陋漏露镂
ia		③俩
ie	①捏④聂蹑镊镍孽	③咧④列烈裂劣猎冽洌
iao	③鸟袅④尿	①撩②辽疗僚潦燎嘹聊寥③了④料廖瞭
iu	①妞②牛③扭纽④拗	①溜②刘流琉硫留榴瘤③柳绺④六镏陆
uo	②挪④懦诺糯	①啰（～嗦）捋②罗萝逻箩锣螺骡③裸④落洛络骆
üe	④虐疟	④略掠
an	②难男南楠④难	②兰栏篮蓝婪③懒览揽榄缆④烂滥
ang	②囊	①啷②狼郎廊榔螂琅③朗④浪
eng	②能	②棱③冷④愣

续表

韵母	声母	
	n	l
ong	②农浓脓④弄	②龙咙聋笼隆窿③垄拢陇④弄(～堂)
ian	①蔫拈②年粘鲇③撵捻碾④念	②怜连莲联帘廉镰③脸敛④炼链练恋殓
in	②您	②邻鳞麟林淋琳临③凛檩④吝蔺赁
iang	②娘④酿	②良凉梁粮量③两④亮晾谅辆量
ing	②宁拧柠咛凝③拧④宁泞佞拧	②灵龄伶蛉凌陵菱③岭领④令另
uan	③暖	②滦孪峦③卵④乱
un		①抡②仑伦沦轮④论

第七节　声母 g k h 的发音训练

方法与训练

g　舌面后、不送气、清、塞音。发音时舌根抵住软腭，软腭上升，堵塞鼻腔通道，声带不颤动，较弱的气流冲破舌根和软腭形成的阻碍，迸发而出，爆破成声。g 的呼读音为 ge，如图 1-14 所示。

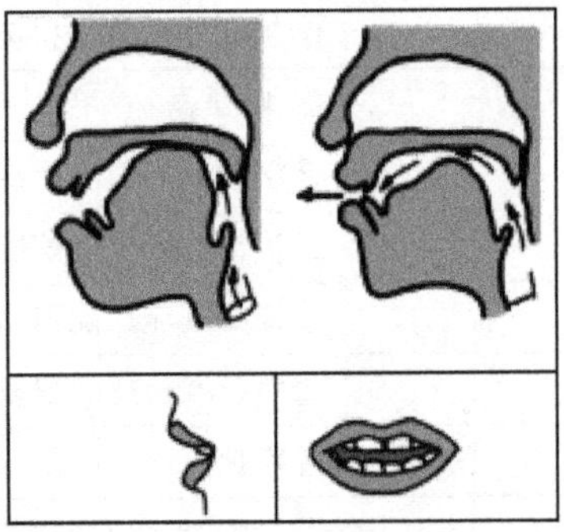

图 1-14　声母 g 的本音发音示意图

钢轨 gānguǐ	梗概 gěnggài	尴尬 gāngà	规格 guīgé
公共 gōnggòng	桂冠 guìguān	故宫 gùgōng	巩固 gǒnggù
改革 gǎigé	高贵 gāoguì	更改 gēnggǎi	古怪 gǔguài
挂钩 guàgōu	国歌 guógē	观光 guānguāng	广告 guǎnggào
过关 guòguān			

k　舌面后、送气、清、塞音。发音时，除冲破阻碍时用较强的气流外，其他情况和 g 完全一样。k 的呼读音为 ke，如图 1-15 所示。

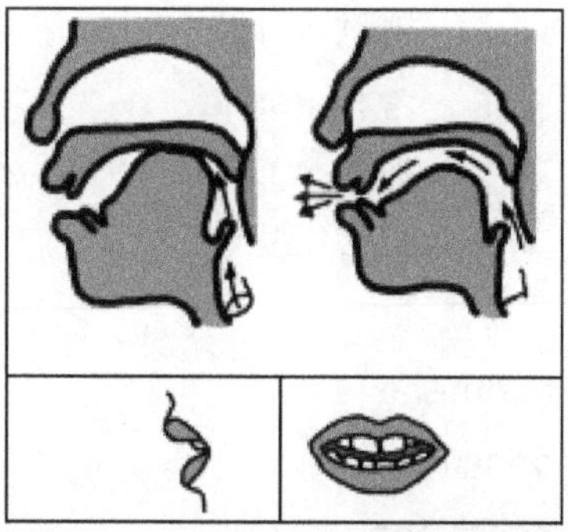

图 1-15　声母 k 的本音发音示意图

可靠 kěkào　　困苦 kùnkǔ　　慷慨 kāngkǎi　　夸口 kuākǒu　　苛刻 kēkè
空旷 kōngkuàng　　开垦 kāikěn　　坎坷 kǎnkě　　苦口 kǔkǒu　　开阔 kāikuò
亏空 kuīkōng　　宽旷 kuānkuàng　　口渴 kǒukě

h　舌后面、清、擦音。发音时，舌根接近软腭，形成窄缝，软腭上升堵鼻腔通道，声带不颤动，让气流从舌根和软腭之间的窄缝中挤出，发出摩擦声。h 的呼读音为 he，如图 1-16 所示。

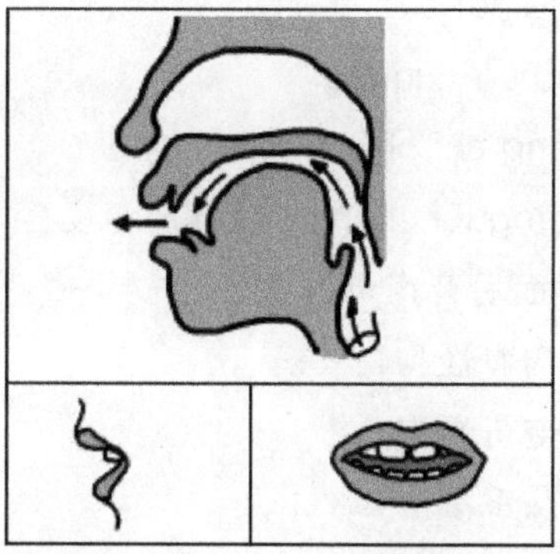

图 1-16　声母 h 的本音发音示意图

黄河 huánghé　　辉煌 huīhuáng　　互惠 hùhuì　　黄昏 huánghūn
荷花 héhuā　　憨厚 hānhòu　　绘画 huìhuà　　黑海 hēihǎi
浩瀚 hàohàn　　祸患 huòhuàn　　含糊 hánhu　　行话 hánghuà
怀恨 huáihèn　　缓和 huǎnhé　　横祸 hènghuò　　欢呼 huānhū
含混 hánhùn　　悔恨 huǐhèn　　呼唤 hūhuàn

技能巩固

1. 词语混合训练，读准声母。

g—k　港口 gǎngkǒu　　概括 gàikuò　　功课 gōngkè
g—h　工会 gōnghuì　　蛊惑 gǔhuò　　钢花 gānghuā

k—g　客观 kèguān　凯歌 kǎigē　苦瓜 kǔguā
k—h　葵花 kuíhuā　考核 kǎohé　括号 kuòhào
h—g　红果 hóngguǒ　海关 hǎiguān　焊工 hàngōng
h—k　火坑 huǒkēng　好看 hǎokàn　欢快 huānkuài

2. 声母对比练习。

翻腾 fānténg ——欢腾 huānténg
反话 fǎnhuà ——喊话 hǎnhuà
防空 fángkōng ——航空 hángkōng
魔幻 móhuàn ——模范 mófàn
复学 fùxué ——互学 hùxué

3. 读古诗词，注意读准加点的字。

好雨知时节，Hǎoyǔ zhī shíjié，
当春乃发生。Dāngchūn nǎi fāshēng.
随风潜入夜，Suí fēng qián rù yè，
润物细无声。Rùnwù xì wúshēng.
野径云俱黑，Yějìng yún jù hēi，
江船火独明。Jiāngchuán huǒ dúmíng.
晓看红湿处，Xiǎo kàn hóng shī chù，
花重锦官城。Huā zhòng jǐnguānchéng.（杜甫《春夜喜雨》）

4. 读绕口令，注意读准舌面后音声母。

哥挎瓜筐过宽沟，赶快过沟看怪狗，
光看怪狗瓜筐扣，瓜滚筐空哥怪狗。
哥挎瓜筐过宽沟，过沟筐漏瓜滚沟，
隔沟挎筐瓜筐扣，瓜滚筐空哥怪沟。（《哥挎瓜筐过宽沟》）

5. 朗读下列短文，注意读准加点的字。

一个人的一生，只能经历自己拥有的那一份欣悦，那一份苦难，也许再加上他亲自闻知的那一些关于自身以外的经历和经验。然而，人们通过阅读，却能进入不同时空的诸多他人的世界。这样，具有阅读能力的人，无形间获得了超越有限生命的无限可能性。阅读不仅使他多识了草木虫鱼之名，而且可以上溯远古下及未来，饱览存在的与非存在的奇风异俗。

更为重要的是，读书加惠于人们的不仅是知识的增广，而且还在于精神的感化与陶冶。人们从读书学做人，从那些往哲先贤以及当代才俊的著述中学得他们的人格。人们从《论语》中学得智慧的思考，从《史记》中学得严肃的历史精神，从《正气歌》中学得人格的刚烈，从马克思学得人世的激情，从鲁迅学得批判精神，从托尔斯泰学得道德的执着。歌德的诗句刻写着睿智的人生，拜伦的诗句呼唤着奋斗的热情。一个读书人，一个有机会拥有

超乎个人生命体验的幸运人。

（选自《普通话水平测试实施纲要》作品 6 号《读书人是幸福人》）

6. 三分钟说话练习，任选一题：(1)我的学习生活；(2)我的业余生活。

第八节　声母 j q x 的发音训练

方法与训练

j　舌面前、不送气、清、塞擦音。发音时，舌面前部抵住硬腭前部，软腭上升堵塞鼻腔通路，然后舌面微微离开硬腭，形成一个窄缝，气流从中挤出，摩擦成声，声带不振动。j 的呼读音为 ji，如图 1-17 所示。

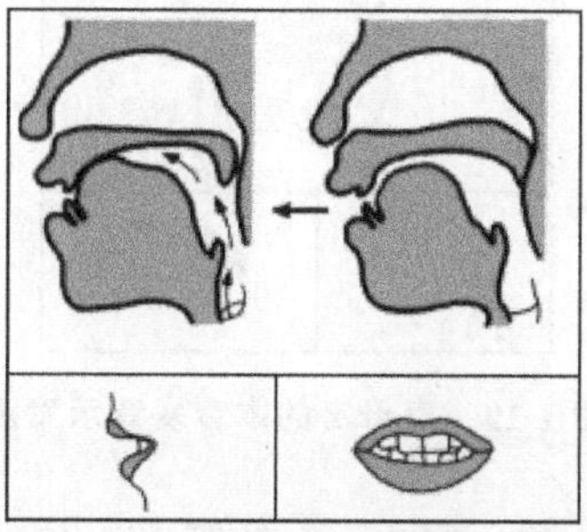

图 1-17　声母 j 的本音发音示意图

经济 jīngjì	解决 jiějué	接近 jiējìn	聚集 jùjí
讲究 jiǎngjiu	拒绝 jùjué	艰巨 jiānjù	俊杰 jùnjié
即将 jíjiāng	家具 jiājù	借鉴 jièjiàn	究竟 jiūjìng
坚决 jiānjué	紧急 jǐnjí	讲解 jiǎngjiě	京剧 jīngjù
炯炯 jiǒngjiǒng	绝句 juéjù	佳节 jiājié	简介 jiǎnjiè
积极 jījí	交际 jiāojì	结晶 jiéjīng	

q　舌面前、送气、清、塞擦音。发音的情况和 j 基本相同，只是在除阻时气流较强。q 的呼读音为 qi，如图 1-18 所示。

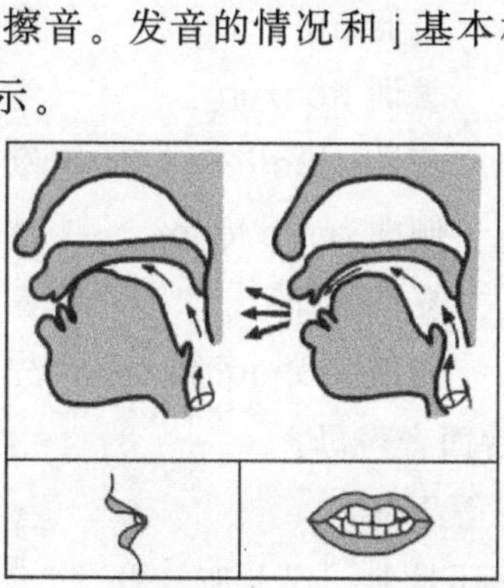

图 1-18　声母 q 的本音发音示意图

亲切 qīnqiè	请求 qǐngqiú	确切 quèqiè	崎岖 qíqū
齐全 qíquán	牵强 qiānqiǎng	情趣 qíngqù	取巧 qǔqiǎo
恰巧 qiàqiǎo	窃取 qièqǔ	乔迁 qiáoqiān	蜷曲 quánqū
秋千 qiūqiān	强求 qiǎngqiú	群情 qúnqíng	亲戚 qīnqi
氢气 qīngqì	强权 qiángquán	全球 quánqiú	祈求 qíqiú

x 舌面前、清、擦音。发音时，舌面前部接近硬腭前部，形成一个窄缝。软腭上升堵塞鼻腔通路，气流从窄缝里挤出来，摩擦成声，声带不振动。x 的呼读音为 xi，如图 1-19 所示。

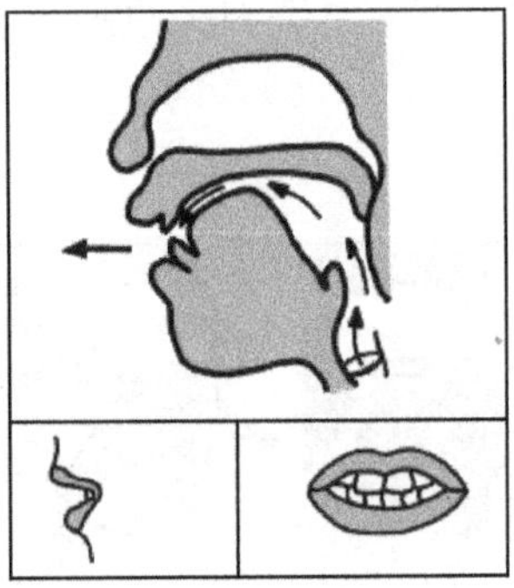

图 1-19 声母 x 的本音发音示意图

学习 xuéxí	现象 xiànxiàng	新鲜 xīnxiān	学校 xuéxiào
喜讯 xǐxùn	遐想 xiáxiǎng	显现 xiǎnxiàn	唏嘘 xīxū
休想 xiūxiǎng	宣泄 xuānxiè	雄心 xióngxīn	信息 xìnxī
形象 xíngxiàng	虚心 xūxīn	下旬 xiàxún	相信 xiāngxìn
细小 xìxiǎo	休息 xiūxi	闲暇 xiánxiá	

技能巩固

1. 词语混合训练，读准声母。

j—q	健全 jiànquán	机器 jīqì	坚强 jiānqiáng
j—x	家乡 jiāxiāng	教训 jiàoxùn	觉醒 juéxǐng
q—j	千金 qiānjīn	巧计 qiǎojì	勤俭 qínjiǎn
q—x	谦虚 qiānxū	倾向 qīngxiàng	情形 qíngxíng
x—j	胸襟 xiōngjīn	夏季 xiàjì	喜剧 xǐjù
x—q	吸取 xīqǔ	向前 xiàngqián	先驱 xiānqū

2. 练习下列绕口令，读准舌面音声母。

七加一，七减一，加完减完等于几？

七加一，七减一，加完减完还是七。（《七加一》）

七巷一个漆匠，西巷一个锡匠。七巷漆匠用了西巷锡匠的锡，西巷锡匠拿了七巷漆匠

的漆，七巷漆匠气西巷锡匠用了漆，西巷锡匠讥七巷漆匠拿了锡。(《漆匠和锡匠》)

3. 朗读下列短文，注意读准加点的字。

……雪纷纷扬扬，下得很大。开始还伴着一阵儿小雨，不久就只见大片大片的雪花，从彤云密布的天空中飘落下来。地面上一会儿就白了。冬天的山村，到了夜里就万籁俱寂，只听得雪花簌簌地不断往下落，树木的枯枝被雪压断了，偶尔咯吱一声响。

大雪整整下了一夜。今天早晨，天放晴了，太阳出来了。推开门一看，嗬！好大的雪啊！山川、河流、树木、房屋，全都罩上了一层厚厚的雪，万里江山，变成了粉妆玉砌的世界。落光了叶子的柳树上挂满了毛茸茸亮晶晶的银条儿；而那些冬夏常青的松树和柏树上，则挂满了蓬松松沉甸甸的雪球儿。一阵风吹来，树枝轻轻地摇晃，美丽的银条儿和雪球儿簌簌地落下来，玉屑似的雪末儿随风飘扬，映着清晨的阳光，显出一道道五光十色的彩虹。

大街上的积雪足有一尺多深，人踩上去，脚底下发出咯吱咯吱的响声。一群群孩子在雪地里堆雪人，掷雪球儿。那欢乐的叫喊声，把树枝上的雪都震落下来了……

(选自《普通话水平测试实施纲要》作品 5 号《第一场雪》)

4. 三分钟说话练习，任选一题：(1)我的假日生活；(2)我的朋友。

第九节　声母 zh ch sh r 的发音训练

方法与训练

zh　舌尖后、不送气、清、塞擦音。发音时，舌面两边向中间卷起，舌尖向上翘起，顶住硬腭前部，软腭上升，堵住气流通道，声带不颤动。让较弱的气流冲开舌尖的阻碍，从窄缝中挤出摩擦成声。zh 的呼读音为 zhi，如图 1-20 所示。

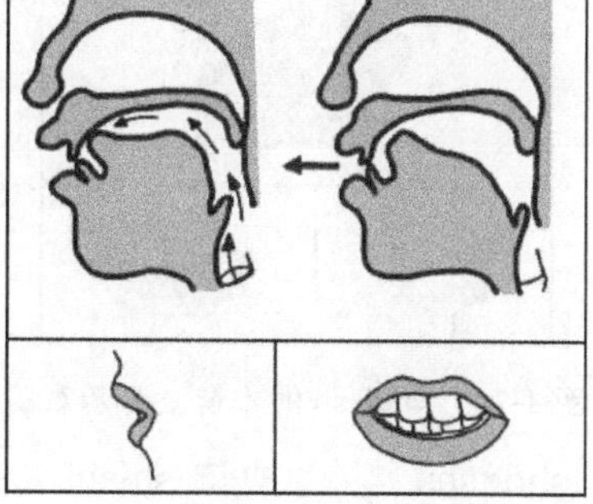

图 1-20　声母 zh 的本音发音示意图

主张 zhǔzhāng	珍重 zhēnzhòng	茁壮 zhuózhuàng	制止 zhìzhǐ
战争 zhànzhēng	支柱 zhīzhù	站长 zhànzhǎng	庄重 zhuāngzhòng
扎针 zhāzhēn	褶皱 zhězhòu	债主 zhàizhǔ	中指 zhōngzhǐ

肿胀 zhǒngzhàng　政治 zhèngzhì　招展 zhāozhǎn　壮志 zhuàngzhì
追逐 zhuīzhú　转折 zhuǎnzhé　正直 zhèngzhí

ch　舌尖后、送气、清、塞擦音。发音时，发音部位成阻、持阻情况和 zh 相同，只是从窄缝里挤出来的气流较强，声门不闭合，声带不颤动。ch 的呼读音为 chi，如图 1-21 所示。

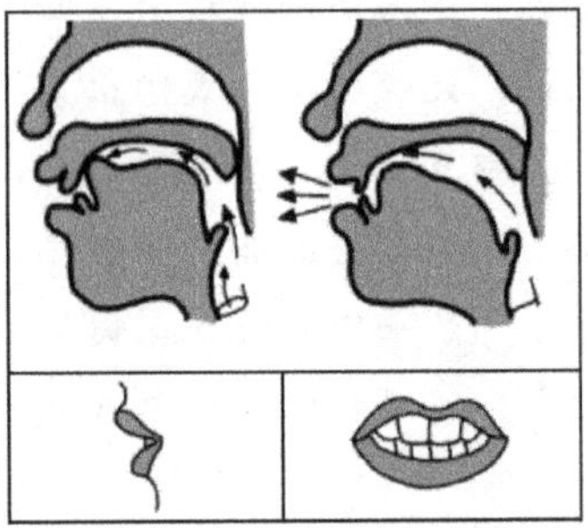

图 1-21　声母 ch 的本音发音示意图

车床 chēchuáng　踌躇 chóuchú　出产 chūchǎn　穿插 chuānchā
驰骋 chíchěng　抽查 chōuchá　长城 chángchéng　拆除 chāichú
赤诚 chìchéng　叉车 chāchē　超产 chāochǎn　乘车 chéngchē
拆穿 chāichuān　出差 chūchāi　船厂 chuánchǎng　春潮 chūncháo
出场 chūchǎng　惆怅 chóuchàng

sh　舌尖后、清、擦音。发音时，舌面两边略向中间卷起，舌尖向上翘起，接近硬腭前部，留出窄缝，软腭上升，堵塞鼻腔通路，气流从窄缝中挤出，摩擦成声，声带不颤动。sh 的呼读音为 shi，如图 1-22 所示。

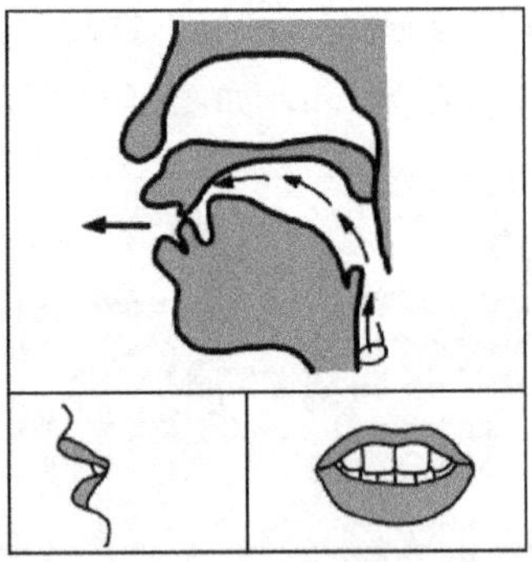

图 1-22　声母 sh 的本音发音示意图

闪烁 shǎnshuò　少数 shǎoshù　史诗 shǐshī　手术 shǒushù
神圣 shénshèng　事实 shìshí　设施 shèshī　赏识 shǎngshí
失神 shīshén　射手 shèshǒu　圣水 shèngshuǐ　受伤 shòushāng
杀伤 shāshāng　山水 shānshuǐ　舒适 shūshì　时尚 shíshàng
生疏 shēngshū　上市 shàngshì　山上 shānshàng　实施 shíshī

r　舌尖后、浊、擦音。发音时情况和 sh 相近，不同的是只是要振动声带。r 的呼读音为 ri，如图 1-23 所示。

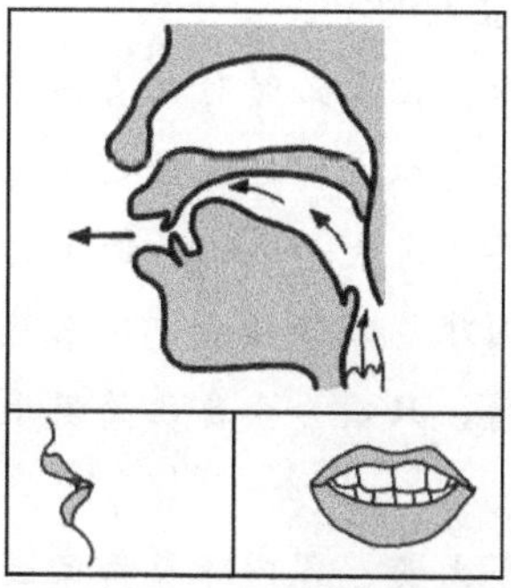

图 1-23　声母 r 的本音发音示意图

荏苒 rěnrǎn	仍然 réngrán	荣辱 róngrǔ	软弱 ruǎnruò
容忍 róngrěn	闰日 rùnrì	柔软 róuruǎn	如若 rúruò
惹人 rěrén	忍让 rěnràng	融入 róngrù	仁人 rénrén

技能巩固

1. 词语混合训练，读准声母。

zh—ch	侦查 zhēnchá	展出 zhǎnchū	章程 zhāngchéng
zh—sh	照射 zhàoshè	扎手 zhāshǒu	真实 zhēnshí
zh—r	阵容 zhènróng	侏儒 zhūrú	值日 zhírì
ch—zh	长征 chángzhēng	春装 chūnzhuāng	船长 chuánzhǎng
ch—sh	尝试 chángshì	昌盛 chāngshèng	衬衫 chènshān
sh—zh	始终 shǐzhōng	神州 shénzhōu	使者 shǐzhě
sh—ch	商场 shāngchǎng	纱窗 shāchuāng	水产 shuǐchǎn
sh—r	胜任 shèngrèn	衰弱 shuāiruò	深入 shēnrù
r—zh	熔铸 róngzhù	人证 rénzhèng	染指 rǎnzhǐ
r—ch	日程 rìchéng	热潮 rècháo	人称 rénchēng
r—sh	如实 rúshí	燃烧 ránshāo	榕树 róngshù

2. 读绕口令，注意加点字的声母。

朱家一株竹，竹笋初长出。
朱叔处处锄，锄出笋来煮。
锄完不再出，朱叔没笋煮，
竹株又干枯。（《朱叔的竹笋》——zh、ch、sh 的练习）

史老师，讲时事，常学时事长知识。

时事学习看报纸，报纸登的是时事。

常看报纸要多思，心里装着天下事。（《史老师讲时事》——zh、ch、sh 的练习）

3. 朗读下列短文，注意读准加点的字。

地球上的人都会有国家的概念，但未必时时都有国家的感情。往往人到异国，思念家乡，心怀故国，这国家概念就变得有血有肉，爱国之情来得非常具体。而现代社会，科技昌达，信息快捷，事事上网，世界真是太小太小，国家的界限似乎也不那么清晰了。再说足球正在快速世界化，平日里各国球员频繁转会，往来随意，致使越来越多的国家联赛都具有国际的因素。球员们不论国籍，只效力于自己的俱乐部，他们比赛时的激情中完全没有爱国主义的因子。

然而，到了世界杯大赛，天下大变。各国球员都回国效力，穿上与光荣的国旗同样色彩的服装。在每一场比赛前，还高唱国歌以宣誓对自己祖国的挚爱与忠诚。一种血缘情感开始在全身的血管里燃烧起来，而且立刻热血沸腾。

（选自《普通话水平测试实施纲要》作品 11 号《国家荣誉感》）

4. 三分钟说话练习，任选一题：(1)我尊敬的人；(2)我的成长之路。

第十节　声母 z c s 的发音训练

方法与训练

z　舌尖前、不送气、清、塞擦音。发音时舌尖向上轻轻顶住上齿背，软腭上升，堵住鼻腔通路，声带不颤动，较弱的气流先把舌尖的阻碍冲开一道窄缝，接着从窄缝中挤出，摩擦成声。z 的呼读音为 zi，如图 1-24 所示。

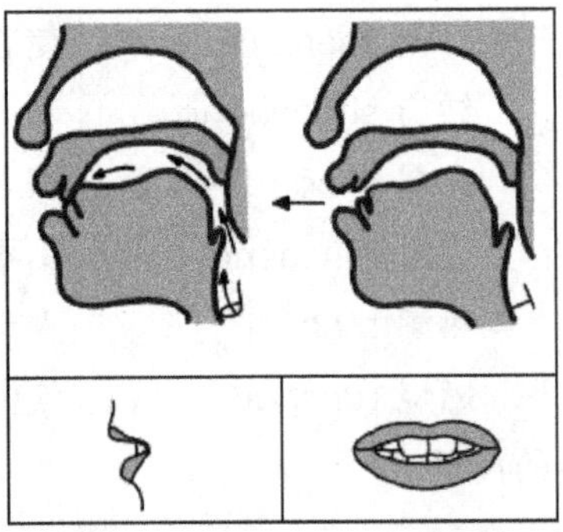

图 1-24　声母 z 的本音发音示意图

自尊 zìzūn	总则 zǒngzé	造作 zàozuò	在座 zàizuò	走卒 zǒuzú
藏族 zàngzú	自在 zìzài	遭罪 zāozuì	簪子 zānzi	坐姿 zuòzī
栽赃 zāizāng	祖宗 zǔzōng	自责 zìzé		

c　舌尖前、送气、清、塞擦音。发音时，除冲破阻碍时用较强的气流外，其他情况

和 z 一样。c 的呼读音为 ci，如图 1-25 所示。

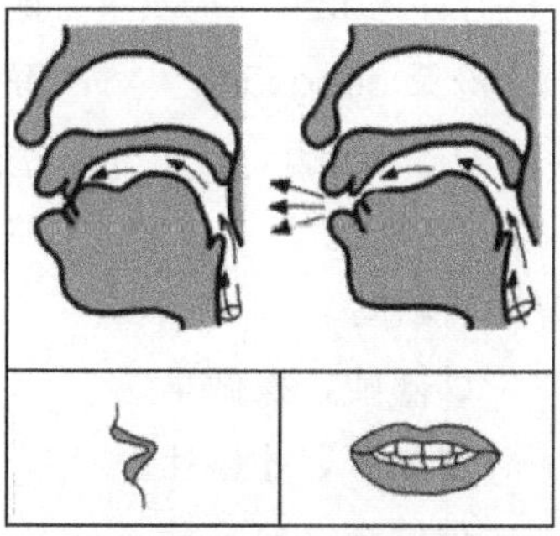

图 1-25　声母 c 的本音发音示意图

苍翠 cāngcuì　　草丛 cǎocóng　　仓促 cāngcù　　措辞 cuòcí
残存 cáncún　　参差 cēncī　　层次 céngcì　　此次 cǐcì
曹操 cáocāo　　摧残 cuīcán　　璀璨 cuǐcàn　　催促 cuīcù
淙淙 cóngcóng　　粗糙 cūcāo　　猜测 cāicè

s　舌尖前、清、擦音。发音时，舌尖接近上齿背，形成窄缝，软腭上升，堵塞鼻腔通道，声带不颤动，气流从舌尖和上齿背间的窄缝中挤出，摩擦成声。s 的呼读音为 si，如图 1-26 所示。

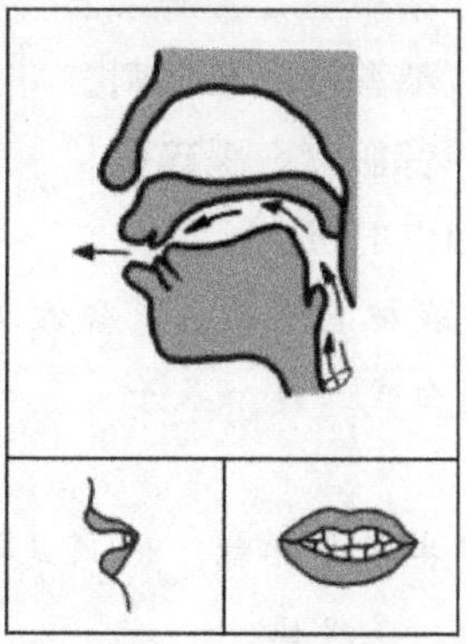

图 1-26　声母 s 的本音发音示意图

思索 sīsuǒ　　诉讼 sùsòng　　洒扫 sǎsǎo　　瑟缩 sèsuō
琐碎 suǒsuì　　速算 sùsuàn　　撕碎 sīsuì　　三思 sānsī
色素 sèsù　　酥松 sūsōng　　松散 sōngsǎn　　搜索 sōusuǒ
酸涩 suānsè

技能巩固

1. 词语混合训练，读准声母。

z—c　　早操 zǎocāo　　遵从 zūncóng　　紫菜 zǐcài

z—s	赠送 zèngsòng	棕色 zōngsè	阻塞 zǔsè
c—z	错综 cuòzōng	才子 cáizǐ	操作 cāozuò
c—s	彩色 cǎisè	沧桑 cāngsāng	蚕丝 cánsī
s—z	色泽 sèzé	嫂子 sǎozi	塑造 sùzào
s—c	颂词 sòngcí	素菜 sùcài	随从 suícóng

2. 练习平舌音顺口溜，并背诵、默写。

藏僧宿草寺，姊随嫂，操做早。
岁岁自洒扫，曾撕笋，才擦灶。
择素做素餐，催锁仓，速采桑。
松侧栽棕枣。蚕丝足，村嘈噪。

曹叟搓草索，贼作祟，钻自私。
孙子坐在左，嗦四从，侧腮姿。
此次最粗糙，坐祖尊，撒索饲。
匆匆总搓错。罪凑足，遂送死。

醉色瑟缩舱，宋三苏，总赛词。
邹崽遭栽赃，宰赠财，再赐菜。
思忖怎诉讼，醋酸涩，葱似刺。
诵辞奏斯丧。蒜脏嘴，踩碎瓷。

3. 朗读下列短文，注意读准加点的字。

有一次我偷了一块糖果，他要我把它送回去，告诉卖糖的说是我偷来的，说我愿意替他拆箱卸货作为赔偿。但妈妈却明白我只是个孩子

……

在我生日会上，爸总是显得有些不大相称。他只是忙于吹气球，布置餐桌，做杂务。把插着蜡烛的蛋糕推过来让我吹的，是我妈。

我翻阅照相册时，人们总是问："你爸爸是什么样子的？"天晓得！他老是忙着替别人拍照。妈和我笑容可掬地一起拍的照片，多得不可胜数。

我记得妈有一次叫他教我骑自行车。我叫他别放手，但他却说是应该放手的时候了。我摔倒之后，妈跑过来扶我，爸却挥手要她走开。我当时生气极了，决心要给他点儿颜色看。于是我马上爬上自行车，而且自己骑给他看。他只是微笑。

（选自《普通话水平测试实施纲要》作品10号《父亲的爱》）

4. 三分钟说话练习，任选一题：(1)我的愿望(或理想)；(2)我的家乡(或熟悉的地方)。

第十一节　平翘舌音的辨正

方法与训练

普通话的声母中有翘舌音和平舌音，即舌尖后音 zh、ch、sh、r 和舌尖前音 z、c、s，这是许多方言区的人学习普通话的重点。吴方言、闽方言、客家方言一般没有舌尖后音，这些地方的人学习普通话，常常把 zh、ch、sh 的字读成 z、c、s。所以，注意平舌音和翘舌音的区别，是学好普通话的一个关键。这两组音中 zh 和 z、ch 和 c、sh 和 s 对应的发音方法相同，不同的是发音部位。比较练习下列各对词语。

z 和 zh

阻力 zǔlì	—主力 zhǔlì	宗旨 zōngzhǐ	—终止 zhōngzhǐ
资源 zīyuán	—支援 zhīyuán	祖父 zǔfù	—嘱咐 zhǔfù
仿造 fǎngzào	—仿照 fǎngzhào	增订 zēngdìng	—征订 zhēngdìng
杂技 zájì	—札记 zhájì	栽花 zāihuā	—摘花 zhāihuā
赞歌 zàngē	—战歌 zhàngē	增光 zēngguāng	—争光 zhēngguāng

c 和 ch

粗气 cūqì	—出气 chūqì	鱼刺 yúcì	—鱼翅 yúchì
从来 cónglái	—重来 chónglái	词序 cíxù	—持续 chíxù
参加 cānjiā	—掺加 chānjiā	推辞 tuīcí	—推迟 tuīchí
操纵 cāozòng	—超重 chāozhòng	村庄 cūnzhuāng	—春装 chūnzhuāng
短促 duǎncù	—短处 duǎnchù	擦车 cāchē	—叉车 chāchē

s 和 sh

私语 sīyǔ	—施与 shīyǔ	俗人 súrén	—熟人 shúrén
搜集 sōují	—收集 shōují	散光 sǎnguāng	—闪光 shǎnguāng
肃立 sùlì	—树立 shùlì	桑叶 sāngyè	—商业 shāngyè
近似 jìnsì	—近视 jìnshì	散心 sànxīn	—善心 shànxīn
司长 sīzhǎng	—师长 shīzhǎng	塞子 sāizi	—筛子 shāizi

学会了平翘舌音的正确发音后，在实际运用中还是容易犯平翘不分或平翘混乱的错误，因此还需要我们熟记平翘舌音的字。在普通话中，涉及平翘舌音的字词很多，怎样记住平翘舌音的字呢？首先必须学会翘舌音的正确发音，通过熟读翘舌音以养成一种新的发音习惯，这是一个重要的前提条件。

归类记忆法。用归类方式熟记平舌音的字。在普通话中，声母为翘舌音的词语很多，是平舌音词语的两倍多。本着省时省力的原则，记字音时可着重记平舌音字。为记忆方便，可把字典中比较常见的平舌音字列出归类。其中列出的代表字记住一个就意味着记住了一类字，非代表字表面上记一个是一个，但若能将其中的同音字再归类记忆，则记忆的效果会好很多。

声韵拼合法。

①韵母 ua、uai、uang，只跟 zh、ch、sh 相拼，不能跟 z、c、s 相拼。

②zhua 抓挝爪 zhuai 拽 zhuang 庄桩妆装奘壮状撞幢。

③chuai 揣踹 chuang 创疮窗床幢闯创怆。

④shua 刷唰耍 shuai 衰摔甩帅率蟀 shuang 双霜孀。

⑤韵母 ong 只能跟 s 相拼，不能跟 sh 相拼。song 忪松凇菘淞嵩怂耸悚竦讼颂宋送诵。

歌诀法。

歌诀中的字为平舌字的代表字。如以下歌诀。

曹操次子在侧坐，催促早餐送村左。曾赞蔡森速似梭，罪责邹随怎走错？三苏宋词遂咱诵，残散参差存四册。嘴才诉辞再思索，此兹祖宗全平舌。

松塞寺，最杂脏，姊嫂洒扫栽蚕桑。粟穗葱蒜虽簇凑，脆笋刺丛穑色苍。灶造素菜惭琐碎，砸宿尊自总锱藏。斯私死寺遭贼宰，岁择俗塑舌平放。

绕口令法。

对于一些平翘舌常常出错的字，可以编成绕口令的形式，通过愉快、有趣的练习，记住平翘舌音的字。如《四和十》：四是四，十是十，十四是十四，四十是四十，谁把四十说十四，谁的舌头伸不直。谁把十四说四十，照着屁股打十四。

声旁类推法。

利用声旁的表音作用，我们可以通过记住代表字的平翘舌音来推知一批平翘舌音字。以“则、次、子、曹、曾、宗、卒、叟、兹、且、枭”（“铡、瘦”除外）声旁为代表字的形声字，一般为平舌音字。以“朱、主、者、召、占、贞、正、中、叉、昌、式、册、申”（“钻、册”除外）声旁为代表字的形声字，一般为翘舌音字。

古音音变法。

汉语里有这样一个语音现象，有些以同一谐声偏旁组成的形声字，它们的声母却分化成舌尖中塞音（d t）和舌尖后音（zh ch sh）。根据这一现象，我们可以归纳出辨别平翘舌声母的方法：如果这个字中的声旁在声母为 d、t 的形声字中也以声旁组字，那么这个字一般为翘舌音字。如“阐”字中的“单”，在“弹”字中也是声旁，那么这个字“阐”就是翘舌音字。

排除法。

普通话中平翘舌音字共有 1083 个，其中平舌音字 354 个，翘舌音字 729 个。常用的平舌音字有 262 个，翘舌音字有 624 个，大体为 3∶7 的比例。在对应的两组平翘舌音字中，只要记住字数较少的一组字的发音，另一组的发音自然也就掌握了。例如，z、zh 和 en 相拼的字共有 15 个，只要记住 z 与 en 相拼的字只有一个“怎”字，其余 14 个字都读翘舌就行了，而不必去一一记忆。再如 z、zh 和 eng 相拼的字共有 16 个，只要记住“曾、层、蹭”三个字读平舌音，其余 13 个字就可以放心地读翘舌音了。（这里指的是常用字）

对比记忆法。

通过对比，再口头组词熟读的方法记忆，见“zh—z、ch—c、sh—s 辨音字表”。

技能巩固

1. 平翘舌音对比练习。

z—zh

作者 zuòzhě	增长 zēngzhǎng	宗旨 zōngzhǐ
赞助 zànzhù	自主 zìzhǔ	最终 zuìzhōng
杂志 zázhì	资质 zīzhì	作战 zuòzhàn

zh—z

正在 zhèngzài	职责 zhízé	主宰 zhǔzǎi
沼泽 zhǎozé	正宗 zhèngzōng	准则 zhǔnzé
知足 zhīzú	著作 zhùzuò	壮族 zhuàngzú

c—ch

促成 cùchéng	磁场 cíchǎng	餐车 cānchē
辞呈 cíchéng	痤疮 cuóchuāng	草创 cǎochuàng
财产 cáichǎn	操持 cāochí	彩绸 cǎichóu

ch—c

纯粹 chúncuì	差错 chācuò	船舱 chuáncāng
场次 chǎngcì	成才 chéngcái	初次 chūcì
筹措 chóucuò	揣测 chuǎicè	陈醋 chéncù

s—sh

随时 suíshí	素食 sùshí	松鼠 sōngshǔ
诉说 sùshuō	损失 sǔnshī	算术 suànshù
琐事 suǒshì	三十 sānshí	死伤 sǐshāng

sh—s

输送 shūsòng	收缩 shōusuō	世俗 shìsú
申诉 shēnsù	上司 shàngsi	声色 shēngsè
深思 shēnsī	神色 shénsè	疏散 shūsàn

2. 听辨练习，听教师念下列词语，指出字音念的是哪一个词。

字纸—制止	阻力—主力	资源—支援
自学—治学	栽花—摘花	杂草—铡草
早稻—找到	大字—大致	祖父—嘱咐
粗布—初步	六层—六成	木材—木柴
推辞—推迟	三角—山脚	搜集—收集
死记—史记	私人—诗人	司机—失机
暂时—战时	资助—支柱	自立—智力

3. 读绕口令，注意区分平翘舌。

石狮寺前石狮子，	Shíshīsì qián shíshīzi，
柿子枝头涩柿子，	Shìzi zhītóu sè shìzi，
三十四个石狮子，	Sānshísì ge shíshīzi，
四十三个涩柿子，	Sìshísān ge sèshìzi，
四十三个涩柿子送三十四个石狮子，	Sìshísān ge sèshìzi sòng sānshísì ge shíshīzi，
三十四个石狮子吃四十三个涩柿子。	Sānshísì ge shíshīzi chī sìshísān ge sèshìzi.

四是四，	Sì shì sì，
十是十，	Shí shì shí，
十四是十四，	Shísì shì shísì，
四十是四十，	Sìshí shì sìshí，
谁能说准四十、十四、四十四，	Shéi néng shuō zhǔn sìshí、shísì、sìshísì，
谁来试一试。	Shéi lái shì yi shì.

三山撑四水，	Sānshān chēng sìshuǐ，
四水绕三山，	Sìshuǐ rào sānshān，
三山四水春常在，	Sānshān sìshuǐ chūn cháng zài，
四水三山四时春。	Sìshuǐ sānshān sì shí chūn.

四位老师是石、斯、施、史。	Sì wèi lǎoshī shì shí、sī、shī、shǐ。
石老师教我大公无私，	Shílǎoshī jiāo wǒ dàgōngwúsī，
斯老师给我精神粮食，	Sīlǎoshī gěi wǒ jīngshén liángshi，
施老师叫我遇事三思，	Shīlǎoshī jiào wǒ yùshì sānsī，
史老师送我知识钥匙。	Shǐlǎoshī sòng wǒ zhīshi yàoshi.
我感谢石、斯、施、史四位老师。	Wǒ gǎnxiè shí、sī、shī、shǐ sì wèi lǎoshī.

4. 朗读下列短文，注意读准加点的字。

生命在海洋里诞生绝不是偶然的，海洋的物理和化学性质，使它成为孕育原始生命的摇篮。

我们知道，水是生物的重要组成部分，许多动物组织的含水量在百分之八十以上，而一些海洋生物的含水量高达百分之九十五。水是新陈代谢的重要媒介，没有它，体内的一系列生理和生物化学反应就无法进行，生命也就停止。因此，在短时期内动物缺水要比缺少食物更加危险。水对今天的生命是如此重要，它对脆弱的原始生命，更是举足轻重了。生命在海洋里诞生，就不会有缺水之忧。

（选自《普通话水平测试实施纲要》作品 13 号《海洋与生命》）

5. 用口头组词和熟读等方法对比记忆表中的字，如表 1-4、表 1-5、表 1-6 所示。

表 1-4 zh—z 辨音字表

备注：①②③④分别表示阴平、阳平、上声和去声四种声调。

韵母	声母	
	zh	z
a	①扎渣②闸铡扎札③眨④乍炸榨蚱栅	①扎匝②杂砸
e	①遮②折哲辙③者④蔗浙这	②泽择责则
u	①朱珠蛛株诸猪②竹烛逐③主煮嘱④注蛀住柱驻贮祝铸筑箸	①租②族足卒③组诅阻祖
—i	①之芝支枝肢知蜘汁只织脂②直植殖值执职③止址趾旨指纸只④至窒致志治质帜挚掷秩置滞制智稚痔	①兹滋孳姿咨资孜龇甾辎③子仔籽梓滓紫④字自恣渍
ai	①摘斋②宅③窄④寨债	①灾哉栽③宰载④再在载
ei		②贼
ao	①昭招朝②着③找爪沼④照召赵兆罩	①遭糟②凿③早枣澡④造皂灶躁燥
ou	①州洲舟周粥②轴③帚肘④宙昼咒骤皱	①邹③走④奏揍
ua	①抓	
uo	①桌捉拙②卓着酌灼浊镯啄琢	①作②昨③左④ 坐座作柞祚做
ui	①追锥④缀赘坠	③嘴④最罪醉
an	①沾毡粘③盏展斩④占战站栈绽蘸	①簪②咱③攒④赞暂
en	①贞侦祯桢真③疹诊枕缜④振震阵镇	③怎
ang	①张章樟彰③长掌涨④丈仗杖帐涨瘴障	①脏④葬藏脏
eng	①正征争睁挣③整拯④正政症证郑帧	①曾增缯④赠
ong	①中盅忠钟衷终③肿种④中种仲重众	①宗踪棕综鬃③总④纵粽
uan	①专砖③转④传转撰篆赚	①钻③纂④钻
un	③准	①尊遵
uang	①庄桩装妆④壮状撞	

表 1-5 ch—c 辨音字表

韵母	声母	
	ch	c
a	①叉杈插差②茶搽查察③衩④岔诧差	①擦嚓
e	①车③扯④彻撤掣	④册策厕侧测
u	①出初②除厨橱锄躇刍雏③楚础杵储处④畜触矗处	①粗④卒猝促醋簇

续表

韵母	声母	
	ch	c
—i	①吃痴嗤②池弛迟持匙③尺齿耻侈豉④斥炽翅赤叱	①疵差②雌辞词祠瓷慈磁③此④次伺刺赐
ai	①差拆钗②柴豺	①猜②才财材裁③采彩睬④菜蔡
ao	①抄钞超②朝潮嘲巢③吵炒	①操糙②曹漕嘈槽③草
ou	①抽②仇筹畴踌绸稠酬愁③瞅丑④臭	④凑
uo	①踔戳④绰辍啜	①搓蹉撮 ④措错挫锉
uai	③揣④踹	
ui	①吹炊②垂锤捶槌	①崔催摧④萃悴淬翠粹瘁脆
an	①搀掺②蝉禅谗潺缠蟾③铲产阐④忏颤	①餐参②蚕残惭③惨④灿
en	①琛嗔②辰晨宸沉忱陈臣④趁衬称	①参②岑
ang	①昌猖娼伥②常嫦尝偿场肠长③厂场敞氅④倡唱畅怅	①仓苍舱沧②藏
eng	①称撑②成诚城盛呈承乘澄惩③逞骋④秤	②曾层④蹭
ong	①充冲舂②重虫崇③宠④冲	①匆葱囱聪②从丛淙
uan	①川穿②船传椽③喘④串钏	①蹿④窜篡
un	①春椿②唇纯淳醇③蠢	①村②存③忖④寸
uang	①窗疮创②床③闯④创	

表 1-6　sh—s 辨音字表

韵母	声母	
	sh	s
a	①沙纱砂痧杀杉③傻④煞厦	①撒③洒撒④卅萨飒
e	①奢赊②舌蛇③舍④社舍射麝设摄涉赦	④塞瑟啬穑色涩
u	①书梳疏蔬舒殊叔淑输抒纾枢②孰塾赎③暑署薯曙鼠数属黍④树竖术述束漱恕数	①苏酥②俗④素塑诉肃粟宿速
—i	①尸师狮失施诗湿虱②十什拾石时识实食蚀③史使驶始屎矢④世势誓逝市示事是视室适饰士氏恃式试拭轼弑	①司私思斯丝鸶③死④四肆似寺
ai	①筛④晒	①腮鳃塞④塞赛
ao	①捎稍艄烧②勺芍杓韶③少④少哨绍邵	①臊骚搔③扫嫂④扫臊
ou	①收②熟③手首守④受授寿售兽瘦	①溲嗖飕搜艘馊③叟擞④嗽

续表

韵母	声母	
	sh	s
ua	①刷③耍	
uo	①说④铄烁朔	①缩娑蓑梭唆③所锁琐索
uai	①衰③甩④帅率蟀	
ui	②谁③水④税睡	①虽尿②绥隋随③髓④岁碎穗隧燧遂
an	①山舢删衫珊姗栅跚③闪陕④扇善膳缮擅赡	①三叁③伞散④散
en	①申伸呻身深参②神③沈审婶④慎肾甚渗	①森
ang	①商墒伤③晌垧赏④上尚	①桑丧③嗓④丧
eng	①生牲笙甥升声②绳③省④圣胜盛剩	①僧
ong		①松③悚④送宋颂诵
uan	①拴栓④涮	①酸④算蒜
un	④顺	①孙③笋损
uang	①双霜③爽	

6. 三分钟说话练习，任选一题：(1)我喜爱的动物(或植物)；(2)我喜爱的职业。

扫二维码

微课小讲堂：韵母的分类

第十二节　韵母的构成和分类

方法与训练

一、韵母的构成

韵母是指一个音节中声母后面的部分。韵母可以分成韵头、韵腹和韵尾三部分。

韵头只有 i—、u—、ü—三个。它的位置在主要元音前；它的发音轻而短，只表示复元音韵母发音的起点，一发音舌位就滑向另一个元音了。韵头常常介于声母和韵母之间，所以叫介音或介母，如“qiā”(掐)中的“i”，“shuāi”(衰)中的“u”。

韵腹比起韵头、韵尾来，声音清晰、响亮。韵腹是韵母的主干，也叫“主要元音”。一般由 ɑ、o、e、ê 充当，i、u、ü、－i(前)、－i(后)也作韵腹。

韵尾指韵腹后面的－i、－u(o)，还有鼻辅音－n、－ng。

二、韵母的分类

普通话共有 39 个韵母，其中 23 个由元音构成(单元音或复合元音)，16 个由元音附带鼻辅音韵尾构成。韵母可以从以下两个不同角度分类，如表 1-7 所示。

韵母按结构成分的不同，可分为单韵母、复韵母、鼻韵母三类。

单韵母 10 个：a、o、e、ê、i、u、ü、-i(前)、-i(后)、er。其中 a、o、e、ê、i、u、ü 是舌面单韵母，-i(前)、-i(后)是舌尖韵母，er 是卷舌韵母。

复韵母 13 个：ai、ei、ao、ou、ia、ie、ua、uo、üe、iao、iou、uai、uei。其中 ai、ei、ao、ou 是前响复韵母，ia、ie、ua、uo、üe 是后响复韵母，iao、iou、uai、uei 是中响复韵母。

鼻韵母 16 个：an、en、in、ün、ian、uan、üan、uen、ang、eng、ong、ing、iang、iong、uang、ueng。其中 an、en、in、ün、ian、uan、üan、uen 是前鼻韵母，ang、eng、ong、ing、iang、iong、uang、ueng 是后鼻韵母。

按照韵母开头元音的发音口形，可以把 39 个韵母分为开口呼、齐齿呼、合口呼、撮口呼四类，简称“四呼”。

开口呼韵母共 15 个：a、o、e、ai、ei、ao、ou、an、en、ang、eng、ê、-i(前)、-i(后)、er。

齐齿呼韵母共 9 个：i、ia、ie、iao、iou、in、ian、ing、iang。

合口呼韵母共 10 个：u、ua、uo、uai、uei、uan、uen、uang、ueng、ong。

撮口呼韵母共 5 个：ü、üe、ün、üan、iong。

表 1-7　普通话韵母总表

按结构分	按韵头口形分			
	开口呼	齐齿呼	合口呼	撮口呼
单韵母	-i(前) -i(后)	i	u	ü
	a			
	o			
	e			
	ê			
	er			

续表

<table>
<tr><th rowspan="2">按结构分</th><th colspan="4">按韵头口形分</th></tr>
<tr><th>开口呼</th><th>齐齿呼</th><th>合口呼</th><th>撮口呼</th></tr>
<tr><td rowspan="7">复元音韵母</td><td></td><td>ia</td><td>ua</td><td></td></tr>
<tr><td></td><td></td><td>uo</td><td></td></tr>
<tr><td></td><td>ei</td><td></td><td>üe</td></tr>
<tr><td>ai</td><td></td><td>uai</td><td></td></tr>
<tr><td>ei</td><td></td><td>uei</td><td></td></tr>
<tr><td>ao</td><td>iao</td><td></td><td></td></tr>
<tr><td>ou</td><td>iou</td><td></td><td></td></tr>
<tr><td rowspan="5">带鼻音的韵母</td><td>an</td><td>ian</td><td>uan</td><td>üan</td></tr>
<tr><td>en</td><td>in</td><td>uen</td><td>ün</td></tr>
<tr><td>ang</td><td>iang</td><td>uang</td><td></td></tr>
<tr><td>eng</td><td>ing</td><td>ueng</td><td></td></tr>
<tr><td></td><td></td><td>ong</td><td>iong</td></tr>
</table>

技能巩固

1. 根据“四呼”的标准对下列字的音节进行分组。

软 ruǎn　　外 wài　　昂 áng　　节 jié　　高 gāo

灵 líng　　灭 miè　　凶 xiōng　　月 yuè　　言 yán

娟 juān　　落 luò　　论 lùn　　六 liù　　热 rè

2. 指出下列音节的韵头、韵腹、韵尾。

wù wà āi yòu yùn yōng dū xué bái zhuàng xiōng xiè líng niǎo quē tī nàn

3. un 是 uen 的省写形式，ui 是 uei 的省写形式，请说说 kùn、huí 两个音节的韵腹。

4. 朗读下列短文，注意体会音节的韵母。

我爱月夜，但我也爱星天。从前在家乡七八月的夜晚在庭院里纳凉的时候，我最爱看天上密密麻麻的繁星。望着星天，我就会忘记一切，仿佛回到了母亲的怀里似的。

三年前在南京我住的地方有一道后门，每晚我打开后门，便看见一个静寂的夜。下面是一片菜园，上面是星群密布的蓝天。星光在我们的肉眼里虽然微小，然而它使我们觉得光明无处不在。那时候我正在读一些天文学的书，也认得一些星星，好像它们就是我的朋友，它们常常在和我谈话一样。

如今在海上，每晚和繁星相对，我把它们认得很熟了。我躺在舱面上，仰望天空。深蓝色的天空里悬着无数半明半昧的星。船在动，星也在动，它们是这样低，真是摇摇欲坠呢！渐渐地我的眼睛模糊了，我好像看见无数萤火虫在我的周围飞舞。海上的夜是柔和的，是静寂的，是梦幻的。我望着许多认识的星，我仿佛看见它们在对我眨眼，我仿佛听见它们在小声说话。这时我忘记了一切。在星的怀抱中我微笑着，我沉睡着。我觉得自己是一个小孩子，现在睡在母亲的怀里了。

（选自《普通话水平测试实施纲要》作品 8 号《繁星》）

5. 三分钟说话练习，任选一题：(1)我喜爱的文学(或其他)艺术形式；(2)我喜欢的季节(或天气)。

第十三节　单韵母的发音训练

方法与训练

单韵母，是由单元音构成的韵母。单韵母共有 10 个：ɑ、o、e、ê、i、u、ü、－i(前)、－i(后)、er。由于发音时舌位的高低、前后，唇形的圆展的不同，而形成了不同音色的元音。单韵母的发音特点是从发音开始到发音结束，舌位、唇形、开口度始终不变。

单韵母的发音，可以从舌位的高低、前后、唇形的圆展三个方面来分析。

舌位的高低是指舌头和上颚的距离。距离近叫舌位“高”，距离远叫舌位“低”。舌位的高低和开口度的大小有关，舌位越高开口度越小，舌位越低开口度越大。

舌位的前后是指舌头的前伸或后缩。根据舌位的前后，可以把元音分为前元音 i、ê、ü，央元音 ɑ 和后元音 u、e、o。

根据发音时嘴唇的形状，即唇形的圆展可以把元音分为圆唇元音 ü、u、o 和不圆唇元音 i、ɑ、e、ê。

根据发音时舌头所起的不同作用，可将 10 个单韵母分为舌面单韵母、舌尖单韵母、卷舌韵母三类。

一、舌面单韵母的发音方法

舌面单韵母的发音：ɑ、o、e、ê、i、u、ü，如图 1-27 所示。

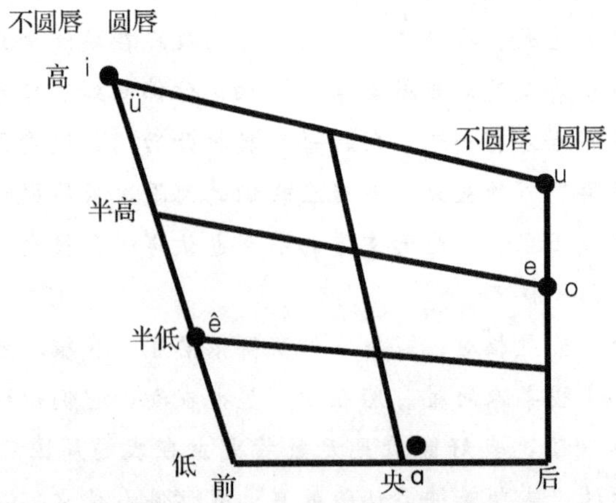

图 1-27　普通话舌面元音舌位图

ɑ 舌面、央、低、不圆唇元音。发音时，口大开、舌位低，舌尖微离下齿背，舌面中部微微隆起和硬腭后部相对。发音时，声带振动，软腭上升，关闭鼻腔通路，如图 1-28 所示。

打靶 dǎbǎ	马达 mǎdá	沙发 shāfā
蛤蟆 háma	耷拉 dāla	拉萨 lāsà
砝码 fǎmǎ	打岔 dǎchà	刹那 chànà
发达 fādá	喇嘛 lǎma	大厦 dàshà
麻纱 máshā	大法 dàfǎ	大妈 dàmā
哪怕 nǎpà	喇叭 lǎba	

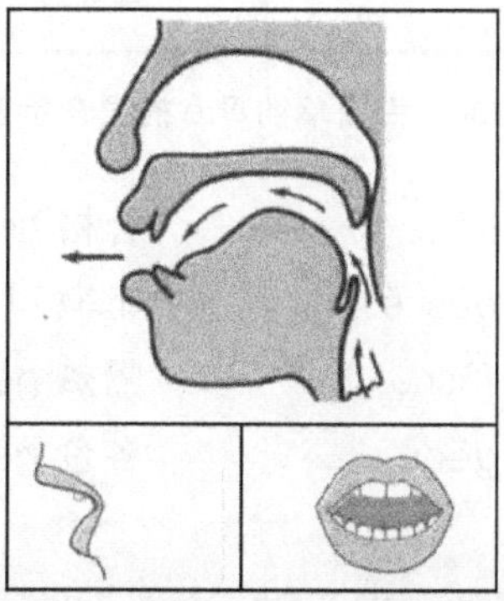

图 1-28 舌面单韵母 ɑ 的发音示意图

o 舌面、后、中圆唇元音。发音时，上下唇自然拢圆，舌体后缩，舌面后部隆起和软腭相对，舌位介于半高和半低之间。发音时，声带振动，软腭上升，关闭鼻腔通路，如图 1-29 所示。

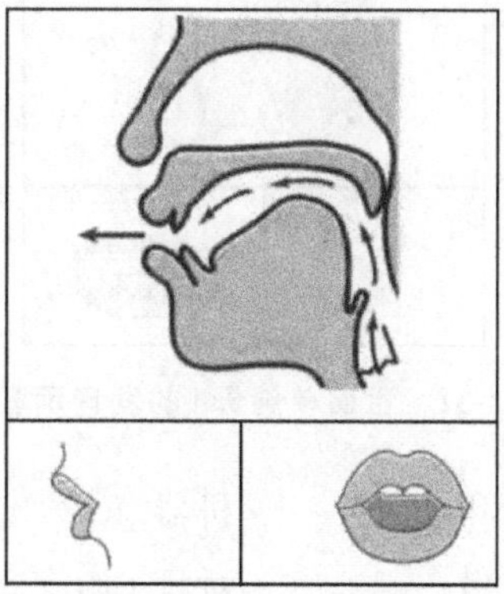

图 1-29 舌面单韵母 o 的发音示意图

伯伯 bóbo	婆婆 pópo	磨破 mópò
薄膜 bómó	泼墨 pōmò	勃勃 bóbó
磨墨 mómò	脉脉 mòmò	馍馍 mómo

e 舌面、后、半高、不圆唇元音。发音时，口半闭，舌位半高，舌头后缩，双唇自然展开。发音时，声带振动，软腭上升，关闭鼻腔通路，如图 1-30 所示。

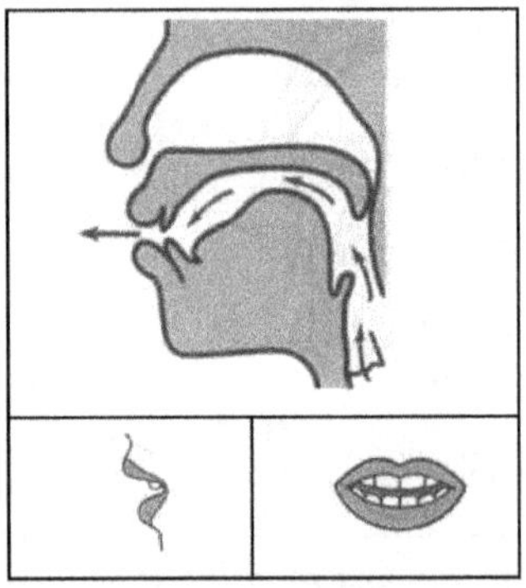

图 1-30 舌面单韵母 e 的发音示意图

隔阂 géhé	苛刻 kēkè	合格 hégé
特色 tèsè	割舍 gēshě	车辙 chēzhé
可乐 kělè	特赦 tèshè	隔热 gérè
色泽 sèzé	哥哥 gēge	各色 gèsè
客车 kèchē		

i 舌面、前、高、不圆唇元音。发音时，唇形呈扁平状，舌尖前伸抵住下齿背。发音时，声带振动，软腭上升，关闭鼻腔通路，如图 1-31 所示。

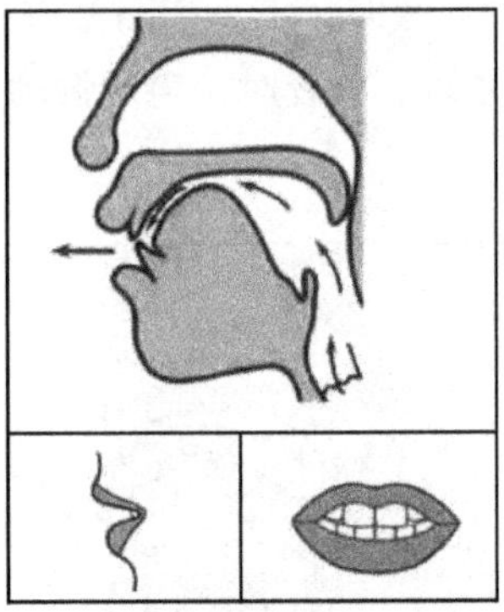

图 1-31 舌面单韵母 i 的发音示意图

集体 jítǐ	笔记 bǐjì	机器 jīqì	依稀 yīxī
谜底 mídǐ	意义 yìyì	奇迹 qíjì	地皮 dìpí
习题 xítí	提议 tíyì	鼻涕 bítì	比例 bǐlì
比拟 bǐnǐ	笔迹 bǐjì	脾气 píqi	披靡 pīmí
敌意 díyì	匹敌 pǐdí	体力 tǐlì	迷离 mílí
利益 lìyì	激励 jīlì	厘米 límǐ	立即 lìjí

u　舌面、后、高、圆唇元音。发音时，双唇拢圆，略向前突出；舌头后缩，使舌面后部向软腭方向隆起。发音时，声带振动，软腭上升，关闭鼻腔通路，如图 1-32 所示。

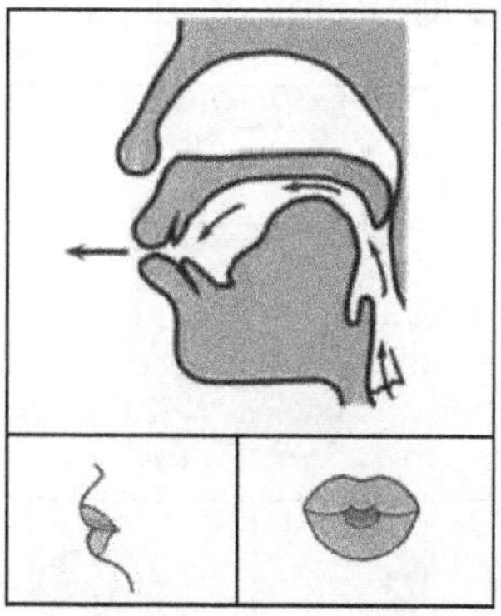

图 1-32　舌面单韵母 u 的发音示意图

朴素 pǔsù	芜湖 wúhú	互助 hùzhù	土布 tǔbù
无故 wúgù	孤独 gūdú	祝福 zhùfú	出租 chūzū
粗鲁 cūlǔ	诉苦 sùkǔ	户主 hùzhǔ	不足 bùzú
部署 bùshǔ	服输 fúshū	付出 fùchū	负数 fùshù
附录 fùlù	复苏 fùsū	初步 chūbù	鼓舞 gǔwǔ
督促 dūcù	服务 fúwù	图书 túshū	

ü　舌面、前、高、圆唇元音。发音时，双唇拢圆，略向前突出；舌尖前伸使舌头抵住下齿背，使舌面前部隆起和硬腭前部相对。发音时，声带振动，软腭上升，关闭鼻腔通路，如图 1-33 所示。

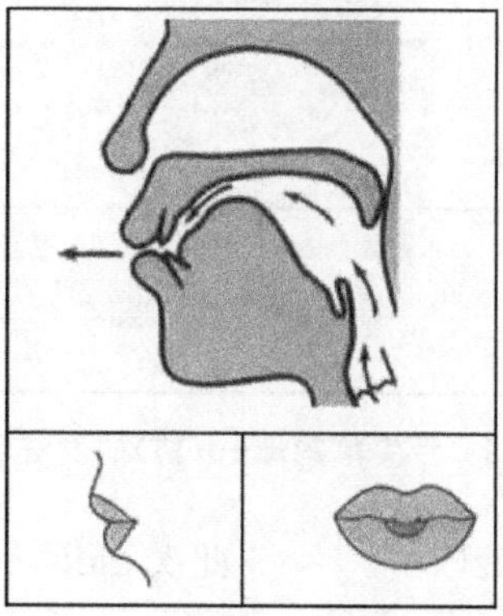

图 1-33　舌面单韵母 ü 的发音示意图

序曲 xùqǔ	旅居 lǚjū	曲剧 qǔjù	区域 qūyù
语序 yǔxù	聚居 jùjū	雨具 yǔjù	女婿 nǚxu
絮语 xùyǔ	豫剧 yùjù	吕剧 lǚjù	缕缕 lǚlǚ
须臾 xūyú	遇雨 yùyǔ	郁郁 yùyù	语句 yǔjù

ê　舌面、前、中、不圆唇元音。舌头前伸，舌面前部略微抬高，口自然打开，软腭上升关闭鼻腔通道，嘴角向两边展开，声带颤动，如图 1-34 所示。

ê 的主要用途是与 i、ü 组成复韵母，如 ie、üe 等。

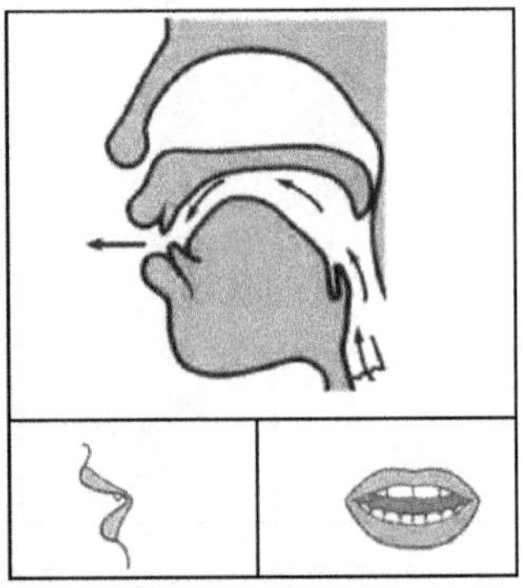

图 1-34　舌面单韵母 ê 的发音示意图

结业 jiéyè	贴切 tiēqiè	趔趄 lièqie
约略 yuēlüè	雀跃 quèyuè	雪月 xuěyuè

二、舌尖单韵母的发音方法

－i　(前)舌尖、前、不圆唇元音。舌尖前伸靠近上齿背，气流通路狭窄但不发生摩擦，声带颤动，软腭上升关闭鼻腔通道，嘴唇向两旁展开，如图 1-35 所示。

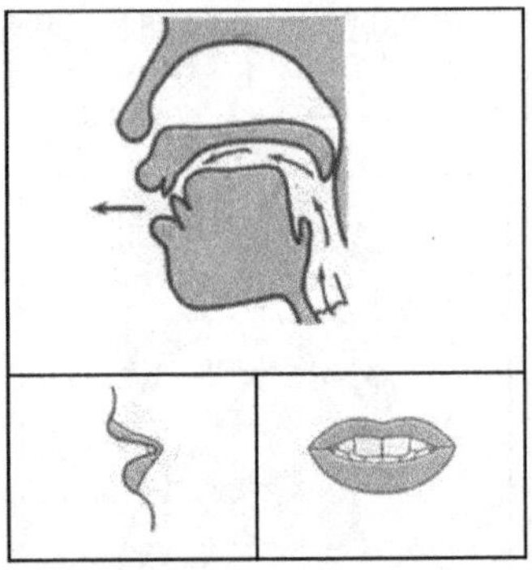

图 1-35　舌尖单韵母－i(前)的发音示意图

自此 zìcǐ	私自 sīzì	此次 cǐcì	字词 zìcí
次子 cìzǐ	刺字 cìzì	赐死 cìsǐ	恣肆 zìsì
四次 sìcì			

－i　(后)舌尖、后、不圆唇元音。舌身后缩，舌尖翘起靠近前硬腭，气流通路狭窄但不发生摩擦，嘴唇不圆，声带颤动，软腭上升关闭鼻腔通道，如图 1-36 所示。

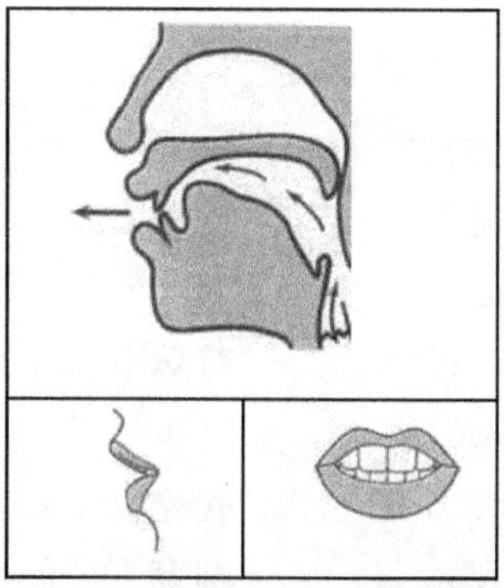

图 1-36　舌尖单韵母 -i(后)的发音示意图

支持 zhīchí　　智齿 zhìchǐ　　制止 zhìzhǐ　　纸质 zhǐzhì
知识 zhīshi　　迟滞 chízhì　　市值 shìzhí　　事实 shìshí
试纸 shìzhǐ　　食指 shízhǐ

三、卷舌单韵母的发音方法

er 卷舌、央、中、不圆唇元音。发音时，口形略开，舌位居中，舌前、中部上抬，舌尖向后卷，和硬腭前端相对。发音时，声带振动，软腭上升，关闭鼻腔通路，如图 1-37 所示。

er 是一个用双字母表示的单韵母，e 表示舌位和唇形，r 表示卷舌动作。er 只能自成音节。

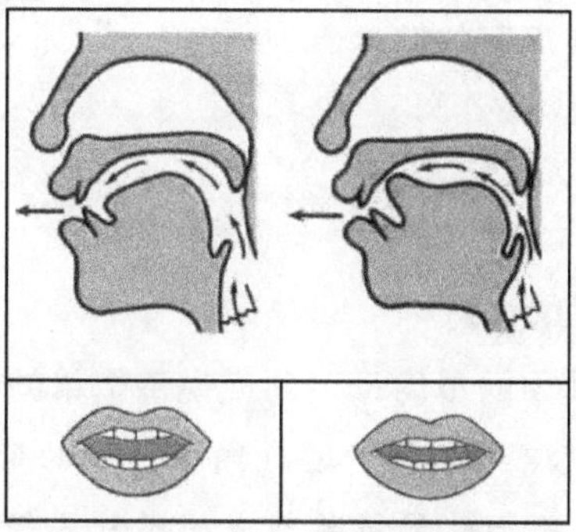

图 1-37　卷舌单韵母 er 的发音示意图

二十 èrshí　　而且 érqiě　　尔后 ěrhòu　　幼儿 yòu'ér　　耳朵 ěrduo
木耳 mùěr　　尔后 ěrhòu　　儿歌 érgē　　儿科 érkē　　耳环 ěrhuán
而已 éryǐ　　二胡 èrhú　　饵料 ěrliào　　洱海 ěrhǎi　　儿子 érzi

技能巩固

1. 词语混合训练，读准下列词语。

沙漠 shāmò	拔河 báhé	巴黎 bālí	发育 fāyù
波折 bōzhé	蘑菇 mógu	默许 mòxǔ	河马 hémǎ
许可 xǔkě	彻底 chèdǐ	特殊 tèshū	歌剧 gējù
抵达 dǐdá	气魄 qìpò	计策 jìcè	地图 dìtú
碧绿 bìlǜ	抒发 shūfā	抚摩 fǔmó	读者 dúzhě
除夕 chúxī	富裕 fùyù	拘束 jūshù	曲折 qūzhé
序曲 xùqǔ	法律 fǎlǜ	合资 hézī	录取 lùqǔ
拉车 lāchē	雨衣 yǔyī	薄荷 bòhe	居住 jūzhù
自治 zìzhì	继续 jìxù	实习 shíxí	扎实 zhāshi
歌曲 gēqǔ	破土 pòtǔ	抹杀 mǒshā	惹事 rěshì
坡度 pōdù	乐趣 lèqù	律师 lǜshī	

2. 朗读儿歌，注意其中加点字的韵母。

①燕子仔，尾像叉，年年来我家。不怕冷来不怕沙，四出飞行口呀呀。雌雄出外衔泥花，建筑新巢像人家，就是狂风也不怕。

②我家门前有小河，后面有山坡，坡上野花多，野花红似火。河里有白鹅，鹅儿戏绿波。鹅儿真快乐，昂头唱清歌。

③小雨点，沙沙沙，落在花池里，花儿乐得张嘴巴。小雨点，沙沙沙，落在鱼池里，鱼儿乐得摇尾巴。小雨点，沙沙沙，落在田野里，苗儿乐得向上拔。

3. 朗读下列古诗，注意加点字的韵母。

天街小雨润如酥，
草色遥看近却无。
最是一年春好处，
绝胜烟柳满皇都。（韩愈《早春》）

4. 朗读下列短文，写出其中的单韵母，并说说每个单韵母最后保持的口型。

我们家前院就有位叔叔，擅扎风筝，远近闻名。他扎的风筝不只体型好看，色彩艳丽，放飞得高远，还在风筝上绷一叶用蒲苇削成的膜片，经风一吹，发出“嗡嗡”的声响，仿佛是风筝的歌唱，在蓝天下播扬，给开阔的天地增添了无尽的韵味，给驰荡的童心带来几分疯狂。

我们那条胡同的左邻右舍的孩子们放的风筝几乎都是叔叔编扎的。他的风筝不卖钱，谁上门去要，就给谁，他乐意自己贴钱买材料。

（选自《普通话水平测试实施纲要》作品 9 号《风筝畅想曲》）

5. 三分钟说话练习，任选一题：(1)我喜欢的节目；(2)我喜欢的明星（或其他知名人士）。

第十四节　复韵母的发音训练

方法与训练

在复韵母的发音过程中，不管是舌、唇还是口的开闭程度都是有变化的。复韵母并不是几个单韵母的机械、简单的相加，而是由一串元音音素复合而成的。发音过程存在一个元音舌位向另一个元音舌位滑动的动程，及唇形的开合、圆展的变化。复韵母里，各个成分的响度、强弱、长短是不同的。其中韵腹是复韵母的重心，声音比较响亮、清晰，占的时间长些。韵头和韵尾在音节中声音比较微弱、模糊，占的时间短些。

根据韵腹位置的不同，可把复韵母分为前响复韵母、后响复韵母和中响复韵母三类。

一、前响复韵母 ai、ei、ao、ou 的发音方法

前响复韵母是由两个元音复合而成的。发音特点是舌位由低向高滑动，舌位移动的终点不太稳定；开头的元音音素响亮清晰，收尾的元音音素轻短模糊。前响复韵母的起点元音 a、o、e 是韵腹，发音响亮清晰；止点元音 i、o、u 是韵尾，发音轻短模糊。

ai 是由元音 a 和 i 复合成的。a 是韵腹，舌位比单韵母 a 略前些；韵尾 i 比单韵母 i 口腔稍开，也就是发到接近 i 时就结束了。发这个韵母时，先是舌位放低，唇形展开，发出 a 音，紧接着舌面上升，最后发出接近 i 的音，如图 1-38 所示。

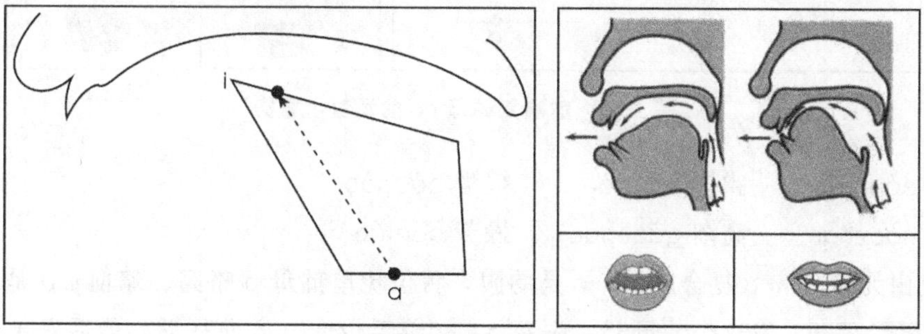

图 1-38　前响复韵母 ai 的发音示意图

白菜 báicài　　海带 hǎidài　　爱戴 àidài

晒台 shàitái　　买卖 mǎimai　　彩排 cǎipái

ei 是由元音 e 和 i 复合成的。e 是韵腹，舌位比单韵母 e 既高又靠前；i 是韵尾，比单韵母 i 口腔稍开。发音时，从 e 的舌位开始，向 i 的舌位移动。e 音清晰、响亮，i 音轻短含混。这个韵母的发音动程较窄，要仔细体会，不要发成单韵母，如图 1-39 所示。

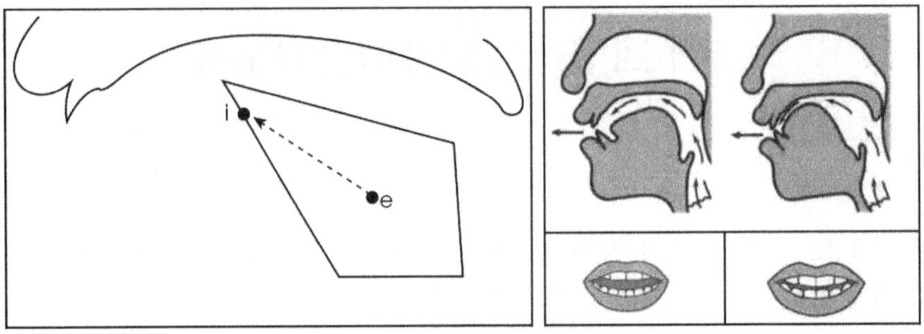

图 1-39　前响复韵母 ei 的发音示意图

蓓蕾 bèilěi　　北美 běiměi　　配备 pèibèi

黑煤 hēiméi　　肥美 féiměi　　娓娓 wěiwěi

ao 是由元音 a 和 o 复合成的。a 是韵腹，舌位比单韵母 a 靠后；o 是韵尾，舌位比 o 高，接近 u，发这个韵母时，舌位放低，唇形开而不圆，发出响而长的 a；接着舌位逐渐升高，唇形逐渐变圆，最后发出轻短含混的 u 音，如图 1-40 所示。

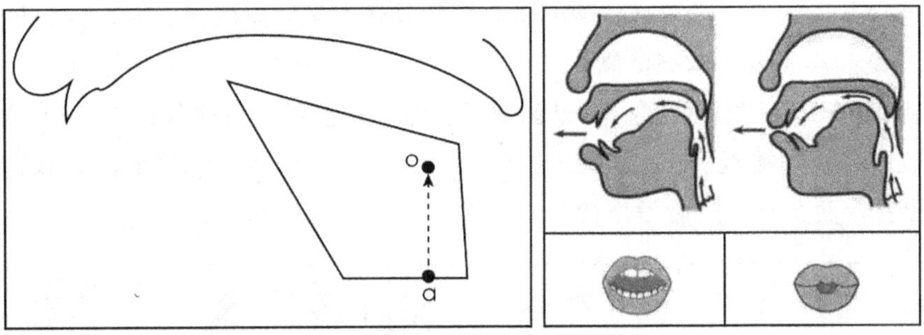

图 1-40　前响复韵母 ao 的发音示意图

草帽 cǎomào　　跑道 pǎodào　　报告 bàogào

号召 hàozhào　　高潮 gāocháo　　操劳 cāoláo

ou 是由元音 o 和 u 复合成的。o 是韵腹，舌位比单韵母 o 略高、略前；u 是韵尾，比单韵母 u 唇形稍开。发这个韵母时，先发 o，接着舌位向 u 方向移动，最后发出轻短含混的 u 音，如图 1-41 所示。

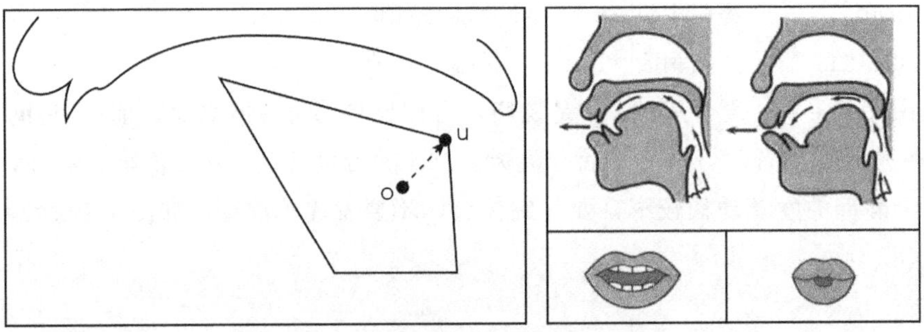

图 1-41　前响复韵母 ou 的发音示意图

欧洲 ōuzhōu　　喉头 hóutóu　　抖擞 dǒusǒu
收购 shōugòu　　佝偻 gōulóu　　绸缪 chóumóu

二、后响复韵母 ia、ie、ua、uo、üe 的发音方法

后响复韵母是由两个元音复合而成的。发音特点是舌位由高向低滑动，舌位的起点和终点比较稳定；起点元音不太响亮，比较短促，止点元音响亮清晰。起点元音 i、u、ü，是韵头，发音要短，止点元音 a、o、e 是韵腹，发音清晰响亮。

ia 元音是由 i 和 a 组成的。i 是韵头，a 是韵腹。发音时，先是舌位高，唇形扁，发出轻短的 i 音，接着舌位降低，发出响而长的 a 音，如图 1-42 所示。

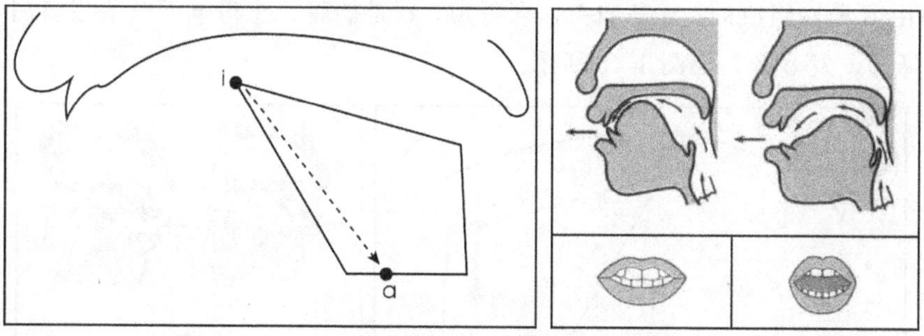

图 1-42　后响复韵母 ia 的发音示意图

恰恰 qiàqià　　戛戛 jiájiá　　加价 jiājià
家鸭 jiāyā　　假牙 jiǎyá　　下家 xiàjiā

ie 是由 i 和 ê 组成的。i 是韵头，ê 是韵腹。发音时，先发出较短的 i 音，接着舌位降到前中位置，发出响而长的 ê 音，如图 1-43 所示。

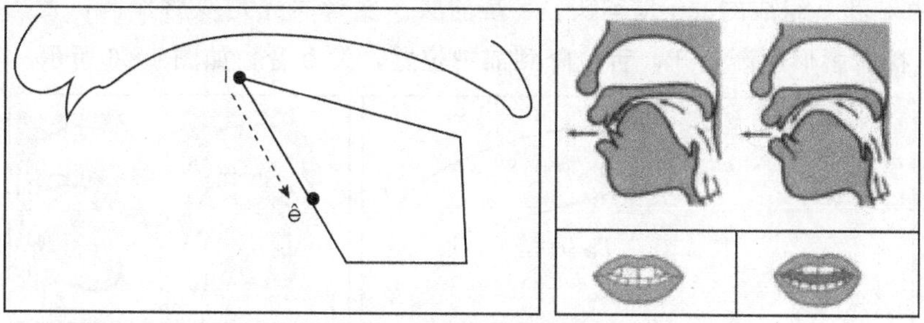

图 1-43　后响复韵母 ie 的发音示意图

结业 jiéyè　　贴切 tiēqiè　　节烈 jiéliè
趔趄 lièqie　　切切 qièqiè　　歇业 xiēyè

ua 是由 u 和 a 组成的。u 是韵头，a 是韵腹。发音时，先发 u 音，接着舌位降低，唇形展开，发出响而长的 a 音，如图 1-44 所示。

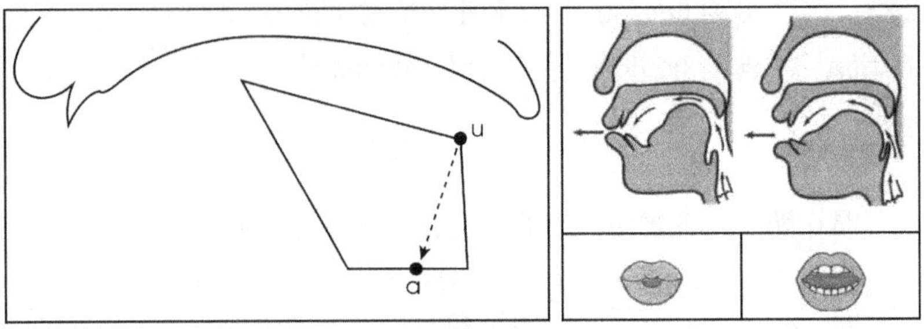

图 1-44 后响复韵母 ua 的发音示意图

挂画 guàhuà 花袜 huāwà 娃娃 wáwa 耍滑 shuǎhuá

uo 是由 u 和 o 组成的。u 是韵头，念得短，o 是韵腹，念得响而长。发音时，先发 u，接着舌位降低，发 o 音，如图 1-45 所示。

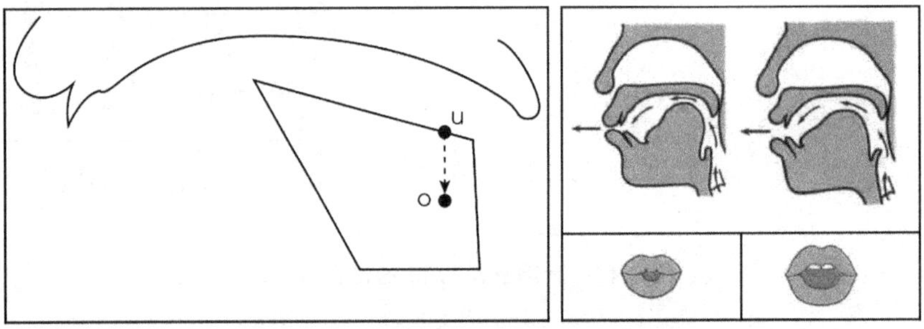

图 1-45 后响复韵母 uo 的发音示意图

骆驼 luòtuo 火锅 huǒguō 错落 cuòluò

阔绰 kuòchuò 硕果 shuòguǒ 国货 guóhuò

üe 是由 ü 和 ê 组成的。ü 是韵头，ê 是韵腹。发音时先是双唇撮圆，舌头前伸抬高，发出 ü 音，接着唇形逐渐变开，舌位降到前中位置，发 ê 音，如图 1-46 所示。

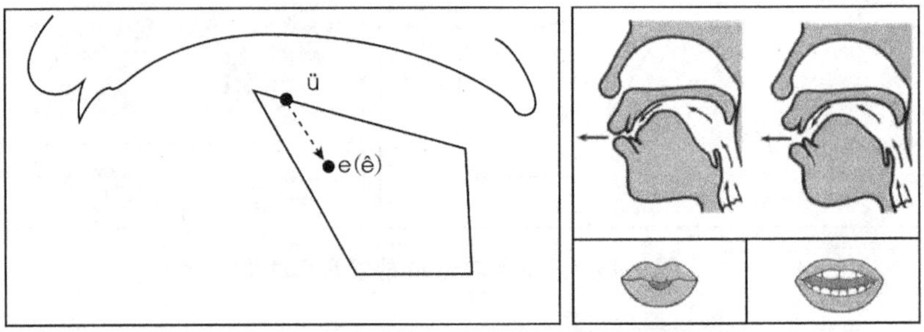

图 1-46 后响复韵母 üe 的发音示意图

约略 yuēlüè 雀跃 quèyuè 决绝 juéjué 雪月 xuěyuè

三、中响复韵母 iao、iou、uai、uei 的发音方法

中响复韵母由三个元音复合而成。发音特点是舌位由高向低滑动，再由低向高滑动；

起点元音较短不太响亮，折点元音较长、响亮清晰，止点元音轻短模糊。起点元音是韵头，止点元音是韵尾，折点元音是韵腹，发音清晰响亮。但是其中 iou、uei 两个韵母的韵腹的响亮程度要受声调的影响。

iao 发音时，舌位由 i 降到 a，再由 a 升向接近 u 的位置。也可以先发 i，紧接着发 ao，如图 1-47 所示。

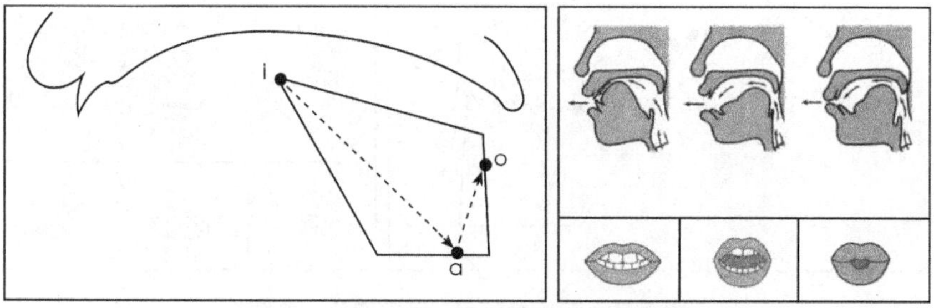

图 1-47　中响复韵母 iao 的发音示意图

小鸟 xiǎoniǎo　　逍遥 xiāoyáo　　巧妙 qiǎomiào

笑料 xiàoliào　　叫嚣 jiàoxiāo　　苗条 miáotiáo

iou 发音时，舌位由 i 降到 o，再由 o 升向 u，如图 1-48 所示。这个韵母在读阴平、阳平时，韵腹 o 不如读上声和去声时响亮。iou 同声母相拼时，中间的 o 省写，简写为 iu。

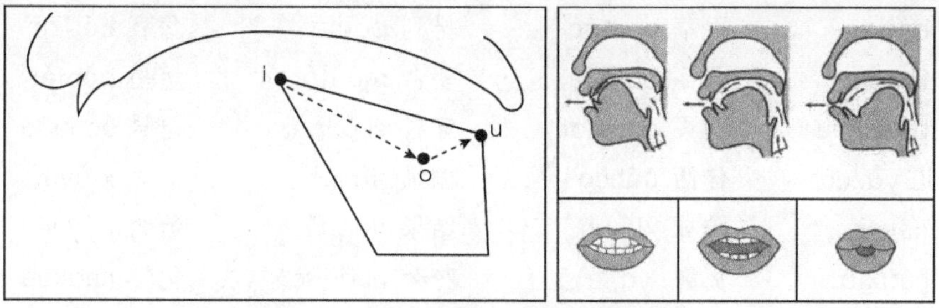

图 1-48　中响复韵母 iou 的发音示意图

优秀 yōuxiù　　悠久 yōujiǔ　　久留 jiǔliú

舅舅 jiùjiu　　牛油 niúyóu　　绣球 xiùqiú

uai 发音时，舌位由 u 降到 a，再由后 a 升向 i。也可以先发 u，紧接着发 ai，如图 1-49 所示。

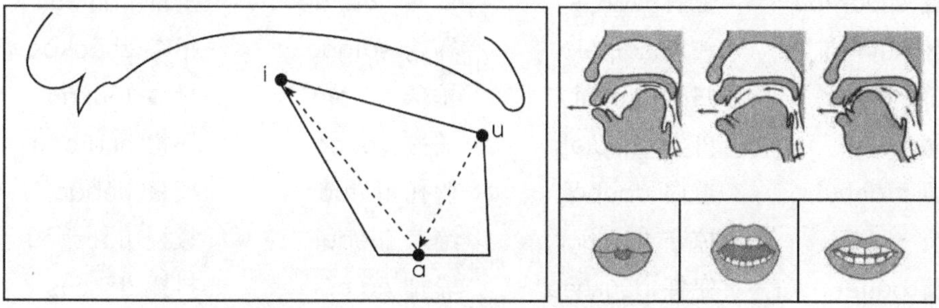

图 1-49　中响复韵母 uai 的发音示意图

摔坏 shuāihuài　怀揣 huáichuāi　外快 wàikuài　乖乖 guāiguāi

uei 发音时，舌位由 u 降到 e，再由后 e 升向 i。也可以先发 u 紧接着发 ei，如图 1-50 所示。这个音在读阴平、阳平时，韵腹不如读上声、去声时响亮。同声母相拼时，uei 中间的 e 省略，简写为 ui。

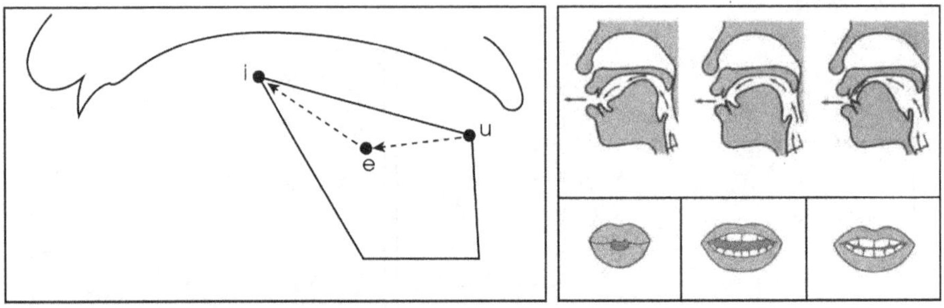

图 1-50　中响复韵母 uei 的发音示意图

魁伟 kuíwěi　归队 guīduì　摧毁 cuīhuǐ
水位 shuǐwèi　追随 zhuīsuí　翠微 cuìwēi

技能巩固

1. 词语混合练习。

白费 báifèi	百草 bǎicǎo	排列 páiliè	悲哀 bēi'āi
肥皂 féizào	北斗 běidǒu	茅台 máotái	堡垒 bǎolěi
报仇 bàochóu	购买 gòumǎi	守备 shǒubèi	逗号 dòuhào
雅座儿 yǎzuòr	佳话 jiāhuà	枷锁 jiāsuǒ	下月 xiàyuè
接洽 jiēqià	鞋袜 xiéwà	结果 jiéguǒ	节约 jiéyuē
华夏 huáxià	瓦解 wǎjiě	花朵 huāduǒ	化学 huàxué
国家 guójiā	唾液 tuòyè	火花 huǒhuā	活跃 huóyuè
血压 xuèyā	学业 xuéyè	雪花 xuěhuā	确凿 quèzáo
夏夜 xiàyè	郊游 jiāoyóu	表率 biǎoshuài	描绘 miáohuì
幼苗 yòumiáo	流水 liúshuǐ	诱拐 yòuguǎi	怀表 huáibiǎo
摔跤 shuāijiāo	歪斜 wāixié	翠鸟 cuìniǎo	垂柳 chuíliǔ
毁坏 huǐhuài	栽培 zāipéi	赛跑 sàipǎo	招考 zhāokǎo
耐劳 nàiláo	归队 guīduì	排球 páiqiú	投靠 tóukào
傀儡 kuǐlěi	兽类 shòulèi	摇摆 yáobǎi	怀抱 huáibào
销毁 xiāohuǐ	道白 dàobái	假托 jiǎtuō	捷报 jiébào
学费 xuéfèi	掠夺 lüèduó	绝对 juéduì	教授 jiàoshòu
蓓蕾 bèilěi	兜售 dōushòu	彩排 cǎipái	抖擞 dǒusǒu

2. 朗读下面的诗文，读准加点字的韵母。

风急天高猿啸哀，渚清沙白鸟飞回。
无边落木萧萧下，不尽长江滚滚来。
万里悲秋常作客，百年多病独登台。
艰难苦恨繁霜鬓，潦倒新停浊酒杯。（杜甫《登高》——ao、iao、ai、ui、uo、ei、iu 的练习）

凤凰台上凤凰游，凤去台空江自流。
吴宫花草埋幽径，晋代衣冠成古丘。
三山半落青天外，二水中分白鹭洲。
总为浮云能蔽日，长安不见使人愁。（李白《登金陵凤凰台》——ou、iu 的练习）

怒发冲冠，凭阑处、潇潇雨歇。抬望眼，仰天长啸，壮怀激烈。三十功名尘与土，八千里路云和月。莫等闲、白了少年头，空悲切。

靖康耻，犹未雪。臣子恨，何时灭！驾长车，踏破贺兰山缺。壮志饥餐胡虏肉，笑谈渴饮匈奴血。待从头收拾旧山河，朝天阙。（岳飞《满江红》——ie、ue 的练习）

独立寒秋，湘江北去，橘子洲头。看万山红遍，层林尽染；漫江碧透，百舸争流。鹰击长空，鱼翔浅底，万类霜天竞自由。怅寥廓，问苍茫大地，谁主沉浮？

携来百侣曾游，忆往昔峥嵘岁月稠。恰同学少年，风华正茂；书生意气，挥斥方遒。指点江山，激扬文字，粪土当年万户侯。曾记否，到中流击水，浪遏飞舟？（毛泽东《沁园春·长沙》——ou 的练习）

从前，有兄弟两个，各自过活。哥哥很阔，但是很吝啬。弟弟只有破屋一座，天天在山上耕作。一天，他口渴了，到河边去找水喝。回来一看，地里的禾苗一棵也没有了，他就大哭起来。忽然，飞来一只天鹅，说："小伙子，不要哭，我带你到太阳国去摘金果。"于是，他就坐在天鹅的背上，飞过小河，翻过山坡，到了太阳国。他看见一棵金光闪烁的金果树，他摸了摸金色的果子，只摘了一个，回去后，整理了田舍，又盖了新房一所。哥哥知道后，前来道贺，回去也模仿着做。天鹅也把他带到了太阳国。他毫不客气地抓住那棵金果树，摘了一个又一个。天鹅说，可以啦，不然就会有祸。他还舍不得，认为良机不可错过。结果太阳出来了，光芒四射，把这个刻薄的恶人，晒死在太阳国。（《太阳国》——uo 的练习）

红酥手，黄縢酒，满城春色宫墙柳。东风恶，欢情薄，一怀愁绪，几年离索。错，错，错！

春如旧，人空瘦，泪痕红浥鲛绡透。桃花落，闲池阁，山盟虽在，锦书难托。莫，

莫，莫！（陆游《钗头凤·红酥手》——uo、iu、ei、ao、ua、ui、ai、uo 的练习）

3. 复韵母绕口令练习。

买白菜，搭海带，不买海带就别买大白菜。

买卖改，不搭卖，不买海带也能买到大白菜。（《白菜和海带》——ai 的练习）

我爱家乡山和水，山清水秀实在美，果树满山飘芳菲，池塘清清鱼儿肥，风送谷香沁心扉，丰收景象诱人醉，发自肺腑唱一曲，歌声绕着彩云飞。（《我爱家乡山和水》——ei 的练习）

东边庙里有个猫，西边树梢有只鸟。猫鸟天天闹，不知是猫闹树上鸟，还是鸟闹庙里猫。（《猫闹鸟》——ao 的练习）

一只猴牵了一只狗，坐在油篓边上喝点酒，猴喝酒还就着藕，狗啃骨头也啃油篓，

猴拿油篓口去扣狗的头，狗的头进了猴的油篓口，狗啃油篓，油篓才漏油。（《藕和狗》——ou 的练习）

天空飘着一片霞，水上游来一群鸭。霞是五彩霞，鸭是麻花鸭，麻花鸭游进五彩霞，五彩霞网住麻花鸭。乐坏了鸭，拍碎了霞，分不清是鸭还是霞。（《是鸭还是霞》——ia 的练习）

瓜棚挂瓜，瓜挂瓜棚。风刮瓜，瓜碰棚。风刮棚，棚碰瓜。（《瓜棚挂瓜》——ua 的练习）

炉东有个锤快锤，炉西有个锤锤快，两人炉前来比赛，不知是锤快锤比锤锤快锤得快，还是锤锤快比锤快锤锤得快。（《谁锤快》——uai 的练习）

嘴说腿，腿说嘴。嘴说腿爱跑腿，腿说嘴爱卖嘴。光动嘴，不动腿，不如不长腿。光动腿，不动嘴，不如不长嘴。又动腿，又动嘴，腿不再说嘴。嘴不再说腿。（《嘴和腿》——ui 的练习）

4. 朗读下列短文，写出其中的复韵母，并说说每个韵母归音的口型。

一次，胡适正讲得得意的时候，一位姓魏的学生突然站了起来，生气地问："胡先生，难道说白话文就毫无缺点吗？"胡适微笑着回答说："没有。"那位学生更加激动了："肯定有！白话文废话太多，打电报用字多，花钱多。"胡适的目光顿时变亮了，轻声地解释说："不一定吧！前几天有位朋友给我打来电报，请我去政府部门工作，我决定不去，就回电拒绝了。复电是用白话写的，看来也很省字。请同学们根据我这个意思，用文言文写一个回电，看看究竟是白话文省字，还是文言文省字？"胡教授刚说完，同学们立刻认真地写了起来。

（选自《普通话水平测试实施纲要》作品 15 号《胡适的白话电报》，有所改动）

5. 三分钟说话练习，任选一题：(1)我喜爱的书刊；(2)我知道的风俗。

第十五节　前鼻韵母的发音训练

方法与训练

鼻韵母是元音加上一个鼻辅音构成的韵母。在普通话里，鼻辅音只有两个，就是 n 和 ng。鼻韵母的发音和复韵母的发音一样，也是舌位移动变化的结果。不同的是复韵母的尾音是元音，鼻韵母的尾音是鼻音。发鼻韵母时，后头的鼻尾音要念好，学会区别－n、－ng 这两个鼻尾音。n 是舌面前鼻音，作声母和作韵尾时略有不同。作声母时，成阻、持阻、除阻三阻完整无缺；作韵尾时，只有成阻、持阻。

鼻韵母 16 个，按韵尾不同分为两类：因韵尾 n 是舌面前鼻音，所以这类韵母叫前鼻音韵母；因韵尾 ng 是舌面后鼻音，所以这类韵母叫后鼻音韵母。

前鼻音韵母有 an、en、in、ün、ian、uan、üan、uen。

an　元音 a 是韵腹，舌位比单韵母 a 偏前，鼻辅音 n 是韵尾。发音时，开始舌位放低，口大开，唇不圆；舌位动程从前低略升，最后舌面前部抵住硬腭前部，发鼻音 n，如图 1-51 所示。

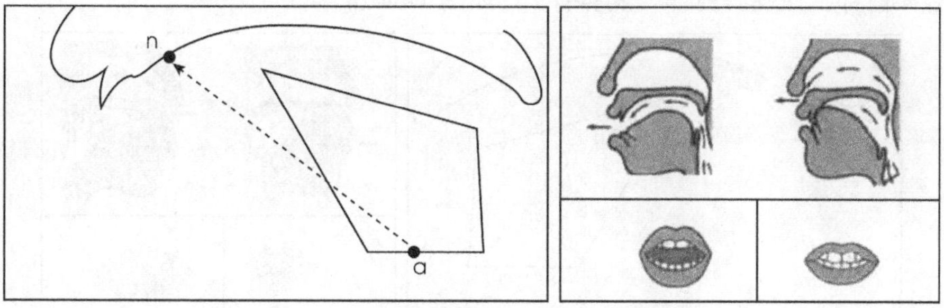

图 1-51　前鼻音韵母 an 的发音示意图

安然 ānrán　　灿烂 cànlàn　　橄榄 gǎnlǎn
肝胆 gāndǎn　　谈判 tánpàn　　汗衫 hànshān

en　元音 e 的舌位比单韵母 e 靠前，舌位上处于中间位置（不前、不后、不高、不低）；舌位动程从央元音 e 开始，接着舌面上升，最后舌面前部抵住硬腭前部，发鼻音 n，如图 1-52 所示。

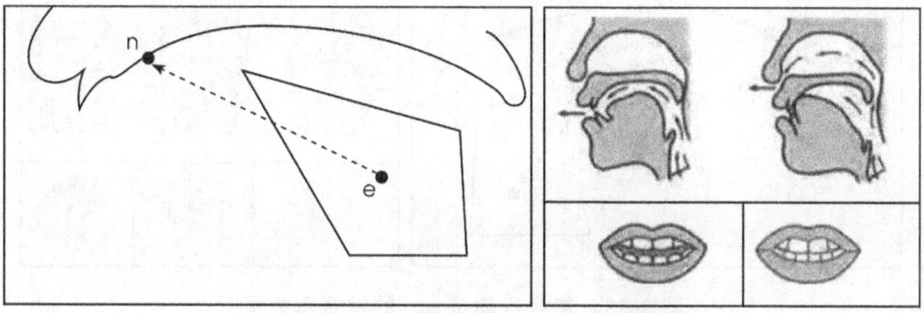

图 1-52　前鼻音韵母 en 的发音示意图

根本 gēnběn　　认真 rènzhēn　　深沉 shēnchén

门诊 ménzhěn　　振奋 zhènfèn　　审慎 shěnshèn

in　发音时，开始舌尖抵到下齿背后，舌面抬起接近硬腭，唇扁；舌位动程从前高展唇元音 i 开始，接着舌面上升，最后舌面前部抵住硬腭前部，发出鼻音 n，如图 1-53 所示。

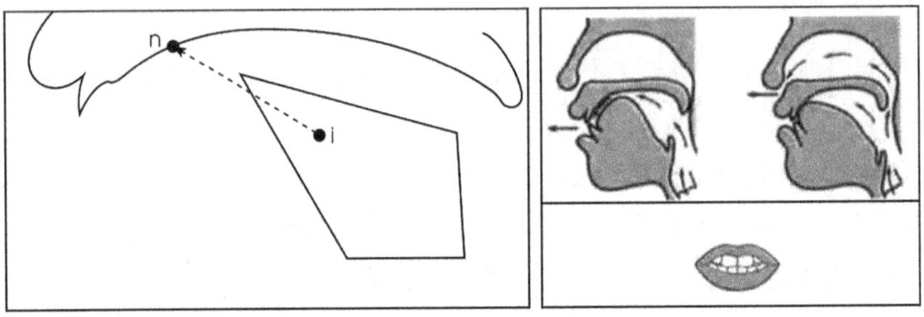

图 1-53　前鼻音韵母 in 的发音示意图

拼音 pīnyīn　　濒临 bīnlín　　林荫 línyīn

辛勤 xīnqín　　亲近 qīnjìn　　民心 mínxīn

ün　发音时，舌面接近硬腭，唇形撮起；舌位动程从前高圆唇元音 ü 开始，接着舌面上升，舌面前部抵住硬腭前部，发鼻音 n，如图 1-54 所示。

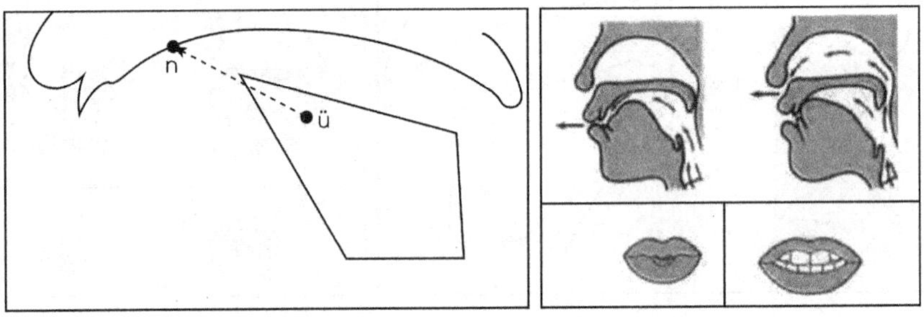

图 1-54　前鼻音韵母 ün 的发音示意图

均匀 jūnyún　　军训 jūnxùn　　纭纭 yúnyún　　逡巡 qūnxún

ian　元音 a 因受前后音的影响，舌位比单韵母 a 偏前、偏高。发音时，舌位动程从 i 开始，舌位降低，达到比单韵母 a 略高、略前的位置，接着舌面升高，舌面前部抵住硬腭前部，发鼻音 n，如图 1-55 所示。

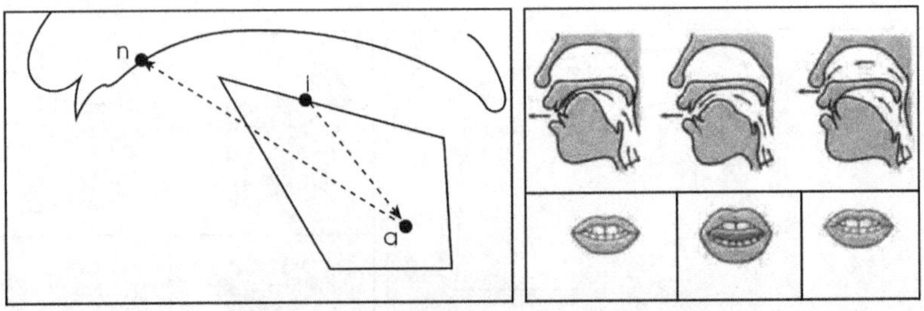

图 1-55　前鼻音韵母 ian 的发音示意图

简练 jiǎnliàn　　眼帘 yǎnlián　　惦念 diànniàn
颠连 diānlián　　鲜艳 xiānyàn　　连绵 liánmián

uan　发音时，舌位动程从 u 开始，舌位降低，达到 a 的位置，接着舌面升高，发鼻音 n。也可以先发 u 紧接着再发 an，如图 1-56 所示。自成音节时，ian 写成 yan(烟)，uan 写成 wan(弯)。

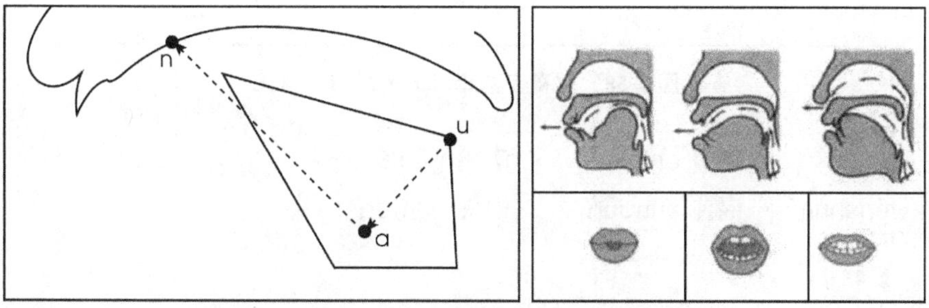

图 1-56　前鼻音韵母 uan 的发音示意图

贯穿 guànchuān　　婉转 wǎnzhuǎn　　专断 zhuānduàn
万端 wànduān　　转换 zhuǎnhuàn　　传唤 chuánhuàn

üan　元音 a 因受前后音的影响，舌位比单韵母 a 略高、略前，口腔稍闭。发音时，舌位动程从 ü 开始，舌位降低，达到 a 的位置，接着舌面升高，发鼻音 n，如图 1-57 所示。自成音节时，üan 写成 yuan(渊)。

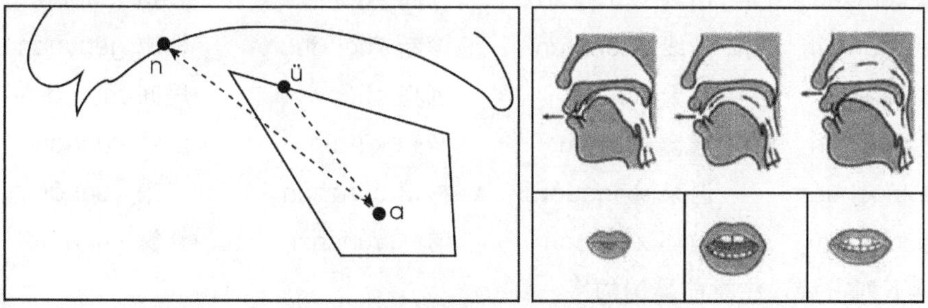

图 1-57　前鼻音韵母 üan 的发音示意图

源泉 yuánquán　　全权 quánquán　　轩辕 xuānyuán　　渊源 yuānyuán

uen　发音时，舌位动程从 u 开始，舌位降低，达到 e 的位置，接着舌面升高，发鼻音 n，如图 1-58 所示。这个音在发阴平、阳平时韵腹没有发上声、去声时响亮。自成音节时，uen 写成 wen(温)，与前面的声母相拼时写成 un。

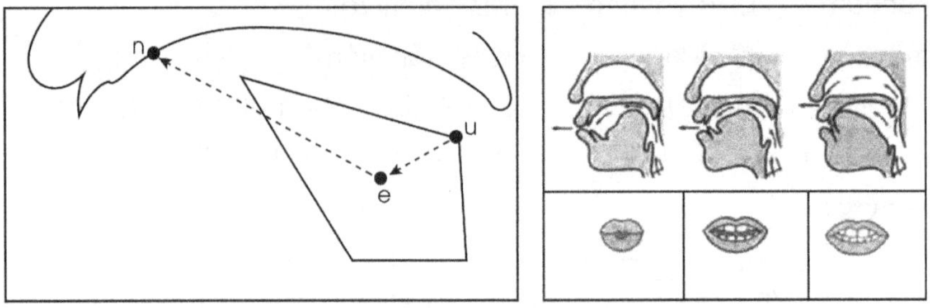

图 1-58 前鼻音韵母 uen 的发音示意图

昆仑 kūnlún	春笋 chūnsǔn	滚轮 gǔnlún
温顺 wēnshùn	混沌 hùndùn	馄饨 húntun

技能巩固

1. 词语混合练习。

甘甜 gāntián	判断 pànduàn	安全 ānquán	版本 bǎnběn
丹心 dānxīn	范文 fànwén	典范 diǎnfàn	变幻 biànhuàn
边缘 biānyuán	坚韧 jiānrèn	鲜嫩 xiānnèn	辩论 biànlùn
完满 wánmǎn	观点 guāndiǎn	缓慢 huǎnmàn	专员 zhuānyuán
传闻 chuánwén	冠军 guànjūn	元旦 yuándàn	全面 quánmiàn
询问 xúnwèn	田园 tiányuán	圆润 yuánrùn	分担 fēndān
选民 xuǎnmín	阵线 zhènxiàn	诊断 zhěnduàn	根源 gēnyuán
森林 sēnlín	频繁 pínfán	沉稳 chénwěn	民间 mínjiān
辛酸 xīnsuān	谨慎 jǐnshèn	辛勤 xīnqín	困难 kùnnan
轮船 lúnchuán	温泉 wēnquán	村镇 cūnzhèn	云南 yúnnán
训练 xùnliàn	循环 xúnhuán	匀称 yúnchèn	云鬓 yúnbìn

2. 读下列古诗，注意前鼻韵的字。

早岁那知世事艰，中原北望气如山。
楼船夜雪瓜洲渡，铁马秋风大散关。
塞上长城空自许，镜中衰鬓已先斑。
出师一表真名世，千载谁堪伯仲间！（陆游《书愤》）

国破山河在，城春草木深。
感时花溅泪，恨别鸟惊心。
烽火连三月，家书抵万金。
白头搔更短，浑欲不胜簪。（杜甫《春望》）

3. 读绕口令，注意读准前鼻韵的字。

小陈去卖针，小沈去卖盆。
俩人挑着担，一起出了门。
小陈喊卖针，小沈喊卖盆。
也不知是谁卖针，也不知是谁卖盆。(《小陈和小沈》——en 的练习)

山上青松根连根，
各族人民心连心。
根连根，心连心，
建设祖国一股劲。(《根连根》——in 的练习)

蓝天上是片片白云，
草原上是银色的羊群。
近处看，这是羊群，那是白云；
远处看，分不清哪是白云，哪是羊群。(《羊群和白云》——ün 的练习)

4. 朗读下列短文，注意读准前鼻韵的字。

享受幸福是需要学习的，当它即将来临的时刻需要提醒。人可以自然而然地学会感官的享乐，却无法天生地掌握幸福的韵律。灵魂的快意同器官的舒适像一对孪生兄弟，时而相傍相依，时而南辕北辙。

幸福是一种心灵的震颤。它像会倾听音乐的耳朵一样，需要不断地训练。

简而言之，幸福就是没有痛苦的时刻。它出现的频率并不像我们想象的那样少。人们常常只是在幸福的金马车已经驶过去很远时，捡起地上的金鬃毛说，原来我见过它。

(选自《普通话水平测试实施纲要》作品 40 号《提醒幸福》)

5. 三分钟说话练习，任选一题：(1)我所在的集体(学校、机关、公司等)；(2)我向往的地方。

第十六节　后鼻韵母的发音训练

方法与训练

后鼻韵母 ang、eng、ong、ing、iang、iong、uang、ueng 共 8 个。

ang　这个 a 比单韵母 a 舌位靠后。发音时，开始舌头后缩，口大开唇形不圆；舌位动程从后低不圆唇元音 a 开始，接着舌面后部上升，舌根顶住软腭，发鼻音 ng。

苍茫 cāngmáng　　长廊 chángláng　　当场 dāngchǎng
厂房 chǎngfáng　　盲肠 mángcháng　　螳螂 tángláng

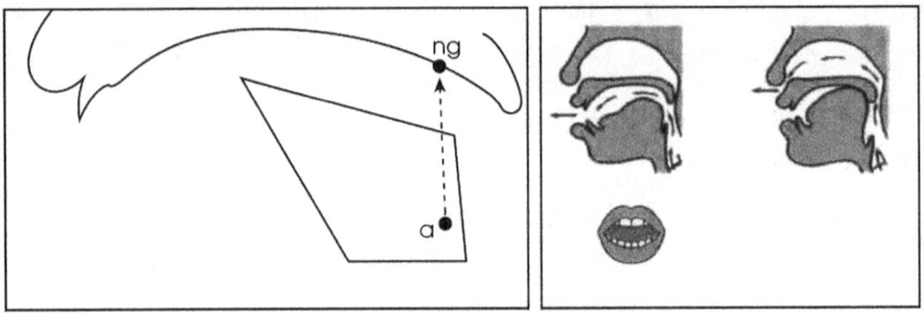

图 1-59　后鼻音韵母 ang 的发音示意图

eng　这个 e 是央 e。发音时，先发央 e，接着发鼻音 ng。

丰盛 fēngshèng	横生 héngshēng	整风 zhěngfēng
风筝 fēngzheng	更正 gēngzhèng	登程 dēngchéng

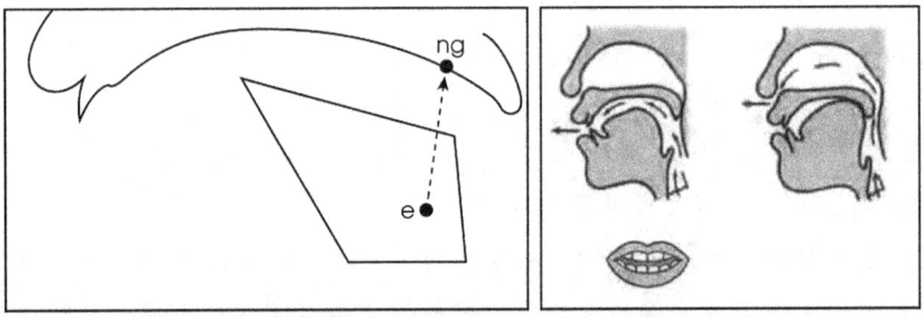

图 1-60　后鼻音韵母 eng 的发音示意图

ong　这里的 o 和单韵母 o 不同，实际接近 u，比 u 舌位稍低，唇形稍开，称为“松 u”。发音时，舌位动程从松 u 开始，接着舌面后部升高，舌根接触软腭，发鼻音 ng。

葱茏 cōnglóng	从容 cóngróng	轰动 hōngdòng
空洞 kōngdòng	工农 gōngnóng	肿痛 zhǒngtòng

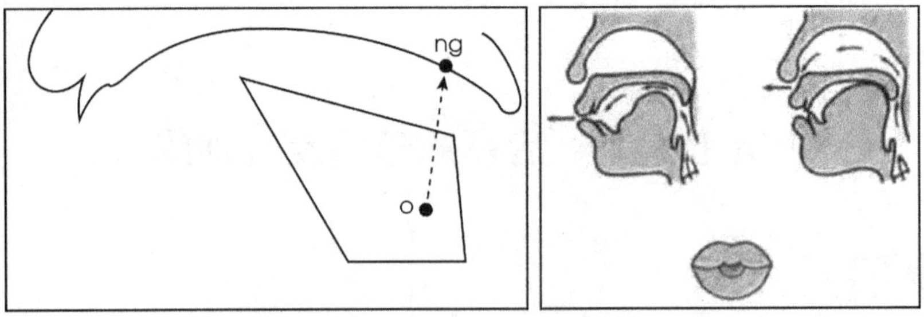

图 1-61　后鼻音韵母 ong 的发音示意图

ing　发音时，先发 i，接着舌头后缩，直接发鼻音 ng。注意勿加入 e 一类的音。

宁静 níngjìng	评定 píngdìng	明星 míngxīng
姓名 xìngmíng	命令 mìnglìng	倾听 qīngtīng

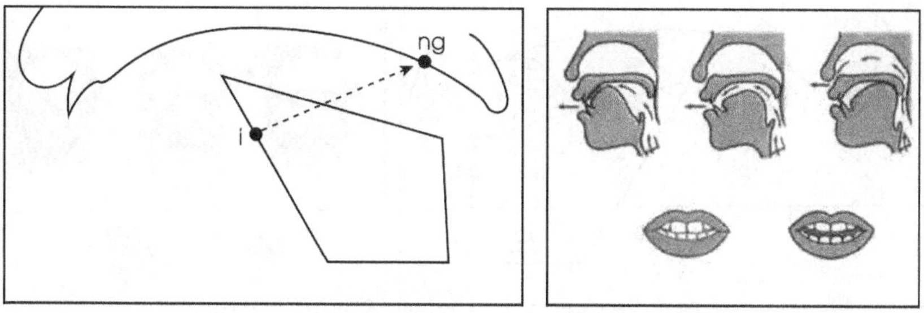

图 1-62　后鼻音韵母 ing 的发音示意图

iang　发音时，先发轻轻的 i，接着发 ang。

湘江 xiāngjiāng　　想象 xiǎngxiàng　　响亮 xiǎngliàng

两样 liǎngyàng　　亮相 liàngxiàng　　洋姜 yángjiāng

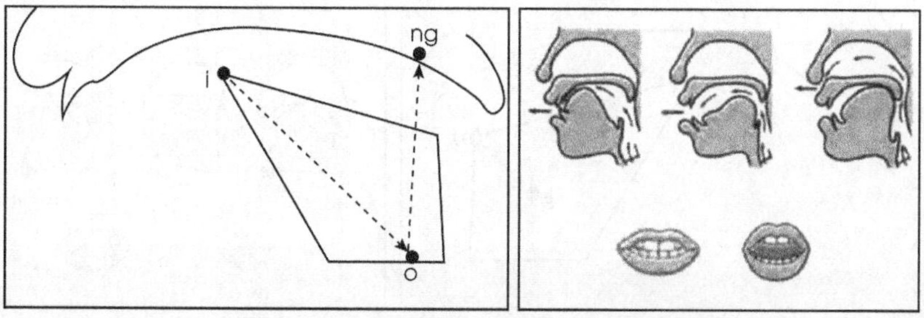

图 1-63　后鼻音韵母 iang 的发音示意图

iong　发音时，先发 i，发 i 的时候，稍有圆唇度，接着发 ong。

汹涌 xiōngyǒng　熊熊 xióngxióng　炯炯 jiǒngjiǒng　穷凶 qióngxiōng

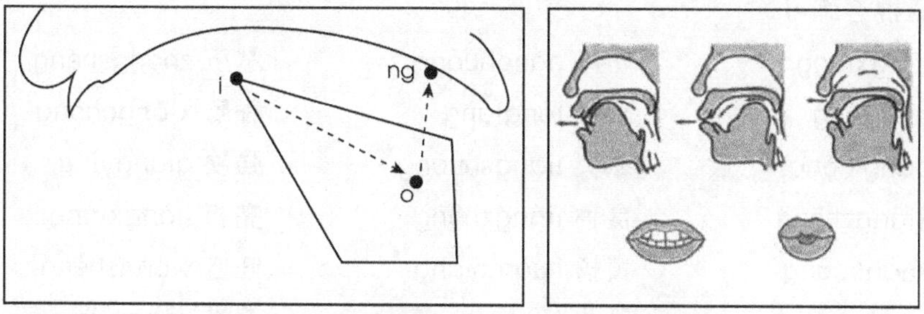

图 1-64　后鼻音韵母 iong 的发音示意图

uang　发音时，先发 u，接着发 ang。

状况 zhuàngkuàng　　狂妄 kuángwàng　　双簧 shuānghuáng

矿床 kuàngchuáng　　装潢 zhuānghuáng

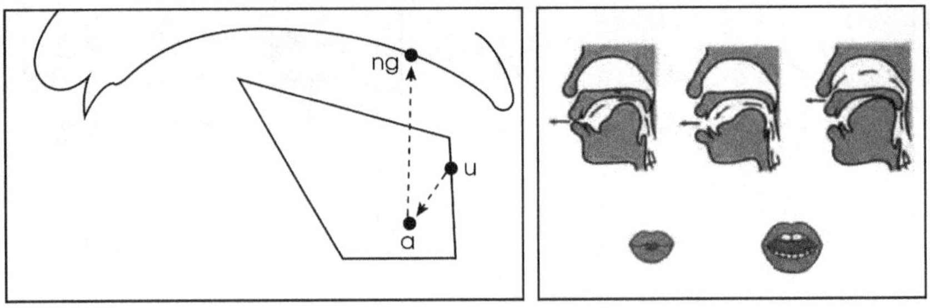

图 1-65　后鼻音韵母 uang 的发音示意图

ueng　发音时，先发 u，接着发 eng。ueng 这个韵母自成音节，不跟任何声母相拼，写作 weng。例如：

渔翁 yúwēng　　蕹菜 wèngcài　　蓊郁 wěngyù　　瓮城 wèngchéng

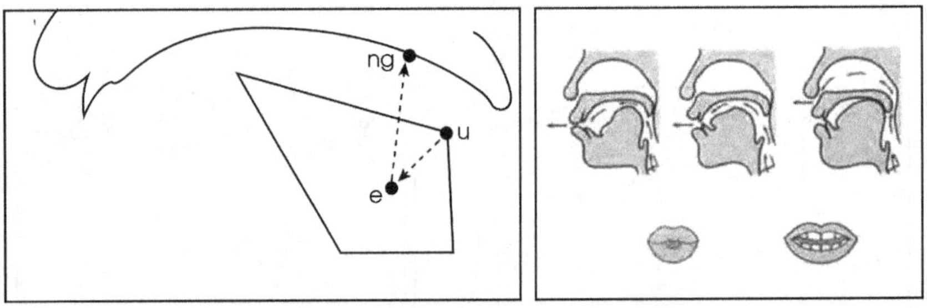

图 1-66　后鼻音韵母 ueng 的发音示意图

技能巩固

1. 词语混合练习。

方向 fāngxiàng	彷徨 pánghuáng	掌声 zhǎngshēng
刚劲 gāngjìng	琅琅 lánglláng	香肠 xiāngcháng
帮凶 bāngxiōng	凉爽 liángshuǎng	强硬 qiángyìng
象征 xiàngzhēng	良种 liángzhǒng	亮相 liàngxiàng
矿藏 kuàngcáng	黄杨 huángyáng	旺盛 wàngshèng
装订 zhuāngdìng	锋芒 fēngmáng	铿锵 kēngqiāng
声望 shēngwàng	梦境 mèngjìng	蓬松 péngsōng
明朗 mínglǎng	征用 zhēngyòng	敬仰 jìngyǎng
景况 jǐngkuàng	平等 píngděng	灵通 língtōng
英雄 yīngxióng	东方 dōngfāng	洪亮 hóngliàng
空旷 kōngkuàng	聪明 cōngming	忠勇 zhōngyǒng
胸膛 xiōngtáng	熊掌 xióngzhǎng	勇猛 yǒngměng
兄长 xiōngzhǎng	雄壮 xióngzhuàng	用功 yònggōng

2. 读下列诗词，注意读准后鼻韵的字。

青山横北郭，白水绕东城。
此地一为别，孤蓬万里征。
浮云游子意，落日故人情。
挥手自兹去，萧萧班马鸣。（李白《送友人》）

十年生死两茫茫，不思量，自难忘。千里孤坟，无处话凄凉。纵使相逢应不识，尘满面，鬓如霜。

夜来幽梦忽还乡，小轩窗，正梳妆。相顾无言，惟有泪千行。料得年年肠断处，明月夜，短松冈。（苏轼《江城子・乙卯正月二十日夜记梦》）

凤凰山下雨初晴，水风清，晚霞明。一朵芙蕖，开过尚盈盈。何处飞来双白鹭，如有意，慕娉婷。

忽闻江上弄哀筝，苦含情，遣谁听！烟敛云收，依约是湘灵。欲待曲终寻问取，人不见，数峰青。（苏轼《江城子・凤凰山下雨初晴》）

莫听穿林打叶声，何妨吟啸且徐行。竹杖芒鞋轻胜马，谁怕？一蓑烟雨任平生。

料峭春风吹酒醒，微冷，山头斜照却相迎。回首向来萧瑟处，归去，也无风雨也无晴。（苏轼《定风波》）

云对雨，雪对风，晚照对晴空。
三尺剑，六钧弓，岭北对江东。
沿对革，异对同，白叟对黄童。
颜巷陋，阮途穷，冀北对辽东。
两鬓霜，一客行，新绿衬酒红。
（车万育《声律启蒙》节选）

3. 读绕口令。

墙上一根钉，钉上挂条绳，绳下吊个瓶，瓶下放盏灯，灯下有个盆。掉下墙上钉，脱掉钉上绳，滑落绳下瓶，打碎瓶下灯，砸破灯下盆。瓶打灯，灯打盆，盆骂灯，灯骂瓶，瓶骂绳，绳骂钉，钉怪绳，绳怪瓶，瓶怪灯，灯怪盆。丁丁当当当当丁，乒乒砰砰砰砰乒。（《墙上一根钉》——eng、ing 的练习）

4. 朗读下列短文，注意读准后鼻韵的字。

在一次名人访问中，被问及上个世纪最重要的发明是什么时，有人说是电脑，有人说是汽车，等等。但新加坡的一位知名人士却说是冷气机。他解释，如果没有冷气，热带地区如东南亚国家，就不可能有很高的生产力，就不可能达到今天的生活水准。他的回答实事求是，有理有据。

看了上述报道，我突发奇想：为什么没有记者问：“二十世纪最糟糕的发明是什么”其实二〇〇二年十月中旬，英国的一家报纸就评出了“人类最糟糕的发明”。获此“殊荣”的，就是人们每天大量使用的塑料袋。

诞生于20世纪的塑料袋，其家族包括用塑料制成的快餐饭盒、包装纸、餐用杯盘、饮料瓶、酸奶杯、雪糕杯等。这些废弃物形成的垃圾，数量多、体积大、重量轻、不降解，给治理工作带来很多技术难题和社会问题。

（选自《普通话水平测试实施纲要》作品60号《最糟糕的发明》，有所改动）

5. 三分钟说话练习，任选一题：(1)我和体育；(2)谈谈服饰。

第十七节　en、eng和in、ing的辨正

方法与训练

普通话里鼻音韵尾n和ng分得很清楚，如an和ang，en和eng，in和ing，uan和uang，uen和ueng。有些方言却不能分辨。例如，闽北方言就只有−ng，没有−n；吴方言大都能分辨an和ang，但不能分辨en和eng，in和ing；粤方言和客家方言除−n、−ng外，还有−m收尾的音节。这种混同现象，多数表现为en和eng，in和ing不分，an和ang，ian和iang，uan和uang混同的比较少。分清普通话的−n和−ng，也是学好普通话的一个关键。如何分清−n和−ng，这两套鼻韵呢？除了要学会鼻尾音−n和−ng的发音外，还可以利用一些方法记住普通话哪些字属于−n韵尾，哪些字属于−ng韵尾。

后鼻韵−ng的发音与前鼻韵−n的主要区别在于成阻时舌位不同，如图1-67所示。发前鼻韵−n时舌尖抵住上齿龈；发后鼻韵−ng时，舌后缩，舌根抵住软腭，舌尖远离下齿背。相同点都是鼻音，气流从鼻腔流出。

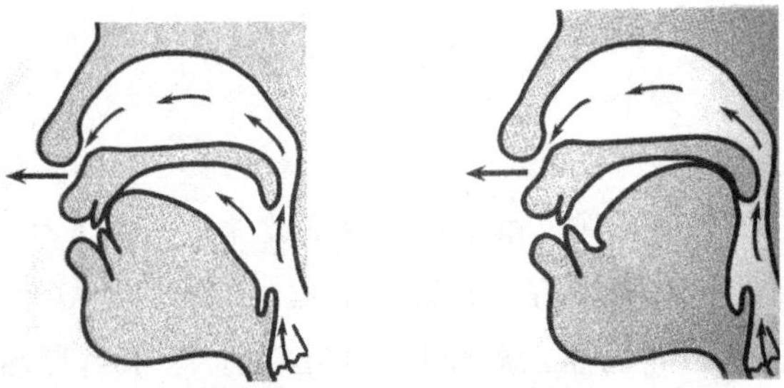

图1-67　前鼻韵母与后鼻韵母的发音区别示意图

en—eng

真正 zhēnzhèng	人证 rénzhèng	人生 rénshēng	真诚 zhēnchéng
奔腾 bēnténg	神圣 shénshèng	文风 wénfēng	本能 běnnéng

人称 rénchēng　深层 shēncéng　纷争 fēnzhēng

eng—en

成本 chéngběn　登门 dēngmén　承认 chéngrèn　风尘 fēngchén
诚恳 chéngkěn　缝纫 féngrèn　胜任 shèngrèn　证人 zhèngrén
冷门 lěngmén　政审 zhèngshěn　等人 děngrén　城镇 chéngzhèn
省份 shěngfèn　缝纫 féngrèn

in—ing

心情 xīnqíng　民警 mínjǐng　拼命 pīnmìng　金星 jīnxīng
聘请 pìnqǐng　新颖 xīnyǐng　民兵 mínbīng　进行 jìnxíng
银杏 yínxìng　心灵 xīnlíng　新兴 xīnxīng　引擎 yǐnqíng
阴影 yīnyǐng　品名 pǐnmíng　尽情 jìnqíng

ing—in

迎新 yíngxīn　领巾 lǐngjīn　倾心 qīngxīn　清贫 qīngpín
经心 jīngxīn　定音 dìngyīn　灵敏 língmǐn　平民 píngmín
清新 qīngxīn　病因 bìngyīn　听信 tīngxìn　挺进 tǐngjìn
影印 yǐngyìn　精心 jīngxīn

技能巩固

1. 对比辨音训练。

陈旧 chénjiù —成就 chéngjiù　申明 shēnmíng —声明 shēngmíng
木盆 mùpén —木棚 mùpéng　清真 qīngzhēn —清蒸 qīngzhēng
绅士 shēnshì —声势 shēngshì　人参 rénshēn —人生 rénshēng
诊治 zhěnzhì —整治 zhěngzhì　石阵 shízhèn —时政 shízhèng
心境 xīnjìng —行径 xíngjìng　亲生 qīnshēng —轻生 qīngshēng
金质 jīnzhì —精致 jīngzhì　人民 rénmín —人名 rénmíng
信服 xìnfú —幸福 xìngfú　频繁 pínfán —平凡 píngfán
濒危 bīnwēi —病危 bìngwēi　平信 píngxìn —平行 píngxíng
鸡精 jījīng —基金 jījīn　深思 shēnsī —生丝 shēngsī
审视 shěnshì —省市 shěngshì　真挚 zhēnzhì —争执 zhēngzhí
瓜分 guāfēn —刮风 guāfēng　公民 gōngmín —功名 gōngmíng
阵势 zhènshì —正式 zhèngshì　禁止 jìnzhǐ —静止 jìngzhǐ

2. 朗读下列诗词，注意读准前后鼻韵。

横看成岭侧成峰，　Héng kàn chéng lǐng cè chéng fēng,
远近高低各不同，　Yuǎnjìn gāodī gè bùtóng,

不识庐山真面目，　　Bù shí Lúshān zhēn miànmù，
只缘身在此山中。　　Zhī yuán shēn zài cǐ shān zhōng。

（苏轼《题西林壁》）

月落乌啼霜满天，　　Yuèluò wūtí shuāng mǎn tiān，
江枫渔火对愁眠。　　Jiāngfēng yúhuǒ duì chóu mián。
姑苏城外寒山寺，　　Gūsū chéngwài Hánshānsì，
夜半钟声到客船。　　Yè bàn zhōngshēng dào kèchuán。

（张继《枫桥夜泊》）

云母屏风烛影深，　　Yúnmǔ píngfēng zhú yǐng shēn，
长河渐落晓星沉。　　Chánghé jiàn luò xiǎo xīng chén。
嫦娥应悔偷灵药，　　Cháng'é yīng huǐ tōu língyào，
碧海青天夜夜心。　　Bìhǎi qīngtiān yèyè xīn。

（李商隐《嫦娥》）

明月几时有？把酒问青天。不知天上宫阙，今夕是何年？我欲乘风归去，又恐琼楼玉宇，高处不胜寒。起舞弄清影，何似在人间？

转朱阁，低绮户，照无眠。不应有恨，何事长向别时圆？人有悲欢离合，月有阴晴圆缺，此事古难全。但愿人长久，千里共婵娟。（苏轼《水调歌头·明月几时有》）

3. 给下列顺口溜中 in 和 ing 韵做出不同标记并反复朗读。

欢迎旅游到重庆，重庆山水好风景。
滨江欣赏波粼粼，山城夜景如繁星。
麻辣火锅特有劲，古道林荫静心境。
小伙英俊多热情，姑娘漂亮又温馨。
高新技术出精品，文明建设传佳音。
欣欣向荣万事兴，重庆欢迎您光临。（张源提供）

4. 给下列顺口溜中 en 和 eng 韵做出不同标记并反复朗读。

正月十五玩龙灯，盛碗汤圆香喷喷。
二月春风还觉冷，棉衣脱身寒难忍。
三月桃李花盛开，百鸟欢蹦唱清晨。
四月清明雨纷纷，晴天正好放风筝。
五月龙舟争负胜，粽子蒸炖香阵阵。
六月田野黄澄澄，又值丰年好收成。
七月高温热如蒸，两江横渡任浮沉。
八月白露又秋分，莘莘学子返校门。
九月家家扎彩灯，喜迎国庆尽欢腾。
十月秋爽人振奋，不畏风险把山登。

冬月虽是雾蒙蒙，百业争先仍驰骋。

腊月处处鼓乐声，农村城镇更昌盛。

5. 朗读下列短文，注意读准 en、eng 和 in、ing 的字。

对于一个在北平住惯的人，像我，冬天要是不刮风，便觉得是奇迹；济南的冬天是没有风声的。对于一个刚由伦敦回来的人，像我，冬天要能看得见日光，便觉得是怪事；济南的冬天是响晴的。自然，在热带的地方，日光永远是那么毒，响亮的天气，反有点儿叫人害怕。可是，在北方的冬天，而能有温晴的天气，济南真得算个宝地。

设若单单是有阳光，那也算不了出奇。请闭上眼睛想：一个老城，有山有水，全在天底下晒着阳光，暖和安适地睡着，只等春风来把它们唤醒，这是不是理想的境界？小山整把济南围了个圈儿，只有北边缺着点口儿。这一圈小山在冬天特别可爱，好像是把济南放在一个小摇篮里，它们安静不动地低声说："你们放心吧，这儿准保暖和。"真的，济南的人们在冬天是面上含笑的。他们一看那些小山，心中便觉得有了着落，有了依靠。他们由天上看到山上，便不知不觉地想起：明天也许就是春天了吧？这样的温暖，今天夜里山草也许就绿起来了吧？就是这点儿幻想不能一时实现，他们也并不着急，因为这样慈善的冬天，干什么还希望别的呢！

（选自《普通话水平测试实施纲要》作品 17 号《济南的冬天》）

6. 对比熟读记忆表 1-8、表 1-9 中 en、eng 和 in、ing 的常用字。

表 1-8　in、ing 辨音字表

备注：①②③④分别表示阴平、阳平、上声和去声四种声调。

声母	韵母	
	in	ing
	①因姻殷音阴②银龈垠吟寅淫③引蚓隐瘾饮尹④印荫	①英应鹰婴樱缨鹦②营莹萤盈迎赢③影④映硬应
b	①宾滨缤彬④殡鬓	①兵冰③丙柄秉饼禀④病并
p	①拼②贫频③品④聘	①乒②平苹萍屏瓶凭
m	②民③敏皿闽悯泯	②名茗铭明鸣冥④命
d		①丁叮钉仃叮③顶鼎④定锭订
t		①听厅汀②亭停廷庭蜓③挺艇
n	②您	②宁狞拧凝③拧④宁佞
l	②林琳淋磷邻鳞麟③凛檩④吝赁蔺	②灵伶蛉玲零铃龄菱陵凌绫③岭领④另令
j	①今斤巾金津襟筋③紧锦仅谨馑④尽劲缙觐烬近晋禁浸	①京惊鲸茎经菁精睛晶荆兢粳③景颈井警④敬镜竟净静境竞径劲
q	①亲侵钦②勤琴芹秦禽擒③寝④沁	①氢轻倾青清蜻卿②情晴擎③顷请④庆亲
x	①新薪辛锌欣心馨④信衅	①星腥猩兴②形刑型邢行③省醒④幸姓性杏兴

表 1-9　en、eng 辨音字表

声母	韵母	
	en	eng
	①恩④摁	
b	①奔③本④笨	①崩②甭③绷④迸蹦泵
p	①喷②盆④喷	①烹②朋棚硼鹏彭澎膨③捧④碰
m	①闷②门们④闷	①蒙②盟萌蒙檬朦③猛蜢锰④梦孟
f	①分芬纷吩②坟焚汾③粉④奋份粪忿愤	①风枫疯蜂峰丰封②逢缝冯③讽④奉凤缝
d		①登灯③等④邓凳瞪
t		②疼腾誊滕藤
n	④嫩	②能
l		②棱③冷④愣
g	①根跟②哏③艮	①耕庚羹更③耿梗④更
k	③肯啃垦恳④裉	①坑
h	②痕③很狠④恨	①亨哼②横衡恒④横
zh	①真贞针侦珍胗斟③诊疹枕④振震镇阵	①争筝睁征正挣蒸③整拯④正政证症郑挣
ch	①嗔抻②晨辰沉忱陈臣尘③碜④衬趁称	①称撑②成城诚承呈程惩澄乘盛③逞骋④秤
sh	①申伸呻绅身深②神③沈审婶④甚慎肾渗	①生牲笙甥升声②绳③省④圣胜盛剩
r	②人仁壬③忍④任认刃纫韧	①扔②仍
z	③怎	①曾增憎④赠锃
c	①参②岑	②曾层④蹭
s	①森	①僧

7. 三分钟说话练习，任选一题：(1)谈谈科技发展与社会生活；(2)谈谈美食。

扫二维码

微课小讲堂：轻声训练

第十八节　轻声训练

方法与训练

一、什么是轻声

普通话音节都有一个固定的声调，可是某些音节在词和句子中失去了它原有的声调，读成一种轻短模糊的调子，甚至声、韵母也发生了变化，这就是轻声。

二、轻声的作用

轻声有区别意义或词性的作用。

兄弟 xiōngdi（弟弟）——兄弟 xiōngdì（哥哥和弟弟）

地道 dìdao（纯正的）——地道 dìdào（地下通道）

大意 dàyi（疏忽了）——大意 dàyì（主要意思）

东西 dōngxi（物件）——东西 dōngxī（方向）

厉害 lìhai（凶猛、剧烈，形容词）——厉害 lìhài（利益和损害，名词）

三、轻声的规律

普通话多数轻声同词汇、语法有密切联系。

语气助词“吗、呢、啊、吧”等：

是吗　他呢　看啊　走吧

助词“着、了、过、的、地、得、们”：

看过　忙着　来了　我的　勇敢地　喝得（好）　朋友们

名词的后缀“子、头”：

桌子　椅子　木头　石头

方位词：

墙上　河里　天上　地下　底下　那边

叠音词和动词的重叠形式后面的字：

说说　想想　弟弟　奶奶　谈谈　跳跳

表示趋向的动词：

出来　进去　站起来　走进来　取回来

某些常用的双音节词的第二个音节习惯上读轻声：

明白　暖和　萝卜　玻璃　葡萄　知道　事情　衣服　眼睛

四、轻声的读法

轻声没有固定的高度，轻声的高度是由它前一个音节的高度决定的。一般来说轻声的高度是：

阴平之后为 2 度；

阳平之后为 3 度；

上声之后为 4 度；

去声之后为 1 度。

例如，桌子、房子、椅子、凳子四个词语中“子”的轻声读法。

五、其他轻声词语

除上文提到的轻声规律外，还有很多尚未确定的规则，以及一些约定俗成的轻声词。以下为普通话水平测试用必读轻声词语表(不包括一般轻读、间或重读的音节)中一部分。

爱人、巴掌、爸爸、白净、帮手、棒槌、包袱、包涵、本事、比方、扁担、别扭、拨弄、簸箕、补丁、不由得、不在乎、部分、裁缝、财主、苍蝇、差事、柴火、称呼、除了、锄头、畜生、窗户、刺猬、凑合、耷拉、答应、打扮、打点、打发、打量、打算、打听、大方、大爷、大夫、耽搁、耽误、道士、灯笼、提防、地道、地方、弟弟、弟兄、点心、东家、东西、动静、动弹、豆腐、嘟囔、对付、对头、队伍、多么、耳朵、风筝、福气、甘蔗、干事、高粱、膏药、告诉、疙瘩、哥哥、胳膊、跟头、工夫、公公、功夫、姑姑、姑娘、骨头、故事、寡妇、怪物、关系、官司、罐头、规矩、闺女、蛤蟆、含糊、行(háng)当、合同、和尚、核桃、红火、后头、厚道、狐狸、胡琴、糊涂、皇上、胡萝卜、活泼、火候、伙计、护士、机灵、脊(jǐ)梁、记号、记性、家伙、架势、嫁妆、见识、将就、交情、叫唤、结实、街坊、姐夫、姐姐、戒指、精神、舅舅、咳嗽、客气、口袋、窟窿、快活、阔气、喇叭、喇嘛、懒得、浪头、老婆、老实、老太太、老爷、姥姥、累(léi)赘、篱笆、里头、力气、厉害、利落、利索、痢疾、连累、凉快、粮食、溜达、萝卜、骆驼、妈妈、麻烦、麻利、马虎、码头、买卖、馒头、忙活、冒失、眉毛、媒人、妹妹、门道、眯(mī)缝、迷糊、苗条、苗头、名堂、名字、明白、蘑菇、模糊、木匠、木头、那么、奶奶、难为、脑袋、能耐、你们、念叨、念头、娘家、奴才、女婿、暖和、疟疾、牌楼、盘算、朋友、脾气、屁股、便宜、漂亮、婆家、婆婆、铺盖、欺负、前头、亲戚、勤快、清楚、亲(qìng)家、拳头、热闹、人家、人们、认识、扫帚、商量、上司、上头、烧饼、少爷、舌头、什么、生意、牲口、师傅、师父、石匠、石榴、石头、时候、实在、拾掇(duo)、使唤、世故、似的、事情、收成、收拾、首饰、叔叔、舒服、舒坦、疏忽、爽快、思量、算计、岁数、他们、她们、它们、太太、特务、挑剔、跳蚤、铁匠、头发、妥当、唾沫、挖苦、娃娃、晚上、尾巴、委屈、为了、位置、稳当、我们、稀罕、媳妇、喜欢、下巴、吓唬、先生、乡下、相声、消息、小气、笑话、谢谢、心思、猩猩、星星、行李、兄弟、休息、秀才、秀气、学生、学问、丫头、衙门、哑巴、胭脂、烟筒、眼睛、秧歌、养活、吆喝、妖精、钥匙、爷爷、衣服、衣裳、意思、应酬、冤枉、月饼、月亮、云彩、运气、在乎、咱们、早上、怎么、扎实、眨巴、栅栏、张罗、丈夫、帐篷、丈人、招呼、招牌、折腾、这个、这么、枕头、芝麻、知识、指(zhǐ、zhī)甲、指头、主意、转悠、庄稼、壮实、状元、字号、自在、祖宗、嘴巴、作坊、琢(zuó)磨。

技能巩固

1. 绕口令训练，注意读准轻声。

天上有个日头，　　Tiānshang yǒu ge rìtou,

地下有块石头，	Dìxia yǒu kuài shítou，
嘴里有个舌头，	Zuǐli yǒu ge shétou，
手上有五个手指头。	Shǒushang yǒu wǔ ge shǒuzhǐtou。
不管是天上的热日头，	Bùguǎn shì tiānshang de rè rìtou，
还是地下的硬石头，	Háishì dìxia de yìng shítou，
嘴里的软舌头，	Zuǐli de ruǎn shétou，
手上的手指头，	Shǒushang de shǒuzhǐtou，
反正都是练舌头。	Fǎnzheng dōushì liàn shétou。

葫芦胡同胡立虎，	Húlu hútong Hú Lìhǔ，
晚上睡觉打呼噜。	Wǎnshang shuìjiào dǎ hūlu。
睡到半夜一糊涂，	Shuì dào bànyè yì hútu，
隔着窗户掉外头。	gé zhe chuānghu diào wàitou。
护着屁股不护头，	Hùzhe pìgu bù hù tóu，
胡拿块砖头当枕头。	Hú ná kuài zhuāntou dāng zhěntou。
呼噜呼噜接着睡，	Hūlu hūlu jiēzhe shuì，
一觉糊弄到正晌午。	Yì jiào hùnong dào zhèng shǎngwu。

桃子、李子、梨子、栗子、橘子、柿子、槟子、榛子，栽满村子和寨子。

刀子、斧子、锯子、凿子、锤子、刨子和尺子做出桌子、椅子和箱子。

Táozi、lǐzi、lízi、lìzi、júzi、shìzi、bīnzi、zhēnzi，zāimǎn cūnzi hé zhàizi。

Dāozi、fǔzi、jùzi、záozi、chuízi、bàozi hé chǐzi zuò chū zhuōzi、yǐzi hé xiāngzi。

2. 朗读下列短文，注意读准轻声。

夕阳落山不久，西方的天空，还燃烧着一片橘红色的晚霞。大海，也被这霞光染成了红色，而且比天空的景色更要壮观。因为它是活动的，每当一排排波浪涌起的时候，那映照在浪峰上的霞光，又红又亮，简直就像一片片霍霍燃烧着的火焰，闪烁着，消失了。而后面的一排，又闪烁着，滚动着，涌了过来。

天空的霞光渐渐地淡下去了，深红的颜色变成了绯红，绯红又变为浅红。最后，当这一切红光都消失了的时候，那突然显得高而远了的天空，则呈现出一片肃穆的神色。最早出现的启明星，在这蓝色的天幕上闪烁起来了。它是那么大，那么亮，整个广漠的天幕上只有它在那里放射着令人注目的光辉，活像一盏悬挂在高空的明灯……

（选自《普通话水平测试实施纲要》作品12号《海滨仲夏夜》）

3. 三分钟说话练习，任选一题：(1)谈谈社会公德(或职业道德)；(2)谈谈个人修养。

第十九节　儿化音训练

扫二维码

微课小讲堂：儿化音训练

方法与训练

一、什么是儿化音

“儿化”是指“儿”连在别的音节后面做词尾时，失去独立性，和前面的音节融合成一个音节，使前一个音节的韵母带上一个卷舌动作的韵尾，成为卷舌韵母即儿化韵。虽然儿化音节在文字上用两个汉字表示，但“儿”只表示前面音节的韵母加上卷舌作用，本身不再独立发音。儿化音拼写时，一律在原音节后面加一个 r，如花儿 huār。儿化音是语言表达的一种手段，词语在儿化后往往表示细小、亲切、喜爱或轻视的意义。

二、儿化的作用

儿化可以区别词义，例如：

头（脑袋）—头儿（带头的人）

眼（眼睛）—眼儿（小窟窿）

儿化可以区别词性，例如：

画（动词）—画儿（名词）

盖（动词）—盖儿（名词）

儿化可以表示细小、亲切、喜爱的感情色彩，例如：

小球儿　　小孩儿　　金鱼儿　　脸蛋儿

三、儿化的变音规律

韵腹或韵尾是 a、o、e、ê、u（包括 iao、ao）的，韵母直接加卷舌动作。例如：

哪儿 nǎr　　鲜花儿 xiānhuār　　粉末儿 fěnmòr　　唱歌儿 chànggēr

半截儿 bànjiér　　钮扣儿 niǔkòur　　小鸟儿 xiǎoniǎor　　麦苗儿 màimiáor

韵母是 i、ü 的，加 er，同时卷舌。例如：

小鸡儿 xiǎojier　凑趣 còuquer

韵尾是 i、n 的，丢掉韵尾，韵腹加卷舌。例如：

小孩儿 xiǎohár　蛋卷儿 dànjuǎr

韵尾是 ng 的，丢掉韵尾 ng，韵腹鼻化（把 ng“化”到韵腹中去，使口腔、鼻腔同时共鸣并卷舌）。例如：

蛋黄儿 dànhuángr　人影儿 rényǐngr

韵母是－i(前)、－i(后)的，其卷舌不便，加 er 卷舌，丢－i。例如：

瓜子儿 guāzěr　树枝儿 shùzhēr

四、注意儿化中的两种错误

一是将书面上的儿化标志“儿”当作单音节词语发音，就是没有儿化。例如，将“蛋黄儿 dànhuángr”错误读成“蛋黄儿 dànhuáng ér”。

二是将词尾没有儿化标志的必读儿化词，错误地当作非儿化词。例如，将“脸蛋”“小孩”没有读成儿化音。

五、普通话水平测试用儿化词语表

a→ar：刀把儿 号码儿 戏法儿 在哪儿 找碴儿 打杂儿 板擦儿

ai→ar：名牌儿 鞋带儿 壶盖儿 小孩儿 加塞儿

an→ar：快板儿 老伴儿 蒜瓣儿 脸盘儿 脸蛋儿 收摊儿 栅栏儿 包干儿 笔杆儿 门槛儿

ang→ar(鼻化)：药方儿 赶趟儿 香肠儿 瓜瓤儿

ia→iar：掉价儿 一下儿 豆芽儿

ian→iar：小辫儿 照片儿 扇面儿 差点儿 一点儿 雨点儿 聊天儿 拉链儿 冒尖儿 坎肩儿 牙签儿 露馅儿 心眼儿

iang→iar(鼻化)：鼻梁儿 透亮儿 花样儿

ua→uar：脑瓜儿 大褂儿 麻花儿 笑话儿 牙刷儿

uai→uar：一块儿

uan→uar：茶馆儿 饭馆儿 火罐儿 落款儿 打转儿 拐弯儿 好玩儿 大腕儿

uang→uar(鼻化)：蛋黄儿 打晃儿 天窗儿

üan→üar：烟卷儿 手绢儿 出圈儿 包圆儿 人缘儿 绕远儿 杂院儿

ei→er：刀背儿 摸黑儿

en→er：老本儿 花盆儿 嗓门儿 把门儿 哥们儿 纳闷儿 后跟儿 高跟儿鞋 别针儿 一阵儿 走神儿 大婶儿 小人儿书 杏仁儿 刀刃儿

eng→er(鼻化)：钢镚儿 夹缝儿 脖颈儿 提成儿

ie→ier：半截儿 小鞋儿

üe→üer：旦角儿 主角儿

uei→uer：跑腿儿 一会儿 耳垂儿 墨水儿 围嘴儿 走味儿

uen→uer：打盹儿 胖墩儿 砂轮儿 冰棍儿 没准儿 开春儿

ueng→uer(鼻化)：小瓮儿

－i(前)→er：瓜子儿 石子儿 没词儿 挑刺儿

－i(后)→er：墨汁儿 锯齿儿 记事儿

i→ier：针鼻儿 垫底儿 肚脐儿 玩意儿

in→ier：有劲儿 送信儿 脚印儿

ing→ier(鼻化)：花瓶儿 打鸣儿 图钉儿 门铃儿 眼镜儿 蛋清儿 火星儿 人影儿

ü→üer：毛驴儿 小曲儿 痰盂儿

ün→üer：合群儿

e→er：模特儿 逗乐儿 唱歌儿 挨个儿 打嗝儿 饭盒儿 在这儿

u→ur：碎步儿 没谱儿 儿媳妇儿 梨核儿 泪珠儿 有数儿

ong→or(鼻化)：果冻儿 门洞儿 胡同儿 抽空儿 酒盅儿 小葱儿

iong→ior(鼻化)：小熊儿

ao→aor：红包儿 灯泡儿 半道儿 手套儿 跳高儿 叫好儿 口罩儿 绝着儿 口哨儿 蜜枣儿

iao→iaor：鱼漂儿 火苗儿 跑调儿 面条儿 豆角儿 开窍儿

ou→our：衣兜儿 老头儿 年头儿 小偷儿 门口儿 纽扣儿 线轴儿 小丑儿

iou→iour：顶牛儿 抓阄儿 棉球儿

uo→uor：火锅儿 做活儿 大伙儿 邮戳儿 小说儿 被窝儿

(o)→or：耳膜儿 粉末儿

(注：以上儿化词选自《普通话水平测试实施纲要》中的普通话水平测试用儿化词语表，有所改动)

技能巩固

1. 儿化音练习——顺口溜。

(1)出了门儿，阴了天儿；抱着肩儿，进茶馆儿；靠炉台儿，找个朋友寻俩钱儿；出茶馆儿，飞雪花儿，这老天竟和穷人闹着玩儿！

(2)进了门儿，倒杯水儿，喝了两口运运气儿。顺手拿起小唱本儿，唱了一曲儿，又一曲儿，练完了嗓子练嘴皮儿，绕口令儿，练字音儿，还有快板儿对口词儿，越说越唱我越带劲儿。

(3)有个小孩儿叫小兰儿，口袋里装着几个小钱儿，又打醋，又买盐儿，还买了一个小饭碗儿。小饭碗儿，真好玩儿，红花儿绿叶儿镶金边儿，中间儿还有个小红点儿。

(4)小哥俩儿，红脸蛋儿，手拉手儿，一块儿玩儿。小哥俩儿，一个班儿，一路上学唱着歌儿。学造句，一串串儿，唱新歌儿，一段段儿，学画画儿，不贪玩儿。画小猫儿，钻圆圈儿，画小狗儿，蹲庙台儿，画只小鸡吃小米儿，画条小鱼儿吐水泡儿。小哥俩，对脾气儿，上学念书不费劲儿，真是父母的好宝贝儿。

2. 练习对话，《老朋友相遇》说准儿化词。

甲：那不是张师傅吗？好久没见了！

乙：哦，是李师傅！我们家搬城外边儿去了。就在羊市口儿东边儿的小梅村儿。

甲：你们家里有花儿吗？

乙：有啊！花园儿里种着茶花儿，花盆儿里养着菊花儿，花瓶儿里还插着梅花儿！

甲：哟！要是有空儿，能上你们家玩儿玩儿，一边儿赏花儿，一边儿聊天儿，那该多好哇！

乙：非常欢迎！等下了班儿，咱俩一块儿去。先去农贸市场绕个弯儿，我买点儿小葱儿、豆角儿、土豆儿、豆芽儿，还有小白菜儿什么的，回去好做饭哪。

甲：别这么麻烦了。咱俩下了班儿，上对门儿小饭馆儿，买一斤锅贴儿，带上点儿爆肚儿、蒜瓣儿，再弄二两老白干儿，到你家慢慢喝。

乙：行！哦，差点儿忘了，还得买点儿豆瓣儿酱，外加两盒烟卷儿。

甲：咳！想不到你们这儿环境挺不错的。地里是饱满的麦穗儿，小鸟儿在树枝儿上唱歌儿，河里的小鱼儿在水上吹泡儿。你看！那儿还有一条小船儿呢。小船儿上那老头儿拿着钓鱼竿儿，是在钓鱼吧？

乙：要说美，咱们村儿可真美，早半天儿电影厂的人还在这儿拍电影儿哩！

3. 朗读下列短文，注意读准儿化音。

儿时放的风筝，大多是自己的长辈或家人编扎的，几根削得很薄的篾，用细纱线扎成各种鸟兽的造型，糊上雪白的纸片，再用彩笔勾勒出面孔与翅膀的图案。通常扎得最多的是“老雕”“美人儿”“花蝴蝶”等。

……后来，这位叔叔去了海外，放风筝也渐与孩子们远离了。不过年年叔叔给家乡写信，总不忘提起儿时的放风筝。香港回归之后，他在家信中说到，他这只被故乡放飞到海外的风筝，尽管飘荡游弋，经沐风雨，可那线头儿一直在故乡和亲人手中牵着，如今飘得太累了，也该要回归到家乡和亲人身边来了……

（选自《普通话水平测试实施纲要》作品9号《风筝畅想曲》）

4. 三分钟说话练习，任选一题：(1)谈谈对环境保护的认识；(2)谈谈卫生与健康。

扫二维码

微课小讲堂：变调训练

第二十节　变调训练

方法与训练

由于邻近音节声调的影响，有些音节的声调往往要发生变化，这种声调变化现象叫变调。普通话中的四个声调，当受到邻近音节声调影响的时候，或多或少都会有些变化。变化最显著的是上声以及“一”“不”等变调情况。

一、上声的变调

上声调只有在单念或处在词语句子末尾才有可能读原调，调值214度。大多数情况下读变调。

在非上声即阴平、阳平、去声、轻声前，读半上调，即只降不升，调值是211。例如：

上声＋阴平：北京 首都 老师 港湾 紧张 火车

上声＋阳平：海洋 满足 火柴 准则 可能 果园

上声＋去声：保证 反映 酒店 美丽 使用 讨论

上声＋轻声：我们 椅子 老婆 耳朵 姐姐 姥姥

两个上声相连，前一个上声变成阳平。例如：

保险　保养　党委　尽管　老板　本领　引导　古老

敏感　鼓舞　产品　永远　语法　口语　岛屿　保姆

远景　北海　首长　母语　小姐　懒散　水井　厂长

拇指　古典　简短　饱满　感慨　辅导　粉笔　反感

三个上声音节相连，一般是前两个上声变阳平。例如：

展览馆　洗脸水　手写体　选举法　管理组

也可以按照语音间歇来变。如果间歇在第一个音节，第一个音节念半上，第二个音节念阳平，第三个音节不变。例如：

纸老虎　柳组长　厂党委　好领导　很理想　女网友

二、“一”“不”的变调

“一”的变调

“一”单念，在词句末，在年、月、日中和表序数时，念本调阴平，如“不管三七二十一、国家的统一、一九九一年一月二十一日、一年级的成绩全校第一”。在下面三种情况下变调。

1.“一”在非去声(阴平、阳平、上声)前变去声。例如：

阴平前：一天　一般　一生　一家　一斑　一瞥　一心　一些　一张　一经

阳平前：一年　一条　一直　一群　一时　一鸣　一齐　一团　一同　一行

上声前：一亩　一起　一手　一宿　一准　一早　一举　一板　一眼　一股

2.“一”在去声前变为阳平。例如：

一致　一再　一定　一律　一瞬　一共　一带　一向　一色

一道　一并　一路　一趟　一样　一面　一类　一阵　一贯

一度　一概　一味　一共　一切　一半　一旦　一意　一笑

3.“一”夹在词语中间念轻声。例如：

瞧一瞧 走一走 跑一跑 跳一跳 试一试 看一看　写一写　想一想　读一读

“不”的变调

“不”在单念、在句末念本调去声，如“不、我偏不”；在非去声(阴平、阳平、上声)前也念去声，如“不安、不能、不久”。在下面两种情况下变调。

1.“不”在去声前变阳平。例如：

不是　不错　不赖　不测　不干　不妙　不看　不累　不怕

不跳　不要　不叫　不骂　不被　不去　不便　不必　不定

不论　不屑　不愧　不料　不用　不对　不断　不过　不论

不肖　不顾　不但　不利　不上　不下　不嫁

2. 夹在动词、形容词或动补结构之间，念轻声。例如：

要不要　做不做　行不行　好不好　大不大

说不清　学不会　读不准　跑不动　跳不远

技能巩固

1. 上声变调词语练习。

铁道　普通　语法　首都　指导　草原　法律　爽朗　舞蹈　保险柜

组长　北京　表演　简化　婉转　委员　史实　企图　领导　打雪仗

小品文　指导员　甲骨文　暖水　走马灯　马尾松　炒冷饭

2. "一"和"不"变调的混合练习。

不露声色　不可一世　不明不白　不偏不倚　不大不小

不痛不痒　不计其数　不打自招　不置可否　不即不离

不屈不挠　不毛之地　不上不下　不共戴天　不伦不类

不卑不亢　不折不扣　一字不漏　一朝一夕　一丝不挂

一丝不苟　一五一十　一窍不通　一尘不染　一蹶不振

一文不值　一手一足　一起一落　一去不返

3. 绕口令，读准"一""不"的变调。

(1)一座宝塔一座庙，一个和尚一本经，一张桌子一把椅，一个木鱼一盏灯，一个铙钹(náobó)一口磬(qìng)，一口金钟一颗钉。

(2)干什么工作都要一心一意，表里如一，言行一致，埋头苦干；情绪不能一高一低，一好一坏，一落千丈，一蹶不振。

(3)不怕不会，就怕不学。一次学不会，再来一回，一直到学会，我就不信学不会。

4. 朗读短文，注意读准变调。

很久以前，在一个漆黑的秋天的夜晚，我泛舟在西伯利亚一条阴森森的河上。船到一个转弯处，只见前面黑黢黢的山峰下面一星火光蓦地一闪。

火光又明又亮，好像就在眼前……

"好啦，谢天谢地！"我高兴地说，"马上就到过夜的地方啦！"

船夫扭头朝身后的火光望了一眼，又不以为然地划起桨来。

"远着呢！"

我不相信他的话，因为火光冲破朦胧的夜色，明明就在那儿闪烁。不过船夫是对的，事实上，火光的确还远着呢。

这些黑夜的火光的特点是：驱散黑暗，闪闪发亮，近在眼前，令人神往。乍一看，再划几下就到了……其实却还远着呢……

我们在漆黑如墨的河上又划了很久。一个个峡谷和悬崖，迎面驶来，又向后移去，仿佛消失在茫茫的远方，而火光却依然停在前头，闪闪发亮，令人神往——依然是这么近，又依然是这么远……

（选自《普通话水平测试实施纲要》作品 16 号《火光》）

5. 三分钟说话练习，任选一题：(1)童年的记忆；(2)难忘的旅行。

扫二维码

微课小讲堂：语气词"啊"的音变训练

第二十一节　语气词"啊"的音变训练

方法与训练

语气词"啊"用在句子末尾的时候，由于受到前面音节末尾音素的影响，读音发生种种变化。拼写时一律写成 a。语气词"啊"的音变规律，主要有以下几种。

①前一个音节的最后一个音素是 a、o(除 ao、iao 外)、e、ê、i、ü，"啊"读作"ya"，也可以写作"呀"。如：

你说的就是他啊！

快广播啊！

给我这么多啊！

天气好闷热呀！

这可是他毕生的心血呀！

小鸟快快飞呀！

真有趣呀！

②前一个音节的最后一个音素是 u、ao、iao 时，"啊"读作"wa"，也可写作"哇"。如：

你在哪儿住哇？

房间里布置的真好哇！

这种构思真巧妙哇！

③前一个音节的最后一个音素是 n 时，"啊"读作"na"，也可写作"哪"。如：

多么美丽的黄山哪！

来人哪！

过马路要小心哪！

她的发音真准哪！

④前一个音节的韵尾是 ng 时，"啊"读作"nga"，仍写作"啊"。如：

姐妹俩长得多像啊！

千万别出声啊！

好好听啊！

礼轻情意重啊！

他才算是真正的英雄啊！

⑤前一个音节的韵母是－i(舌尖前元音)时，“啊”读作“zɑ”，仍写作“啊”。如：

写的是什么字啊！

用的哪个词啊！

你在吃瓜子啊！

⑥前一个音节的韵母是－i(舌尖后元音)或卷舌韵母 er 时，或在儿化的后面时，“啊”读“rɑ”，仍写作“啊”。如：

多么高贵的品质啊！

随便吃啊！

这是什么事啊！

今天是星期二啊！

多么可爱的小金鱼儿啊！

技能巩固

1. 朗读下列句子，注意“啊”的变音。

(1)太阳它有脚啊，轻轻悄悄地挪移了。

(2)但不能平的，为什么偏要白白走这一遭啊？

(3)猫说：“行啊！”

(4)我好羡慕他们啊。

(5)满桥豪笑满桥歌啊！

(6)家乡的桥啊，我梦中的桥。

(7)好大的雪啊！

(8)你去过几次啊？

(9)这里的景色真美啊！

(10)多么迷人的秋色啊！

(11)你看这葡萄长得多好啊！

(12)唐诗啊，宋词啊，他能背两百多首！

(13)长江后浪推前浪，一代更比一代强啊！

(14)她的眼睛真大啊！头发真长啊！

(15)他长得可真帅啊！

(16)好厚的一张纸啊！

2. 分析句中的音变现象，按照语气词“啊”的音变规律，朗读下面的对话。

甲：请问，到图书馆怎么走啊？

乙：咳！原来是你啊！真巧啊！我也正想去图书馆呢，咱们一起去吧！

甲：好啊！哟！那儿怎么那么多人啊？

乙：是啊！真热闹啊！买书的呗！什么诗歌啊，小说啊，报告文学啊，散文啊，全有！

甲：那么多啊！那咱们也去看看啊！我想买本杂志啊！

乙：不行啊！我正急着去图书馆啊！

甲：是嘛！那咱们快跑啊！

3. 朗读下面两段话，注意语气词“啊”的读法。

漓江的水真静啊，静得让你感觉不到它在流动；漓江的水真清啊，清得可以看见江底的沙石；漓江的水真绿啊，绿得仿佛那是一块无瑕的翡翠。

桂林的山真奇啊，一座座拔地而起，各不相连，像老人，像巨象，像骆驼，奇峰罗列，形态万千；桂林的山真秀啊，像翠绿的屏障，像新生的竹笋，色彩明丽，倒映水中；桂林的山真险啊，危峰兀立，怪石嶙峋，好像一不小心就会栽倒下来！

4. 朗读短文，注意读准“啊”的音变。

陶行知又掏出第三块糖果塞到王友手里，说：“我调查过了，你用泥块砸那些男生，是因为他们不守游戏规则，欺负女生；你砸他们，说明你很正直善良，且有批评不良行为的勇气，应该奖励你啊！”王友感动极了，他流着眼泪后悔地喊道：“陶……陶校长你打我两下吧！我砸的不是坏人，而是自己的同学啊……”

（选自《普通话水平测试实施纲要》作品 39 号《陶行知的“四块糖果”》）

幸福不喜欢喧嚣浮华，它常常在暗淡中降临。贫困中相濡以沫的一块糕饼，患难中心心相印的一个眼神，父亲一次粗糙的抚摸，女友一个温馨的字条……这都是千金难买的幸福啊。像一粒粒缀在旧绸子上的红宝石，在凄凉中愈发熠熠夺目。

（选自《普通话水平测试实施纲要》作品 40 号《提醒幸福》）

5. 三分钟说话练习，任选一题：(1)学习普通话的感受；(2)购物(消费)的感受。

第二章
普通话水平测试训练

扫二维码

微课小讲堂：普通话水平测试介绍

第一节　普通话水平测试介绍

方法与训练

一、测试办法

参加测试的应试者在规定测试时间之前30分钟到候测室报到，应试者交验准考证、身份证(学生还应带上有效学生证原件)，教务人员通知应试者准备测试，应试者入座准备。每个座位号前有一份测试试卷，备测时间为10分钟。考生进入测试室后，戴上耳麦即可按照考试机页面提示开始测试；测试时间约15分钟，测试结束后摘下耳麦，轻声离开测试室。

二、测试内容

(一)读单音节字词

目的：考查应试者声母、韵母、声调的发音。

(二)读多音节词语

目的：除考查应试者声母、韵母和声调的发音外，还要考查上声变调以及“一”和“不”变调、儿化韵和轻声的读音规范。

(三)朗读短文

作品从《普通话水平测试实施纲要》朗读材料(1～60号)中选择。

目的：考查应试者用普通话朗读书面材料的水平，重点考查语音、语流音变(上声变调以及“一”和“不”变调等)、语气语调等项目。

(四)命题说话

目的：考查应试者在没有文字凭借的情况下，说普通话的能力和所能达到的规范程度。应试者通过抽签确定话题，说话时间为3分钟，以单向说话为主。

三、测试等级

普通话是现代汉语的标准语。国家语言文字工作委员会颁布的《普通话水平测试等级标准(试行)》把普通话水平分为三个级别(一级可称为标准的普通话，二级可称为比较标准的普通话，三级可称为一般水平的普通话)，每个级别内划分甲、乙两个等次。三级六等是普通话水平测试中评定应试者普通话水平等级的依据。

(一)一级(标准的普通话)

一级甲等(测试得分：97～100分)：朗读和自由交谈时，语音标准，词语、语法正确无误，语调自然，表达流畅。

一级乙等(测试得分：92分以上，97分以下)：朗读和自由交谈时，语音标准，词语、语法正确无误，语调自然，表达流畅。偶有字音、字调失误。

(二)二级(比较标准的普通话)

二级甲等(测试得分：87分以上，92分以下)：朗读和自由交谈时，声韵调发音基本标准，语调自然，表达流畅。少数难点音有时出现失误。词语、语法极少有误。

二级乙等(测试得分：80分以上，87分以下)：朗读和自由交谈时，个别调值不准，声韵母发音有不到位现象；难点音失误较多；方言语调不明显；有使用方言词、方言语法的现象。

(三)三级(一般水平的普通话)

三级甲等(测试得分：70分以上，80分以下)：朗读和自由交谈时，声韵母发音失误较多，难点音超出常见范围，声调调值多不准；方言语调较明显；词语、语法有失误。

三级乙等(测试得分：60分以上，70分以下)：朗读和自由交谈时，声韵母发音失误较多，方言特征突出；方言语调明显；词语、语法失误较多。外地人听其谈话有听不懂的情况。

四、行业要求

根据各行业的规定，有关从业人员的普通话水平达标要求如下。

中小学及幼儿园、校外教育单位的教师，普通话水平不低于二级，其中语文教师不低于二级甲等，普通话语音教师不低于一级；高等学校的教师，普通话水平不低于三级甲等，其中现代汉语教师不低于二级甲等，普通话语音教师不低于一级；对外汉语教学教师，普通话水平不低于二级甲等。

报考中小学、幼儿园教师资格的人员，普通话水平不低于二级。

师范类专业以及各级职业学校的与口语表达密切相关专业的学生，普通话水平不低于二级。

国家公务员，普通话水平不低于三级甲等。

国家级和省级广播电台、电视台的播音员、节目主持人，普通话水平应达到一级甲等。

话剧、电影、电视剧、广播剧等表演、配音演员，播音、主持专业和影视表演专业的教师、学生，普通话水平不低于一级。

五、测试流程

(一)测试工作室

1. 候测室

参加普通话水平测试的应试者应在规定测试时间之前30分钟到候测室报到，应试者交验准考证、身份证后，认真听取教务人员讲解测试的操作程序和有关注意事项，遵守《计算机辅助普通话水平测试考场规则》。

2. 备测室

应试者入座准备，每个座位号前有一份测试试卷。应试者在备测室准备试题内容，不得在备测室大声喧哗，备测时间为10分钟。

得到教务人员上机测试的通知后，进入测试室进行测试。

3. 测试室

应试者进入测试室后即可按照考试机页面提示开始测试。

测试过程中除必要的操作外，应试者不得随意设置和操作计算机。

测试过程中出现死机等异常现象，应试者应报告管理人员进行处理，不要擅自处理。

测试结束后应试者应摘下耳麦，轻声离开测试室。

(二)计算机测试流程

国家普通话水平智能测试系统是参加普通话测试考生的考试应用软件，在考试过程中，考生可以按照测试程序的提示，逐步完成考试内容及相关操作。

完整的操作流程为：佩戴耳麦—登录—核对个人信息—试音—测试。

第一步：佩戴耳麦

考生入座后，考试机屏幕会提示佩戴耳麦；考生戴上耳麦，将麦克风调节到离嘴2～3厘米的距离，注意麦克风在左侧；耳麦为头戴式或后挂式，考生需注意佩戴；戴好耳麦后，即可点击“下一步”按钮。

第二步：登录

屏幕出现登录界面后，考生填入自己的准考证号。准考证号的前几位系统会自动显示，考生只需填写最后四位。填写完成后，点击“进入”按钮登录。

第三步：核对个人信息

考生登录成功后，考试机屏幕上会显示考生个人信息。考生认真核对所显示信息是否与自己相符，核对无误后，单击“确认”按钮继续；核对时若发现错误，可以点击“返回”按钮重新登录。

第四步：试音

进入试音页面后，考生会听到系统的提示语。提示结束后，请以适中的音量和语速朗读文本框中的个人信息，进行试音；若试音失败，请提高朗读音量重新进行试音。

第五步：测试

测试开始时，每一题都会有语音提示。请在语音提示结束并听到“嘟”的一声后再开始朗读试题内容。测试时第一题、第二题试题要横向朗读；朗读试题时注意不要漏行、错行；完成每项测试后请立即点击右下角“下一题”按钮，防止录入太多空白音影响成绩。

朗读过程中不要说与试题内容无关的话，有问题请举手示意。

（三）测试中的注意事项

请考生正确戴上耳麦，并根据提示音进行试音；测试结束离开座位时，注意摘下耳麦；试音时，要以正常适中音量朗读试音文字，正式测试的时候朗读音量要与试音时保持一致；进行测试的过程中，手不要触摸麦克，同时避免麦克与面部接触。

测试试题为横向排列，考生朗读时注意横读，不要漏行；测试过程中，考生不要说与测试无关的内容，以免影响测试成绩；考生读完每一题后，应及时点击“下一题”进入下一部分测试，以免录入太多空白音影响测试成绩。

第四题说话部分由人工评分，请考生注意不要离题、不要背稿；说话满三分钟后，即可停止答题，线束测试。

为了更好地体验机测流程，了解自己的普通话水平及存在的问题，建议在正式测试之前参加普通话在线模拟测试和学习，步骤如下：登录普通话在线模拟测试“畅言网”网站；下载、安装智能测试软件并注册，获取用户名及密码；利用模拟测试学习卡电子账号充值或直接在线支付进行在线模拟测试；获得测试报告并可在线互动学习。

国家普通话水平测试试卷(样卷)

一、读单音节字词(100 个音节，共 10 分，限时 3.5 分钟)

掏	嫩	语	馋	漾	舌	穿	广	藤	撞
平	利	恩	途	选	毫	让	虹	腔	牙
或	憋	俄	街	仍	料	枝	曹	傻	钓
睬	帘	末	遣	环	壁	总	捐	若	究
凑	眨	扩	柄	锈	锋	控	栽	啐	桑
履	轻	见	披	词	剖	述	曰	门	酥
镭	仅	遭	挺	墩	煤	亏	瓮	穷	稳
座	登	女	训	拐	冻	暖	帛	葬	盒
滨	罚	尺	但	蕊	瞥	死	下	吮	袜
宅	块	螨	妇	而	胸	云	缺	寡	欧

二、读多音节词语(100 个音节，共 20 分，限时 2.5 分钟)

方案	佛像	罪犯	人民	考取	什么	顶牛儿	吉普车
遵守	城镇	买主	虽然	冠军	怀抱	歌颂	邮戳儿
恰当	威胁	回头	开创	虐待	牌楼	旭日	时候
雇用	夸张	来往	缩短	坎坷	群体	不良	磁场

内容	板擦儿	骄傲	完整	婴儿	画家	侵略	果子
全面	窘迫	农村	分裂	飞行员	衰变	钢镚儿	大同小异

三、朗读短文(400 个音节，共 30 分，限时 4 分钟)

梅雨潭闪闪的绿色招引着我们；我们开始追捉她那离合的神光了。揪着草，攀着乱石，小心探身下去，又鞠躬过了一个石穹门，便到了汪汪一碧的潭边了。

瀑布在襟袖之间；但我的心中已没有瀑布了。我的心随潭水的绿而摇荡。那醉人的绿呀！仿佛一张极大极大的荷叶铺着，满是奇异的绿呀。我想张开两臂抱住她；但这是怎样一个妄想啊。

站在水边，望到那面，居然觉着有些远呢！这平铺着，厚积着的绿，着实可爱。她松松的皱缬着，像少妇拖着的裙幅；她滑滑的明亮着，像涂了“明油”一般，有鸡蛋清那样软，那样嫩；她又不杂些尘滓，宛然一块温润的碧玉，只清清的一色——但你却看不透她！

我曾见过北京什刹海拂地的绿杨，脱不了鹅黄的底子，似乎太淡了。我又曾见过杭州虎跑寺近旁高峻而深密的“绿壁”，丛叠着无穷的碧草与绿叶的，那又似乎太浓了。其余呢，西湖的波太明了，秦淮河的也太暗了。可爱的，我将什么来比拟你呢？我怎么比拟得出呢？大约潭是很深的，故能蕴蓄着这样奇异的绿；仿佛蔚蓝的天融了一块在里面似的，这才这般的鲜润啊。

那醉人的绿呀！我若能裁你以为带，我将赠给那轻盈的……(作品 25 号《绿》)

四、命题说话(请在下列话题中任选一个，共 40 分，限时 3 分钟)

1. 我喜爱的文学(或其他)艺术形式　2. 我向往的地方

技能巩固

普通话水平测试试卷
(国家样卷)

一、读单音节字词(100 个音节，共 10 分，限时 3.5 分钟)

寡	聚	我	硝	偿	伞	曰	掉	远	崩
巧	抓	你	膜	谨	弱	筛	痛	码	磁
陇	匀	话	萍	肺	粗	问	丙	嫩	彩
昂	荐	铀	够	堂	洽	粉	二	趋	逛
宅	跌	船	状	脾	痒	崔	实	封	雄
堪	仍	汰	门	澈	口	绊	持	钾	偏
寻	寝	痘	婚	酿	枢	滕	黑	瀑	捐
锄	筐	回	恩	雪	字	协	坏	巢	惹
谜	柳	翁	汞	醉	找	赞	绫	算	蹲
面	他	咧	播	洒	鞭	甩	搭	力	穷

二、读多音节词语(100 个音节，共 20 分，限时 2.5 分钟)

虐待	积压	冷水	跳高儿	点滴	妇女	愉快
别扭	全体	未曾	红色	侦察	鬼子	沉重
惯用	天下	从头	好玩儿	合作社	夸张	人群
忽略	然后	速率	安放	谬论	发配	明白
在这儿	临床	千瓦	报纸	佛寺	细菌	导演
灭亡	没准儿	交情	概括	切磋	外形	因而
过程	频繁	窘迫	向日葵	奖赏	宣布	东欧

三、朗读短文(400 个音节，共 30 分，限时 4 分钟)

记得我十三岁时，和母亲住在法国东南部的耐斯城。母亲没有丈夫，也没有亲戚，够清苦的，但她经常能拿出令人吃惊的东西，摆在我面前。她从来不吃肉，一再说自己是素食者。然而有一天，我发现母亲正仔细地用一小块碎面包擦那给我煎牛排用的油锅。我明白了她称自己为素食者的真正原因。

我十六岁时，母亲成了耐斯市美蒙旅馆的女经理。这时，她更忙碌了。一天，她瘫在椅子上，脸色苍白，嘴唇发灰。马上找来医生，做出诊断：她摄取了过多的胰岛素。直到这里我才知道母亲多年一直对我隐瞒的疾痛——糖尿病。

她的头歪向枕头一边，痛苦地用手抓挠胸口。床架上方，则挂着一枚我一九三二年赢得耐斯市少年乒乓球冠军的银质奖章。

啊，是对我的美好前途的憧憬支撑着她活下去。为了给她那荒唐的梦至少加一点真实的色彩，我只能继续努力，与时间竞争，直至一九三八年我被征入空军。巴黎很快失陷，我辗转调到英国皇家空军。刚到英国就接到了母亲的来信。这些信是由在瑞士的一个朋友秘密地转到伦敦，送到我手中的。

现在我要回家了，胸前佩戴着醒目的绿黑两色的解放十字绶//带，上面挂着五六枚我终身难忘的勋章，肩上还佩戴着军官肩章。到达旅馆时，没有一个人跟我打招呼。原来，我母亲在三年半以前就已经离开人间了。

(选自《普通话水平测试实施纲要》作品 42 号《我的母亲独一无二》)

四、命题说话(请在下列话题中任选一个，共 40 分，限时 3 分钟)

1. 我的学习生活；2. 我喜爱的动物

扫二维码

微课小讲堂：读单音节字词应试技巧训练

第二节　读单音节字词应试技巧训练

方法与训练

普通话测试的第一题是读单音节字词，共 100 个音节，共 10 分，限时 3.5 分钟。

一、测试目的

该项测试主要考查应试者普通话声母、韵母、声调读音的准确和规范程度。

100 个音节里，每个声母出现一般不少于 3 次，方言里缺少的或容易混淆的声母酌量增加 1～2 次；每个韵母的出现一般不少于 2 次，方言里缺少的或容易混淆的韵母酌量增加 1～2 次。声母或韵母相同的字要隔开排列。不使相邻的音节出现双音或叠韵的情况。

二、测试要求

发音要正确、饱满。正确是指字音要读准，饱满是指字音要读好。

声母发音要注意发音部位及发音方法的正确运用。例如，声母 zh 是舌尖上翘，抵住或接近硬腭前部而形成的音。构成阻碍的部位是舌尖和前硬腭(硬腭的最前部)，发音的两个部位完全闭塞，慢慢地打开两个完全闭塞的部位，让气流缓缓透过，摩擦成声。

韵母发音要注意舌位与唇形的圆展。例如，单韵母 a，发音时，口自然大开，扁唇，舌头居中央，舌面中部略隆起，舌尖微离下齿背，声带振动，软腭上升，关闭鼻腔通路。复韵母的发音动程要准确，即舌位、唇形变化过程要准确、圆润。例如，iao 的发音，舌位的动程是：前上—央下—后央；唇形的动程是：扁—大开—圆。iao 由于 a 是韵腹，发音要响亮，动作要到位，而韵头与韵尾发音要短促。鼻韵母的发音归音要到位，如 eng 的发音，由 e 的发音位置，归向软腭、舌根的位置。

声调的调值要读准，特别是上声调值一定要读完整，即调值 214 的降升调要完全呈现。只有下降的读音(调值 211)，没有上升的读音，这种发音不饱满的情况容易失分。

三、评分标准

一个字可读两遍，即应试者发觉第一次读音有口误时可以改读，这种情况按第二次读音评判。

第一，读音错误，每个音节扣 0.1 分。

错误是指没有读正确字音，即把甲声韵调读成乙声韵调。

比如，“柔”读成 yóu，“声(shēng)”读成 sēng，这是声母错误；“听(tīng)”读成 tīn，“求(qiú)”读成 qiáo，这是韵母错误；“较(jiào)”读成 jiǎo，“穴(xué)”读成 xuè，这是声调错误。

第二，语音缺陷，每个音节扣 0.05 分。

缺陷是指字音虽然没有读错，但是没有读准确。声母缺陷主要是指声母的发音部位不正确。但还不是把普通话里的某一类声母读成另一类声母，比如，舌面前音 j、q、x 读得太接近 z、c、s；或者是把普通话里的某一类声母的正确发音部位用较接近的部位代替，如把舌面前音 j、q、x 读成舌叶音；或者读舌尖后音声母 zh、ch、sh、r 时舌尖接触或接近上腭的位置过于靠后或靠前，但还没有完全错读为舌尖前音 z、c、s 等。韵母读音的缺陷多表现为合口呼、撮口呼的韵母的圆唇度明显不够，语感差；或者开口呼的韵母的开口度明显不够；或者复韵母的舌位动程明显不够等。

第三，声调读音缺陷成系统的，每个调类扣 0.5 分。声调调形、调势基本正确，但调值明显偏低或偏高，特别是四声的相对高点或低点明显不一致的，判为声调读音缺陷。这类缺陷一般是成系统的，每个调类按 5 个单音错误扣分。

第四，超时 1 分钟以内，扣 0.5 分；超时 1 分钟以上(含 1 分钟)，扣 1 分。

四、考前练习

一是熟读常用汉字 1500 个及次常用汉字 1000 个。

二是异读词的规范读音。异读词是指同一个书写形体，意义相同，却有多个读音。异读词经过我国普通话审音委员会审定后，已经确定其中一个为规范读音。例如，“械”原有 xiè、jiè 两个读音，审定后只有 xiè 这个读音是正确的。下面列举几个普通话常用的异读词，括号内标注的是规范读音：

亚 yǎ(yà)　酵 xiào(jiào)　室 shǐ(shì)　暂 zǎn(zàn)

三是认准字形，避免认错字读错音。例如，崇 chóng 和祟 suì，门 mén 和闩 shuān。

如：读单音节字词(100 个音节，限时 3.5 分钟)。

粉	坪	窝	合	帕	矩	依	谎	坑	毕
娇	诊	寇	耳	屯	埂	弱	床	内	充
钛	槽	喘	松	扰	袜	融	北	寻	绑
十	点	瑟	吃	国	均	窜	压	最	丢
向	拟	坏	凝	聘	恩	丑	康	勺	字
痰	察	俗	烫	陪	爹	按	元	磬	武
砌	鸟	穷	旅	决	卤	牵	稳	蓄	蕊
恰	款	胸	缮	贴	砚	争	廉	摸	害
跟	此	抓	凿	播	妙	惊	愣	巴	娘
筛	跃	翻	魂	踹	民	宫	房	选	付

技能巩固

1. 读单音节字词(100 个音节，限时 3.5 分钟)。

(1)

靳	瞒	伊	名	割	吻	攻	指	月	踪
豆	娘	踹	友	课	染	艘	闯	桃	汪
迎	窘	而	免	捏	灵	必	滑	燥	株
润	冷	勺	孝	局	欢	绥	蜜	寻	凑
梗	迟	洒	柔	括	宅	故	胸	聊	孔

蹿	撵	抓	铁	郑	叠	掐	炉	缺	选
掉	全	腿	费	灸	运	法	层	奶	次
淌	戳	饱	份	底	咱	颇	甚	胚	竞
白	夏	呆	四	规	昂	膘	嫩	梁	滨
槐	末	偏	去	鹅	鼠	撞	萎	枪	晌

(2)

粥	类	牛	摧	饶	捅	晴	赏	财	帆
夜	僧	岸	飘	雄	军	池	趋	自	糖
硅	甜	构	擦	罕	洼	肯	搔	浑	破
垂	坏	晚	锉	逐	踹	膜	筐	墓	袄
瑞	选	宗	俯	信	吕	摇	攥	时	二
丢	列	耿	坝	管	砂	娘	略	拘	麝
谋	表	蝇	方	责	窘	承	肿	杜	晨
垮	牙	稿	下	睐	北	训	哀	死	德
寝	剿	秧	权	丁	旗	状	绝	逆	准
刮	求	遮	察	碾	屁	守	麦	跌	容

2. 熟读易错单音节字词。

刨 bào	瘪 biě	禀 bǐng	掺 chān	搀 chān	舂 chōng
蹿 cuān	啐 cuì	皴 cūn	掸 dǎn	擀 gǎn	篙 gāo
镐 gǎo	蚶 hān	豁 huō	喙 huì	戟 jǐ	麂 jǐ
颊 jiá	谏 jiàn	犟 jiàng	秸 jiē	靳 jìn	厩 jiù
厥 jué	拎 līn	绺 liǔ	啮 niè	瘸 qué	缫 sāo
舐 shì	嗜 shì	噬 shì	涮 shuàn	吮 shǔn	佟 tóng
剜 wān	毋 wú	涎 xián	霰 xiàn	饷 xiǎng	戌 xū
癣 xuǎn	薛 xuē	佯 yáng	噎 yē	痈 yōng	壅 yōng
谕 yù	垣 yuán	咂 zā	蘸 zhàn	砧 zhēn	拽 zhuài
篆 zhuàn	渍 zì				

3. 朗读短文。

纯朴的家乡村边有一条河，曲曲弯弯，河中架一弯石桥，弓样的小桥横跨两岸。

每天，不管是鸡鸣晓月，日丽中天，还是月华泻地，小桥都印下串串足迹，洒落串串汗珠。那是乡亲为了追求多棱的希望，兑现美好的遐想。弯弯小桥，不时荡过轻吟低唱，不时露出舒心的笑容。

因而，我稚小的心灵，曾将心声献给小桥：你是一弯银色的新月，给人间普照光辉；你是一把闪亮的镰刀，割刈着欢笑的花果；你是一根晃悠悠的扁担，挑起了彩色的明天！哦，小桥走进我的梦中。

我在漂泊他乡的岁月，心中总涌动着故乡的河水，梦中总看到弓样的小桥。当我访南疆探北国，眼帘闯进座座雄伟的长桥时，我的梦变得丰满了，增添了赤橙黄绿青蓝紫。

三十多年过去，我带着满头霜花回到故乡，第一紧要的便是去看望小桥。

啊！小桥呢？小桥躲起来了？河中一道长虹，浴着朝霞熠熠闪光。哦，雄浑的大桥敞开胸怀，汽车的呼啸、摩托的笛音、自行车的叮铃，合奏着进行交响乐；南来的钢筋、花布，北往的柑橙、家禽，绘出交流欢跃图……

啊！蜕变的桥，传递了家乡进步的消息，透露了家乡富裕的声音。时代的春风，美好的追求，我蓦地记起儿时唱//给小桥的歌，哦，明艳艳的太阳照耀了，芳香甜蜜的花果捧来了，五彩斑斓的岁月拉开了！

我心中涌动的河水，激荡起甜美的浪花。我仰望一碧蓝天，心底轻声呼喊：家乡的桥啊，我梦中的桥！

（选自《普通话水平测试实施纲要》作品18号《家乡的桥》）

4. 三分钟说话练习，任选一题：(1)我尊敬的人；(2)我的成长之路。

扫二维码

微课小讲堂：读多音节字词应试技巧训练

第三节　读多音节字词应试技巧训练

方法与训练

普通话水平测试的第二部分为读多音节词语，共100个音节，共20分，限时2.5分钟。

一、测试目的

该项测试除了考查应试者声母、韵母和声调的发音，还要考查上声变调、儿化韵和轻声的读音。

100个音节中，声母、韵母的出现次数大体与单音节字词相同。此外，上声和上声相连的词语不少于2次，上声和其他声调相连的词语不少于4次；轻声词语不少于3次；儿化韵词语不少于4次，词语的排列要避免同一测试项的集中出现。

二、测试要求

在读准单音节字词的基础上，一是要掌握普通话常用词语的声母、韵母、声调的准确读音；二是要识别一些生僻词语的读音；三是要掌握语流音变的规律，读准儿化词、轻声词、上声词；四是要掌握词语轻重格式的读音。只有多听多练，才能读准词语。

三、评分标准

此项成绩占总分的20%，即20分。读错一个音节的声母、韵母或声调扣0.2分。读音有明显缺陷，每次扣 0.1 分。

限时 2.5 分钟。超时 1 分钟以内，扣 0.5 分；超时 1 分钟以上(含 1 分钟)，扣 1 分。

读音有缺陷所指的除跟第一项内所述相同的以外，儿化韵读音明显不合要求的应列入。

第一项和第二项，其中有一项或两项分别失分在 10%的，即第一项失分 1 分，或第二项失分 2 分，即判定应试者的普通话水平不能进入一级。

应试者有较为明显的语音缺陷的，即使总分达到一级甲等也要降等，评定为一级乙等。

四、考前练习

(一)注意轻声、儿化词和音变

注意牢固掌握语流音变的规律，加强轻声、儿化的练习，直到读准、读自然为止。

1. 轻声词

掌握轻声规律：熟读《普通话水平测试用必读轻声词语表》。

阴平＋轻声：	巴掌	答应	亲戚	舒服	休息	知识
阳平＋轻声：	裁缝	眉毛	活泼	人家	云彩	学生
上声＋轻声：	本事	姐夫	晚上	嘴巴	首饰	点心
去声＋轻声：	大方	动静	相声	月饼	故事	自在

2. 儿化词

掌握儿化词变读规律，熟读《普通话水平测试用儿化词语表》。

瓣儿：花瓣儿　　蒜瓣儿　　豆瓣儿酱　　橘子瓣儿　　一瓣儿蒜

碴儿：碗碴儿　　玻璃碴儿　冰碴儿

兜儿：裤兜儿　　衣兜儿　　网兜儿

点儿：差点儿　　快点儿　　晚点儿　　有点儿

角儿：丑角儿　　名角儿　　配角儿　　捧角儿　　主角儿

3. 变调音节

掌握上声及“一”和“不”的变调规律。

上声＋非上声：	野心	火车	场合	可怜	演练	普遍
上声＋上声：	演讲	粉笔	雨水	美好	理想	海藻
“一”＋非去声：	一天	一般	一直	一时	一宿	一览
“一”＋去声：	一个	一对	一次	一定	一粒	一瞬
“不”＋非去声：	不说	不听	不止	不回	不好	不悔
“不”＋去生：	不去	不干	不累	不谢	不笑	不是

(二)语感

掌握普通话词语的轻重格式的读法，培养自然的语感。

普通话语音在词语结构中并非都读得一样重，各音节的轻重分量、强弱程度不尽相同，大致可以分为四级——重、中、次轻、轻。

常见的普通话词语的轻重音基本格式为：

双音节、三音节、四音节，最后一个音节大多数为重音。

双音节词语，绝大多数都为“中・重”的格式。

三音节词语，大多数读为“中・次轻・重”的格式。

四音节词语，大多数读为“中・次轻・中・重”的格式。

1. 双音节词语的轻重格式

“中・重”：	花草	清澈	流水	远足	田野	教室
“重・次轻”：	巴望	编辑	意义	意志	质量	天气
“重・轻”：	东西	后头	记号	萝卜	事情	喜欢

2. 三音节词语的轻重格式

“中・次轻・重”：	百分比	博物馆	差不多	电话线	电信局	病虫害
“中・重・轻”：	爱面子	不在乎	胡萝卜	看样子	老大爷	老太太
“重・轻・轻”：	出来了	姑娘家	看起来	伙计们	顾不得	先生们

3. 四音节词语的轻重格式

“重・次轻・中・重”：	二氧化碳	高等学校	各行各业	公用电话
“中・轻・中・重”：	坑坑洼洼	嘻嘻哈哈	哆哆嗦嗦	迷迷糊糊

读多音节词语(限时 2.5 分钟)

(1)

贫穷	盗贼	佛学	纪律	崩溃	税收	昆虫
苟且	利索	石子儿	采访	阳光	爱情	红外线
差别	煤炭	老头儿	航海	飘荡	繁荣	战略
处女	夸张	黄色	镇压	核算	印刷	人口
电磁场	儿童	特务	干脆	大伙儿	增加	能源
需求	描写	拐弯儿	疲倦	享用	将军	谬论
群体	补丁	按照	生日	富翁	奔波	热闹

(2)

内在	梨核儿	配套	点火	大褂儿	生存	农产品
女婿	合用	唱歌儿	调整	刺激	考古	民族
荒谬	前往	深刻	白日	镊子	从而	冲刺
昂然	家眷	运行	讲学	违法	小瓮儿	朋友
恰好	船长	亏损	作风	佛像	东欧	奋斗
专门	躲闪	病原体	明确	快乐	无穷	拉链儿
戒指	衰老	人群	斑驳	已经	随便	探索

技能巩固

1. 朗读多音节词语，注意读准声、韵、调以及上声变调、儿化韵和轻声的读音。

(1)

率领	群体	照样	没谱儿	采写	侵略	明日
扫帚	男女	运输	生产力	夺取	下面	东欧
特别	窘迫	纳闷儿	顽强	赞成	感染	外贸
发表	状况	风险	笑话	夸张	耗费	宏伟
逗乐儿	农村	主人翁	宾馆	脊梁	健全	悔改
热爱	总归	钉子	白天	磋商	疲倦	加塞儿
佛寺	婴儿	牛顿	用场	科学	后顾之忧	

(2)

新娘	审美	前头	外面	撇开	政权	骨髓	挑刺儿
核算	保温	飞快	创造	绝着儿	窘迫	强烈	上去
传说	下来	荒谬	懒得	方法论	握手	雨伞	聪明
评价	逗乐儿	学会	罢工	佛经	日程	题材	因而
大夫	夸张	男女	用处	花岗岩	壶盖儿	丢掉	罪恶
通讯	旋转	若干	人群	安慰	亭子	鄙夷	急中生智

2. 朗读下列考级作品，注意上声变调、儿化韵和轻声的读音。

三百多年前，建筑设计师莱伊恩受命设计了英国温泽市政府大厅。他运用工程力学的知识，依据自己多年的实践，巧妙地设计了只用一根柱子支撑的大厅天花板。一年以后，市政府权威人士进行工程验收时，却说只用一根柱子支撑天花板太危险，要求莱伊恩再多加几根柱子。

莱伊恩自信只要一根紧固的柱子足以保证大厅安全，他的“固执”惹恼了市政官员，险些被送上法庭。他非常苦恼，坚持自己原先的主张吧，市政官员肯定会另找人修改设计；不坚持吧，又有悖自己为人的准则。矛盾了很长一段时间，莱伊恩终于想出了一条妙计，他在大厅里增加了四根柱子，不过这些柱子并未与天花板接触，只不过是装装样子。

三百年过去了，这个秘密始终没有被人发现。直到前两年，市政府准备修缮大厅的天花板，才发现莱伊恩当年的“弄虚作假”。消息传出后，世界各国的建筑专家和游客云集，当地政府对此也不加掩饰，在新世纪到来之际，特意将大厅作为一个旅游景点对外开放，旨在引导人们崇尚和相信科学。

作为一名建筑师，莱伊恩并不是最出色的。但作为一个人，他无疑非常伟大，这种//伟大表现在他始终恪守着自己的原则，给高贵的心灵一个美丽的住所；哪怕是遭遇到最大的阻力，也要想办法抵达胜利。

（选自《普通话水平测试实施纲要》作品 19 号《坚守你的高贵》）

3. 三分钟说话练习，任选一题：(1)介绍你的家乡 ；(2)我最喜欢的一处风景。

扫二维码

微课小讲堂：朗读短文应试技巧训练

第四节　朗读短文应试技巧训练

方法与训练

第三部分朗读短文，400 个音节，限时 4 分钟，共 30 分，短文从《普通话水平测试用朗读作品》中选取。

一、测试目的

考查应试者用普通话朗读书面材料的水平，重点考查语音、语流音变(上声变调以及“一”和“不”变调等)、语气、语调等项目。

二、测试要求

朗读考试的基本要求：一是要正确，即朗读要使用普通话，不准读错字音，不丢字，不重复，不读颠倒，不吃字，读得字字响亮。二是要流利，朗读在做到正确之后，要速度适中，口齿清晰，从容不迫，自然流畅。三是要有感情，在正确理解朗读文章的主题思想，感情基调的基础上，做到读得真挚自然，不矫揉造作。

三、评分标准

此项成绩占总分的 30%(即 30 分)。对每篇材料的前 400 字(不包括标点)做累积计算，每次语音错误扣 0.1 分，漏读一个字扣 0.1 分，不同程度地存在方言语调一次性扣(问题突出扣 3 分；比较明显，扣 2 分；略有反映，扣 1.5 分)。停顿、断句不当每次扣 1 分，语速过快或过慢一次性扣 2 分。

限时 4 分钟。超过 4 分 30 秒以上扣 1 分。

说明：朗读材料(1～60)各篇的字数略有出入。为了做到评分标准一致，测试中对应试者所读材料的前 400 个字(每篇 400 字之后均有“//”标志)的失误做积累计算；但语调、语速的考察应贯穿全篇。从测试的要求来看，应把提供给应试者做练习的 60 篇作品作为一个整体，应试前通过练习全面把握。

四、考前练习

(一)字音

读准字音，音变符合普通话规范，例如：

那么多的绿叶，一簇堆在另一簇的上面，不留一点缝隙。

这里的“簇”声母是平舌音 c；“那么”是轻声调；“一”字要变为去声；“一点儿”是儿化词。都要认真读准。

（二）语调

语调自然，声调、句调、词语的轻重格符合普通话标准，例如：

她为了我们，没有怨言，倾泻给我们的是全部的爱。

这是一句赞美母亲的句子，宜用降调读出。句中的停顿可以这样处理：

“她｜为了我们，没有怨言，倾泻给我们的｜是全部的爱。”

（三）停连

停连得当，朗读流畅自然。

朗读时，要严格忠实于作品，不回读、漏读、添读、改读，并且要根据标点及句子的语意来决定停连。对作品陌生或不理解，都会导致朗读作品时回读、漏读、添读、改读，让人听起来磕磕绊绊，影响朗读的流畅程度；如果停连不当，轻者影响语言节律，造成语义不连贯，重者则造成语意的偏误，肢解词语或句子。

测试时，应尽量不磕巴、不回读，语速相对统一，不要过快过慢，或者忽快忽慢，1分钟200～240个音节比较合适。

地球上是否真的存在“无底洞”？按说地球是圆的，由地壳、地幔和地核三层组成，真正的“无底洞”是不应存在的，我们所看到的各种山洞、裂口、裂缝，甚至火山口也都只是地壳浅部的一种现象。然而中国一些古籍却多次提到海外有个深奥莫测的无底洞。事实上地球上确实有这样一个“无底洞”。

它位于希腊亚各斯古城的海滨。由于濒临大海，大涨潮时，汹涌的海水便会排山倒海般地涌入洞中，形成一股湍湍的急流。据测，每天流入洞内的海水量达三万多吨。奇怪的是，如此大量的海水灌入洞中，却从来没有把洞灌满。曾有人怀疑，这个“无底洞”会不会就像石灰岩地区的漏斗、竖井、落水洞的一类地形。然而从20世纪30年代以来，人们就做了多种努力企图寻找它的出口，却都是枉费心机。

为了揭开这个秘密，1958年美国地理学会派出一支考察队，他们把一种经久不变的带色染料溶解在海水中，观察染料是如何随着海水一起沉下去。接着又察看了附近海面以及岛上的各条河、湖，满怀希望地寻找这种带颜色的水，结果令人失望。难道是海水量太大把有色水稀释得太淡，以致无法发现……

（选自《普通话水平测试实施纲要》作品34号《神秘的无底洞》，有所改动）

技能巩固

1. 朗读短文，注意读准语音、语流音变（上声变调以及“一”和“不”变调等）、语气、语调等项目。

我在加拿大学习期间遇到过两次募捐，那情景至今使我难以忘怀。

一天，我在渥太华的街上被两个男孩子拦住去路，他们十来岁，穿得整整齐齐，每人头上戴着个做工精巧、色彩鲜艳的纸帽，上面写着“为帮助患小儿麻痹的伙伴募捐”。其中的一个，不由分说就坐在小凳上给我擦起皮鞋来，另一个则彬彬有礼地发问：“小姐，您是哪国人？喜欢渥太华吗？”“小姐，在你们国家有没有小孩儿患小儿麻痹？谁给他们医疗费？”一连串的问题，使我这个有生以来头一次在众目睽睽之下让别人擦鞋的异乡人，从近乎狼狈的窘态中解脱出来。我们像朋友一样聊起天来……

几个月之后，也是在街上。一些十字路口处或车站坐着几位老人。他们满头银发，身穿各种老式军装，上面布满了大大小小形形色色的徽章、奖章，每人手捧一大束鲜花。有水仙、石竹、玫瑰及叫不出名字的，一色雪白。匆匆过往的行人纷纷止步，把钱投进这些老人身旁的白色木箱内，然后向他们微微鞠躬，从他们手中接过一朵花。我看了一会儿，有人投一两元，有人投几百元，还有人掏出支票填好后投进木箱。那些老军人毫不注意人们捐多少钱，一直不//停地向人们低声道谢。同行的朋友告诉我，这是为纪念二次大战中参战的勇士，募捐救济残废军人和烈士遗孀，每年一次；认捐的人可谓踊跃，而且秩序井然，气氛庄严。有些地方，人们还耐心地排着队。我想，这是因为他们都知道：正是这些老人们的流血牺牲换来了包括他们信仰自由在内的许许多多。

我两次把那微不足道的一点钱捧给他们，只想对他们说声“谢谢”。

（选自《普通话水平测试实施纲要》作品 21 号《捐诚》）

2. 三分钟说话练习，任选一题：(1)说成功 ；(2)我的梦想。

扫二维码

微课小讲堂：命题说话应试技巧训练

第五节　命题说话应试技巧训练

方法与训练

第四部分命题说话，不得少于 3 分钟，共 40 分，此项成绩占总分的 40%。

一、测试目的

考查应试者在没有文字凭借的情况下，说普通话所能达到的规范程度。这不仅是对应试人语言水平的考查，也是对应试者心理素质的考验。

二、测试要求

普通话测试的话题大致可以分为两类：记叙和议论。记叙类主要是记人、记事、记物，如我尊敬的人、童年记忆、我喜欢的动物；议论也主要是论人、论事、论物，如谈谈个人修养、谈谈购物的感受、谈谈服饰。

题目虽然类型不同，但是都要求做到紧扣题目，条理清晰，内容充分，普通话发音准确。

三、评分标准

(一)语音标准程度

语音标准程度，共25分。其中档次为：

一档：语音标准，极少失误；扣0～2分。

二档：语音失误在10次以下，有方音不明显；扣3～4分。

三档：语音失误在10次以下，但方音比较明显；或方音不明显，但语音失误在10～15次；扣5～6分。

四档：语音失误在10～15次，方音比较明显；扣7～8分。

五档：语音失误超过15次，方音明显；扣9～11分。

六档：语音失误多，方音重；扣12～14分。

语音面貌确定为二档的(或二档以下)，即使总分在97分以上，也不能入一级甲等；语音面貌确定为五档的，即使总分在87分以上，也不能入二级甲等；有以上情况的，都应在等级内降等评定。

(二)词汇、语法规范程度

词汇、语法规范程度，共10分。计分档次为：

一档：词汇、语法合乎规范；不扣分。

二档：偶有词汇或语法不符合规范的情况(1～2次)；每次扣1分。

三档：词汇、语法屡有不符合规范的情况；扣3～4分。

(三)自然流畅程度

自然流畅程度，共5分。记分档次为：

一档：自然流畅；不扣分。

二档：基本流畅，口语化较差，有类似背稿子的表现；扣0.5～1分。

三档：语速不当，话语不连贯；语调生硬；说话时间不足，必须主试人用双向谈话加以弥补；扣2～3分。

四、考前练习

(一)对说话题目进行构思，厘清思路，确定提纲，并多加练习

说话项共需三分钟，要想在三分钟内有话可说，需要根据主题，对说话内容进行选择和组织，确定话题的提纲。

例如：我最尊敬的人

我最尊敬的人是我的爸爸。原因有三：一是他脾气特别好，从来不打骂我们。记得在我上小学的时候，有一天我不小心把他的手表弄坏了，他也只是教育我。二是他勤奋好学，从一个只有初中毕业文凭的工人，成为了一名注册会计师。记忆中爸爸晚上总是在办公室看书学习。三是他特别节俭，但是对亲人和朋友却总是很大方。他的衣服袜子坏了，也只是缝缝补补又穿上了，舍不得买件新的。

根据“我最尊敬的人”这个主题，说话者确定了说话的提纲及大致的内容。考试时，只需要对“有一天我不小心把他的手表弄坏了，他也只是教育我”；“爸爸晚上总是在办公室看书学习”等事例进行具体展开，就可以完成说话三分钟的要求。

（二）说话过程中要注意语音标准，语法规范

在测试中，由于受母语的影响，在没有文字凭借的情况下，很多应试者容易出现方音，甚至出现了方言词汇及方言语法。

例一：

①错误：我就这样子度过了童年。

正确：我就这样度过了童年。

②错误：他做了手术，有伤，笑都笑不得。

正确：他做了手术，有伤，笑都不能笑。

③错误：我太过紧张了。

正确：我太紧张了。

④错误：他今天走得有五里路。

正确：他今天走了五里路。

⑤错误：这件事我不晓得。

正确：这件事我不知道。

例二：命题说话《谈谈美食》。

我是一个典型的“吃货”，哪儿有好吃的，我都想去尝尝。有一次我回老家，吃过一种雪条，超好吃！上面有绿豆、巧克力。奶奶给五十块钱我，我一次就买了五条，吃得特别过瘾。

上面的说话内容中，要注意“型、吃、尝尝、次”等后鼻音、翘舌音、平舌音字词的发音，还要注意“哪儿、一次、一种”等词语的音变；其中“雪条”属于方言词，应改为“冰棍儿”或“冰淇淋”；“奶奶给五十块钱我”属于方言语法，应改成“奶奶给我五十块钱”。

（三）语调要自然，说话要流畅

所谓自然就是指说话要口语化，不要带读书腔。为使说话流畅，应做充分准备，并多用短句，少用长句；多用单句，少用复句；多用口语、儿化词，少用书面语；语速适中，不要过快。

例如：我的家乡

我的家乡是一个风景优美、民风淳朴、物产丰富的位于祖国西南的一个与越南接壤的边陲小镇。

这个句子说着特别绕口，可改为“我的家乡在中国的西南，与越南接壤，是一个边陲小镇。这里风景优美，民风淳朴，物产丰富”。

技能巩固

1. 读读普通话测试说话例文《我的学习生活》《谈谈美食》，谈谈哪些值得你借鉴。

我的学习生活

我的学习生活是多姿多彩的，它给我带来无穷的乐趣。在课堂上的学习，是有老师跟我们一起进行的。课堂气氛非常活跃，给我的学习生活增添了色彩。除了课堂上的学习之外，在课外时间我的学习生活也是丰富多彩的，比如在宿舍，宿舍既是休息的地方，也是读书的好场所，尤其是午休前时间。每天吃完午饭，同室舍友一个个像变戏法般翻出各种各样的书来读，有图书馆借来的、有书屋租来的、有自己花钱买的，可谓来源之广。这些书中，有教人如何维护自尊的《简·爱》，有描述项羽夺权争霸的《西楚霸王》，有展现一代女皇风采的《武则天》……世界名著固然精彩，包罗万象的杂志也令人爱不释手，我们看属于自己的《女友》，看描写我们的《金色年华》。还看已经与我们擦肩而过的《少男少女》；心情不佳时去寻觅《知音》。与人交往受挫时找《做人与处世》，在《大众电影》中目睹心中偶像的风采，在《科幻世界》中创造未来。一本好书在手，一切烦恼都抛于脑后，因为有书，午休看，晚睡也看，曾无数次打手电筒躲在被窝里看，甚至不惜冒险点起蜡烛也要看，经常因此而遭到宿舍检查人员三番五次的敲门警告。读了一本好书，总是希望有人与你分享。每天晚上的“卧谈”时间我们谈得最多的也是书。

谈谈美食

如果说在现在这个社会你不懂得什么好吃，那么你就是很落伍了，今天我们就来一起学一下普通话考试说话范文谈谈美食，让我们一起学习一下该如何去介绍美食，介绍我们身边的美食。

我并不是一个美食家，但是我是一个对吃很讲究的人，我从不乱吃东西，我吃东西是从健康的角度来考虑的，只要是对身体健康有利的东西，不管是好吃还是不好吃，我都要吃，而且我在饮食的过程中还会注意各种膳食的合理搭配，比如肉类与素菜的搭配呀，水果与杂粮相配合呀，等等。现在许多人都在追求所谓的绿色食品，这表明人们对美食的要求已经上升到了对健康有利的概念了。

我吃东西也讲求变化，就算是再好吃的美食，要是天天重复吃，也不会觉得好吃了，有些东西偶尔难得吃上一两回的时候，那才算好吃，毕竟物以稀为贵吧。

再就是活到老，吃到老，当然也要学到老，学习什么？学习的是吃，边吃边学，边学边研究。有些人吃食无讲究，只讲求填饱肚子就行了，或者只要是味道好就什么都吃。我觉得这样吃只能饱口福而不算是会善待自己，因为这样吃东西根本不能合理满足身体各方面的营养需要，只有那些四处奔波劳碌，只图一日三餐吃饱的人才会这样吃。不过也有些有钱人只追求色、香、味俱全的美酒佳肴，常常把自己撑得大腹便便，到头来还弄得周身是病，这样又何苦呢？我觉得美食是一种文化，一种学问，只有研究着吃东西，才能吃出健康的身体来。这些就是我对美食的一些独特的见解。

2. 请从以下几个题目中选择一个进行说话，说三分钟的话，要求语音标准，词汇语法规范，表达自然流畅。

(1)谈谈卫生与健康

(2)谈谈服饰

(3)谈谈科技发展与社会生活

(4)谈谈社会公德

(5)谈谈个人修养

第三章
朗读训练

第一节　朗读的作用和要求

方法与训练

朗读就是用普通话清晰、响亮、有感情地把文章念出来。它是将书面上的文字作品转化为口头上的有声语言的一种表达活动。

首先，朗读可以传播科学文化知识，提高人的修养。其次，朗读是语文教学的重要环节。多朗读课文，口诵心惟，可以加深对课文的理解，有利于厘清作者思路，把握作品主题，学习作品的语言表达技巧，提高语文教学质量。再次，朗读还是进行普通话口语表达训练的重要途径。坚持用普通话朗读各种作品，有利于综合运用声、韵、调、音变等语音知识，巩固语音学习成果；有利于消除方言干扰，促使口语语音规范化；还有利于不断积累语言材料，提高语言表达能力。

朗读各种文字作品的基本要求是：用普通话正确、流利、有感情地把文章念出来，引起听众的共鸣，使听众受到启迪和教育。怎样做才能实现这个要求呢？

第一，深入理解作品是朗读成功的基础。只有透彻地理解了作品的思想内容，厘清了作者的思路，掌握作品的结构层次以及写作特点，才能运用恰当的朗读技巧，完成朗读的任务。

第二，适当展开联想。文学作品往往是作者受现实生活的触动而情怀激荡，然后通过联想构思而成的。我们朗读时，就必须透过字面，设身处地地产生联想，造出内心视像，使作品的每一句话都自然而然地化为形象，活灵活现地传达给听众，使听众如临其境，如见其人，如闻其声。

第三，坚持使用普通话。使用普通话朗读，是朗读成功的前提。准备朗读时，要反复通读作品，字字过关，读准声韵调，读准音变，读好轻重音及语音节律等。

第四，讲究运用朗读技巧。为了增强朗读的效果，还要讲究朗读技巧，在停顿、重音、语调、语速等方面对作品做出恰如其分的处理。在做准备的时候，可以在朗读材料上适当标上一些符号，以便朗读时注意。朗读符号没有统一规定，下面是著名播音员齐越同志在方志敏《清贫》第一段上面所画的符号，可供参考：

我从事革命斗争，已经十余年了。在这长期的奋斗中，我一向是过着朴素的生活，从没有奢侈过。经手的款项，总在数百万元；但为革命而筹集的金钱，是一点一滴的｜用之于革命事业。∧这在国方的伟人们看来，颇似奇迹，或认为夸张；而矜持不苟，舍己为公，∧却是每个共产党员具备的美德。∧所以，如果有人问｜我身边有没有一些︿积蓄，那我可以告诉你｜一桩趣事。

符号说明如下。

｜，用于句子中没有标点的地方，表示把词或词组分顿开，停顿时间很短，不换气。

∧，用于有标点的地方，表示比原标点符号停顿时间再长一些，有时换气，有时不换气，看具体情况而定。︿，表示较长时间的停顿，可以换气。

‿，用于有标点的地方的连音号，表示缩短停顿的时间，或者不停顿，连起来读，不换气。

•，表示重音。

上面这个选段里，凡没有标出停顿号、连接号的地方，朗读时一般按照标点符号处理，但停顿时间长短并不固定。

此外，还有一些符号在朗读时也可以选择使用。例如：

→，表示平调。↗，表示升调。↘，表示降调。∧↗、∨↘表示曲折调。这四种语调符号，标记时，一般标在句子末尾。

<，渐强。>，渐弱。∨，换气。—，保持音(饱满有力)。~~~~，波音(颤音)。▲，顿音(短促有力，富有弹跳性)。

第五，掌握不同作品的特点。如散文、小说、古诗、新诗，记叙文、说明文、议论文、应用文，各有特点，朗读时要因文而异，采用不同的读法，读出特点来，更好地表达作品蕴含的思想感情。

第六，反复练习，精益求精。练习时可以注意一下时间和呼吸，比较每次朗读进度的快慢，做到吐字清、口形活，读得流利、准确。还要防止漏读、添读、倒读和读破词、读破句等现象的产生。多读熟读，在反复实践中提高朗读水平，这是最重要的。当然，每一次练习，应该是正确的积累，而不应该是错误的重复。

技能巩固

1. 说说朗读符号一般有哪些。

2. 根据符号提示，尝试有感情地朗读童话故事《卖火柴的小女孩》。

卖火柴的小女孩(片段)

她的一双小手｜几乎冻僵了。↘啊，哪怕一根小小的火柴，↘对她｜也是有好处的！↘她敢从成把的火柴里抽出一小根，在墙上擦燃了，来暖和暖和她的小手吗？↗她终于抽出了一根。↘哧！火柴燃起来了，冒出火焰来了！她把小手拢在火焰上。多么温暖多么明亮的火焰啊，简直像一支小小的蜡烛。↗这｜是一道奇异的火光！小女孩觉得｜自己好像坐在一个大火炉前面，火炉装着闪亮的铜脚和铜把手，烧得旺旺的，暖烘烘的，多么舒服啊！↘唉，这是怎么回事呢？↗她刚把脚伸出去，想让脚也暖和一下，火柴灭了，火炉不见了。↘她坐在那儿，手里｜只有一根烧过了的｜火柴梗。↘

…………

她｜在墙上又擦着了一根火柴。↘这一回，火柴把周围全照亮了。↘奶奶｜出现在亮光里，是那么温和，那么慈爱。↘“奶奶！”↗小女孩叫起来，“啊！请把我带走吧！我知道，火柴一灭，您就会不见的，像那暖和的火炉，喷香的烤鹅，美丽的圣诞树一样，就会不见的！”↘

她赶紧擦着了一大把火柴，要把奶奶留住。↘一大把火柴发出强烈的光，照得跟白天一样明亮。奶奶从来没有像现在这样高大，这样美丽。↘奶奶把小女孩抱起来，搂在怀里。↘她们俩｜在光明和快乐中｜飞走了，越飞越高，飞到那｜没有寒冷，没有饥饿，也没有痛苦的｜地方｜去了。V↘

…………

扫二维码

微课小讲堂：朗读的基本技巧训练

第二节　朗读的基本技巧训练

方法与训练

朗读技巧是指朗读过程中熟练运用声音表情达意的技术和能力，它是朗读成功的关键。

朗读技巧有基本技巧和辅助技巧。这里只训练基本技巧：停顿、重音、语调和语速。

一、停顿（无标点处用竖线“｜”表示）

停顿是指朗读时段与段、句与句、词语与词语之间出现的语气或声音上的间歇。

停顿不单是人们生理上的需要——朗读者需要换气，听众也不可能接受无间断的一长串音节，停顿主要是表情达意的需要。例如，朗读“我看见他笑了”这句话，停顿的地方不同，表达的语意就不同：

我看见他｜笑了。

我看见｜他笑了。

前句停在“笑”前面，表示“我”笑了；后句停在“他”前面，表示“他”笑了。两种停顿，两种结构，两种语意。可见停顿在朗读中的重要作用。同时说明，生理上换气、听觉上间歇的需要必须服从结构上、语意表达上的需要，否则便会割裂语意，影响作品表达效果。

停顿一般分为结构停顿和强调停顿。

（一）结构停顿

结构停顿，又称语法停顿。它是按照篇章和句子的语言结构关系来确定的停顿。段与段之间的停顿较长；句群的各句之间的停顿稍短；句子内部成分之间的停顿则更短。

例如：

她｜不是鲁镇人。

大家｜都叫她祥林嫂。

春天｜像刚落地的娃娃，从头到脚都是新的，它｜生长着。（表示主谓间停顿）

她诚然是｜逃出来的。

烈火在他身上烧了半个多钟头才渐渐熄灭，这个伟大的战士，直到最后一息，也没有挪动｜一寸地方，没有发出｜一声呻吟。

离它们不远的那颗星，叫｜北极星。（表示动宾间停顿）

有这么一个传说：古时候，天上有十个太阳，晒得｜地面寸草不生。

小女孩只好赤着脚走路，一双小脚冻得｜红一块青一块的。

莫高窟是华夏文明的早期屏障，早得｜与神话分不清界线。（表示动补间停顿）

这是一道奇异的｜火光！

多么温暖｜多么明亮的｜火焰啊，简直像一支小小的｜蜡烛。（表示修饰、被修饰间的停顿）

这些石狮子，有的｜母子相抱，有的｜交头接耳，有的｜像倾听水声，千姿百态，惟妙惟肖。（表示总分关系，分别列举）

黑暗的旧中国，地｜是黑沉沉的地，天｜是黑沉沉的天。灾难深重的人民哪，你身｜上戴着沉重的锁链，头上｜压着三座大山。（对举，对偶）

但是，人民｜是杀不绝的，革命｜是扑不灭的，共产党人｜是吓不倒的！（排比）

有标点符号的地方，一般就按标点所表示的间歇进行处理。停顿的时间不确定，一般是：顿号短，逗号稍长，分号、冒号又稍长，句号、问号、叹号、破折号、省略号又稍长些。例如：

他给了你那么多｜书、本、纸、笔，你应该学习他这种｜助人为乐、先人后己的精神。

朗读这句话，顿号处稍稍休止，而声气不断，几乎是连着读出来，只在逗号处作稍长停顿。这样朗读，显得清晰顺畅，语意诚恳。

前面有两条路：一条通往主力转移的方向，走这条路可以很快追上部队，可是｜敌人跟在身后，容易暴露人民群众和部队主力；另一条是通向三面悬崖的莲花瓣、棋盘陀顶峰。走哪一条路呢？为了保护人民群众和部队主力，班长斩钉截铁地说了一声：“走！”带头向莲花瓣走去。

这段话里有顿号、逗号、分号、句号、问号、叹号、引号等标点符号，朗读时，要用不同的停顿显示出层次感，表现出班长和战士们那种顾全大局、不畏艰险的高贵品质。

（二）强调停顿

强调停顿，又称逻辑停顿或感情停顿。它是句中特殊的间歇，是为了强调某一事物，突出某种语意或情感，或是为了加强语气，而在不是结构停顿的地方确定一个适当的停顿，或者在结构停顿的基础上变更停顿的时间。强调停顿的时间，往往比结构停顿的要长些；强调停顿的位置，也是随表情达意需要而灵活设定的。

强调停顿一般分为前停、后停、前后都停三种。

1. 前停

前停是在被强调的字词或结构前面确定的停顿。它能给听众一种引起注意和带来期待的作用，从而增强朗读的感染力。例如：

有的人活着，
他已经｜死了；
有的人死了，
他还｜活着。

前一停顿强调的是“死了”，指出有的人，生等于死；后一停顿强调的是“活着”，表达了作者对这种“虽死犹生”的人的赞美、追念之情，对比十分强烈而鲜明。

只见灵车去，不见总理｜归。

在“归”字前面停顿一下，就强调了全国人民企望总理还能“归”来的悲切心情，有感人肺腑，催人泪下的表达效果。

俱往矣，数风流人物，还看｜今朝。

这一停顿，强调了“今朝”，提示听众去细细体味毛泽东同志这一词句的深刻含义——唯有当今时代的无产阶级及其代表人物；才是创造世界历史的真正英雄。

2. 后停

后停是在被强调的字词或结构后面确定的停顿。它能让听众的思绪在此流连，回味，深刻领会作品的意蕴。例如：

人，不能低下高贵的头，
只有怕死鬼｜才乞求自由；
毒刑拷打｜算得了什么！
死亡｜也无法叫我开口！

在“鬼”后一停顿，让人领会作者所指——革命的叛徒，与上面的“人”形成鲜明对照。前者坚贞，后者变节；前者伟大，后者卑劣。其余两处，都着意刻画了共产党人的英雄气概。

“啊！地狱?”我很吃惊，只得支吾着。“地狱？——论理，就该｜也有，——然而｜也未必……谁来管这等事……”(《祝福》中的“我”对祥林嫂的回答。)

这两处停顿的运用，就把“我”的那种边思索边回答的惶急中难以选择的“窘态”，以及“我”“何必增添末路的人的苦恼”的心境表达了出来。

3. 前后都停

前后都停是强调两停之间的字词或结构的停顿。它突出了中间部分的语意，给人深刻的印象或强烈的撼动。例如：

海鸥｜在暴风雨来临之前｜呻吟着，——呻吟着，它们在大海上飞窜，想把自己对暴风雨的恐惧，掩藏到大海深处。

强调了“在暴风雨来临之前”这一特定时间，揭露出这些“海鸥”们畏惧风暴的丑态（实则暗指那些机会主义分子们畏惧革命风暴的丑态）。

森林爷爷｜一点儿｜也不着慌。

强调“一点儿”，充分显示出森林爷爷战胜风魔王的决心和力量。

大家都说，糟了，怕是遭了狼了。再进去；他果然躺在草窠里，肚里的五脏｜已经都给｜吃空了；手上｜还紧紧的捏着｜那只小篮子呢。……

强调“已经都给”四个字，突出阿毛死后的惨相——五脏全都被吃空了，简直惨不忍睹；强调“还紧紧的捏着”，则突出地表现了阿毛至死也不曾忘记“给妈妈剥豆”的使命。这两处强调，非常传神地再现了祥林嫂在失去儿子后诉说“阿毛的故事”时的那种悲痛情态，给人以强烈的震撼，令人揪心垂泪。

停顿的实现，主要方法是合理控制气息的状态，强弱急缓，停连延收，都要恰到好处。同时，最好能做到停中有连、连中有停，而不读破句意。

二、重音（用实心点“·”表示）

重音是指语句中读得重的字词或结构成分。恰当地确定语句中的重读，并恰当地实现重读，能突出语句的重点和作品的主题，增强语言的节奏感和表现力。

重音一般分为语法重音和强调重音。

（一）语法重音

语法重音是根据句子的语法结构确定的重音，位置比较固定。例如：

鲁迅｜绍兴人。

全世界无产者，联合起来！

这一年的清明，分外寒冷。（短句里的谓语部分常常重读）

我这时突然感到一种异样的感觉，觉得他满身灰尘的后影，刹时高大了，而且愈走愈大，须仰视才见。而且他对于我，渐渐的又几乎变成一种威压，甚而至于要榨出皮袍下面藏着的“小”来。（句子中定语、状语、补语常常重读）

独有这一件小事，却总是浮在我眼前，有时反更分明，教我惭愧，催我自新，并且增长我的勇气和希望。（句中定语、状语、补语及兼语结构常常重读）

李奶奶指着鸠山问道：“你这是什么话！是你们把我儿子抓起来，是你们杀害中国人。你们犯下的罪过，难道要我这老婆子来承担吗！”（句中的人称代词、指示代词、疑问代词常常重读）

春天像小姑娘，花枝招展的，笑着，走着。

春天像健壮的青年，有铁一般的胳膊和腰脚，领着我们向前去。（比喻句中的比喻词和喻体常常重读）

（二）强调重音

强调重音，又称逻辑重音或感情重音。它是为了有意突出某种特殊的表达需要或思想感情而确定的重音，能使语意更加鲜明、生动、有感染力。强调重音没有固定的位置及规律，常常由朗读者根据具体的语境和表情达意的需要来确定。例如，朗读“我喜欢听花鼓戏”这句话，重音不同，表意有别：

我喜欢听花鼓戏。（强调“我”喜欢……）

我喜欢听花鼓戏。（谁说我“不喜欢”？）

我喜欢听花鼓戏。（不喜欢“看”或“唱”）

我喜欢听花鼓戏。（不是“花鼓戏”不喜欢听）

四处重音，四个作用，朗读时要根据上下语言环境，选用其中合适的一种。

她们俩在光明和快乐中飞走了，越飞越高，飞到那没有寒冷，没有饥饿，也没有痛苦的地方去了。

读出上述重音，强调小女孩的希望“终于实现了”的“喜人”情景。作者对小女孩寄寓的深切同情和美好愿望在这里得以升华，全篇文章的悲剧气氛到此达到高峰。

人固有一死，或重于泰山，或轻于鸿毛。为人民利益而死，就比泰山还重；替法西斯卖力，替剥削人民和压迫人民的人去死，就比鸿毛还轻。

人的生死意义在这里得到公平论定，孰重孰轻，标准分明。朗读时突出对比，轻重分明，让听众清清楚楚地感悟到毛泽东论述的生死观的深刻含义，从而受到教育，受到启迪。

希望本无所谓有，无所谓无的。这正如地上的路；其实地上本没有路，走的人多了，也便成了路。

重读的地方，都是这番话的关键处，朗读时要加重音量，读得坚实凝重。这样，会使这番哲理性本来很深刻的话，显得更加精辟，更为掷地有声，平添诗一般的韵律。

强调重音比较复杂，不能随意确定。朗读者必须在深入理解作品思想内容的基础上，根据语意表达需要来酌定。有时还要与语法重音联系起来考虑。

一句话中重音不宜过多，多了反而伤文害意。

实现重读，一般采用三种方式：一是加强音量，提高声势；二是拖腔重读，延长音程；三是低声弱气，重音轻念。

三、语调

语调又称句调。是指朗读语句时声音的高低曲直变化。语调与音高、音强、音长和音色都有关系，其变化主要表现在句子的末尾。语调与语气密切相关，不同的语调表达不同的语气。语调是情感的产物，情感丰富多彩，语调也无固定格式，要以适合全句思想表达为准绳。常用的语调有四种：平调、升调、降调、曲调。

（一）平调（用“→”表示）

平调即平直调。句子语势平直舒缓，没有显著的高低升降变化。陈述、说明的句子常用平直调，表示庄重、悲痛、冷淡等感情。例如：

我也曾月夜里来到天安门广场，(→)

群众在这里设下最庄严的灵堂。(→)

悲痛的人群排成肃穆的长队，(→)

等候着把精心赶制的花圈献上。(→)(表示庄严肃穆)

我们都是来自五湖四海，为了一个共同的革命目标走到一起来了。(→)

(陈述一个事实)

事物的矛盾法则，即对立统一的法则，是唯物辩证法的最根本的法则。(→)

(说明一个道理)

（二）升调（用“↗”表示）

升调即上升调。句子语势先低后高，句末音节或结构稍稍上扬。疑问句、感叹句常用上升调，表示疑问、反诘、号召、惊讶等感情。例如：

世界上还有比这样在敌人刑场上举行的婚礼更动人的吗？(↗)(反诘)

起来，不愿做奴隶的人们！(↗)(号召)

沉默啊，沉默！(↘) 不在沉默中爆发，就在沉默中灭亡！(↗)(愤怒)

（三）降调（用“↘”表示）

降调即降抑调。句子语势先高后低，句末音节或结构读得低弱而短促。表示坚决、肯定、赞扬、祝愿、感叹、恳求等感情。例如：

罗盛教烈士的国际主义精神与朝鲜人民永远共存。(↘)(赞扬)

像朝阳初升，一样的合理；(↘)

像婴儿落地，一样的合情！(↘)(肯定)

韶山的路，是多么令人心驰神往的路啊！(↘)(感叹)

（四）曲调（用“V↘”或“Λ↗”表示）

曲调即曲折调。全句语调的高低有曲折变化。一般表现为：有的句子，开头和结尾的语调都比较低，中间声音比较高；有的句子，则呈现出“低、高、低、高”式的变化。表示惊讶、怀疑、讽刺、反语、双关等复杂的感情。例如：

艾奇逊的历史知识等于零。(↗)他连美国独立宣言也没有读过。(V↘)(讽刺)

好个国民党政府的“友邦人士”！(V↘) 是些什么东西！(V↘)(反语)

啊，(Λ↗)亲爱的狼先生！(V↘)那是不会有的事。(↘) 去年 (→)

我还没生下来啦！(Λ↗)(惊讶、讽刺、反驳)

四、语速

语速又称快慢或节奏。它是指朗读时语流行进的速度。一般说来，叙述、写景的地方，情绪平静、沉郁、失望、气氛庄严、行动迟疑等内容或较难理解的语句，读的时候速度都要慢一些；悲哀的地方，应读得深沉清晰，速度更慢，表达出沉痛的感情；情绪紧张、热烈，或在愉快、兴奋、慌乱、惊惧的时候，以及激昂慷慨、愤怒、反抗、驳斥、申辩等内容，读的时候速度可适当快一些。

技能巩固

朗读《第一个被录取的人》，注意朗读技巧的恰当运用。

第一个被录取的人

张小失

某公司招聘人才，应者云集。其中多为拥有高学历、有相关工作经验的人。

经过三轮淘汰，还剩下11个应聘者，最终将留用6个。因此，第四轮总裁亲自面试，将会出现十分“残酷”的场面。

奇怪的是，面试考场出现12个考生。总裁问：“哪位是不请自来的？请你出去！”

坐在最后一排的一个男子站起身：“先生，我第一轮就被淘汰了，但我想参加一下面试。”

在场的人都笑了，包括站在门口闲看的那个老头子。

总裁饶有兴趣地问：“你连第一关都过不了，来这儿有什么意义呢？”

男子说“我掌握了很多财富，我本人即是财富。”

大家又一次笑得很开心，觉得此人要么太狂妄，要么就是脑子有毛病。男子说：“我只有一个本科学历，一个中级职称，但我有11年的工作经验，曾在18家公司任过职……”

总裁打断他：“你的学历、职称都不算高，工作11年倒是很不错，但跳槽18次，太令人吃惊了，我不欣赏。”

男子站起身：“先生，我没有跳槽，而是那18家公司先后都倒闭了。”在场的人第三次笑了。一个考生说：“真是个倒霉蛋！”男子也笑了：“相反，我认为这就是我的财富！我不倒霉，我只有31岁。”

这时，站在门口的老头子走进来，给总裁倒茶。小伙子继续说：“我很了解那18家公司，我曾与大伙努力挽救那些公司，虽然不成功，但我从它们的错误与失败中学到了许多东西。很多人只是追求成功的经验，而我，更有经验避免错误与失败！”

男子离开座位，一边转身一边说：“我深知，成功的经验大抵相似，而失败的原因各有不同。与其用11年学习成功经验，不如用同样的时间研究错误与失败；别人的成功经历很难成为我们的财富，但别人的失败过程却是！”

男子就要出门了，忽然又回过头：“这11年经历的18家公司，培养、锻炼了我对人、对事、对未来的敏锐洞察力，举个小例子吧——真正的考官，不是您，而是这位倒茶的老人。”

全场11个考生哗然，惊愕地盯着倒茶的老头。那老头笑了：“很好！你第一个被录取了，因为我急于知道——我的表演为何失败。”①

---

① 杨晖：《读者文摘精华·生命卷》，169～170页，北京：北京工业大学出版社，2014。

第四章 朗诵训练

第一节 诗歌朗诵训练

方法与训练

诗歌朗诵在我国有悠久的传统，在现代文化生活中更为常见。与其他文学艺术形式相比，诗歌有其独特的艺术风格。我国自古以来就是“诗文之邦”，诗词不计其数。近代的诗歌种类繁多，有格律诗、抒情诗、自由体诗、叙事诗等。诗歌比其他文学形式更能迅速、直接、敏锐、集中地反映现实。诗歌的语言特点：第一，思想鲜明，激情充沛，字里行间流露出的思想观点热情洋溢，用最少的语言表达出丰富的情感和深奥的哲理。第二，诗歌语言生动、具体、想象丰富，以诗人的“形象思维”为基础，采用赋、比、兴的手法来激发感情。第三，诗歌往往是“借景抒情，景中有情、情景互生”，创造出一种“诗情画意”的境界，增强感染力和启示力。第四，诗歌语言最大的特点是音韵节奏流畅和谐。

朗诵诗歌，必须抓住特点，深解诗意，展开丰富的想象，把抽象的东西变为具体、生动，有血有肉的活生生的形象，全神进入意境，从心底产生共鸣，并迸发出炽热的激情。在此基础上，朗诵者要赋予诗歌作品以真实而热烈的激情，再依照语节，运用富有艺术感染力的声音朗诵出来。

(一)分析诗歌的思想内容，风格样式，确定朗诵的基调

朗诵诗歌要准确地把握作品内容，透彻地理解其内在含义。分析诗歌的思想内容是作品朗诵的重要前提和基础。固然，朗诵中各种艺术手段的运用十分重要，但是，如果离开了准确透彻地把握内容这个前提，那么，艺术技巧成了无源之水，无本之木，成了一种纯粹的形式主义，也就无法做到传情，无法让听众动情了。要准确透彻地把握作品内容，应注意以下几点。

1. 正确、深入地理解

朗诵者要把作品的思想感情准确地表现出来，需要透过字里行间，理解作品的内在含义。首先要清除障碍，搞清楚文中生字、生词、成语典故、语句等的含义，不要囫囵吞枣，望文生义。其次，要把握作品创作的背景、作品的主题和情感的基调，这样才会准确地理解作品，才不会把作品念得支离破碎，甚至歪曲原作的思想内容。

2. 深刻、细致地感受

有的朗诵，听起来也有着抑扬顿挫的语调，可就是打动不了听众。如果不是作品本身有缺陷，那就是朗诵者对作品的感受还太浅薄，没有真正走进作品，而是在那里“挤”情、“造”性。听众是敏锐的，他们不会被虚情所动，朗诵者要唤起听众的感情，使听众与自己同喜同悲同呼吸，必须仔细体味作品，进入角色，进入情境。

3. 丰富、逼真地想象

在理解感受作品的同时，往往伴随着丰富的想象，这样才能使作品的内容在自己的心中、眼前活动起来，就好像亲眼看到、亲身经历一样。以陈然《我的自白书》为例，在对作品进行综合分析的同时，可以设想自己就是陈然(重庆《挺进报》的特支书记)，当时正处在这样的情境中：我被国民党逮捕，在狱中饱受折磨，但信仰毫不动摇，最后，敌人把一张白纸放在我面前，让我写自白书，我满怀对敌人的愤恨和藐视，满怀革命必胜的坚定信念，自豪地写下了“怒斥敌酋”式的《我的自白书》。这样通过深入的理解、真挚的感受和丰富的想象，使己动情，从而也使人动性。

(二)要朗诵出诗的音乐美

诗歌，不管抒发的是欢乐还是悲戚，壮烈还是缠绵的感情，都必须给听觉以美感，它必须是悦耳动听的。好的诗歌，总是音韵和谐，节奏鲜明的。

现代诗格律不像古典诗那样严，句数、字数、平仄、句子长短等，均可以依表情达意的需要“自由”确定。但自由诗毕竟是诗，不是散文，同样要讲究意境、韵律、语节等。朗诵时，要深入意境，因境抒情，把握节奏，朗诵出现代诗的“精神与形体的调和美”。

朗诵例文一

乡 愁

余光中

小时候
乡愁/是一枚小小的邮票
我/在这头
母亲/在那头

长大后
乡愁/是一张窄窄的船票
我/在这头
新娘/在那头

后来啊
乡愁/是一方矮矮的坟墓
我在外头
母亲/在里头 V↘

而现在
乡愁/是一湾浅浅的海峡
我/在这头
大陆/在那头∧↗

《乡愁》有如音乐中柔美而略带哀伤的“回忆曲”，正如余光中先生回答四川作家流沙河的一句话：思蜀而不乐。诗歌情深意切，既渴望祖国的统一，又将乡愁描写得淋漓尽致。正像中国大地上许多江河都是黄河与长江的支流一样，余光中虽然身居海岛，但是，作为一个挚爱祖国的中国诗人，他的乡愁诗从内在感情上继承了我国古典诗歌中的民族感情传统，具有深厚的民族感与历史感。

要朗诵好这首小诗，关键要紧贴诗的感情。吟咏这首小诗要求在缠绵中显示渴望，在依恋中去倾诉忧伤，表现出诗人那种浓厚的思乡之情。朗诵到最后两节，要朗诵出好像读者面前仿佛出现了一位白发苍苍的老人，泪流满面地跪在母亲的新坟前，面朝家乡、祖国的方向痛不欲生地跪在大海边，用嘶哑的声音大喊：“母——亲——！”这时一种深沉的沧桑感会油然而生，本文朗诵的效果就出来了。

朗诵例文二

致橡树

舒　婷

我如果爱你——
绝不像攀援的凌霄花，
借你的高枝炫耀自己；
我如果爱你——
绝不学痴情的鸟儿，
为绿荫重复单调的歌曲；
也不止像泉源，
常年送来清凉的慰籍；
也不止像险峰，增加你的高度，衬托你的威仪。
甚至日光。
甚至春雨。
不，这些都还不够！
我必须是你近旁的一株木棉，
做为树的形象和你站在一起。
根，紧握在地下，
叶，相触在云里。
每一阵风过，

我们都互相致意，
但没有人
听懂我们的言语。
你有你的铜枝铁干，
像刀，像剑，
也像戟，
我有我红硕的花朵，
像沉重的叹息，
又像英勇的火炬，
我们分担寒潮、风雷、霹雳；
我们共享雾霭、流岚、虹霓，
仿佛永远分离，
却又终身相依，
这才是伟大的爱情，
坚贞就在这里：
爱，不仅爱你伟岸的身躯，
也爱你坚持的位置，足下的土地。

诗人以橡树为对象表达了爱情的热烈、诚挚和坚贞。诗中的橡树不是一个具体的对象，而是诗人理想中的情人象征。因此，这首诗在一定程度上不是单纯倾诉自己的热烈爱情，而是要表达一种爱情的理想和信念，通过亲切具体的形象来发挥，颇有古人托物言志的意味。

“凌霄花”“鸟儿”“泉源”“险峰”这几种意象需要次重读，但最需要重读的是“炫耀”“单调”“常年”“增加你的高度，衬托你的威仪”。这些词汇最容易表达感情。当说“凌霄花”和“鸟儿”的时候，多少带有点鄙视；“泉源”和“险峰”则完全是一种奉献的爱情，所以要读出那种“虽然可圈可点，但我并不期待”的感觉。“甚至日光，甚至春雨”，音调要扬上去。当诗人表明态度的时候，“木棉”“树”“站”，要重读，“不够”“近旁”要次重读。“不够”一词要读得坚定有力，这个“站”字，不但要重读，还要读出深情。当诗人诉说执着与默契的时候，“根，紧握在地下，叶，相触在云里”呼应的感觉一定要读出来，句子本身在呼应，所说的感情也在呼应。这一句话中，“紧握”“相触”二词要强调，但不是以重音的方式强调，而是以坚定且满怀深情的方式强调。“没有人”可以重读。“终身相依”一定要语速放慢且深情，“终身”二字要加强。最后，要把感情升华。“这”字读完了要有停顿，但是由于要切合整体节奏，停顿不宜太长。同样，“伟大”“坚贞”，要用重音将其突出。“爱”字舒缓深情，“不仅爱你伟岸的身躯，也爱你坚持的位置”这两句稍快一点，最后“足下的土地”读得坚毅且有回味感一些。

技能巩固

根据提示朗读诗歌《面朝大海，春暖花开》。

面朝大海，春暖花开

海子

从明天起，做一个幸福的人
喂马，劈柴，周游世界
从明天起，关心粮食和蔬菜
我有一所房子，面朝大海，春暖花开

从明天起，和每一个亲人通信
告诉他们我的幸福
那幸福的闪电告诉我的
我将告诉每一个人

给每一条河每一座山取一个温暖的名字
陌生人，我也为你祝福
愿你有一个灿烂的前程
愿你有情人终成眷属
愿你在尘世获得幸福
我只愿面朝大海，春暖花开

这首诗体现了作者质朴的心灵及对美好生活的向往。作者把“喂马、劈柴、通信”等生活中的小事写得如诗如画，给我们一种心灵的震撼，让我们从对世俗理想的追求中猛地清醒，重新去体会平淡生活的美好与纯洁。第一节，诗人虚构了一幅远离尘嚣的生活图景，一股清新潮润的气息扑面而来；第二节，表达了对亲情友情的珍惜，一种温暖甜美的感觉油然而生；所谓冥想，实质是要在头脑中再现出诗中所描绘的形象画面。这首《面朝大海，春暖花开》表达的“在尘世获得幸福”的憧憬，只存在于诗人一时的想象中。他把祝福更多地留给了世人，而诗人自己却没有或不愿找到尘世的幸福生活。作者用年轻的生命和热情告诉我们生活的可爱、生命的可贵；以超越现实的冲动和努力，审视个体生命的终极价值，质疑以生存的本质和存在的理由为核心的激进的文化姿态和先锋意识。

朗诵时主要基调应是健康、清新、积极向上的，但表面快乐的祝福中也有一丝苦笑、一丝绝望无奈，喜中透出悲伤。

第二节 散文朗诵训练

扫二维码

微课小讲堂：散文朗诵训练

方法与训练

散文取材广泛，行文自由，笔触灵活，最主要的特点是“形散而神不散”，文章虽然不受韵律的限制，但其内容仍然是集中、紧凑、有高度的概括力。所有的抒情、写景、叙事、说理都有层次、分步骤地围绕一个中心而展开，主题思想明确。它虽不像诗歌那样具有分明的节奏韵律，却具有很强的抒情性和深邃的意境。除对主题思想意义及语言作深刻的理解外，要念得自如通畅，速度不宜太快，既不能念得太随便又不能念得像吟诗一样有浓厚的腔调与韵律。朗读散文要深入理会作家的审美情趣，突出散文的情感、神韵，体现散文的情意美、文辞美、韵致美。

散文是作者内心情感的真切流露，是作者内心话语的真情表达。无论是叙事、记人、写景、状物……它所展示的或映现的都是作家的内心精神世界。

散文的表现手法灵活多样，叙述、描写、抒情、议论常兼而有之。朗读时，叙述的语言要读得舒展、自然、清晰，描写的语言要读得细致、感性、生动，抒情的语言要读得真挚、内敛、蕴藉，议论的语言要读得有感而发、带情而议，注意作品内容与表现方法、表达角度的一致、吻合。

散文的语言思想比较深刻，在朗诵时要处理好声音的强弱力度对比，尤其是论理部分、文章的核心部分，更要运用语言的诸技巧来表现，从总体上说应细腻、真实、质朴，重在内心感觉到位。用声不宜太强、太高、太实，应语言舒展、亲切，声音松弛、轻柔，气息绵长，似溪水流淌、好友交心，循着散文优美、生动的语言，去展现散文优美的情致和意境。要注意文学作品的严肃性，朗诵散文时，不用多余的手势、动作或夸张的表情。

散文朗诵例文

永远的蝴蝶

陈启佑

那时候刚好下着雨，柏油路面湿冷冷的，还闪烁着青、黄、红颜色的灯火。我们就在骑楼下躲雨，看绿色的邮筒孤独地站在街的对面。我白色风衣的大口袋里有一封要寄给在南部的母亲的信。

樱子说她可以撑伞过去帮我寄信。我默默点头，把信交给她。

“谁教我们只带一把小伞哪。”她微笑着说，一面撑起伞，准备过马路去帮我寄信。从她伞骨渗下来的小雨点溅在我眼镜玻璃上。

随着一阵拔尖的刹车声，樱子的一生轻轻地飞了起来，缓缓地，飘落在湿冷的街面，好像一只夜晚的蝴蝶。

虽然是春天，好像已是深秋了。

她只是过马路去帮我寄信。这简单的动作，却要叫我终生难忘了。我缓缓睁开眼，茫然站在骑楼下，眼里裹着滚烫的泪水。世上所有的车子都停了下来，人潮涌向马路中央。没有人知道那躺在街面的，就是我的蝴蝶。更大的雨点溅在我的眼镜上，溅到我的生命里来。

为什么呢？只带一把雨伞？

然而我又看到樱子穿着白色的风衣，撑着伞，静静地过马路了，她是要帮我寄信的，那，那是一封写给在南部的母亲的信，我茫然站在骑楼下，我又看到永远的樱子走到街心。其实雨下得并不大，却是一生一世中最大的一场雨。而那封信里这样写的，年轻的樱子知不知道呢？

妈：我打算在下个月和樱子结婚。①

本文朗读的基调应是低沉、悲凉、哀婉的。第一至第三段交代人物、事件，点染环境，朗读语调、语速中等，营造一种阴冷的气氛。第四至第七段，写悲剧瞬间发生时“我”的心理感受，朗读时注意情感的起伏变化，语调低沉，气息低缓，如诉如泣。第八段点出信的内容，增强作品的悲剧色彩。朗读时认真体味作品的悲剧气氛，与作者做心灵的对话与碰撞，注意分寸的把握和内心情绪的表达。

“就是我的蝴蝶”，是发自心灵深处的呼唤与爱恋、与心爱的人永诀。“蝴蝶”二字含有千种情谊，万种思恋。朗读时气息随着字音轻轻吐出，饱含深情。“更大的雨点溅在我的眼镜上，溅到我的生命里来”表达一生一世的痛苦与悲伤，语调更加深沉，仿佛穿透生命，震撼心灵的“心雨”，令人肝肠寸断。“然而我又看到樱子穿着白色的风衣，撑着伞，静静地过马路了”，这个细节描写的是“我”因悲伤过度而产生的幻觉，应读得低缓些。“一生一世中最大的一场雨”中“一生一世”咬着字，语速慢，增加语气分量。“最大的一场雨”要将深沉的感情蕴含其中——心中的蝴蝶被“雨”打湿了，永远也飞不起来了。

技能巩固

朗诵散文《一起出发》。

一起出发

汪国真

你对我说，你要携着歌声去浪迹天涯；你对我说，你会含着泪水捧起一簇簇浪花。我知道在你眼里白云永远是最时尚的衣裳，你所要追寻的不是缤纷的虹霓而是遥远的晚霞。

你用浪漫诠释风华，你用兰草一样的想象去擦亮晶莹的眼眸飘逸的长发。你想把自然都拥入心怀，把青春放逐给绿草红花白雪黄沙。

---

① 许廷钧：《小小说纵横谈》，207 页，北京，北京时代华文书局，2016。

这一个夜晚你说了很多很多，很多很多的话语像屋檐上的融雪敲打着石板滴滴答答。大地阒无声寂，只有星星说话，对你的七分热情三分任性，我不知该用天空还是大地的语言回答。

真想和你一起走，你不必为这个季节枝叶还是那样繁茂感到惊讶；我又怎能匆匆地走？在这一片土地上，春天播下的种子刚刚开始发芽；不愿意你孤独地走，我这一颗心怎能分成两半？对远行的一叶白帆，是亲人谁能不牵挂？

等一等好吗？稍微等一等，我们一起出发……①

① 启航：《汪国真诗文集》，544～545页，呼和号特，内蒙古人民出版社，1999。有所改动。

第五章
演讲训练

扫二维码

微课小讲堂：演讲稿拟稿技巧训练

第一节　演讲稿拟稿技巧训练

方法与训练

演讲是获取信息的好途径，扩大联系的好机会，求知学习的好渠道，锻炼口才的好方法。谁能离开演讲呢？群山之巅、江海之上、陵墓之前、讲坛之中，谁能丢开演讲这一法宝？无论是滔滔雄辩还是百家争鸣，无论是会议上的慷慨陈词还是谈判桌边的惊人妙语，无论是沙场上战将的风采还是讲台前充满智慧的口才，所有这些都说明：演讲是一种武器，运用它可以捍卫自己，取得竞争优势；演讲是一条途径，通过它可以培养能力，增强勇气；演讲是一种智慧，应用它可以机智果敢，幽默诙谐。一人之辩，重于九鼎之宝；三寸之舌，强于百万之师。人们听了演讲可以得到理性上的启迪，思想上的教育，情感上的愉悦。同学们，既然演讲具有如此大的魅力，就请学好演讲吧，不但要在课堂上训练，还要在今后的工作中演练。

演讲稿的质量直接影响和决定了演讲的质量。因此，写好演讲稿是每一个演讲者首先要做好的工作。

一、拟制标题的技巧

一个恰当、新颖、富有吸引力的标题，不仅能激发听众强烈的听的欲望，吸引听众的注意力，自然地引出下文，而且能在演讲结束之后给人留下深刻的印象。

（一）标题的要求

1. 标题要准确

一是指词语和语句恰当，不使用含糊笼统、艰深晦涩的表达方式；二是标题内涵与演讲的内涵一致，与演讲的内容和谐统一；三是符合演讲者的身份，不能大唱高调、夸夸其谈。

2. 标题要简洁

标题要有概括性，要用简洁的语言表达丰富的内涵。演讲的标题言简意赅，要概括演讲的基本内容，或者反映演讲的中心论题。

3. 标题要新颖

标题要新、奇。新而奇的标题才能激发听众的兴趣。标题要重视声音表达时是否上口、悦耳，具有音乐美的标题更能打动听众的心。

(二)标题的类型

1. 要言不烦型

这类标题运用简单质朴的语言概括演讲的基本内容，把演讲内容的核心简明地提示出来，使听众一听便知道演讲的中心问题，如《信念是一种力量》。

2. 巧比妙喻型

这类标题运用比喻或象征等修辞手法，把抽象的哲理或某种特殊意义具体化、形象化，从而深入浅出地揭示主题。这类标题往往具有强烈的感情色彩，容易引起听众感情上的共鸣，强化演讲效果，如《科学的春天》。

3. 劝诫警示型

这类标题运用富有哲理性的语言，立片言以居要，提醒、劝诫、鼓励听众，使之觉悟猛醒，如《成才先成人，爱国先修身》。

4. 引言入题型

这类标题引用诗词、俗语、歌曲名等抒发自己的胸怀。由于这些诗句为人们所熟知，且朗朗上口，极富节奏感，因此能引起听众共鸣，如《读万卷书，行万里路》。

5. 设问激趣型

这类标题通过设问，提示演讲所涉及的内容，激发听众的兴趣，使听众把听讲的注意力集中到演讲内容上来，如《谁给诚信标个价?》

6. 直抒胸臆型

这类标题直接抒发感情，以情感人，具有浓厚的感情色彩，如《我骄傲，我是一个未来的幼儿教师》。

二、材料选择的技巧

材料是演讲稿的血肉，用以支撑演讲的观点。只有大量占有直接和间接材料，才能保证演讲稿内容的丰实。

(一)材料要典型

典型材料能反映事物的本质，能起到“以一当十”的作用，有很强的说服力。材料不是越多越好，要注重材料质量，要少而精。

(三)材料要真实

演讲中，演讲者要力图以自己的真情感召听众，材料必须真实，感情必须是真挚的，唯有如此，才能使听众产生情感的共鸣。虚假的材料会使感情失真。

(三)材料要新颖

新颖的材料会产生陌生化的效果，从而激发听众的兴趣。材料陈旧会使听众乏味、注意力下降。

三、结构设计的技巧

演讲稿的结构分为开头、主体、结尾三部分，拟稿努力做到“响”开头，“曲”主体，“蓄”结尾。

（一）开头的技巧

演讲稿的开头要“响”。“响”，就是要简明、新颖，切入正题早，独辟蹊径，激发听众倾听的欲望；真挚，不说官话和套话。

1. 揭题开篇

揭题开篇就是直截了当地揭示演讲主体，不转弯抹角，不拖泥带水，直入主题，能让听众迅速领悟演讲的主旨。

2. 事例开篇

用生动的事例开头能使演讲生动感人、扣人心弦。用事例开头，事例必须是真实的、典型的。演讲者要善于从事例本身挖掘其内在意义，并能从事例本身出发，引出所要阐明的问题和思想。

3. 介绍开篇

介绍，可以是对演讲者本人的扼要介绍，可以是对演讲标题的解释，也可以是对演讲内容的介绍，其目的在于加深听众对演讲的理解。

4. 提问开篇

在演讲的开始就提出一个发人深省、新颖独特的问题，使听众警醒，引起积极的思考，把听众引导到演讲的主题上来。

5. 引用开篇

在演讲的开头引用名人名言、格言、警句、谚语、诗句等，以提出问题或论证自己的观点。

6. 幽默开篇

用幽默风趣的语言开头，能制造轻松愉快的氛围，马上获得听众的好感。

7. 道具开篇

演讲者在开讲前，先展示实物，给听众一个新鲜、感性的直观印象，从而调动起听众的兴趣和期待心理，一下子抓住听众的注意力。

[案例训练]著名书法家启功说话诙谐风趣。一次参加学术研讨会，主持人说：“下面请启老指示。”启老接上去的话却是：“指示不敢当，因为我的祖先活动在东北，是满族，属少数民族，历史上通称‘胡人’，所以在下所讲，全是不折不扣的‘胡说’”……一番话，逗得全场大笑。这种开头的好处是什么？

（二）主体写作技巧

主体部分要“曲”。“曲”指的是在层次安排上要波澜起伏。在写作时，要根据内容和情感发展的线索合理布局，条理清晰，层层深入，在节奏上张弛有度，在衔接上自然流畅，使高潮迭出，各部分浑然一体。

1. 安排好层次和结构

演讲结构的层次，可以采用明显的有声语言标志来显示。如可用“第一、第二、第三”等序数词交代层次；也可以在每一层次开头用相同格式的句子，明确层次；还可以用承上启下的句子来提示层次的递进。

主体部分常用的结构方法有以下几类。

①并列式。并列式是将用以证明论点的材料并列在一起，排比成篇。

②总分式。总分式演讲要求先概括阐明自己的观点、见解，然后围绕论点分层次加以论述。

③对比式。对比式就是把正反对比强烈的材料组织在一起，从而体现主旨的结构。

④递进式。递进式是指把有深浅层次和梯度的材料从浅到深组织起来，使材料之间形成一种有机的联系，达到证明论点的目的。

2. 重视节奏的变化

演讲稿要张弛有度、节奏鲜明。平铺直叙，会使听众感到疲劳；节奏变化频繁也会使人注意力涣散。节奏的安排要服务于主题表达的需要，符合听众的心理需求。

节奏变化通过演讲内容的变换来实现。在主题思想的统领下，适当地插入幽默、诗文、逸事等内容，可以使听众保持注意力的集中，如向听众提问，与听众互动，调动听众的参与热情。

构筑高潮是演讲稿写作最关键的部分。成功的演讲必须有震撼人心的高潮。高潮是最集中体现演讲者的思想观点之处，高潮部分的写作要做到思想深刻、感情强烈、文采飞扬。

[案例训练]某高中女生就《18 岁》所作演讲的高潮部分。说说这部分演讲的感情、气势怎样。并尝试演讲。

试想一下，祖国的明天将是一个科学发达的盛世。到那时，人若没有知识，就如鸟无翅膀，花无养料，战士手中没有枪一样，纵有报国之志，也难效爱国之心。因此，我们必须从现在开始，紧紧抓住时间骏马的缰绳，以百分之一百二的热情去进取，去拼搏，去开拓。我们的 18 岁，应该是进取的 18 岁，拼搏的 18 岁，开拓的 18 岁！

3. 处理好衔接

衔接是指把演讲中的各个层次联结起来，使之有浑然一体的整体感。演讲的节奏变化要求适时地变换演讲内容，这就容易使演讲稿的结构显得零散。为弥补结构上产生的疏密失调问题，就需要运用衔接使各个内容层次的变换更为巧妙和自然，使演讲稿富有整体感。演讲稿结构衔接的方法主要是使用过渡段和过渡句。

(三)结尾写作技巧

演讲稿的结尾应该“含蓄”，起到深化主题、给人以启迪、催人奋进的作用，给听众咀嚼回味的余地。

结尾的种类主要有以下几类。

1. 总结式

以简洁的语言对整个演讲进行扼要总结，突出演讲的中心思想和主要内容，加深听众对演讲的印象。

2. 表态式

用激情澎湃的语言，表达自己积极进取、努力奋斗的决心，向听众展示自己积极向上的精神风貌。

3. 号召式

用激越的情感向听众发出号召、提出希望，以激励听众投身到行动中来，为听众指明前进的方向，催人奋进。

4. 引用式

用诗词佳句作结。因为这些诗词佳句饱含着丰富的感情，节奏鲜明、音调和谐、语言精练，还往往富有哲理，所以它们能引起听众强烈的共鸣。

5. 含蓄式

含蓄式指欲言又止，在结尾处给听众留下思考的余地。

技能巩固

一、为下面的各个演讲题设计开头。

1. 人生是船，理想是帆

2. 网络，一把双刃剑

二、尝试演讲《感谢老师》。

感谢老师

尊敬的领导，亲爱的老师：

你们好！

2003年的教师节，是你们的第十九个节日，在向你们表示祝贺的同时，我们更想说一声：感谢老师！

当我从懵懂中走来，蹒跚地沿着知识的阶梯拾级而上的时候，总有人在身边牵引着我的手，在眼前拨开迷茫的雾纱，在心灵上打开一扇绿色的窗子，窗子里传来不竭的号子，那号子激励着我们走好整个人生。我知道，那就是你，亲爱的老师。不管是在贫困的小山村，还是在繁华的都市里，你总是那么站着，用你三十厘米的教鞭引导着我们不断前行，用你的“三寸不烂之舌”点燃我们智慧的明灯，从不管那三寸粉笔正勾刻自己额上的皱纹，染白你的双鬓。

一名诗人，可以吟诵浩瀚的大海，可以把千古荒原描绘得遍地流金；一名歌手，可以用百灵般的金嗓子，唱遍山川，把峰岳上的千年积雪唱成流水。但是，一名教师，日日在讲台上吟诵，月月在课堂里歌唱，回报他们的没有掌声没有鲜花，更没有众口皆碑的名誉和万众瞩目的地位。他们只是默默地、顽强地生活着，无私无怨地奉献着，只在春蚕到死、蜡炬成灰的时候才被人想起。但你从不介意，依旧授业释疑，春风化雨；依旧言传身教，频吐丹心，不怕烛熄丝尽，只期果硕花红。那就是你，我可敬的老师。

我们每个人和整个社会都在时刻记着这一群人，都在记着这一群约束人、造就人、治愈人、引导人走向理想、通达文明境界的生活巧匠。是他们，舍弃了尊贵的果实和甜美的花，谦逊地、专心地垂着绿荫做着叶的事业，直至化作春泥。因此，古往今来，浩浩人世，“天地君亲师”之神位依然矗立于人们心中。“古之学者必有师”，在人类漫长的历史长河中，无论是伟人，还是凡民，谁都承受过师长的恩泽，谁都沐浴过师长的圣洁。那茫茫无垠的天上银河，不正是老师们长年累月踩出的栈道？而熠熠生辉的千古明月，不正是老师们心血和汗水映出的闪光吗？

又是一年花果硕，一年更比一年丰。在您的节日悄悄到来之际，请接受我们深深的祝福：谢谢您，敬爱的老师！①

扫二维码

微课小讲堂：演讲有声语言表达技巧

第二节　演讲有声语言表达技巧

方法与训练

演讲活动中的有声语言表达技巧是指演讲者根据内容和思想感情表达的需要，对声音做出不同的处理，增强演讲的感染力。

一、适当的停顿

考虑听众的接受度，要让听众有足够的时间消化你所想传递的信息，同时给自己控制节奏、厘清思路、观察反馈以时间。但停顿时间不宜过多、过长，以免形成拖沓的印象，要保持一定的语句连贯性。

二、恰当运用语调

语调一般分四类：平直调、下降调、上扬调、曲折调。用不同的语调所表达的意思就完全不一样。

平直调：多用于陈述、说明的语句。表述庄重、严肃、回忆、思索的情形；表现平静、闲适、忍耐、犹豫等感情或心理。

下降调：多用于感叹。有些陈述句，常表示祈求、命令、祝愿、感叹等方面内容；表现坚决、肯定、夸奖、悲痛、沉重等心理。

---

① 赵海山：《领导公众讲话经典范例 第4卷》，218页，延吉：延边大学出版社，2008。

上扬调：多用于疑问句、反问句，或某些感叹句、陈述句；适用于提问、称呼、鼓动、号召、训令等场合；表现激昂、亢奋、惊异、愤怒等情绪。

曲折调：多用于语意双关、言外之意、幽默含蓄、意外惊奇、有意夸张等地方，表示惊讶、怀疑、嘲讽、轻蔑等心绪。

三、语速富有变化

语速太快让人听不清楚，对主要观点难以形成深刻印象，而急促的语速也给人以过于紧张、缺乏控制力的错觉。语速太慢显得拖沓，容易令人失去耐心，也给人以缺乏力度和激情、技巧不熟练、对演讲内容不熟悉等错觉。过于平板的语速也容易使人陷入单调的境地，这时需要通过提速来突出激情部分，突出、加强自己想强调的部分。

四、把握节奏

叙述一件事情、描写一处景物以及表现一次行动的迟缓等，节奏宜慢；表现平稳、沉郁、失望、悲哀等情绪时，节奏宜慢；表现情绪紧张、热烈、欢快、兴奋、慌乱、惊惧、愤怒等情绪，以及表现反抗、驳斥、申辩等状态时，节奏宜快、。

五、突出关键词

一个演讲或一段话中总会有一些关键词(或重点词)，可在演讲前先梳理一下，演讲时用重音与轻音的变化突出这些词，讲到这些词时可适当放慢节奏，让听众听得更清楚，加深印象，同时可适当加手势，或用停顿、反复等手法来强化效果。

六、采用各式问句

适度采用设问、反问、连续追问等手法，可直击听众心灵，达到激起听众兴趣、引发思考、引起共鸣的效果。

七、适当的排比

排比句是非常煽情的，在演讲的高潮，适度加入排比句能起到锦上添花的效果。

八、适当的激情

一是要调动自己的情绪，更好地爆发出感染力；二是要带动听众的情绪，使听众主动进入与演讲者的同向思维，从而达到演讲的效果。但是激情要运用得当，必须与演讲的内容适配，过度的激情反而会起到负面效果。

九、音量有起伏

音量应适应演讲的内容。呼吁、号召时自然加大音量，加重语气，如果一直用大音量或重语气则无法突出重点，反而给人以嘈杂、夸张的感觉。表达激动的情绪时自然用高亢的语调，如赞美、愤怒、质问等，但一直高亢而缺乏起伏易给人矫情作势的感觉。一般情况下以从容、有力作为主基调，适当加入高潮式的高音量和语调为佳。

[案例训练]感恩，并不是一种消极的宿命论，而是一种积极的处世方式。学会感恩，不要去记恨对你不好的人。作家余杰说过一句话，“恨一个人对自己的伤害，远远比对对方的伤害大”。学会感恩，懂得知恩图报不忘恩负义，滴水之恩要以涌泉相报，受人一抔土还人一座山。学会感恩，懂得给别人机会就是给自己机会，赠人玫瑰手留余香。今天拉人一把，明天陷入困境也会有人拉自己一把。生活是一面镜子，学会感恩，对生活时时保持微笑的心情，生活也会还你以微笑。

技能巩固

朗读《用诚信支撑人生》，自主选择其中的片段演讲。

用诚信支撑人生

参天大树挺拔耸立，靠的是深扎大地的根的默默支撑；凌云高楼气势撼人，来自厚重坚硬的基石无语的支撑；那么，人，又是靠什么来支撑起无比睿智的人生呢？那就是——诚信！

坚守诚信，就是坚守气节和操守；坚守诚信，就是坚守做人的根本。

在中国传统文化中，诚信首先是一个伦理范畴，所谓诚者信也、信者诚也，《说文解字》对“诚”“信”二字的互释，验证了诚实守信的内在联系。重诚守信，历来是中华民族的优良传统。并且中国是一个有着悠久文明历史的国家，中国应该有充分自信把这一优良传统一代一代传承下去。中国诚信走过了历史，走进了现代，也必定要走向未来！

然而在我正视中国诚信的时候，我的视线在一个个令人诧异的新闻中逐渐模糊，心境在一组组令人震惊的个案中逐渐沉重。从假烟、假酒、假文凭，到假账、假证、假报告；从普通百姓的恶意消费透支，到政府官员的虚假政绩工程，从关系百姓民生的毒米、毒酒、毒奶粉，到影响产业财经的基金黑幕、股市造假、证券骗局，我们还可以听到假球、黑哨、兴奋剂，听到论文抄袭、学术失范……凡此种种，不一而足。

再来看看我们大学生的诚信。据东华大学团委近期的一项调查显示，诚信竟然只是大学生的一种“理想主义”，并非他们的实际行为。由于大学生自身因素和教育因素意识以及社会体制问题，大学生的诚信意识与行为相距甚远。

调查显示有88.39%的同学认为诚信在当今社会很重要，诚信的意义、价值不容忽视，但在实际行为上却不能做到这一点。其主要表现在两方面，第一是还贷，高校毕业生中有相当一部分会不还贷或是有意拖欠贷款；第二是考试，虽然同学们签过“不作弊”的承诺书，但一旦到考试时还会有人选择铤而走险。另外，不少同学承认自己曾做过上课代人签到、迟到旷课、作业论文抄袭、简历灌水等不诚信的行为。

还有28.57%的同学明确表示，“诚信”两字只是纯粹的理想，难以真正实践，比如说面对竞争激烈的社会，自己为了在众多求职者中脱颖而出，得到一份好工作，也就不自觉地会夸大简历、伪造获奖情况等。虽然在他们主观意向上觉得诚信很重要，但社会竞争迫使他们选择了投机取巧。

诚信行为缺失的原因在哪里？该调查也专门透视了大学生的心态，归纳出了主要原因。

有73.21%的同学认为失去诚信的主要原因是拜金主义和利己主义的滋长，在巨大的物质利益面前，诚信有时似乎成了一种负担，远没有金钱利益来得重要。

有58.64%的同学认为“从众心理”是他们不诚信的原因，很多人不能以冷静的头脑来明辨是非，而是随波逐流地跟着别人走。因此当他们看到别人作弊或是注水简历时，也常常会效仿；甚至觉得别人既然都这么做，自己一个人诚信也不会得到更好回报。

还有一部分同学认为诚信缺失，与诚信教育淡化有关。因为诚信被大多数人认为是一种传统美德，无须再进行系统的教育，事实上我们大学生的思想很容易被外界所左右。

著名经济学家吴敬琏、厉以宁在痛斥诚信缺失的社会现状时大声疾呼：一个国家诚信体系的崩溃不仅会给国民经济和国民消费带来损害，还将对整个社会体系形成深远的影响；它必将造成人情的淡漠、人性的扭曲、道德的沦丧！法国的大仲马也说过：“当诚信消失的时候，肉体也就没有生命了！”

历史上的种种都证明了：不讲信誉的人是没有前途的人，不讲信誉的民族是堕落的民族，不讲信誉的社会是混乱的社会，不讲信誉的国家是没有希望的国家。

我们当代大学生不能对此无动于衷，也不能空待诚信体系的趋于完善，才释放自己心里那微弱的诚信。心底坦荡天地宽：诚信为人，必能取信于人，立信于人，收获的一定是朋友；诚信做事，必能韧如江流，动如海啸，赢得的一定是信赖和尊重；诚信对待生活，才能挫之不馁，安之不燥，我们终将能取得成功。

诚信是驿站，给劳顿的步履以歇息；诚信是力量，给疲惫的身心以补给；诚信更是我们做人处世之根，安身立命之本，给我们生命以支撑，给我们一路跋涉以意义。

让我们携手共创诚信中国！诚信从你我做起！诚信从现在做起！①

扫二维码

微课小讲堂：演讲态势语训练

第三节　演讲态势语训练

方法与训练

态势语又叫体态语，是人们表情达意进行交际的辅助手段。正确优美的态势语，不仅可以辅助演讲者通过有声语言充分地表情达意，还可以体现演讲者的文化修养。

一、面部表情

面部表情是态势语表达中最富于表现力也是最重要的组成部分，其使用频率高，产生

① 姚尧：《演讲规范与技巧》，255～258页，南宁：广西人民出版社，2008。有所改动。

的作用也更直接和广泛。面部表情不能一成不变，但它的变化须与有声语言默契配合，协调一致，做到“言出色动，色动形随”。面部表情要突出眼神的运用，要生动自然，故作姿态的感情表露会使听众感到虚假或滑稽，降低对演讲者的信任感，影响演讲效果。

二、手势动作

演讲中，自然而从容的手势，可以帮助演讲者平静地陈述和说明；急剧而有力的手势，可以帮助其升华情绪；柔和、平缓的手势，可以帮助演讲者抒发内心细腻的情感。用优美、自然、得体的手势来辅助有声语言的表达，是演讲中必不可少的手段。

手势活动有三个区域：胸部以上为上区，多用来表示积极、理想、宏大、激昂等情感和内容；胸部到腹部为中区，多表示比较平静的思想和情绪，一般叙事说理的手势都在这一区域；腹部以下为下区，多表示憎恶、鄙夷、不屑、厌烦等内容和情感。

演讲手势分为情意手势、象形手势、指示手势和象征手势。

情意手势的主要作用，是表达说话时的感情，加深听众对语句思想感情的理解，如挥动拳头表示愤怒，摊开双手表示无奈等。

象形手势的主要作用是模拟事物的形状以引起听众的联想，如讲到“超薄彩电只有这么厚”时，用手势比画一下，听众就可以明确地知其厚度了。

指示手势有指示具体对象的作用，当讲到不同的人称(你、我、他)和方位(东、南、西、北、上下)时，都可以用手势指明，以加深听众印象。

象征手势用以表现某些抽象概念，以生动具体的手势和有声语言构成一种易于理解的意境。如讲到“一颗红心献人民”时，双手做捧物上举的动作，自然构成一种奉献的意境，给听众以启迪并留下鲜明具体的印象。

手势动作可以有效增强演讲效果，但不可过于频繁，也不要矫揉造作、过分夸张，要做到简约明快、雅观自然。

三、仪表姿态

仪表是演讲者的容貌、姿态等外部特征，以及由这些因素综合体现出来的气质和风度。在演讲现场，演讲者事实上是听众的审美对象。演讲者注意仪表的修饰，讲究风度，以美的姿态出现在听众面前，这种行为本身就显示出对听众的尊重。

姿态是由多种人体动作组成的一种相对稳定的身体形态。演讲者台上的身姿移动，应根据表意的需要来走动。一般说来，向前移动，多表示进取、肯定、希望、坚信等积极意思；向后移动，多表示退让、否定、犹豫，畏惧等消极意思；向左右移动，可以活跃讲台气氛，有时也可显示演讲的节奏和层次。另外，演讲者上下场时都要抬头挺胸，目光平视前方，步履轻捷稳健，展示良好的精神风貌。

[案例训练]读下面一段以“珍惜时间”为主题的演讲词，并设计恰当的态势语。

亲爱的同学们：你们看，我手中拿的是什么？是一片落叶吗？不错。然而这仅仅是一片落叶吗？不。它是穿过时空隧道的过客，是一片凝聚的时间，是一首哀叹时间一去不回头的诗。我们读它，仿佛是在与那来去无踪的时间对话。从这里，我们看到了时间的力量和冷峻。绿叶婆娑，那是时间的恩典；黄叶飘零，那是时间的摧残。面对它，我们还有什么理由轻视时间呢？

技能巩固

1. 根据提示进行手势语练习。

○的断想	手势语
○是谦虚者的起点， 骄傲者的终点。	扬小臂，可右手掌心向上微伸， 再翻转掌心，向下。
○的负担最轻， 但任务最重。	指臂至肩下。 握拳，拳心向内。
○是一面镜子， 让你认识自己。	左手胸前 45 度，眼睛虚视左手。 右手指胸
○是一只救生圈， 让弱者随波逐流。	右食指画圈 右手由腹前中部向右方缓缓移动。
○是一面敲响的战鼓， 叫强者奋勇前进。	举起右手，带动小臂，向前指 右手再稍前上指与肩平，动作有力度。

2. 根据提示练习演讲《同学们，努力吧！》

各位老师各位同学，大家好！今天我演讲的题目是《同学们，努力吧！》(一二段中速、平直调)同学们，时光如水，生命如歌，21 世纪的朝阳正｜(手眼右上方)冉冉升起↗。历史飞跃着，谱写着中华民族｜(左手腰前平移)五千年的辉煌。今天，无数的中华儿女｜为了祖国的繁荣昌盛｜而努力奋斗着，一代接一代，传递着中华民族奋进的圣火，推动着民族蓬勃的发展。↗(双手前)

↘然而，奋进的路上｜又少不了坎坷，少不了艰难↘。是的，就在 1999 年的 5 月 8 日，以美国为首的北约，使用五枚导弹，丧失人性地轰炸了中国驻南斯拉夫大使馆，∧造成我人员伤亡、馆舍毁坏的严重后果(沉重点头)。中国人民愤怒了，因为｜他们一直｜都(双手平伸委屈状)热爱和平啊↘，这件事｜再次向中国人敲响了警钟(举右食指)：21 世纪的中国国家安全是一个(右食指)严肃而重大(右拳动)的问题！(右拳稍微放下)我们不能让百年前的悲剧重演(右拳紧握抖)！

→中国不是避风港，太平洋上不太平。(头右看)今天，有人敢肆意践踏国际法准则，未经联合国授权而对一个主权国家动武；(头左看)明天，谁又敢保证，亚洲太平洋地区不会有人“放火”？(头右看)今天，有人打着“人道主义”的旗号，干了不人道的事情；(头左看)明天，谁｜又敢保证｜具有1.8万公里海防线，2.2万公里边防线的中国｜就始终｜安然无事呢(质问表情)？我们怎能让｜流着鲜血的白鸽在天空中飞翔？↗(右手上举，心情沉重)

(两段：痛心疾首)忘不了，八国联军入侵，烧、杀、抢、掠，熊熊烈火烧毁了历史文化的瑰宝｜(右手平伸)——圆｜明｜园↘，也烧出了侵略者的可耻、卑鄙！↗(咬牙切齿状)

更忘不了，日本侵华犯下的罪行｜(左手平伸)——南京｜大屠杀，我们不会忘记｜那血流成河(右手平伸、眼睛虚视)、白骨成山(左手前上方)｜的场面。侵略者是多么可恶，令人憎恨哪！↗(紧握右拳)

↘中国｜这段屈辱史、难忘史将永远铭刻在(双手平伸)每一个中国人的(左手慢放右手按胸)心中(慢重)↘。

中国，还是太落后了↘，我们的国家还不富强↗(语重心长)。50年前，曾流着这样｜(单手)一个故事：小毛驴无意中触犯了老虎，以为自己会惨遭厄运，谁知｜老虎一阵惊恐，(双手平伸头昂偏)毫无责怪之意↗。↘从此｜毛驴放肆了，向老虎｜发起了进攻！∧这｜是一个可悲的故事。这个故事中的老虎就是中｜国(慢重)↘，连小小的日本｜也敢来侵略。

中国，∧就这么弱(头微点)小吗？(质问)↗

中国，∧就这么好欺(头偏侧身拳紧攥饱满有力愤怒)负吗？(质问)↗

(头慢转向中间)↘直到1949年10月1日，饱经战乱的中国｜才安定下来，才结束了这段｜屈辱的历史。中国人努力着，奋斗着。他们明白：只有｜国家强大了，祖国母亲｜才会不再｜受到伤害。暴行可以夺去生命，∧但它永远｜消灭不了人类对和平的追求，对正义的召唤！(慷慨、有力)

忘不了，虎门销烟那雄壮的场面，由此可以看出中国人民的勇敢坚强，那是中华民族的呼声！

也忘不了，香港回归之日，鲜艳的五星红旗冉冉(右手上举)升起，雄壮的国歌声响彻(左手腹前移动)神州，洗雪了百年耻辱。

青少年朋友们↗！我们正在朝气蓬勃地成长，∧从一棵棵小树苗｜慢慢长大、长高(右手上举)，长成国家的栋梁之材。(头向右点)但是也有不少的同学｜出现了不少问题：上课不认真、下课不努力，不珍惜劳动成果，∧甚至打架、逃学(慢)……他们能托起明天的太阳吗？(侧身质问)难道这｜就是中华民族未来的素质吗？↗(身转另一方质问)↘如果是这样，谁｜来为祖国建设｜添一砖，加一瓦？祖国不强大，有谁｜能保证我们｜不再受欺负呢↗？"逆水行舟，不进则退！"别人都在发展(双手前)，倘若我们再(双手再动)不努力，我们就会落后(右手按胸)，落后就要挨打(右手变拳)，(右手放低)自强才有自尊(右手再变拳更紧)！↘可以说，祖国未来的命运｜就掌握在我们(右手慢握拳)的手中。

(充满激情)同学们，努力吧↗！为了我们的祖国，∧为了我们的民族，∧努力吧！↗(双手前、上方、头向上)

第六章
人际语言沟通

第一节　生活中的人际语言沟通

扫二维码

微课小讲堂：生活中的人际语言沟通

方法与训练

人们在日常生活中涉及的人际语言沟通形式是多样的，如登门访晤、来访接待、电话沟通、应聘面试、网络音视频沟通等，每一种沟通形式都与日常工作生活有着密切的联系。本节重点介绍登门访晤、来访接待、电话沟通三种人际语言沟通技巧。

一、登门访晤

登门访晤是指本人亲自到朋友住所、办公室去拜访某人进行语言交流沟通的行为活动。一般包括事务性、礼节性和私人访问三种。在登门访晤的过程中为了达到交流信息和情感，增进友谊的目的，都应遵循做客有礼的原则，应注意以下技巧。

（一）去住所拜访

首先应先敲门或按门铃，待有回音或主人前来开门时，方可进入；如开门的人你不认识，应先问："×××在家吗?"得到对方准许后方可进门；如果走错了门，应说声"对不起""不好意思"等表示歉意的语言。当见面后彼此介绍时，拜访者应该微笑着向对方握手问好或者点头致意，一般按照长幼有序的常规称呼，不太熟悉可递上名片或先自我介绍。若带有礼物，则在进门时将其送给主人，待主人请坐后，在指定的地方坐下并应说"谢谢"。与主人交谈时，不要随意插话和打断别人的讲话。要起身双手迎接主人的茶饮，慢慢品尝，并诚挚地道谢。应小口品尝主人呈上的果品。在拜访主人期间不要在屋里来回走动，做出到处窥探的动作；不要乱翻乱动主人家的东西。

（二）去办公室拜访

拜访前要预约，并准时到访。进入办公室前无论门是开着或关着都应先敲门，允许后方可进入。如果进门前办公室门是关着的，进去后应轻轻把门关上。如果是初次见面，必须向对方问候包括在场的每一位，并做自我介绍，让对方明白来意。双方寒暄过后，对方让座，然后大方稳重地坐定，尽量不要坐在其他办公人员的位置上，以免影响他人办公。拜访时间应控制在 10 分钟左右，最多不要超过 30 分钟。在办公室会见，一般不宜携带礼品。

二、来访接待

在日常生活和工作中，经常要接待许多来访者，应热情接待，根据来访者的心态、性格特点、来访的意图，适当地给予解释、答复和处理。

（一）工作接待

工作接待时，接待人员不论是问、答、听、记，都要耐心而谦恭。不能居高临下，随意对来访者加以训斥，或是表现得极为不耐烦。不论来访者态度如何，是啰唆、喋喋不休、小题大做，还是蛮横要挟、无理取闹、纠缠不休，接待者都要态度冷静，动之以情，晓之以理，不卑不亢，不急不恼。

特别是接待带着问题和矛盾而来的特殊来访者，更要做到有礼有节。交谈时要准确用词，答复要求时要注意掌握分寸，不可把话讲得太绝对，以免情况发生变化而被动；针对冲动型来访者，应以柔克刚，先让座，倒杯水，让对方冷静下来，然后再进行交谈和答复问题。一定要尽量避免矛盾激化和冲动，更不能拒之门外，不理不睬。面对纠缠类型的来访者，话可以说得随和一点，“哈，老熟人来了”“有什么新观点吗”……然后根据具体情况，明确态度，前后口径要保持一致，不要让对方找到无理纠缠的借口，使自己无法解脱。

（二）家庭接待

有朋自远方来，不亦乐乎。款待好客人，不但是亲情、友情间的礼尚往来，更是人们生活修养、文化素养、性格涵养的综合体现。给客人以无微不至的关心、关照和关怀，既能加深相互间的感情，还能给我们平平淡淡的日子增添许多的乐趣。那么，怎样才能迎好客、待好客，使谈话气氛自始至终都融洽和谐呢？根本的、重要的一个迎客谈话原则就是根据不同身份的客人和不同的情况选择适合对方的语言。

客人是自己的朋友或同事，客人初次登门，可以说：“××，欢迎你，请进屋。”然后把客人向家庭成员介绍，同时把家庭成员向客人简单地逐一介绍。

父母的客人来访。这时你应亲切地称呼“伯伯您好”或“阿姨您好”等，并主动请座、倒茶，然后退出，让父母和客人单独谈话。

如果是亲戚或外地家人来访也要注重礼节，沟通交谈时应询问诸如身体、家庭、生活、工作等方面情况，尽量使谈话体现出友情或天伦之乐。

如果是陌生的客人，应说一些诸如“您请坐”“有事吗？别忙，慢慢讲”“请问尊姓大名”之类的见面话。交谈时，应以客人为主，使客人能尽快说明来访目的，给客人以宾至如归的感觉，让他感到主人是好客的、懂礼貌的。

客人来访时恰巧自己有事要办，应客客气气向客人解释：“××，实在对不起您，我有急事要办，您有什么事?”客人走时，应说“欢迎您再来”“我有空一定拜访”。切忌吞吞吐吐、犹犹豫豫，用婉转的语言让客人揣度、猜测，那样会使客人感到没趣，或因此对你产生隔阂。

客人多时，如相互间有不相识的，主人应以热情活泼的语言，提出大家共同关心或感兴趣的问题，使大家在较短的时间内相识相敬，开怀畅叙。

客人走时，应出门相送，可简单嘱咐或回答谈话中提出问题的主要点，使客人加深印象。分手时应说："您到我家，我非常高兴""欢迎您再来"等。

三、电话沟通

当今社会电话交谈已成为人们日常生活和社会交往中经常选用的语言沟通形式。在日常生活中，要正确使用电话，不只是熟练地掌握使用电话的技巧，更重要的是自觉维护自己的"文明电话形象"。

（一）接电话的技巧

电话铃响时应尽快去接，铃声响 1～2 声，拿起电话先自报家门并问候"某某单位，某某科室，您好！"如果电话铃声响过 4 声，接听时应说："抱歉，让您久等了。"电话沟通声音要清晰，勿用生硬语言，语调应平和，音量要适中，态度要热情、谦和、诚恳。

接电话时对方的谈话可做必要的重复，内容应简明扼要地记录下来，如时间、地点、联系事宜、需要解决的问题等。电话交谈完毕，应尽量让对方结束对话，若确需自己结束，应解释、致歉。通话完毕，应等对方放下话筒后，再轻轻地放下电话，以示尊重。

（二）打电话的技巧

选择适当时间，一般公务电话最好避开临近下班时间，因为这时打电话，很可能得不到满意答复。公务电话应尽量打到单位，若确需往家里打时，应避开吃饭或睡觉时间。

通报自己的姓名前，必要时应询问对方是否方便，在对方方便情况下再开始交谈。电话用语应文明、礼貌，电话内容要简明、扼要。通话时声音清晰。通话完毕应说声"再见"，然后轻轻放下电话。

（三）电话沟通应注意的问题

1. 调整情绪

人们往往以为在电话里交谈，相互看不见，讲起话来可以随便，其实这是错误的理解。假如你情绪不佳，或正在思考一个重要问题时，突然有人来电话，那你一定要在接听电话前稳定一下情绪，调整好心态，而不能把自己的喜怒哀乐有意无意地传递给对方。如果你的不良心态一时难以改善，应告知对方："我现在有点急事，改日再谈好吗？"这样既可解脱自己，也能取得对方谅解。

2. 及时反馈

对电话沟通的内容要及时应答，使用恰当的用语，如"嗯""是的"或"有的""行"或"不行"等，并澄清通话内容，需要转述的内容做好记录。

3. 用语礼貌

电话沟通时要注意称呼恰当，尊重对方，及时接电话，适时挂机。

4. 用语简洁

正常情况下，采用“通话三分钟”原则，啰嗦容易忽略通话内容的重点，占用他人过多的时间是不礼貌的。可使用简单、直接的语言，如“是的”“好的”“谢谢您”等。字要咬清，如辨清“黄”和“王”、“董”和“总”等发音相近的字。

5. 恳请重述

当对方讲话听不清楚时，进行反问并不失礼，但必须方法得当。如果惊奇地反问：“咦?”或怀疑地回答：“哦?”对方定会觉得无端地招人怀疑、不被信任，从而非常愤怒，连带对你印象不佳。但如果客气地恳请：“对不起，刚才没有听清楚，请再说一遍好吗?”对方定会耐心地重复一遍，丝毫不会责怪。

6. 注意语速、语调

讲话速度应视对方情况灵活掌握。说话时，适当提高声调显得富有朝气、明快清脆。

技能巩固

一、阅读案例，请梳理出案例中金先生沟通的问题出在哪儿，并在表 6-1 中填写正确的沟通语言和行为。

某照明器材厂的业务员金先生按原计划，手拿企业新设计的照明器样品，兴冲冲地登上六楼，脸上的汗珠来不及擦一下，便直接走进了业务部张经理的办公室。正在处理业务的张经理被吓了一跳。“对不起，这是我们企业设计的新产品，请您过目。”金先生说，张经理停下手中的工作，接过金先生递过的照明器，随口赞道：“好漂亮呀!”并请金先生坐下，倒上一杯茶递给他，然后拿起照明器仔细研究起来。

金先生看到张经理对新产品如此感兴趣，如释重负，便往沙发上一靠，跷起二郎腿，一边吸烟一边悠闲地环视着张经理的办公室。当张经理问他电源开关为什么装在这个位置时，金先生习惯性地用手搔了搔头皮。好多年了，别人一问他问题，他就会不自觉地用手去搔头皮。虽然金先生作了较详尽的解释，张经理还是有点半信半疑。

谈到价格时，张经理强调：“这个价格比我们预算的高出较多，能否再降低一些。”金先生回答：“我们经理说了，这是最低价格，一分也不能再降了。”张经理沉默了半天没有开口。

金先生却有点沉不住气。不由自主地拉松领带，眼睛盯着张经理，张经理皱了皱眉：“这种照明器的性能先进在什么地方?”金先生又搔了搔头皮，反反复复地说：“造型新，寿命长，节电。”张经理托词离开了办公室，只剩下金先生一个人。

金先生等了一会儿，感到无聊，便非常随便地抄起办公桌上的电话，同一个朋友闲谈起来。这时，门被推开，进来的却不是张经理，而是办公室秘书。①

① 李朝霞、李占文：《公共关系实务》，133 页，北京：中国医药科技出版社，2017。有所改动。

表 6-1　沟通中的问题及正确的沟通方式

序号	金先生沟通中语言和行为中的问题	正确的沟通语言和行为
1		
2		
3		
4		
5		
6		
7		

二、模拟值班。请先在表 6-2 中写出正确的电话沟通语言并练习。组内模拟练习：练习正确的电话沟通语言，组内其他成员评价活动内容。

表 6-2　不当的电话沟通语言和正确的电话沟通语言

不当的电话沟通语言	正确的电话沟通语言
你找谁？	
有什么事？	
你是谁？	
不知道？	
没这个人！	
你等一下，我接个别的电话！	
你说什么？	
不对！	

扫二维码

微课小讲堂：求职面试中的自我介绍

第二节　求职面试中的语言沟通

方法与训练

在求职面试中，招聘者虽然能从应聘者的简历中了解一些基本情况，但仅凭简历，一般是不能做聘用决定的。现在的企业大力提倡以人为本，人才的选拔也越来越讲究科学的方法和公平的原则。企业希望通过公开、公平、公正的选拔方式，选拔年轻有为或者经验丰富的人才。面试作为招聘最后一道决定录用与否的程序，不可或缺。如何顺利通过面试，成功获取职位，已成为学生们普遍关心的话题。

一、求职面试沟通的含义

求职面试沟通是指在招聘方精心设计的特定场景下，通过与主考官面对面的交谈沟通，以获得应聘岗位的交谈方式。

求职面试沟通不同于一般的交谈，不是在自然场景下进行，而是在特定场景下进行的。面试官通过观察和谈话来评价应聘者；应聘者也可以通过面试官的言行来对其价值评判标准、态度偏好、对自己表现的满意度等来调节自己的行为表现，也可同时了解应聘单位、职位的情况，从而决定是否接受这一工作。

二、求职面试沟通的原则

(一)自信原则

要以平等、自信的心态对待面试官，避免紧张情绪，这样容易营造融洽和谐的氛围，有助于更好地展示自己。

(二)实事求是原则

在证明自己确实有能力胜任所应聘的工作职位时，应聘者可以介绍曾做过的项目或参与过的活动来证明自己具备某种能力。前提必须以事实为基础，因为诚信不光是求职的一个关键条件，也是做人的根本。

(三)两分钟秀出自己原则

有人说过："每个人都要向孔雀学习，两分钟就让整个世界记住自己的美。"面试沟通的过程，最重要的就是通过语言等手段展示自我。

(四)思考 5 秒钟原则

当面试官问及一个重要问题，应聘者在回答之前作适当停顿，一般时长 5 秒钟，留出一段思考的时间。如果你在回答的时候不假思索且倒背如流，面试官也许会对你所说内容的真实性打个问号。

(五)礼貌原则

礼貌的用语、积极的眼睛接触、自然大方的笑容、倾听的姿态、较小的人际距离等，都有利于面试评价。

三、面试中的自我介绍

(一)自我介绍的内容

自我介绍通常包括问候，个人基础信息介绍——姓名、年龄、籍贯、学历，专业背景等(应注意对照职位需求)，个人优势阐述——性格优点、突出技能等(应突出自己能为工作带来的帮助和贡献)，以及最后的致谢。

(二)自我介绍的技巧

1. 注意内容

应以岗位要求为导向，切中要害，多谈一些跟你所应聘职位有关的经历和所取得的成绩，以证明自己的能力可以胜任。

2. 注意礼貌及态度

应显示自己稳重的个性、充分的信心和积极诚恳的工作态度。

3. 注意开场白

开场要设法抓住面试官的注意力。

4. 注意“三突出”

突出优点(注意可信度)，突出个性，突出重点。

5. 注意时间

一般为1～3分钟。

6. 注意表达

表述方式尽量口语化，语速适中、神态大方、举止得体，同时要条理清晰，层次分明。

求职面试自我介绍案例

各位考官，大家好！很荣幸能参加公司的这次面试。我叫王小雨。我是一个性格稳重、做事有耐心的人，具有踏实勤恳、吃苦耐劳、积极向上的心态。通过会计专业的学习，培养了我细心、严谨的学习和生活态度。在校与老师和同学关系良好，富有团队合作精神，有较强的逻辑思维能力和极强的责任心，正是由于这种性格因素，我非常喜欢会计工作。

实践方面，在财务软件练习课上，我们对客户资料输入修改、业务处理、凭证填制、以及报表的制作输出都做了大量练习。通过会计账务流程模拟实践，了解了从收集原始凭证、填制记账凭证、登记账簿、结账，到制作报表的全过程。

通过专业学习我更加坚定地选择了会计这个行业，我觉得我很适合这份工作，并希望在会计职业生涯中能有所成就！

我目前正在考初级会计师和注册会计师，希望会计专业知识更加扎实。我想努力发展成为一名合格的会计人员。我希望找到一份财务工作，能够学有所用，提高会计业务能力，为公司贡献一份力量。我对财务工作极度的热情和持之以恒的精神使我有信心一定能做好会计工作。

谢谢！

四、面试沟通技巧

(一)有问必答

不管是什么问题，都要做出回答。考官的问题，有的虽然刁钻，但可能是测试你的应变技巧、反应能力。

(二)引石攻玉

有些问题如果硬要回答会漏洞百出。比如，考官问你：“如果把这个职位交给你，你有什么样的工作计划?”如果你没有这方面的经验，就回答：“我只有在接手这个职位后，才能根据实际情况制订相应的工作计划。”这样会给考官留下你不想空谈、比较注重实际的稳重型人才的印象。

（三）不避实就虚

有些专业性很强的问题，如果又确实不懂，就坦率承认。千万别说“我想想”，这只会给考官留下不懂装懂的印象。有时考官出这一类的问题纯粹是想验证你是否诚实，如果你坦率承认自己不懂，就正好通过了考官对你在这方面的测评。

（四）旁敲侧击

有些问题要想正面回答等于是否定自己，因此要设法将可能否定自己的话，转化成肯定自己的话。例如，考官问你是否在食品厂工作过，然而你却只在酒厂工作过。如果你据实回答这个问题，答案只能是“没有”。你可以这样说：“没在食品厂工作过。但我在酒厂工作多年，我认为酒厂与食品厂在某些工艺上有相似之处，而且企业管理应该是相通的。”这等于变否定为肯定的回答。

（五）大题小做

考官有时会问一些“很大”的题目，比如问“说说你自己”。这时你必须“小”说。“小”在与应聘岗位相关的知识、技能、经验方面即可。

技能巩固

一、求职面试中的自我介绍。

请每人用15分钟时间，结合自己的专业，准备1～3分钟的求职面试的自我介绍，参考评分表在小组开展自评和互评，完成自评和互评表，如表6-3所示。

表6-3 自评和互评表

参与学生	学生1	学生2	学生3	学生4	合计
学生1					
学生2					
学生3					
学生4					

附：表6-4评分参考标准。

表6-4 评分参考标准

内容方面(50分)	表达方面(50分)
1. 开场白新颖，5分 2. 基本信息完整，10分 3. 优点突出可信，15分 4. 时间控制好，5分 5. 与职位相契合，10分 6. 礼貌用语，5分	1. 神态自然，10分 2. 体态端庄，10分 3. 眼神交流，10分 4. 语速适中，10分 5. 条理清晰，10分

二、阅读下列案例，请帮小李指出应聘失败的原因：______________________________

____

烹饪专业的小李同学收到某知名宾馆发来的面试通知，心里既高兴又紧张。应聘过程中，考官对他的素质挺满意。最后，考官对他说："根据你的性格特点，我们想把你安排在西餐制作室，可能跟你在学校学的中餐制作有所不同。但是我们认为经过一段时间的学习之后，你一定能够胜任。"性格内向的小李拿不定主意，小声说："要不，我回去和我爸爸妈妈商量一下？"

主考官愣住了，微笑着说："好吧。"

三、开展"菁菁校园招聘会"练习活动

1. 活动要求：结合自己所学的专业，分组模拟招聘会求职面试。

2. 活动内容：

(1)请你自我介绍一下；

(2)谈谈你的学习和专业技能的掌握情况；

(3)谈谈你的缺点；

(4)你为什么选择我们公司(单位)？

(5)你是应届毕业生，缺乏实践经验，如何才能胜任这项工作？

3. 活动流程：

(1)全班按每 4～6 人为一组进行分组，每组推荐 1 人模拟考官，其余同学模拟应聘者。

(2)考官依次提出 5 个问题(第 5 个问题可以更换为其他问题)，应聘者回答。

(3)招聘会模拟结束后，依据每位同学的综合表现情况在组内开展相互评分(采用百分制)，如表 6-5 所示。

表 6-5　学生之间相互评分表

参与学生	学生 1	学生 2	学生 3	学生 4	学生 5	学生 6	合计得分
学生 1							
学生 2							
学生 3							
学生 4							
学生 5							
学生 6							

(4)每位同学总结自己在应聘交谈方面的得失。

扫二维码

微课小讲堂：职场中的有效沟通

第三节　职场中的有效沟通

方法与训练

有效沟通是指在恰当的时机和适宜的场合，用得体的方式传递信息、表达思想和感情，能被别人正确地理解并达成共识的过程。

一、有效沟通的三原则

(一)做好情绪管理

我们在工作中，要跟同事、领导沟通事情，应先做试探，看看他的心情，再选择沟通的时机。跟我们的服务对象沟通也是如此，比如处理客户投诉，要先缓解情绪，再寻找解决问题的方法。

所以，有效沟通的第一原则是做好情绪管理——先改变心情，再解决事情。

(二)换位思考

生活中我们经常会听到这样的抱怨，说别人不理解自己，难以沟通。自己表达的意思与对方的理解总是南辕北辙。在充分传达语意的基础上，还是会出现沟通不顺畅，误会的情况也时有发生，是什么原因造成的呢？因为我们每个人的生长环境不同、所处的立场不同，对别人的心情难以感同身受。

所以，我们应换位思考，以一颗宽容的心去了解、关心他人。

(三)双赢原则

遵循双赢原则，就会使人际沟通更加顺畅并在施予他人利益的同时，自己也得到利益的回报。

二、与领导的沟通

(一)要了解上司对自己工作的要求

企业必须建立良好的沟通机制，建立有布置、有反馈的工作习惯。在工作中常常出现领导期望员工重视，但员工没有意识到其重要性；或者员工很关注，而领导却并不认为其非常重要。所以，工作中要学会换位思考，要了解上司对自己工作的要求。

那么，是不是保质保量及时完成工作任务就是一名优秀的员工呢？如案例：

有两个小伙子到一家食品加工企业供职，不到一年时间，甲得到了提升，而乙却还原地不动。乙不满老板的不公正待遇，于是找到老板抱怨。老板什么也没解释，就对乙说：“麻烦你去公司旁边集市看一下土豆多少钱一斤。”

乙很快就回来了，说道：“报告老板，土豆 5 毛钱一斤。”

老板又问：“一共有几家在卖啊？”

乙一听，说道："您稍等一下，我再去看看。"五分钟之后乙回来报告，说有 5 家在卖。

老板又问："哪家是农民？哪家是贩子啊？"

乙不知道，又准备去问，结果被老板叫住了："你去把甲叫过来好吗？"甲来了之后老板也叫他去集市看看土豆的价钱。

甲出去 15 分钟之后才赶回来："报告老板，土豆 5 毛钱一斤，一共有 5 家在卖，有三家农民，两家是贩子，而且我跟他们商量了一下，其中一家农民的土豆质量不错，如果我们愿长期进货的话，他愿意以 3 毛钱一斤的价格卖给我们，我还带了两个土豆给您看一下。"

（选自《普通话水平测试实施纲要》作品 2 号《差别》，有所改动）

在工作中，不能只做你听到的事，要学会领会领导没有正面说出来的东西。

（二）要养成及时反馈的习惯

一个团队要共同完成一项任务，员工之间要实现有效的合作，就要尽可能减少沟通"漏斗"（如图 6-1 沟通漏斗图），以达到更好的相互理解，从而更出色地完成工作。所以，在日常工作中，要减少信息流失，养成及时沟通、及时反馈工作进程的习惯，使团队配合更加默契，工作流程更加顺畅。

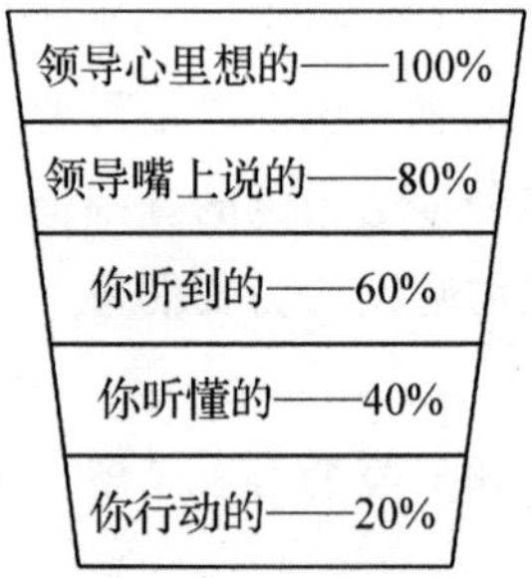

图 6-1　沟通漏斗图

（三）如何向领导请示汇报

1. 汇报工作的表达习惯

我们在表达的过程中经常会犯这样的错误，即把所有的信息不分主次、不分重点、一股脑地全部传递给对方，可结果却是对方根本抓不到你想说的重点。

采用金字塔表达法就能解决这样的问题。所谓金字塔表达法，就是在表述时先说结论，分类阐释；先说主要观点，再说次要观点；先说重点，再说补充内容，层层递进。

2. 向领导请示汇报的程序

①仔细聆听领导的命令。听完后复述命令的时间、地点、做什么工作、执行者、怎样做等信息，及时确认。

②与领导探讨目标的可行性。如果完成目标有困难，就要及时申请协调和解决。

③拟订详细工作计划。

④在工作进行中随时向领导汇报。

⑤在工作完成后及时总结汇报。

三、与同事间的沟通

1. 主动

在职场上，那些一味等着领导和同事主动找你沟通的人，往往会成为职场沟通的失败者，所以职场人一定要争取主动沟通。比如，如果你有一个方案要提议，就要事先想清楚，方案会遇到哪些障碍，接前找相关人员沟通。

2. 双赢

要平衡部门的同事沟通，千万不要只立足于自身利益寻求配合，应该寻找双方的共同利益点，实现双赢。

3. 合作

在组织中要想获得配合与支持，必须学会合作，学会采用合作的语言模式，也就是避免冲突的表达方式。如："你说得很有道理""我理解你的心情""我认同你的观点"等。

4. 关心

日常工作生活中要主动关心、帮助同事，建立良性的内部关系。

5. 谦虚

在企业里，凡是比你先入职的人，都是你的前辈，一个人只有学会了谦虚，在需要帮助的时候才会容易得到别人的支持。

6. 体谅

只有多体谅别人，从对方的角度去想，体会到对方的困难，再去考虑解决问题的方案，才能真正解决工作中的问题。

四、与客户的沟通

沟通创造需求。客户的想法、意见、需求和企业的服务理念、服务特色等的传递都离不开沟通。

（一）服务意识专业化

1. 做服务的有心人

要认识到工作不是能力问题而是态度问题，必须考虑满足 6 种客户的基本需要：友好、理解和体谅、公平、支配力、选择权与抉择、信息。

2. 重服务细节

服务无小事，细节是大事。没有谁比顾客更会关注你的服务细节。

3. 专业的人做专业的事

专业的服务技能体现在规范的服务流程和服务用语上。我们应该在每一个服务流程上都体现出我们对客户的关注和尊重，让客户有宾至如归的感觉，体现出我们服务的专业素养。

（二）服务用语规范化

规范化的服务用语是服务非常重要的一个方面，因为他代表着企业的文化、员工的素质以及对外的整体形象，直接影响到客户对企业的评价。

在保持一个积极的态度沟通时，应当尽量选择体现正面意思的语言。如：

习惯用语：很抱歉，让您久等了。（强化了对方对“久等”的感觉。）

正向表达：非常感谢您的耐心等待。

习惯用语：这不比上次那个问题差。

正向表达：这次比上次的情况好。

习惯用语：你的问题确实严重。

正向表达：这种情况有点不同寻常。

在为客户提供服务或与客户沟通时，表达中应当尽量用“我”代替“你”，如：

习惯用语：你的名字叫什么？

正向表达：请问，我可以知道您的名字吗？

习惯用语：如果你需要我的帮助，你必须……

正向表达：我愿意帮助您，但首先我需要……

在与客户沟通时，还要注意应在客户面前维护本企业的形象。如：

有客户抱怨他在另一个部门受到不好的待遇，为了表示对客户的理解，正向的表达是“我完全理解您的苦衷”，而不应该说“你说得不错，这个部门表现很差劲。”

如果客户的要求是公司政策不允许的。与其直说“这是公司的政策”，不如这样表达：“根据多数人的情况，我们公司目前是这样规定的。”

如果客户找错了人，不要说“对不起，这事我不管”。而应换一种方式：“我们有专人负责，我帮您转过去。”

（三）与客户沟通的技巧

1. 接待客户的沟通技巧

（1）职业化

客服人员在拜访或迎接客户的时候一定要呈现出职业化的第一印象。一个良好的服务人员形象应该是全方位的，从衣着、发式、面部表情、饰物、手足甚至语气都要注意。

（2）态度要热情

客服人员的接待态度非常重要，它决定着客户对整个服务的评价。客服人员必须把热情的服务态度通过微笑表现出来。

（3）关注客户的需求

关注客户的需求就是要关注客户的情感、信息和环境需求。优质的服务不仅要表现在微笑方面，还要表现在具体的行动上。比如，天刚下完雨，一位客人到餐厅来用餐，服务生赶紧迎过去，对客户说：“来，我带您把雨伞放好。”看到一位老人进来，服务生又赶紧迎过去搀扶着：“来，您请这边坐。”这些都是客服人员关注客户需求的例子。

（4）以客户为中心

以客户为中心，时刻围绕着客户，这是对客服人员的基本要求。

2. 处理客户投诉的流程和技巧

(1)道歉

如果在处理投诉的时候，你能够一开始就真诚地道歉，那么，客户的心理需求就能得到相对的满足。

(2)倾听

尽可能使用一些开放式的问题让客户多说话、发泄情绪，然后才能了解问题的实质。必要时应立即澄清疑点，但不要提出带有判断性的问题，避免用不信任的语气质问投诉人，如“你肯定事情确实是这样吗？”“……恐怕不是你要投诉的根本原因”等。

(3)尊重

不要指望扭转客户的立场，相反，要用同理的语言来稳定客户的情绪，如“如果是我，我也会发火的。”

(4)积极解决问题

仅仅道歉是远远不够的，能真正让客户平息愤怒、化解冲突的，是马上帮他解决问题。因此，“对不起，是我们的过失”之后，一句“您看我们能为您做些什么”更实在。

世界一流的销售训练师汤姆·霍普金斯说过：“顾客的投诉是登上销售成功的阶梯，它是销售流程中很重要的一部分，而你的回应方式也将决定销售结果的成败。”所以，有效地处理客户投诉的沟通技巧是非常重要的。

技能巩固

一、自我评价：“做事”和“沟通”二者之间你属于哪种。

对于领导布置的工作，员工的反应一般有以下几种：一是听了不做；二是听了就做，做了不说；三是听了就做，做完及时沟通反馈。

请问你认为自己会属于哪一类型的员工？那么，你认为正确的做法应该是哪一种？

____

二、请把下列句子转换成积极正向的表达方式，并在小组内口头练习。

1. 问题是那个产品都卖完了。______________________________

2. 我不想给您错误的建议。______________________________

3. 你没必要担心这次修后又坏。______________________________

三、开展“今天我当班”活动。

1. 活动要求。

如果让你来处理以下客户的投诉，你将如何与客户沟通？

2. 活动内容。

(1)客户：“你们的产品质量太差了，你让我怎么使用呢？”

我的沟通语：______________________________

(2)客户："你们做事的效率太差了!"

我的沟通语：______________________________

(3)客户："你的电话都没人接，叫我怎么相信你?"

我的沟通语：______________________________

3. 活动准备。

面对客户的投诉，先想想怎样回答，再把沟通的话写在横线上。

4. 活动流程。

(1)全班按 2 人一组进行分组。

(2)同组的两位同学，一人扮演客户，一人扮演当班接待员，模拟以上 3 个对话。然后再交换角色模拟。

附　录

附录一：普通话水平测试用必读轻声词语表546条

（一）

爱人、案子、巴掌、把（bǎ）子、把（bà）子、爸爸、白净、班子、板子、帮手、梆子、膀子、棒槌、棒子、包袱、包涵、包子、豹子、杯子、被子、本事、本子、鼻子、比方、鞭子、扁担、辫子、别扭、饼子、拨弄、脖子、簸箕、补丁、不由得、不在乎、步子、部分、裁缝、财主、苍蝇、差事、柴火、肠子、厂子、场子、车子、称呼、池子、尺子、虫子、绸子、除了、锄头、畜生、窗户、窗子、锤子、刺猬、凑合、村子、耷拉、答应、打扮、打点、打发、打量、打算、打听、大方、大爷、大夫、带子、袋子、耽搁、耽误、单子、胆子、担子、刀子、道士、稻子、灯笼、凳子、提防、笛子、底子、地道、地方、弟弟、弟兄、点心、调子、钉子、东家、东西、动静、动弹、豆腐、豆子、嘟囔

（二）

肚子、缎子、对付、对头、队伍、多么、蛾子、儿子、耳朵、贩子、房子、废物、份子、风筝、疯子、福气、斧子、盖子、甘蔗、竿子、杆子、干事、杠子、高粱、膏药、稿子、告诉、疙瘩、哥哥、胳膊、鸽子、格子、个子、根子、跟头、功夫、弓子、公公、工夫、钩子、姑姑、姑娘、谷子、骨头、故事、寡妇、褂子、怪物、关系、官司、罐头、罐子、规矩、闺女、鬼子、柜子、棍子、锅子、果子、蛤蟆、孩子、含糊、汉子、行当、合同、和尚、核桃、盒子、红火、猴子、后头、厚道、狐狸、胡琴、糊涂、皇上、幌子、胡萝卜、活泼、火候、伙计、护士、机灵、脊梁、记号、记性、夹子、家伙、架势、架子、嫁妆、尖子、剪子、茧子、见识、毽子、将就、交情、饺子、叫唤

（三）

轿子、结实、姐夫、街坊、姐姐、戒指、金子、精神、镜子、舅舅、橘子、句子、卷子、咳嗽、客气、空子、口袋、口子、扣子、窟窿、裤子、快活、筷子、框子、困难、阔气、喇叭、喇嘛、篮子、懒得、浪头、老婆、老实、老太太、老头子、老爷、老子、姥姥、累赘、篱笆、里头、力气、厉害、利落、利索、例子、栗子、痢疾、连累、帘子、凉快、粮食、两口子、料子、林子、翎子、领子、溜达、笼子、聋子、炉子、路子、轮子、萝卜、骡子、骆驼、妈妈、麻烦、麻利、麻子、马虎、码头、买卖、麦子、馒头、忙活、冒失、帽子、眉毛、媒人、妹妹、门道、眯缝、迷糊、面子、苗条、苗头、名堂、名字、明白、蘑菇、模糊、木匠、木头、那么、奶奶、难为、脑袋、脑子、能耐

（四）

你们、念叨、念头、娘家、镊子、奴才、女婿、暖和、疟疾、拍子、牌楼、牌子、盘算、盘子、胖子、狍子、盆子、朋友、棚子、脾气、皮子、痞子、屁股、片子、便宜、骗子、票子、漂亮、瓶子、婆家、婆婆、铺盖、欺负、旗子、前头、钳子、茄子、亲戚、勤快、清楚、亲家、曲子、圈子、拳头、裙子、热闹、人家、人们、认识、日子、褥子、塞子、嗓子、嫂子、扫帚、沙子、傻子、扇子、商量、上司、上头、烧饼、勺子、少爷、哨子、舌头、身子、什么、婶子、生意、牲口、绳子、师傅、师父、狮子、虱子、石匠、石榴、石头、时候、实在、拾掇、使唤、世故、似的、事情、柿子、收成、收拾、首饰、叔叔、梳子、舒服、舒坦、疏忽、爽快、思量、算计、岁数、孙子

（五）

他们、她们、它们、台子、太太、摊子、坛子、毯子、桃子、特务、梯子、蹄子、挑剔、挑子、条子、跳蚤、铁匠、亭子、头发、头子、兔子、妥当、唾沫、挖苦、娃娃、袜子、晚上、尾巴、委屈、为了、位置、位子、蚊子、稳当、我们、屋子、稀罕、席子、媳妇、喜欢、瞎子、匣子、下巴、吓唬、先生、乡下、箱子、相声、消息、小伙子、小气、小子、笑话、谢谢、心思、猩猩、星星、行李、性子、兄弟、休息、秀才、秀气、袖子、靴子、学生、学问、丫头、鸭子、衙门、哑巴、胭脂、烟筒、眼睛、燕子、秧歌、养活、样子、吆喝、妖精、钥匙、椰子、爷爷、叶子、一辈子、衣服、衣裳、椅子、意思、银子、影子、应酬、柚子、冤枉、院子、月饼、月亮、云彩、运气、在乎

（六）

咱们、早上、怎么、扎实、眨巴、栅栏、宅子、寨子、张罗、丈夫、帐篷、丈人、帐子、招呼、招牌、折腾、这个、这么、枕头、镇子、芝麻、知识、侄子、指甲、指头、种子、珠子、竹子、主意、主子、柱子、爪子、转悠、庄稼、庄子、壮实、状元、锥子、桌子、字号、自在、粽子、祖宗、嘴巴、作坊、琢磨

附录二：易错读多音节词语

（根据《普通话水平测试实施纲要》整理）

孢子 bāozǐ	编辑 biānjí	不禁 bùjīn
参与 cānyù	策略 cèlüè	差不多 chàbuduō
场合 chǎnghé	场地 chǎngdì	惩罚 chéngfá
充分 chōngfèn	处分 chǔfèn	出血 chūxiě
创伤 chuāngshāng	大伯 dàbó	逮捕 dàibǔ
当选 dāngxuǎn	当成 dàngchéng	当天 dàngtiān
当年 dàngnián	当做 dàngzuò	复辟 fùbì
岗位 gǎngwèi	给以 gěiyǐ	工场 gōngchǎng
供给 gōngjǐ	供应 gōngyìng	广场 guǎngchǎng

规模 guīmó
给予 jǐyǔ
剧场 jùchǎng
量子 liàngzǐ
强调 qiángdiào
小朋友 xiǎopéngyǒu
皑皑 ái'ái
包扎 bāozā
笨拙 bènzhuō
编撰 biānzhuàn
摒弃 bìngqì
伯乐 bólè
唱片 chàngpiàn
抽搐 chōuchù
揣摩 chuǎimó
戳穿 chuōchuān
粗犷 cūguǎng
打战 dǎzhàn
当晚 dàngwǎn
档次 dàngcì
抵偿 dǐcháng
动画片 dònghuàpiàn
藩镇 fānzhèn
梵文 fànwén
分蘖 fēnniè
风靡 fēngmǐ
负离子 fùlízǐ
杠杆 gànggǎn
耕种 gēngzhòng
供需 gōngxū
瓜子 guāzǐ
皈依 guīyī
鼾声 hānshēng
巷道 hàngdào
后劲 hòujìn
呼吁 hūyù
尽管 jǐnguǎn
角色 juésè
逻辑 luójí
陶冶 táoyě
脂肪 zhīfáng
懊丧 àosàng
背脊 bèijǐ
婢女 bìnǚ
编纂 biānzuǎn
屏息 bǐngxī
不啻 bùchì
惩治 chéngzhì
抽穗 chōusuì
窗口 chuāngkǒu
啜泣 chuòqì
萃取 cuìqǔ
玳瑁 dàimào
当夜 dàngyè
倒置 dǎozhì
地窖 dìjiào
笃信 dǔxìn
繁衍 fányǎn
非难 fēinàn
愤慨 fènkǎi
服侍 fúshi
负载 fùzài
更改 gēnggǎi
工头 gōngtóu
供养 gōngyǎng
关卡 guānqiǎ
桂冠 guìguān
行当 hángdàng
呵斥 hēchì
后裔 hòuyì
话筒 huàtǒng
尽快 jǐnkuài
莲子 liánzǐ
模型 móxíng
鲜血 xiānxuè
自力更生 zìlìgēngshēng
柏油 bǎiyóu
被褥 bèirù
边陲 biānchuí
标的 biāodì
伯父 bófù
偿还 chánghuán
充血 chōngxuè
畜力 chùlì
床铺 chuángpù
雌蕊 círuǐ
淬火 cuìhuǒ
单薄 dānbó
当真 dàngzhēn
登载 dēngzǎi
颠倒 diāndǎo
度量 dùliàng
反刍 fǎnchú
诽谤 fěibàng
风驰电掣 fēngchídiànchè
俯瞰 fǔkàn
刚劲 gāngjìng
更正 gēngzhèng
公转 gōngzhuàn
骨髓 gǔsuǐ
关头 guāntóu
海蜇 hǎizhé
寒战 hánzhàn
红晕 hóngyùn
厚薄 hòubó

候鸟 hòuniǎo	呼号 hūháo	花冠 huāguān
画卷 huàjuàn	豢养 huànyǎng	晃动 huàngdòng
黄澄澄 huángdēngdēng	洄游 huíyóu	会晤 huìwù
混沌 hùndùn	混浊 hùnzhuó	豁口 huōkǒu
活塞 huósāi	羁绊 jībàn	汲取 jíqǔ
急遽 jíjù	嫉妒 jídù	给养 jǐyǎng
计量 jìliàng	伎俩 jìliǎng	夹攻 jiāgōng
甲虫 jiǎchóng	甲壳 jiǎqiào	间距 jiānjù
缄默 jiānmò	奖惩 jiǎngchéng	矫揉造作 jiǎoróuzàozuò
接种 jiēzhòng	秸秆 jiēgǎn	金龟子 jīnguīzǐ
禁不住 jīnbùzhù	尽早 jǐnzǎo	浸泡 jìnpào
劲旅 jìnglǚ	纠葛 jiūgé	俱乐部 jùlèbù
慨然 kǎirán	亢奋 kàngfèn	亢进 kàngjìn
铿锵 kēngqiāng	口角 kǒujiǎo	框架 kuàngjià
魁梧 kuíwú	浪涛 làngtāo	棱角 léngjiǎo
怜悯 liánmǐn	涟漪 liányī	踉跄 liàngqiàng
邻舍 línshè	蛮横 mánhèng	满载 mǎnzài
蒙古包 měnggǔbāo	面颊 miànjiá	迷惘 míwǎng
名副其实 míngfùqíshí	魔爪 mózhǎo	蓦然 mòrán
模板 múbǎn	蔫 niān	宁肯 nìngkěn
宁愿 nìngyuàn	呕吐 ǒutù	狍子 páozi
配角 pèijué	毗邻 pílín	媲美 pìměi
漂白粉 piǎobáifěn	贫血 pínxuè	仆人 púrén
歧视 qíshì	歧途 qítú	绮丽 qǐlì
气馁 qìněi	强劲 qiángjìng	强求 qiángqiú
悄然 qiǎorán	悄声 qiǎoshēng	亲昵 qīnnì
情不自禁 qíngbùzìjīn	躯壳 qūqiào	妊娠 rènshēn
蹂躏 róulìn	褥子 rùzi	杉木 shāmù
煽动 shāndòng	扇动 shāndòng	扇贝 shànbèi
商场 shāngchǎng	商贾 shānggǔ	商榷 shāngquè
舌苔 shétāi	神龛 shénkān	生肖 shēngxiào
失血 shīxuè	侍候 shìhòu	嗜好 shìhào
倏然 shūrán	赎罪 shúzuì	书卷 shūjuàn
树冠 shùguān	庶民 shùmín	水獭 shuǐtǎ
思忖 sīcǔn	绦虫 tāochóng	弹劾 tánhé

搪塞 tángsè	铜臭 tóngxiù	吐血 tùxiě
颓废 tuífèi	外露 wàilù	威吓 wēihè
帷幕 wéimù	慰藉 wèijiè	污秽 wūhuì
吸吮 xīshǔn	稀薄 xībó	戏谑 xìxuè
相片 xiàngpiàn	肖像 xiàoxiàng	泄露 xièlòu
亵渎 xièdú	虚伪 xūwěi	眩晕 xuànyùn
血泪 xuèlèi	殷红 yānhóng	湮没 yānmò
俨然 yǎnrán	眼睑 yǎnjiǎn	翌日 yìrì
熠熠 yìyì	阴霾 yīnmái	印行 yìnxíng
荫庇 yìnbì	应届 yīngjiè	踊跃 yǒngyuè
佣金 yòngjīn	有的放矢 yǒudìfàngshǐ	黝黑 yǒuhēi
与会 yùhuì	运载 yùnzài	栽种 zāizhòng
糟粕 zāopò	憎恨 zēnghèn	择菜 zháicài
占卜 zhānbǔ	战栗 zhànlì	丈量 zhàngliáng
着火 zháohuǒ	着迷 zháomí	爪牙 zhǎoyá
召唤 zhàohuàn	肇事 zhàoshì	褶皱 zhězhòu
症结 zhēngjié	只身 zhīshēn	执拗 zhíniù
桎梏 zhìgù	中肯 zhòngkěn	中意 zhòngyì
贮备 zhùbèi	转速 zhuànsù	自给 zìjǐ
棕榈 zōnglǘ	阻塞 zǔsè	

附录三：普通话水平测试用朗读作品 59 篇

作品 1 号——《白杨礼赞》

那是力争上游的一种树，笔直的干，笔直的枝。它的干呢，通常是丈把高，像是加以人工似的，一丈以内，绝无旁枝；它所有的丫枝呢，一律向上，而且紧紧靠拢，也像是加以人工似的，成为一束，绝无横斜逸出；它的宽大的叶子也是片片向上，几乎没有斜生的，更不用说倒垂了；它的皮，光滑而有银色的晕圈，微微泛出淡青色。这是虽在北方的风雪的压迫下却保持着倔强挺立的一种树！哪怕只有碗来粗细罢，它却努力向上发展，高到丈许，两丈，参天耸立，不折不挠，对抗着西北风。

这就是白杨树，西北极普通的一种树，然而决不是平凡的树！

它没有婆娑的姿态，没有屈曲盘旋的虬枝，也许你要说它不美丽——如果美是专指"婆娑"或"横斜逸出"之类而言，那么，白杨树算不得树中的好女子；但是它却是伟岸，正直，朴质，严肃，也不缺乏温和，更不用提它的坚强不屈与挺拔，它是树中的伟丈夫！当你在积雪初融的高原上走过，看见平坦的大地上傲然挺立这么一株或一排白杨树，难道你就只觉得树只是树，难道你就不想到它的朴质，严肃，坚强不屈，至少也象征了北方的农民；难道你竟一点儿也不联想到，在敌后的广大//土地上，到处有坚强不屈，就像这白杨树一样傲然挺立的守卫他们家乡的哨兵！难道你又不更远一点想到这样枝枝叶叶靠紧团结，力求上进的白杨树，宛然象征了今天在华北平原纵横决荡用血写出新中国历史的那种精神和意志。

（选自《普通话水平测试实施纲要》作品 1 号，有改动）

Zuòpǐn 1 Hào Báiyáng Lǐzàn

Nà shì lìzhēng shàngyóu de yī zhǒng shù，bǐzhí de gàn，bǐzhí de zhī. Tā de gàn ne，tōngcháng shì zhàng bǎ gāo，xiàngshì jiāyǐ réngōng shìde，yī zhàng yǐnèi，juéwú pángzhī；tā suǒyǒu de yāzhī ne，yīlǜ xiàngshàng，érqiě jǐnjǐn kàolǒng，yě xiàngshì jiāyǐ réngōng shìde，chéngwéi yī shù，juéwú héng xié yì chū；tā de kuāndà de yèzi yě shì piànpiàn xiàngshàng，jīhū méi • yǒu xié shēng de，gèng bùyòng shuō dàochuí le；tā de pí，guānghuá ér yǒu yínsè de yùnquān，wēiwēi fànchū dànqīngsè. Zhè shì suī zài běifāng de fēngxuě de yāpò xià què bǎochízhe jué jiàng tǐnglì de yī zhǒng shù！Nǎpà zhǐyǒu wǎn lái cūxì ba，tā què nǔlì xiàngshàng fāzhǎn，gāo dào zhàng xǔ，liǎng zhàng，cāntiān sǒnglì，bùzhé-bùnáo，duìkàngzhe xīběifēng.

Zhè jiùshì báiyángshù，xīběi jí pǔtōng de yī zhǒng shù，rán'ér jué bù shì píngfán de shù！

Tā méi • yǒu pósuō de zītài，méi • yǒu qūqū pánxuán de qiúzhī，yěxǔ nǐyào shuō tā bù měilì——Rúguǒ měi shì zhuān zhǐ "pósuō "huò "héng xié yì chū "zhīlèi ér yán，nàme，báiyángshù suàn • bù • dé shù zhōng de hǎo nǚzǐ；dànshì tā què shì wěi'àn，zhèngzhí，pǔzhì，yánsù，yě bù quēfá wēnhé，gèng bùyòng tí tā de jiānqiángbùqū yǔ tǐngbá，tā shì shù zhōng de wěizhàngfū！Dāng nǐ zài jīxuě chū róng de gāoyuán • shàng zǒuguò，kàn • jiàn píngtǎn de dàdì • shàng àorán tǐnglì zhème yī zhū huò yī pái báiyángshù，nándào nǐ jiù zhǐ jué • dé shù zhǐshì shù，nán dào nǐ jiù bù xiǎngdào tā de pǔzhì，yánsù，jiānqiáng bùqū，zhìshǎo yě xiàngzhēngle běifāng de nóngmín；nándào nǐ jìng yīdiǎnr yě bù liánxiǎng dào，zài díhòu de guǎngdà //tǔdì • shàng，dàochù yǒu jiānqiáng bùqū，jiù xiàng zhè báiyángshù yīyàng àorán tǐnglì de shǒuwèi tāmen jiāxiāng de shàobīng！Nándào nǐ yòu bù gèng yuǎn yīdiǎnr xiǎng dào zhèyàng zhīzhī-yèyè kàojǐn tuánjié，lìqiú shàngjìn de báiyángshù，wǎnrán xiàngzhēngle jīntiān zài Huáběi Píngyuán zònghéng juédàng yòng xuè xiěchū xīn zhōngguó lìshǐ de nà zhǒng jīngshén hé yìzhì.

（Xuǎn zì《Pǔtōnghuà Shuǐpíng Cèshì Shíshī Gāngyào 》Zuòpǐn 1 Hào，yǒu gǎi dòng）

作品 2 号——《差别》

两个同龄的年轻人同时受雇于一家店铺，并且拿同样的薪水。

可是一段时间后，叫阿诺德的那个小伙子青云直上，而那个叫布鲁诺的小伙子却仍在原地踏步。布鲁诺很不满意老板的不公正待遇。终于有一天他到老板那儿发牢骚了。老板一边耐心地听着他的抱怨，一边在心里盘算着怎样向他解释清楚他和阿诺德之间的差别。

“布鲁诺先生，”老板开口说话了，“您现在到集市上去一下，看看今天早上有什么卖的。”

布鲁诺从集市上回来向老板汇报说，今早集市上只有一个农民拉了一车土豆在卖。

“有多少？”老板问。

布鲁诺赶快戴上帽子又跑到集上，然后回来告诉老板一共四十袋土豆。

“价格是多少？”

布鲁诺又第三次跑到集上问来了价格。

“好吧，”老板对他说，“现在请您坐到这把椅子上一句话也不要说，看看阿诺德怎么说。”

阿诺德很快就从集市上回来了。向老板汇报说到现在为止只有一个农民在卖土豆，一共四十口袋，价格是多少多少；土豆质量很不错，他带回来一个让老板看看。这个农民一个钟头以后还会弄来几箱西红柿，据他看价格非常公道。昨天他们铺子的西红柿卖得很快，库存已经不//多了。他想这么便宜的西红柿，老板肯定会要进一些的，所以他不仅带回了一个西红柿做样品，而且把那个农民也带来了，他现在正在外面等回话呢。

此时老板转向了布鲁诺，说：“现在您肯定知道为什么阿诺德的薪水比您高了吧！”

（选自《普通话水平测试实施纲要》作品 2 号）

Zuòpǐn 2 Hào Chābié

Liǎng gè tónglíng de niánqīngrén tóngshí shòugù yú yī jiā diànpù，bìngqiě ná tóngyàng de xīn • shuǐ.

Kěshì yī duàn shíjiān hòu，jiào Ānuòdé de nàge xiǎohuǒzi qīngyún zhíshàng，ér nàge jiào Bùlǔnuò de xiǎohuǒzi què réng zài yuándì tàbù. Bùlǔnuò hěn bù mǎnyì lǎobǎn de bù gōngzhèng dàiyù. Zhōngyú yǒu yī tiān tā dào lǎobǎn nàr fā láo • sāo le. Lǎobǎn yībiān nàixīn de tīngzhe tā de bào • yuàn，yībiān zài xīn • lǐ pánsuanzhe zěnyàng xiàng tā jiěshì qīngchu tā hé Ānuòdé zhījiān de chābié.

“Bùlǔnuò xiānsheng，”Lǎo bǎn kāikǒu shuōhuà le，“Nín xiànzài dào jíshì • shàng，qù yīxià，kànkan jīntiān zǎoshang yǒu shénme mài de.”

Bùlǔnuò cóng jí shì • shàng huí • lái xiàng lǎobǎn huìbào shuō，jīnzǎo jíshì • shàng zhǐyǒu yī gè nóngmín lāle yī chē tǔdòu zài mài.

“Yǒu duō • shǎo?”Lǎobǎn wèn.

Bùlǔnuò gǎnkuài dài • shàng màozi yòu pǎodào jí • shàng，rán hòu huí • lái gàosu lǎobǎn yīgòng sìshí dài tǔdòu.

“Jiàgé shì duō • shǎo?”

Bùlǔnuò yòu dì-sān cì pǎodào jí • shàng wènláile jiàgé.

“Hǎo ba,”Lǎobǎn duì tā shuō,“Xiànzài qǐng nín zuòdào zhè bǎ yǐzi • shàng yī jù huà yě bùyào shuō,kànkan Ānuòdé zěnme shuō.”

Ānuòdé hěn kuài jiù cóng jí shì • shàng huí • lái le. Xiàng lǎobǎn huìbào shuō dào xiànzài wéizhǐ zhǐyǒu yī gè nóngmín zài mài tǔdòu,yīgòng sìshí kǒudai ,jiàgé shì duō • shǎo duō • shǎo;tǔdòu zhìliàng hěn bùcuò,tā dài huí • lái yī gè ràng lǎobǎn kànkan. Zhège nóngmín yī gè zhōngtóu yǐhòu hái huì nònglái jǐ xiāng xīhóngshì,jù tā kàn jiàgé fēi cháng gōngdào. Zuótiān tāmen pùzi de xīhóngshì mài de hěn kuài,kù cún yǐ • jīng bù //duō le. Tā xiǎng zhème piányi de xīhóngshì,lǎobǎn kěndìng huì yào jìn yīxiē de,suǒyǐ tā bùjǐn dàihuíle yī gè xīhóngshì zuò yàngpǐn,érqiě bǎ nàgè nóngmín yě dài • lái le,tā xiànzài zhèngzài wài • miàn děng huí huà ne.

Cǐshí lǎobǎn zhuǎnxiàngle Bùlǔnuò,shuō :“Xiànzài nín kěndìng zhī • dào wèishénme Ānuòdé de xīn • shuǐ bǐ nín gāo le ba?”

(Xuǎn zì《Pǔtōnghuà Shuǐpíng Cèshì Shíshī Gāngyào 》Zuòpǐn 2 Hào)

作品 3 号——《丑石》

我常常遗憾我家门前的那块丑石：它黑黝黝地卧在那里，牛似的模样；谁也不知道是什么时候留在这里的，谁也不去理会它。只是麦收时节，门前摊了麦子，奶奶总是说：这块丑石，多占地面呀，抽空把它搬走吧。

它不像汉白玉那样的细腻，可以刻字雕花，也不像大青石那样的光滑，可以供来浣纱捶布。它静静地卧在那里，院边的槐阴没有庇覆它，花儿也不再在它身边生长。荒草便繁衍出来，枝蔓上下，慢慢地，它竟锈上了绿苔、黑斑。我们这些做孩子的，也讨厌起它来，曾合伙要搬走它，但力气又不足；虽时时咒骂它，嫌弃它，也无可奈何，只好任它留在那里了。

终有一日，村子里来了一个天文学家。他在我家门前路过，突然发现了这块石头，眼光立即就拉直了。他再没有离开，就住了下来；以后又来了好些人，都说这是一块陨石，从天上落下来已经有二三百年了，是一件了不起的东西。不久便来了车，小心翼翼地将它运走了。

这使我们都很惊奇！这又怪又丑的石头，原来是天上的啊！它补过天，在天上发过热、闪过光，我们的先祖或许仰望过它，它给了他们光明、向往、憧憬；而它落下来了，在污土里，荒草里，一躺就//是几百年了！

我感到自己的无知，也感到了丑石的伟大，我甚至怨恨它这么多年竟会默默地忍受着这一切！而我又立即深深地感到它那种不屈于误解、寂寞的生存的伟大。

（选自《普通话水平测试实施纲要》作品 3 号）

Zuòpǐn 3 Hào Chǒu Shí

Wǒ chángcháng yíhàn wǒ jiā mén qián nà kuài chǒu shí：Tā hēiyǒuyǒu* de wò zài nà • lǐ，niú shìde múyàng；shéi yě bù zhī • dào shì shénme shíhou liú zài zhè • lǐ de，shéi yě bù qù lǐhuì tā. Zhǐshì màishōu shíjié ，mén qián tānle màizi，nǎinai zǒngshì shuō：Zhè kuài chǒu shí，duō zhàn dìmiàn ya，chōukòng bǎ tā bānzǒu ba.

Tā bù xiàng hànbáiyù nàyàng de xìnì，kěyǐ kèzì diāohuā，yě bù xiàng dà qīngshí nàyàng de guānghuá，kě yǐ gōng lái huànshā chuíbù. Tā jìngjìng de wò zài nà • lǐ，yuàn biān de huáiyīn méi • yǒu bìfù tā，huā • ér yě bùzài zài tā shēnbiān shēngzhǎng. Huāngcǎo biàn fányǎn chū • lái，zhīwàn shàngxià，mànmàn de，tā jìng xiùshàngle lǜtái、hēibān. Wǒmen zhèxiē zuò háizi de，yě tǎoyàn • qǐ tā • lái，céng héhuǒ yào bānzǒu tā，dàn lìqi yòu bùzú；suī shíshí zhòumà tā，xiánqì tā，yě wúkě-nài hé，zhǐ hǎo rèn tā liú zài nà • lǐ le.

Zhōng yǒu yī rì，cūnzi • lǐ láile yī gè tiānwénxuéjiā. Tā zài wǒ jiā mén qián lùguò，tūrán fāxiànle zhè kuài shítou，yǎnguāng lìjí jiù lāzhí le. Tā zài méi • yǒu líkāi，jiù zhùle xià • lái；yǐhòu yòu láile hǎoxiē rén，dōu shuō zhè shì yī kuài yǔnshí，cóng tiān • shàng luò xià • lái yǐ • jīng yǒu èr-sān bǎi nián le，shì yī jiàn liǎo • bùqǐ de dōngxi. Bùjiǔ biàn láile chē，xiǎoxīn-yìyì de jiāng tā yùnzǒu le.

Zhè shǐ wǒmen dōu hěn jīngqí，zhè yòu guài yòu chǒu de shítou，yuánlái shì tiān • shàng de a！Tā bǔguo tiān，zài tiān • shàng fāguo rè、shǎnguo guāng，wǒmen de xiānzǔ huòxǔ yǎngwàngguo tā，tā gěile tāmen guāngmíng、xiàngwǎng、chōngjǐng；ér tā luò xià • lái le，zài wūtǔ • lǐ，huāngcǎo • lǐ，yī tǎng jiù //shì jǐbǎi nián le！

Wǒ gǎndào zìjǐ de wúzhī，yě gǎndàole chǒu shí de wěidà，wǒ shènzhì yuànhèn tā zhème duō nián jìng huì mòmò de rěnshòuzhe zhè yīqiè！Ér wǒ yòu lìjí shēnshēn de gǎndào tā nà zhǒng bùqū yú wùjiě、jìmò de shēngcún de wěidà .

（Xuǎn zì《Pǔtōnghuà Shuǐpíng Cèshì Shíshī Gāngyào 》Zuòpǐn 3 Hào）

作品 4 号——《达瑞的故事》

在达瑞八岁的时候，有一天他想去看电影。因为没有钱，他想是向爸妈要钱，还是自己挣钱。最后他选择了后者。他自己调制了一种汽水，向过路的行人出售。可那时正是寒冷的冬天，没有人买，只有两个人例外——他的爸爸和妈妈。

他偶然有一个和非常成功的商人谈话的机会。当他对商人讲述了自己的“破产史”后，商人给了他两个重要的建议：一是尝试为别人解决一个难题；二是把精力集中在你知道的、你会的和你拥有的东西上。

这两个建议很关键。因为对于一个八岁的孩子而言，他不会做的事情很多。于是他穿

---

* 口语一般读 hēi yōu yōu。

过大街小巷，不停地思考：人们会有什么难题，他又如何利用这个机会？

一天，吃早饭时父亲让达瑞去取报纸。美国的送报员总是把报纸从花园篱笆的一个特制的管子里塞进来。假如你想穿着睡衣舒舒服服地吃早饭和看报纸，就必须离开温暖的房间，冒着寒风，到花园去取。虽然路短，但十分麻烦。

当达瑞为父亲取报纸的时候，一个主意诞生了。当天他就按响邻居的门铃，对他们说，每个月只需付给他一美元，他就每天早上把报纸塞到他们的房门底下。大多数人都同意了，很快他有//了七十多个顾客。一个月后，当他拿到自己赚的钱时，觉得自己简直是飞上了天。

很快他又有了新的机会，他让他的顾客每天把垃圾袋放在门前，然后由他早上运到垃圾桶里，每个月加一美元。之后他还想出了许多孩子赚钱的办法，并把它集结成书，书名为《儿童挣钱的二百五十个主意》。为此，达瑞十二岁时就成了畅销书作家，十五岁有了自己的谈话节目，十七岁就拥有了几百万美元。

（选自《普通话水平测试实施纲要》作品 4 号）

ZuòPǐn 4 Hào Dáruì de Gùshi

Zài Dáruì bā suì de shíhou，yǒu yī tiān tā xiǎng qù kàn diànyǐng. Yīn • wèi méi • yǒu qián，tā xiǎng shì xiàng bà mā yào qián，háishì zìjǐ zhèngqián. Zuìhòu tā xuǎnzéle hòuzhě. Tā zìjǐ tiáozhìle yī zhǒng qìshuǐr，xiàng guòlù de xíngrén chūshòu. Kě nàshí zhèngshì hánlěng de dōngtiān，méi • yǒu rén mǎi，zhǐyǒu liǎng gè rén lìwài——tā de bàba hé māma.

Tā ǒurán yǒu yī gè hé fēicháng chénggōng de shāngrén tánhuà de jī • huì. Dāng tā duì shāngrén jiǎngshùle zìjǐ de “pòchǎnshǐ”hòu，shāngrén gěile tā liǎng gè zhòngyào de jiànyì：yī shì chángshì wèi bié • rén jiějué yī gè nántí；èr shì bǎ jīnglì jízhōng zài nǐ zhī • dào de、nǐ huì de hé nǐ yōngyǒu de dōngxi • shàng.

Zhè liǎng gè jiànyì hěn guānjiàn. Yīn • wèi duìyú yī gè bā suì de háizi ér yán，tā bù huì zuò de shìqing hěn duō. Yúshì tā chuānguò dàjiē xiǎoxiàng，bùtíng de sīkǎo：rén men huì yǒu shénme nántí，tā yòu rúhé lìyòng zhège jī • huì?

Yī tiān，chī zǎofàn shí fù • qīn ràng Dáruì qù qǔ bàozhǐ. Měiguó de sòngbàoyuán zǒngshì bǎ bàozhǐ cóng huāyuán líba de yī gè tèzhì de guǎnzi • lǐ sāi jìn • lái. Jiǎrú nǐ xiǎng chuānzhe shuìyī shūshū-fúfú① de chī zǎofàn hé kàn bàozhǐ，jiù bìxū líkāi wēnnuǎn de fángjiān，màozhe hánfēng，dào huāyuán qù qǔ. Suīrán lù duǎn，dàn shífēn máfan.

Dāng Dáruì wèi fù • qīn qǔ bàozhǐ de shíhou，yī gè zhǔyi dànshēng le. Dàngtiān tā jiù ànxiǎng lín • jū de ménlíng，duì tāmen shuō，měi gè yuè zhǐ xū fùgěi tā yī měiyuán，tā jiù měitiān zǎoshang bǎ bàozhǐ sāidào tāmen de fángmén dǐ • xià. Dàduōshù rén dōu

① 口语一般读 shūshū-fūfū。

tóngyì le，hěn kuài tā yǒu //le qīshí duō gè gùkè. Yī gè yuè hòu，dāng tā nádào zìjǐ zhuàn de qián shí，jué • dé zìjǐ jiǎnzhí shì fēi • shàngle tiān.

Hěn kuài tā yòu yǒule xīn de jī • huì，tā ràng tā de gùkè měitiān bǎ lājīdài fàngzài mén qián，ránhòu yóu tā zǎoshang yùndào lājītǒng • lǐ，měi gè yuè jiā yī měiyuán. Zhīhòu tā hái xiǎngchūle xǔduō háizi zhuànqián de bànfǎ，bìng bǎ tā jíjié chéng shū，shūmíng wéi《Értóng Zhèngqián de Èrbǎi Wǔshí gè Zhǔyi①》. Wèicǐ，Dáruì shí'èr suì shí jiù chéngle chàngxiāoshū zuòjiā，shíwǔ suì yǒule zìjǐ de tánhuà jiémù，shíqī suì jiù yōngyǒule jǐ bǎiwàn měiyuán.

（Xuǎn zì《Pǔtōnghuà Shuǐpíng Cèshì Shíshī Gāngyào 》Zuòpǐn 4 Hào）

作品 5 号——《第一场雪》

这是入冬以来，胶东半岛上第一场雪。

雪纷纷扬扬，下得很大。开始还伴着一阵儿小雨，不久就只见大片大片的雪花，从彤云密布的天空中飘落下来。地面上一会儿就白了。冬天的山村，到了夜里就万籁俱寂，只听得雪花簌簌地不断往下落，树木的枯枝被雪压断了，偶尔咯吱一声响。

大雪整整下了一夜。今天早晨，天放晴了，太阳出来了。推开门一看，嗬！好大的雪啊！山川、河流、树木、房屋，全都罩上了一层厚厚的雪，万里江山，变成了粉妆玉砌的世界。落光了叶子的柳树上挂满了毛茸茸亮晶晶的银条儿；而那些冬夏常青的松树和柏树上，则挂满了蓬松松沉甸甸的雪球儿。一阵风吹来，树枝轻轻地摇晃，美丽的银条儿和雪球儿簌簌地落下来，玉屑似的雪末儿随风飘扬，映着清晨的阳光，显出一道道五光十色的彩虹。

大街上的积雪足有一尺多深，人踩上去，脚底下发出咯吱咯吱的响声。一群群孩子在雪地里堆雪人，掷雪球儿。那欢乐的叫喊声，把树枝上的雪都震落下来了。

俗话说，“瑞雪兆丰年”。这个话有充分的科学根据，并不是一句迷信的成语。寒冬大雪，可以冻死一部分越冬的害虫；融化了的水渗进土层深处，又能供应 // 庄稼生长的需要。我相信这一场十分及时的大雪，一定会促进明年春季作物，尤其是小麦的丰收。有经验的老农把雪比做是“麦子的棉被”。冬天“棉被”盖得越厚，明春麦子就长得越好，所以又有这样一句谚语：“冬天麦盖三层被，来年枕着馒头睡。”

我想，这就是人们为什么把及时的大雪称为“瑞雪”的道理吧。

（选自《普通话水平测试实施纲要》作品 5 号）

ZuòPǐn 5 Hào Dì－yī Cháng Xuě

Zhè shì rùdōng yǐlái，Jiāodōng Bàndǎo • shàng dì－yī cháng xuě.

Xuě fēnfēn－yángyáng，xià de hěn dà. Kāishǐ hái bànzhe yīzhènr xiǎoyǔ，bùjiǔ jiù zhǐ jiàn dàpiàn dàpiàn de xuěhuā，cóng tóngyún-mìbù de tiānkōng zhōng piāoluò

---

① 口语一般读 Zhúyi。

xià • lái. Dìmiàn • shàng yīhuìr jiù bái le. Dōngtiān de shāncūn，dàole yè • lǐ jiù wànlài-jùjì，zhǐ tīng de xuěhuā sùsù de bùduàn wǎngxià luò，shùmù de kūzhī bèi xuě yāduàn le，ǒu’ěr gēzhī yī shēng xiǎng.

Dàxuě zhěngzhěng xiàle yī yè. Jīntiān zǎo • chén，tiān fàngqíng le，tài • yáng chū • lái le. Tuīkāi mén yī kàn，hē！Hǎo dà de xuě a！Shānchuān、héliú、shùmù、fángwū，quán dōu zhào • shàngle yī céng hòuhòu de xuě，wànlǐ jiāngshān，biànchéngle fěnzhuāng-yùqì de shìjiè. Luòguāngle yèzi de liǔshù • shàng guàmǎnle máoróngróng liàngjīngjīng de yíntiáor；ér nàxiē dōng-xià chángqīng de sōngshù hé bǎishù • shàng，zé guàmǎnle péngsōngsōng chéndiàndiàn de xuěqiúr. Yī zhèn fēng chuīlái，shùzhī qīngqīng de yáo • huàng，měilì de yíntiáor hé xuěqiúr sùsù de luò xià • lái，yùxiè shìde xuěmòr suí fēng piāoyáng，yìngzhe qīngchén de yángguāng，xiǎnchū yī dàodào wǔguāng-shísè de cǎihóng.

Dàjiē • shàng de jīxuě zú yǒu yī chǐ duō shēn，rén cǎi shàng • qù，jiǎo dǐ • xià fāchū gēzhī gēzhī de xiǎngshēng. Yī qúnqún háizi zài xuědì • lǐ duī xuěrén，zhì xuěqiúr. Nà huānlè de jiàohǎnshēng，bǎ shùzhī • shàng de xuě dōu zhènluò xià • lái le.

Súhuà shuō，“Ruìxuě zhào fēngnián ”. Zhège huà yǒu chōngfèn de kēxué gēnjù，bìng bù shì yī jù míxìn de chéngyǔ. Hándōng dàxuě，kěyǐ dòngsǐ yī bùfen yuèdōng de hàichóng；rónghuàle de shuǐ shènjìn tǔcéng shēnchù，yòu néng gōngyīng //zhuāngjia shēngzhǎng de xūyào. Wǒ xiāngxìn zhè yī cháng shífēn jíshí de dàxuě，yīdìng huì cùjìn míngnián chūnjì zuòwù，yóuqí shì xiǎomài de fēngshōu. Yǒu jīngyàn de lǎonóng bǎ xuě bǐzuò shì “màizǐ de miánbèi ”. Dōngtiān “miánbèi ”gài de yuè hòu，míngchūn màizi jiù zhǎngde yuè hǎo，suǒyǐ yòu yǒu zhèyàng yī jù yànyǔ ：“Dōngtiān mài gài sān céng bèi，láinián zhěnzhe mántou shuì”.

Wǒ xiǎng，zhè jiùshì rénmen wèishénme bǎ jíshí de dàxuě chēngwéi “ruìxuě”de dào • lǐ ba.

(Xuǎn zì《Pǔtōnghuà Shuǐpíng Cèshì Shíshī Gāngyào 》Zuòpǐn 5 Hào)

作品 6 号——《读书人是幸福人》

我常想读书人是世间幸福人，因为他除了拥有现实的世界之外，还拥有另一个更为浩瀚也更为丰富的世界。现实的世界是人人都有的，而后一个世界却为读书人所独有。由此我想，那些失去或不能阅读的人是多么的不幸，他们的丧失是不可补偿的。世间有诸多的不平等，财富的不平等，权力的不平等，而阅读能力的拥有或丧失却体现为精神的不平等。

一个人的一生，只能经历自己拥有的那一份欣悦，那一份苦难，也许再加上他亲自闻知的那一些关于自身以外的经历和经验。然而，人们通过阅读，却能进入不同时空的诸多他人的世界。这样，具有阅读能力的人，无形间获得了超越有限生命的无限可能性。阅读不仅使他多识了草木虫鱼之名，而且可以上溯远古下及未来，饱览存在的与非存在的奇风异俗。

更为重要的是，读书加惠于人们的不仅是知识的增广，而且还在于精神的感化与陶冶。人们从读书学做人，从那些往哲先贤以及当代才俊的著述中学得他们的人格。人们从《论语》中学得智慧的思考，从《史记》中学得严肃的历史精神，从《正气歌》中学得人格的刚烈，从马克思学得人世 // 的激情，从鲁迅学得批判精神，从托尔斯泰学得道德的执着。歌德的诗句刻写着睿智的人生，拜伦的诗句呼唤着奋斗的热情。一个读书人，一个有机会拥有超乎个人生命体验的幸运人。

（选自《普通话水平测试实施纲要》作品 6 号）

Zuòpǐn 6 Hào Dúshūrén Shì xìngfú Rén

Wǒ cháng xiǎng dúshūrén shì shìjiān xìngfú rén，yīn • wéi tā chúle yōngyǒu xiànshí de shìjiè zhīwài，hái yōngyǒu lìng yī gè gèng wéi hàohàn yě gèng wéi fēngfù de shìjiè. Xiànshí de shìjiè shì rénrén dōu yǒu de，ér hòu yī gè shìjiè què wéi dúshūrén suǒ dúyǒu. Yóu cǐ wǒ xiǎng ，nàxiē shīqù huò bùnéng yuèdú de rén shì duōme de bùxìng，tāmen de sàngshī shì bùkě bǔcháng de. Shìjiān yǒu zhūduō de bù píngděng，cáifù de bù píngděng，quánlì de bù píngděng，ér yuèdú nénglì de yōngyǒu huò sàngshī què tǐxiàn wéi jīngshén de bù píngděng.

Yī gè rén de yīshēng，zhǐnéng jīnglì zìjǐ yōngyǒu de nà yī fèn xīnyuè，nà yī fèn kǔnàn，yěxǔ zài jiā • shàng tā qīnzì wén zhī de nà yīxiē guānyú zìshēn yǐwài de jīnglì hé jīngyàn. Rán’ér，rénmen tōngguò yuèdú，què néng jìnrù bùtóng shíkōng de zhūduō tārén de shìjiè. Zhè yàng，jùyǒu yuèdú nénglì de rén，wúxíng jiān huòdéle chāoyuè yǒuxiàn shēngmìng de wúxiàn kěnéngxìng. Yuèdú bùjǐn shǐ tā duō shíle cǎo-mù-chóng-yú zhī míng，érqiě kěyǐ shàngsù yuǎngǔ xià jí wèilái，bǎo lǎn cúnzài de yǔ fēicúnzài de qífēng-yìsú.

Gèng wéi zhòngyào de shì，dúshū jiāhuì yú rénmen de bùjǐn shì zhīshi de zēngguǎng，érqiě hái zàiyú jīngshén de gǎnhuà yǔ táoyě. Rénmen cóng dúshū xué zuò rén，cóng nàxiē wǎngzhé xiānxián yǐjí dāngdài cáijùn de zhùshù zhōng xuédé tāmen de réngé. Rénmen cóng《Lúnyǔ》zhōng xuédé zhìhuì de sīkǎo，cóng《Shǐjì》zhōng xuédé yánsù de lìshǐ jīngshén，cóng《Zhèngqìgē》zhōng xuédé réngé de gāngliè，cóng Mǎkèsī xuédé rénshì//de jīqíng，cóng Lǔ Xùn xuédé pīpàn jīngshén，cóng Tuō’ěrsītài xuédé dàodé de zhízhuó. Gēdé de shījù kèxiězhe ruìzhì de rénshēng，Bàilún de shījù hūhuànzhe fèndòu de rèqíng. Yīgè dúshūrén，yī gè yǒu jī • huì yōngyǒu chāohū gèrén shēngmìng tǐyàn de xìngyùn rén.

（Xuǎn zì《Pǔtōnghuà Shuǐpíng Cèshì Shíshī Gāngyào 》Zuòpǐn 6 Hào）

作品 7 号——《二十美金的价值》

一天，爸爸下班回到家已经很晚了，他很累也有点儿烦，他发现五岁的儿子靠在门旁正等着他。

“爸，我可以问您一个问题吗？”

“什么问题？”“爸，您一小时可以赚多少钱？”“这与你无关，你为什么问这个问题？”父亲生气地说。

“我只是想知道，请告诉我，您一小时赚多少钱？”小孩儿哀求道。“假如你一定要知道的话，我一小时赚二十美金。”

“哦，”小孩儿低下了头，接着又说，“爸，可以借我十美金吗？”父亲发怒了：“如果你只是要借钱去买毫无意义的玩具的话，给我回到你的房间睡觉去。好好想想为什么你会那么自私。我每天辛苦工作，没时间和你玩儿小孩子的游戏。”

小孩儿默默地回到自己的房间关上门。

父亲坐下来还在生气。后来，他平静下来了。心想他可能对孩子太凶了——或许孩子真的很想买什么东西，再说他平时很少要过钱。

父亲走进孩子的房间：“你睡了吗？”“爸，还没有，我还醒着。”孩子回答。

“我刚才可能对你太凶了，”父亲说，“我不应该发那么大的火儿——这是你要的十美金。”“爸，谢谢您。”孩子高兴地从枕头下拿出一些被弄皱的钞票，慢慢地数着。

“为什么你已经有钱了还要？”父亲不解地问。

“因为原来不够，但现在凑够了。”孩子回答：“爸，我现在有 // 二十美金了，我可以向您买一个小时的时间吗？明天请早一点儿回家——我想和您一起吃晚餐。”

（选自《普通话水平测试实施纲要》作品 7 号）

Zuòpǐn 7 Hào Èrshí Měijīn de Jiàzhí

Yī tiān，bàba xiàbān huídào jiā yǐ • jīng hěn wǎn le，tā hěn lèi yě yǒu diǎnr fán，tā fāxiàn wǔ suì de érzi kào zài mén páng zhèng děngzhe tā.

“Bà，wǒ kěyǐ wèn nín yī gè wèntí ma?”

“Shénme wèntí?”“Bà，nín yī xiǎoshí kěyǐ zhuàn duō • shǎo qián?”“Zhè yǔ nǐ wúguān，nǐ wèishénme wèn zhège wèntí?”Fù • qīn shēngqì de shuō.

“Wǒ zhǐshì xiǎng zhī • dào，qǐng gàosù wǒ，nín yī xiǎoshí zhuàn duō • shǎo qián?”Xiǎoháir āiqiú dào.“Jiǎrú nǐ yīdìng yào zhī • dào de huà，wǒ yī xiǎoshí zhuàn èrshí měijīn.”

“Ò,”Xiǎoháir dīxiàle tóu，jiēzhe yòu shuō，“Bà，kěyǐ jiè wǒ shí měijīn ma?”Fù • qīn fānù le：“Rúguǒ nǐ zhǐshì yào jiè qián qù mǎi háowú yìyì de wánjù de huà，gěi wǒ huídào nǐ de fángjiān shuìjiào • qù. Hǎohǎo xiǎngxiang wèishénme nǐ huì nàme zìsī. Wǒ měitiān xīnkǔ gōngzuò，méi shíjiān hé nǐ wánr xiǎoháizi de yóuxì.”

Xiǎoháir mòmò de huídào zìjǐ de fángjiān guān • shàng mén.

Fù · qīn zuò xià · lái hái zài shēngqì. Hòulái，tā píngjìng xià · lái le. Xīnxiǎng tā kěnéng duì háizi tài xiōng le——huòxǔ háizi zhēnde hěn xiǎng mǎi shénme dōngxi，zài shuō tā píngshí hěn shǎo yàoguo qián.

Fù · qīn zǒujìn háizi de fángjiān：“Nǐ shuìle ma?”“Bà，hái méi · yǒu，wǒ hái xǐngzhe.”Háizi huídá.

“Wǒ gāngcái kěnéng duì nǐ tài xiōng le,”Fù · qīn shuō，“Wǒ bù yīnggāi fā nàme dà de huǒr——zhè shì nǐ yào de shí měijīn.”“Bà，xièxie nín.”Háizi gāoxìng de cóng zhěntou · xià náchū yīxiē bèi nòngzhòu de chāopiào，mànmàn de shǔ zhe.

“Wèishénme nǐ yǐ · jīng yǒu qián le hái yào?”Fù · qīn bùjiě de wèn.

“Yīn · wèi yuánlái bùgòu，dàn xiànzài còugòu le.”Háizi huí dá：“Bà，wǒ xiànzài yǒu //èrshí měijīn le，wǒ kěyǐ xiàng nín mǎi yī gè xiǎoshí de shíjiān ma? Míngtiān qǐng zǎo yīdiǎnr huíjiā——wǒ xiǎng hé nín yīqǐ chī wǎncān.”

（Xuǎn zì《Pǔtōnghuà Shuǐpíng Cèshì Shíshī Gāngyào》Zuòpǐn 7 Hào）

作品 8 号——《繁星》

我爱月夜，但我也爱星天。从前在家乡七八月的夜晚在庭院里纳凉的时候，我最爱看天上密密麻麻的繁星。望着星天，我就会忘记一切，仿佛回到了母亲的怀里似的。

三年前在南京我住的地方有一道后门，每晚我打开后门，便看见一个静寂的夜。下面是一片菜园，上面是星群密布的蓝天。星光在我们的肉眼里虽然微小，然而它使我们觉得光明无处不在。那时候我正在读一些天文学的书，也认得一些星星，好像它们就是我的朋友，它们常常在和我谈话一样。

如今在海上，每晚和繁星相对，我把它们认得很熟了。我躺在舱面上，仰望天空。深蓝色的天空里悬着无数半明半昧的星。船在动，星也在动，它们是这样低，真是摇摇欲坠呢！渐渐地我的眼睛模糊了，我好像看见无数萤火虫在我的周围飞舞。海上的夜是柔和的，是静寂的，是梦幻的。我望着许多认识的星，我仿佛看见它们在对我眨眼，我仿佛听见它们在小声说话。这时我忘记了一切。在星的怀抱中我微笑着，我沉睡着。我觉得自己是一个小孩子，现在睡在母亲的怀里了。

有一夜，那个在哥伦波上船的英国人指给我看天上的巨人。他用手指着：// 那四颗明亮的星是头，下面的几颗是身子，这几颗是手，那几颗是腿和脚，还有三颗星算是腰带。经他这一番指点，我果然看清楚了那个天上的巨人。看，那个巨人还在跑呢！

（选自《普通话水平测试实施纲要》作品 8 号）

Zuòpǐn 8 Hào Fánxīng

Wǒ ài yuèyè，dàn wǒ yě ài xīngtiān. Cóngqián zài jiāxiāng qī-bāyuè de yèwǎn zài tíngyuàn · lǐ nàliáng de shíhou，wǒ zuì ài kàn tiān · shàng mìmì-mámá de fánxīng. Wàngzhe xīngtiān，Wǒ jiù huì wàngjì yīqiē，fǎngfú huídàole mǔ · qīn de huái · lǐ shìde.

Sān nián qián zài Nánjīng wǒ zhù de dìfāng yǒu yī dào hòumén，měi wǎn wǒ dǎkāi hòumén，biàn kàn • jiàn yī gè jìngjì de yè. Xià • miàn shì yī piàn càiyuán，shàng • miàn shì xīngqún mìbù de lántiān. Xīngguāng zài wǒmen de ròuyǎn • lǐ suīrán wēixiǎo，rán'ér tā shǐ wǒmen jué • dé guāngmíng wúchù-bù zài. Nà shíhou wǒ zhèngzài dú yīxiē tiānwénxué de shū，yě rènde yīxiē xīngxing，hǎoxiàng tāmen jiùshì wǒ de péngyou，tāmen chángcháng zài hé wǒ tánhuà yīyàng.

Rújīn zài hǎi • shàng，měi wǎn hé fánxīng xiāngduì，wǒ bǎ tāmen rènde hěn shú le. Wǒ tǎng zài cāngmiàn • shàng，yǎngwàng tiānkōng. Shēnlánsè de tiānkōng • lǐ xuánzhe wúshù bànmíng-bànmèi de xīng. Chuán zài dòng，xīng yě zài dòng，tāmen shì zhèyàng dī，zhēn shì yáoyáo-yù zhuì ne! Jiànjiàn de wǒ de yǎnjīng móhu le，wǒ hǎoxiàng kàn • jiàn wúshù yínghuǒchóng zài wǒ de zhōuwéi fēiwǔ. Hǎi • shàng de yè shì róuhé de，shì jìngjì de，shì mènghuàn de. Wǒ wàngzhe xǔduō rènshí de xīng，wǒ fǎngfú kàn • jiàn tāmen zài duì wǒ zhǎyǎn，wǒ fǎngfú tīng • jiàn tāmen zài xiǎoshēng shuōhuà. Zhèshí wǒ wàngjìle yīqiè. Zài xīng de huáibào zhōng wǒ wēixiàozhe，wǒ chénshuìzhe. Wǒ jué • dé zìjǐ shì yī gè xiǎoháizi，xiànzài shuì zài mǔ • qīn de huái • lǐ le.

Yǒu yī yè，nàge zài Gēlúnbō shàng chuán de Yīngguórén zhǐ gěi wǒ kàn • tiān shàng de jùrén. Tā yòng shǒu zhǐzhe：//Nà sì kē míngliàng de xīng shì tóu，xià • miàn de jǐ kē shì shēnzi，zhè jǐ kē shì shǒu，nà jǐ kē shì tuǐ hé jiǎo，háiyǒu sān kē xīng suàn shì yāodài. Jīng tā zhè yīfān zhǐdiǎn，wǒ guǒrán kàn qīngchule nàge tiān • shàng de jùrén. Kàn，nàge jùrén hái zài pǎo ne!

(Xuǎn zì《Pǔtōnghuà Shuǐpíng Cèshì Shíshī Gāngyào》Zuòpǐn 8 Hào)

作品 9 号——《风筝畅想曲》

假日到河滩上转转，看见许多孩子在放风筝。一根根长长的引线，一头系在天上，一头系在地上，孩子同风筝都在天与地之间悠荡，连心也被悠荡得恍恍惚惚了，好像又回到了童年。

儿时放的风筝，大多是自己的长辈或家人编扎的，几根削得很薄的篾，用细纱线扎成各种鸟兽的造型，糊上雪白的纸片，再用彩笔勾勒出面孔与翅膀的图案。通常扎得最多的是“老雕”“美人儿”“花蝴蝶”等。

我们家前院就有位叔叔，擅扎风筝，远近闻名。他扎得风筝不只体型好看，色彩艳丽，放飞得高远，还在风筝上绷一叶用蒲苇削成的膜片，经风一吹，发出“嗡嗡”的声响，仿佛是风筝的歌唱，在蓝天下播扬，给开阔的天地增添了无尽的韵味，给驰荡的童心带来几分疯狂。

我们那条胡同的左邻右舍的孩子们放的风筝几乎都是叔叔编扎的。他的风筝不卖钱，谁上门去要，就给谁，他乐意自己贴钱买材料。

后来，这位叔叔去了海外，放风筝也渐与孩子们远离了。不过年年叔叔给家乡写信，总不忘提起儿时的放风筝。香港回归之后，他的家信中说到，他这只被故乡放飞到海外的风筝，尽管飘荡游弋，经沐风雨，可那线头儿一直在故乡和//亲人手中牵着，如今飘得太累了，也该要回归到家乡和亲人身边来了。

是的。我想，不光是叔叔，我们每个人都是风筝，在妈妈手中牵着，从小放到大，再从家乡放到祖国最需要的地方去啊！

（选自《普遍话水平测试实施纲要》作品 9 号）

Zuòpǐn 9 Hào Fēngzheng Chàngxiǎngqǔ

Jiàrì dào hétān • shàng zhuànzhuan，kàn • jiàn xǔduō háizi zài fàng fēngzheng. Yīgēngēn chángcháng de yǐnxiàn，yītóur jì zài tiān • shàng，yī tóur jì zài dì • shàng，háizi tóng fēngzheng dōu zài tiān yǔ dì zhījiān yōudàng，lián xīn yě bèi yōudàng de huǎnghuǎng-hūhū le，hǎoxiàng yòu huídào le tóngnián.

Érshí de fàng fēngzheng，dàduō shì zìjǐ de zhǎngbèi huò jiārén biānzā de，jǐ gēn xiāo de hěn báo de miè，yòng xì shāxiàn zāchéng gè zhǒng niǎo shòu de zàoxíng，hú • shàng xuěbái de zhǐpiàn，zài yòng cǎibǐ gōulè chū miànkǒng yǔ chìbǎng de tú’àn. Tōngcháng zā de zuì duō de shì “lǎodiāo”“měirénr”“huā húdié”děng.

Wǒmen jiā qiányuàn jiù yǒu wèi shūshu，shàn zā fēngzheng，yuǎn-jìn wénmíng. Tā zā de fēngzheng bùzhǐ tǐxíng hǎokàn，sècǎi yànlì，fàngfēi de gāo yuǎn，hái zài fēngzheng • shàng bēng yī yè yòng púwěi xiāochéng de mópiàn，jīng fēng yī chuī，fāchū “wēngwēng”de shēngxiǎng，fǎngfú shì fēngzheng de gēchàng，zài lántiān • xià bō yáng，gěi kāikuò de tiāndì zēngtiānle wújìn de yùnwèi，gěi chídàng de tóngxīn dàilái jǐ fēn fēngkuáng.

Wǒmen nà tiáo hútòngr de zuǒlín-yòushè de háizimen fàng de fēngzheng jīhū dōu shì shūshu biānzā de. Tā de fēngzheng bù mài qián，shéi shàngmén qù yào，jiù gěi shéi，tā lèyì zìjǐ tiē qián mǎi cáiliào.

Hòulái，zhèwèi shūshu qùle hǎiwài，fàng fēngzheng yě jiàn yǔ háizimen yuǎnlí le. Bùguò niánnián shūshu gěi jiāxiāng xiěxìn，zǒng bù wàng tíqǐ érshí de fàng fēngzheng. Xiānggǎng huíguī zhīhòu，tā zài jiāxìn zhōng shuōdào，tā zhè zhī bèi gùxiāng fàngfēi dào hǎiwài de fēngzheng，jǐnguǎn piāodàng yóuyì，jīng mù fēngyǔ，kě nà xiàntóur yīzhí zài gùxiāng hé//qīnrén shǒu zhōng qiānzhe，rújīn piāo de tài lèi le，yě gāi yào huíguī dào jiāxiāng hé qīnrén shēnbiān lái le.

Shìde. Wǒ xiǎng，bùguāng shì shūshu，wǒmen měi gè rén dōu shì fēngzheng，zài māma shǒu zhōng qiānzhe，cóngxiǎo fàngdào dà，zài cóng jiāxiāng fàngdào zǔguó zuì xūyào de dìfang qù a!

（Xuǎn zì《Pǔtōnghuà Shuǐpíng Cèshì Shíshī Gāngyào》Zuòpǐn 9 Hào）

作品 10 号——《父亲的爱》

爸不懂得怎样表达爱，使我们一家人融洽相处的是我妈。他只是每天上班下班，而妈则把我们做过的错事开列清单，然后由他来责骂我们。

有一次我偷了一块糖果，他要我把它送回去，告诉卖糖的说是我偷来的，说我愿意替他拆箱卸货作为赔偿。但妈妈却明白我只是个孩子。

我在运动场打秋千跌断了腿，在前往医院的途中一直抱着我的，是我妈。爸把汽车停在急诊室门口，他们叫他驶开，说那空位是留给紧急车辆停放的。爸听了便叫嚷道："你以为这是什么车？旅游车？"

在我生日会上，爸总是显得有些不大相称。他只是忙于吹气球，布置餐桌，做杂务。把插着蜡烛的蛋糕推过来让我吹的，是我妈。

我翻阅照相册时，人们总是问："你爸爸是什么样子的？"天晓得！他老是忙着替别人拍照。妈和我笑容可掬地一起拍的照片，多得不可胜数。

我记得妈有一次叫他教我骑自行车。我叫他别放手，但他却说是应该放手的时候了。我摔倒之后，妈跑过来扶我，爸却挥手要她走开。我当时生气极了，决心要给他点儿颜色看。于是我马上爬上自行车，而且自己骑给他看。他只是微笑。

我念大学时，所有的家信都是妈写的。他 // 除了寄支票外，还寄过一封短柬给我，说因为我不在草坪上踢足球了，所以他的草坪长得很美。

每次我打电话回家，他似乎都想跟我说话，但结果总是说："我叫你妈来接。"

我结婚时，掉眼泪的是我妈。他只是大声擤了一下鼻子，便走出房间。

我从小到大都听他说："你到哪里去？什么时候回家？汽车有没有汽油？不，不准去。"爸完全不知道怎样表达爱。除非……

会不会是他已经表达了，而我却未能察觉？

（选自《普通话水平测试实施纲要》作品 10 号）

Zuòpǐn 10 Hào Fùqīn de Ài

Bà bù dǒng · dé zěnyàng biǎodá ài，shǐ wǒmen yī jiā rén róngqià xiāngchǔ de shì wǒ mā. Tā zhǐshì měi tiān shàngbān xiàbān，ér mā zé bǎ wǒmen zuòguò de cuòshì kāiliè qīngdān，ránhòu yóu tā lái zémà wǒmen.

Yǒu yī cì wǒ tōule yī kuài tángguǒ，tā yào wǒ bǎ tā sòng huí · qù，gàosù mài táng de shuō shì wǒ tōu · lái de，shuō wǒ yuàn · yì tì tā chāi xiāng xiè huò zuòwéi péi cháng. Dàn māma què míngbai wǒ zhǐshì gè háizi.

Wǒ zài yùndòngchǎng dǎ qiūqiān diēduànle tuǐ，zài qiánwǎng yīyuàn de túzhōng yīzhí bàozhe wǒ de，shì wǒ mā. Bà bǎ qìchē tíng zài jízhěnshì ménkǒu，tāmen jiào tā shǐkāi，shuō nà kōngwèi shì liúgěi jǐnjí chēliàng tíngfàng de. Bà tīngle biàn jiàorǎng dào："Nǐ yǐwéi zhè shì shénme chē? Lǚyóuchē?"

Zài wǒ shēngrì huì · shàng，bà zǒngshì xiǎn · dé yǒuxiē bùdà xiāngchèn. Tā zhǐshì máng yú chuī qìqiú，bùzhì cānzhuō，zuò záwù. Bǎ chāzhe làzhú de dàngāo tuī guò • lái ràng wǒ chuī de，shì wǒ mā.

Wǒ fānyuè zhàoxiàngcè shí，rénmen zǒngshì wèn：“Nǐ bàba shì shénme yàngzi de?”Tiān xiǎo • dé! Tā lǎoshì mángzhe tì bié • rén pāi zhào. Mā hé wǒ xiàoróng-kějū de yīqǐ pāi de zhàopiàn，duō de bùkě-shèngshù.

Wǒ jì • dé mā yǒu yī cì jiào tā jiāo wǒ qí zìxíngchē. Wǒ jiào tā bié fàngshǒu，dàn tā què shuō shì yīnggāi fàngshǒu de shíhou le. Wǒ shuāidǎo zhīhòu，mā pǎo guò • lái fú wǒ，bà què huīshǒu yào tā zǒukāi. Wǒ dàngshí shēngqì jí le，juéxīn yào gěi tā diǎnr yánsè kàn. Yúshì wǒ mǎshàng pá • shàng zìxíngchē，érqiě zìjǐ qí gěi tā kàn. Tā zhǐshì wēixiào.

Wǒ niàn dàxué shí，suǒyǒu de jiāxìn dōu shì mā xiě de. Tā //chúle jì zhīpiào wài，hái jìguò yī fēng duǎn jiǎn gěi wǒ，shuō yīn • wèi wǒ bù zài cǎopíng • shàng tī zúqiú le，suǒyǐ tā de cǎopíng zhǎng de hěn měi.

Měi cì wǒ dǎ diànhuà huíjiā，tā sìhū dōu xiǎng gēn wǒ shuōhuà，dàn jiéguǒ zǒngshì shuō：“Wǒ jiào nǐ mā lái jiē.”

Wǒ jiéhūn shí，diào yǎnlèi de shì wǒ mā. Tā zhǐshì dàshēng xǐngle yīxià bízi，biàn zǒuchū fángjiān.

Wǒ cóng xiǎo dào dà dōu tīng tā shuō：“Nǐ dào nǎ • lǐ qù? Shénme shíhou huíjiā? Qìchē yǒu méi • yǒu qìyóu? Bù，bù zhǔn qù.”Bà wánquán bù zhī • dào zěnyàng biǎodá ài. Chú fēi……

Huì bù huì shì tā yǐ • jīng biǎodá le，ér wǒ què wèi néng chájué?

(Xuǎn zì《Pǔtōnghuà Shuǐpíng Cèshì Shíshī Gāngyào》Zuòpǐn 10 Hào)

作品 11 号——《国家荣誉感》

一个大问题一直盘踞在我脑袋里：

世界杯怎么会有如此巨大的吸引力？除去足球本身的魅力之外，还有什么超乎其上而更伟大的东西？

近来观看世界杯，忽然从中得到了答案：是由于一种无上崇高的精神情感——国家荣誉感！

地球上的人都会有国家的概念，但未必时时都有国家的感情。往往人到异国，思念家乡，心怀故国，这国家概念就变得有血有肉，爱国之情来得非常具体。而现代社会，科技昌达，信息快捷，事事上网，世界真是太小太小，国家的界限似乎也不那么清晰了。再说足球正在快速世界化，平日里各国球员频繁转会，往来随意，致使越来越多的国家联赛都具有国际的因素。球员们不论国籍，只效力于自己的俱乐部，他们比赛时的激情中完全没有爱国主义的因子。

然而，到了世界杯大赛，天下大变。各国球员都回国效力，穿上与光荣的国旗同样色彩的服装，在每一场比赛前，还高唱国歌以宣誓对自己祖国的挚爱与忠诚。一种血缘情感开始在全身的血管里燃烧起来，而且立刻热血沸腾。

在历史时代，国家间经常发生对抗，好男儿戎装卫国。国家的荣誉往往需要以自己的生命去 // 换取。但在和平时代，唯有这种国家之间大规模对抗性的大赛，才可以唤起那种遥远而神圣的情感，那就是：为祖国而战！

（选自《普通话水平测试实施纲要》作品 11 号）

Zuòpǐn 11 Hào Guójiā Róngyùgǎn

Yī gè dà wèntí yīzhí pánjù zài wǒ nǎodai • lǐ：

Shìjièbēi zěnme huì yǒu rúcǐ jùdà de xīyǐnlì？Chúqù zúqiú běnshēn de mèilì zhīwài，hái yǒu shénme chāohūqíshàng ér gèng wěidà de dōngxi？

Jìnlái guānkàn shìjièbēi，hūrán cóngzhōng dédàole dá'àn：Shì yóuyú yī zhǒng wúshàng chónggāo de jīngshén qínggǎn——guójiā róngyùgǎn！

Dìqiú • shàng de rén dōu huì yǒu guójiā de gàiniàn，dàn wèibì shíshí dōu yǒu guójiā de gǎnqíng. Wǎngwǎng rén dào yìguó，sīniàn jiāxiāng，xīn huái gùguó，zhè guójiā gàiniàn jiù biànde yǒu xiě yǒu ròu，àiguó zhī qíng lái de fēicháng jùtǐ. Ér xiàndài shèhuì，kējì chāngdá，xìnxī kuàijié，shìshì shàngwǎng，shìjiè zhēn shì tài xiǎo tài xiǎo，guójiā de jièxiàn sìhū yě bù nàme qīngxī le. Zàishuō zúqiú zhèngzài kuàisù shìjièhuà，píngrì • lǐ gè guó qiúyuán pínfán zhuǎn huì，wǎnglái suíyì，zhìshǐ yuèláiyuèduō de guójiā liánsài dōu jùyǒu guójì de yīnsù. Qiúyuánmen bùlùn guójí，zhǐ xiàolì yú zìjǐ de jùlèbù，tāmen bǐsài shí de jīqíng zhōng wánquán méi • yǒu àiguózhǔyì de yīnzǐ.

Rán'ér，dàole shìjièbēi dàsài，tiānxià dàbiàn. Gè guó qiúyuán dōu huíguó xiàolì，chuān • shàng yǔ guāngróng de guóqí tóngyàng sècǎi de fúzhuāng. Zài měi yī chǎng bǐsài qián，hái gāochàng guógē yǐ xuānshì duì zìjǐ zǔguó de zhì'ài yǔ zhōngchéng. Yī zhǒng xuèyuán qínggǎn kāishǐ zài quánshēn de xuèguǎn • lǐ ránshāo qǐ • lái，érqiě lìkè rèxuè fèiténg.

Zài lìshǐ shídài，guójiā jiān jīngcháng fāshēng duìkàng，hǎo nán'ér róngzhuāng wèiguó. Guójiā de róngyù wǎngwǎng xūyào yǐ zìjǐ de shēngmìng qù //huàn qǔ. Dàn zài hépíng shídài，wéiyǒu zhè zhǒng guójiā zhījiān dàguīmó duìkàngxìng de dàsài，cái kěyǐ huànqǐ nà zhǒng yáoyuǎn ér shénshèng de qínggǎn，nà jiùshì：Wéi zǔguó ér zhàn！

（Xuǎn zì《Pǔtōnghuà Shuǐpíng Cèshì Shíshī Gāngyào》Zuòpǐn 11 Hào）

作品 12 号——《海滨仲夏夜》

夕阳落山不久，西方的天空，还燃烧着一片橘红色的晚霞。大海，也被这霞光染成了红色，而且比天空的景色更要壮观。因为它是活动的，每当一排排波浪涌起的时候，那映照在浪峰上的霞光，又红又亮，简直就像一片片霍霍燃烧着的火焰，闪烁着，消失了。而后面的一排，又闪烁着，滚动着，涌了过来。

天空的霞光渐渐地淡下去了，深红的颜色变成了绯红，绯红又变为浅红。最后，当这一切红光都消失了的时候，那突然显得高而远了的天空，则呈现出一片肃穆的神色。最早出现的启明星，在这蓝色的天幕上闪烁起来了。它是那么大，那么亮，整个广漠的天幕上只有它在那里放射着令人注目的光辉，活像一盏悬挂在高空的明灯。

夜色加浓，苍空中的“明灯”越来越多了。而城市各处的真的灯火也次第亮了起来，尤其是围绕在海港周围山坡上的那一片灯光，从半空倒映在乌蓝的海面上，随着波浪，晃动着，闪烁着，像一串流动着的珍珠，和那一片片密布在苍穹里的星斗互相辉映，煞是好看。

在这幽美的夜色中，我踏着软绵绵的沙滩，沿着海边，慢慢地向前走去。海水，轻轻地抚摸着细软的沙滩，发出温柔的//刷刷声。晚来的海风，清新而又凉爽。我的心里，有着说不出的兴奋和愉快。

夜风轻飘飘地吹拂着，空气中飘荡着一种大海和田禾相混合的香味儿，柔软的沙滩上还残留着白天太阳炙晒的余温。那些在各个工作岗位上劳动了一天的人们，三三两两地来到这软绵绵的沙滩上，他们浴着凉爽的海风，望着那缀满了星星的夜空，尽情地说笑，尽情地休憩。

（选自《普通话水平测试实施纲要》作品 12 号）

Zuòpǐn 12 Hào Hǎibīn Zhòngxià Yè

Xīyáng luòshān bùjiǔ，xīfāng de tiānkōng，hái ránshāozhe yī piàn júhóngsè de wǎnxiá. Dàhǎi，yě bèi zhè xiáguāng rǎnchéngle hóngsè，érqiě bǐ tiānkōng de jǐngsè gèng yào zhuàngguān. Yīn • wèi tā shì huó • dòng de，měidāng yīpáipái bōlàng yǒngqǐ de shíhou，nà yìngzhào zài làngfēng • shàng de xiáguāng，yòu hóng yòu liàng，jiǎnzhí jiù xiàng yīpiànpiàn huòhuò ránshāozhe de huǒyàn，shǎnshuò zhe，xiāoshī le. Ér hòu • miàn de yī pái，yòu shǎnshuòzhe，gǔndòngzhe，yǒngle guò • lái.

Tiānkōng de xiáguāng jiànjiàn de dàn xià • qù le，shēnhóng de yánsè biànchéngle fēihóng，fēihóng yòu biànwéi qiǎnhóng. Zuìhòu，dāng zhè yīqiè hóngguāng dōu xiāoshīle de shíhou，nà tūrán xiǎn • dé gāo ér yuǎn le de tiānkōng，zé chéngxiàn chū yī piàn sùmù de shénsè. Zuì zǎo chūxiàn de qǐmíngxīng，zài zhè lánsè de tiānmù • shàng shǎnshuò qǐ • lái le. Tā shì nàme dà，nàme liàng，zhěnggè guǎngmò de tiānmù • shàng zhǐyǒu tā zài nà • lǐ fàngshèzhe lìng rén zhùmù de guānghuī，huóxiàng yī zhǎn xuánguà zài gāokōng de míngdēng.

Yèsè jiā nóng，cāngkōng zhōng de “míngdēng” yuèláiyuè duō le. Ér chéngshì gè chù de zhēn de dēnghuǒ yě cìdì liàngle qǐ • lái，yóuqí shì wéirào zài hǎigǎng zhōuwéi shānpō • shàng de nà yī piàn dēngguāng，cóng bànkōng dàoyìng zài wūlán de hǎimiàn •

shàng，suízhe bōlàng，huàngdòngzhe，shǎnshuòzhe，xiàng yī chuàn liúdòngzhe de zhēnzhū，hé nà yīpiànpiàn mìbù zài cāngqióng • lǐ de xīngdǒu hùxiāng huīyìng，shà shì hǎokàn.

Zài zhè yōuměi de yèsè zhōng，wǒ tàzhe ruǎnmiánmián de shātān，yánzhe hǎibiān，mànmàn de xiàngqián zǒu • qù. Hǎishuǐ，qīngqīng de fǔmōzhe xìruǎn de shātān，fāchū wēnróu de//shuāshuā shēng. Wǎnlái de hǎifēng，qīngxīn ér yòu liángshuǎng. Wǒ de xīn • lǐ，yǒuzhe shuō • bùchū de xīngfèn hé yúkuài.

Yèfēng qīngpiāopiāo de chuīfúzhe，kōngqì zhōng piāodàngzhe yī zhǒng dàhǎi hé tiánhé xiāng hùnhé de xiāngwèir ，róuruǎn de shātān • shàng hái cánliúzhe bái • tiān tài • yáng zhìshài de yúwēn. Nàxiē zài gè gè gōngzuò gǎngwèi • shàng láodòngle yī tiān de rénmen，sānsān-liǎngliǎng de láidào zhè ruǎnmiánmián de shātān • shàng，tāmen yùzhe liángshuǎng de hǎifēng，wàngzhe nà zhuìmǎnle xīngxing de yèkōng，jìnqíng de shuōxiào，jìnqíng de xiūqì.

(Xuǎn zì《Pǔtōnghuà Shuǐpíng Cèshì Shíshī Gāngyào 》Zuòpǐn 12 Hào)

作品 13 号——《海洋与生命》

生命在海洋里诞生绝不是偶然的，海洋的物理和化学性质，使它成为孕育原始生命的摇篮。

我们知道，水是生物的重要组成部分，许多动物组织的含水量在百分之八十以上，而一些海洋生物的含水量高达百分之九十五。水是新陈代谢的重要媒介，没有它，体内的一系列生理和生物化学反应就无法进行，生命也就停止。因此，在短时期内动物缺水要比缺少食物更加危险。水对今天的生命是如此重要，它对脆弱的原始生命，更是举足轻重了。生命在海洋里诞生，就不会有缺水之忧。

水是一种良好的溶剂。海洋中含有许多生命所必需的无机盐，如氯化钠、氯化钾、碳酸盐、磷酸盐，还有溶解氧，原始生命可以毫不费力地从中吸取它所需要的元素。

水具有很高的热容量，加之海洋浩大，任凭夏季烈日曝晒，冬季寒风扫荡，它的温度变化却比较小。因此，巨大的海洋就像是天然的“温箱”，是孕育原始生命的温床。

阳光虽然为生命所必需，但是阳光中的紫外线却有扼杀原始生命的危险。水能有效地吸收紫外线，因而又为原始生命提供了天然的“屏障”。

这一切都是原始生命得以产生和发展的必要条件。//

(选自《普通话水平测试实施纲要》作品 13 号)

Zuòpǐn 13 Hào Hǎiyáng yǔ Shēngmìng

Shēngmìng zài hǎiyáng • lǐ dànshēng jué bù shì ǒurán de，hǎiyáng de wùlǐ hé huàxué xìngzhì，shǐ tā chéngwéi yùnyù yuánshǐ shēngmìng de yáolán.

Wǒmen zhī • dào，shuǐ shì shēngwù de zhòngyào zǔchéng bùfen，xǔduō dòngwù zǔzhī de hánshuǐliàng zài bǎi fēn zhī bāshí yǐshàng，ér yīxiē hǎiyáng shēngwù de hánshuǐliàng gāodá bǎi fēn zhī jiǔshíwǔ. Shuǐ shì xīnchén-dàixiè de zhòngyào méijiè, méi • yǒu tā, tǐnèi de yīxìliè shēnglǐ hé shēngwù huàxué fǎnyìng jiù wúfǎ jìnxíng, shēngmìng yě jiù tíngzhǐ. Yīncǐ, zài duǎn shíqī nèi dòngwù quē shuǐ yào bǐ quēshǎo shíwù gèngjiā wēixiǎn. Shuǐ duì jīntiān de shēngmìng shì rúcǐ zhòngyào, tā duì cuìruò de yuánshǐ shēngmìng, gèng shì jǔzú-qīngzhòng le. Shēngmìng zài hǎiyáng • lǐ dànshēng, jiù bù huì yǒu quē shuǐ zhī yōu.

Shuǐ shì yī zhǒng liánghǎo de róngjì. Hǎiyáng zhōng hányǒu xǔduō shēngmìng suǒ bìxū de wújīyán, rú lǜhuànà、lǜhuàjiǎ、tànsuānyán、línsuānyán, háiyǒu róngjiěyǎng, yuánshǐ shēngmìng kěyǐ háobù fèilì de cóngzhōng xīqǔ tā suǒ xūyào de yuánsù.

Shuǐ jùyǒu hěn gāo de rè róngliàng, jiāzhī hǎiyáng hàodà, rènpíng xiàjì lièrì pùshài, dōngjì hánfēng sǎodàng, tā de wēndù biànhuà què bǐjiào xiǎo. Yīncǐ, jùdà de hǎiyáng jiù xiàng shì tiānrán de "wēn xiāng", shì yùnyù yuánshǐ shēngmìng de wēnchuáng.

Yángguāng suīrán wéi shēngmìng suǒ bìxū, dànshì yángguāng zhōng de zǐwàixiàn què yǒu èshā yuánshǐ shēngmìng de wēixiǎn. Shuǐ néng yǒuxiào xīshōu zǐwàixiàn, yīn'ér yòu wèi yuánshǐ shēngmìng tígōngle tiānrán de "píngzhàng".

Zhè yīqiē dōu shì yuánshǐ shēngmìng déyǐ chǎnshēng hé fāzhǎn de bìyào tiáojiàn. //

(Xuǎn zì《Pǔtōnghuà Shuǐpíng Cèshì Shíshī Gāngyào》Zuòpǐn 13 Hào)

作品 14 号——《和时间赛跑》

读小学的时候，我的外祖母去世了。外祖母生前最疼爱我，我无法排除自己的忧伤，每天在学校的操场上一圈儿又一圈儿地跑着，跑得累倒在地上，扑在草坪上痛哭。

那哀痛的日子，断断续续地持续了很久，爸爸妈妈也不知道如何安慰我。他们知道与其骗我说外祖母睡着了，还不如对我说实话：外祖母永远不会回来了。

“什么是永远不会回来呢?”我问着。

“所有时间里的事物，都永远不会回来。你的昨天过去，它就永远变成昨天，你不能再回到昨天。爸爸以前也和你一样小，现在也不能回到你这么小的童年了；有一天你会长大，你会像外祖母一样老；有一天你度过了你的时间，就永远不会回来了。”爸爸说。

爸爸等于给我一个谜语，这谜语比课本上的“日历挂在墙壁，一天撕去一页，使我心里着急”和“一寸光阴一寸金，寸金难买寸光阴”还让我感到可怕；也比作文本上的“光阴似箭，日月如梭”更让我觉得有一种说不出的滋味。

时间过得那么飞快，使我的小心眼儿里不只是着急，还有悲伤。有一天我放学回家，看到太阳快落山了，就下决心说：“我要比太阳更快地回家。”我狂奔回去，站在庭院前喘气的时候，看到太阳//还露着半边脸，我高兴地跳跃起来，那一天我跑赢了太阳。以后我就时常做那样的游戏，有时和太阳赛跑，有时和西北风比快，有时一个暑假才能做完的作业，我十天就做完了；那时我三年级，常常把哥哥五年级的作业拿来做。每一次比赛胜过时间，我就快乐得不知道怎么形容。

如果将来我有什么要教给我的孩子，我会告诉他：假若你一直和时间比赛，你就可以成功！

（选自《普通话水平测试实施纲要》作品 14 号）

Zuòpǐn 14 Hào Hé Shíjiān Sàipǎo

Dú xiǎoxué de shíhou，wǒ de wàizǔmǔ qùshì le. Wàizǔmǔ shēngqián zuì téng'ài wǒ，wǒ wúfǎ páichú zìjǐ de yōushāng，měi tiān zài xuéxiào de cāochǎng • shàng yīquānr yòu yī quānr de pǎozhe，pǎo de lèidǎo zài dì • shàng，pūzài cǎopíng • shàng tòngkū.

Nà āitòng de rìzǐ，duànduàn-xùxù de chíxùle hěn jiǔ，bàba māma yě bù zhī • dào rúhé ānwèi wǒ. Tāmen zhī • dào yǔqí piàn wǒ shuō wàizǔmǔ shuìzháole，hái bùrú duì wǒ shuō shíhuà：Wàizǔmǔ yǒngyuǎn bù huì huí • lái le.

“Shénme shì yǒngyuǎn bù huì huí • lái ne?”wǒ wènzhe.

“Suǒyǒu shíjiān • lǐ de shìwù，dōu yǒngyuǎn bù huì huí • lái. Nǐ de zuótiān guò • qù，tā jiù yǒngyuǎn biàn chéng zuótiān，nǐ bùnéng zài huídào zuótiān. Bàba yǐqián yě hé nǐ yīyàng xiǎo，xiànzài yě bùnéng huídào nǐ zhème xiǎo de tóngnián le；yǒu yī tiān nǐ huì zhǎngdà，nǐ huì xiàng wàizǔmǔ yīyàng lǎo；yǒu yī tiān nǐ dùguòle nǐ de shíjiān，jiù yǒngyuǎn bù huì huí • lái le. ”Bàba shuō.

Bàba děngyú gěi wǒ yī gè míyǔ，zhè míyǔ bǐ kèběn • shàng de “Rìlì guà zài qiángbì，yī tiān sī • qù yī yè，shǐ wǒ xīn • lǐ zháojí” hé “Yīcùn guāngyīn yī cùn jīn，cùn jīn nán mǎi cùn guāngyīn”hái ràng wǒ gǎndào kěpà；yě bǐ zuòwénběn • shàng de “Guāngyīn sì jiàn，rìyuè rú suō”gèng ràng wǒ jué • dé yǒu yī zhǒng shuō • bùchū de zīwèi.

Shíjiān guò de nàme fēikuài，shǐ wǒ de xiǎo xīnyǎnr • lǐ bù zhǐshì zháojí，háiyǒu bēishāng. Yǒu yī tiān wǒ fàngxué huíjiā，kàndào tài • yáng kuài luòshān le，jiù xià juéxīn shuō：“Wǒ yào bǐ tài • yáng gèng kuài de huíjiā. ”Wǒ kuángbēn huíqù，zhànzài tíngyuàn qián chuǎnqì de shíhou，kàndào tài • yáng //hái lòuzhe bànbiān liǎn，wǒ gāoxìng de tiàoyuè qǐ • lái，nà yī tiān wǒ pǎoyíngle tài • yáng. Yǐhòu wǒ jiù shícháng zuò nàyàng de yóuxì，yǒushí hé tài • yáng sàipǎo，yǒushí hé xīběifēng bǐ kuài，yǒushí yī gè shǔjià cái néng zuòwán de zuòyè，wǒ shí tiān jiù zuòwán le；nà shí wǒ sān niánjí，chángcháng bǎ gēge wǔ niánjí de zuòyè ná • lái zuò. Měi yī cì bǐsài shèngguo shíjiān，wǒ jiù kuàilè de bù zhī • dào zěnme xíngróng.

Rúguǒ jiānglái wǒ yǒu shénme yào jiāogěi wǒ de háizi，wǒ huì gàosù tā：Jiǎruò nǐ yīzhí hé shíjiān bǐsài，nǐ jiù kěyǐ chénggōng!

（Xuǎn zì《Pǔtōnghuà Shuǐpíng Cèshì Shíshī Gāngyào 》Zuòpǐn 14 Hào）

作品 15 号——《胡适的白话电报》

三十年代初，胡适在北京大学任教授。讲课时他常常对白话文大加称赞，引起一些只喜欢文言文而不喜欢白话文的学生的不满。

一次，胡适正讲得得意的时候，一位姓魏的学生突然站了起来，生气地问："胡先生，难道说白话文就毫无缺点吗?"胡适微笑着回答说："没有。"那位学生更加激动了："肯定有！白话文废话太多，打电报用字多，花钱多。"胡适的目光顿时变亮了。轻声地解释说："不一定吧！前几天有位朋友给我打来电报，请我去政府部门工作，我决定不去，就回电拒绝了。复电是用白话写的，看来也很省字。请同学们根据我这个意思，用文言文写一个回电，看看究竟是白话文省字，还是文言文省字?"胡教授刚说完，同学们立刻认真地写了起来。

十五分钟过去，胡适让同学举手，报告用字的数目，然后挑了一份用字最少的文言电报稿，电文是这样写的：

"才疏学浅，恐难胜任，不堪从命。"白话文的意思是：学问不深，恐怕很难担任这个工作，不能服从安排。

胡适说，这份写得确实不错，仅用了十二个字。但我的白话电报却只用了五个字："干不了，谢谢!"

胡适又解释说："干不了"就有才疏学浅、恐难胜任的意思；"谢谢"既//对朋友的介绍表示感谢，又有拒绝的意思。所以，废话多不多，并不看它是文言文还是白话文，只要注意选用字词，白话文是可以比文言文更省字的。

（选自《普通话水平测试实施纲要》作品 15 号）

Zuòpǐn 15 Hào Húshì de Báihuà Diànbào

Sānshí niándài chū, Hú Shì zài Běijīng Dàxué rèn jiàoshòu. Jiǎngkè shí tā chángcháng duì báihuàwén dàjiā chēngzàn, yǐnqǐ yīxiē zhǐ xǐhuan wényánwén ér bù xǐhuan báihuàwén de xuésheng de bùmǎn.

Yī cì, Hú Shì zhèng jiǎng de déyì de shíhou, yī wèi xìng Wèi de xuésheng tūrán zhànle qǐ • lái, shēngqì de wèn: "Hú xiānsheng, nándào shuō báihuàwén jiù háowú quēdiǎn ma?" Hú Shì wēixiàozhe huídá shuō: "Méi • yǒu." Nà wèi xuésheng gèngjiā jīdòng le: "Kěndìng yǒu! Báihuàwén fèihuà tài duō, dǎ diànbào yòng zì duō, huāqián duō." Hú Shì de mùguāng dùnshí biànliàng le. Qīngshēng de jiěshì shuō: "Bù yīdìng bā! Qián jǐ tiān yǒu wèi péngyou gěi wǒ dǎ • lái diànbào, qǐng wǒ qù zhèngfǔ bùmén gōngzuò, wǒ juédìng bù qù, jiù huídiàn jùjué le. Fùdiàn shì yòng báihuà xiě de, kànlái yě hěn shěng zì. Qǐng tóngxuémen gēnjù wǒ zhège yìsi, yòng wényánwén xiě yī gè huídiàn, kànkan jiūjìng shì báihuàwén shěng zì, hái shì wényánwén shěng zì?" Hú jiàoshòu gāng shuōwán, tóngxuémen lìkè rènzhēn de xiěle qǐ • lái.

Shíwǔ fēnzhōng guò • qù, Hú Shì ràng tóngxué jǔshǒu, bàogào yòng zì de shùmù, ránhòu tiāole yī fèn yòng zì zuì shǎo de wényán diànbàogǎo，diànwén shì zhèyàng xiě de：

“Cáishū-xuéqiǎn，kǒng nán shèngrèn，bùkān cóngmìng.”Báihuàwén de yìsi shì：Xuéwen bù shēn，kǒngpà hěn nán dānrèn zhège gōngzuò，bùnéng fúcóng ānpái.

Hú Shì shuō，zhè fèn xiě de quèshí bùcuò，jǐn yòngle shí’èr gè zì. Dàn wǒ de báihuà diànbào què zhǐ yòngle wǔ gè zì：

“Gàn · bù liǎo，xièxie!”

Hú Shì yòu jiěshì shuō：“Gàn · bùliǎo”jiù yǒu cáishū-xuéqiǎn、kǒng nán shèngrèn de yìsi；“Xièxie ”jì //duì péngyou de jièshào biǎoshì gǎnxiè，yòu yǒu jùjué de yìsi. Suǒyǐ，fèi huà duō · bù duō，bìng bù kàn tā shì wényánwén háishì báihuàwén，zhǐyào zhùyì xiānyòng zìcí，báihuàwén shì kěyǐ bǐ wényánwén gèng shěng zì de.

（Xuǎn zì《Pǔtōnghuà Shuǐpíng Cèshì Shíshī Gāngyào 》Zuòpǐn 15 Hào）

作品 16 号——《火光》

很久以前，在一个漆黑的秋天的夜晚，我泛舟在西伯利亚一条阴森森的河上。船到一个转弯处，只见前面黑黢黢的山峰下面一星火光蓦地一闪。

火光又明又亮，好像就在眼前……

“好啦，谢天谢地!”我高兴地说，“马上就到过夜的地方啦!”

船夫扭头朝身后的火光望了一眼，又不以为然地划起桨来。

“远着呢!”

我不相信他的话，因为火光冲破朦胧的夜色，明明在那儿闪烁。不过船夫是对的，事实上，火光的确还远着呢。

这些黑夜的火光的特点是：驱散黑暗，闪闪发亮，近在眼前，令人神往。乍一看，再划几下就到了……其实却还远着呢！……

我们在漆黑如墨的河上又划了很久。一个个峡谷和悬崖，迎面驶来，又向后移去，仿佛消失在茫茫的远方，而火光却依然停在前头，闪闪发亮，令人神往——依然是这么近，又依然是那么远……

现在，无论是这条被悬崖峭壁的阴影笼罩的漆黑的河流，还是那一星明亮的火光，都经常浮现在我的脑际，在这以前和在这以后，曾有许多火光，似乎近在咫尺，不止使我一人心驰神往。可是生活之河却仍然在那阴森森的两岸之间流着，而火光也依旧非常遥远。因此，必须加劲划桨……

然而，火光啊……毕竟……毕竟就 // 在前头！……

（选自《普通话水平测试实施纲要》作品 16 号）

Zuòpǐn 16 Hào Huǒguāng

Hěn jiǔ yǐqián，zài yī gè qīhēi de qiūtiān de yèwǎn，wǒ fàn zhōu zài Xībólìyà yī tiáo yīnsēnsēn de hé · shàng. Chuán dào yī gè zhuǎnwān chù，zhǐ jiàn qián · miàn hēiqūqū de shānfēng xià • miàn yī xīng huǒguāng mò • dì yī shǎn.

Huǒguāng yòu míng yòu liàng，hǎoxiàng jiù zài yǎnqián……

“Hǎo la，xiètiān-xièdì!” Wǒ gāoxìng de shuō，“Mǎshàng jiù dào guòyè de dìfang la!”

Chuánfū niǔtóu cháo shēnhòu de huǒguāng wàng le yī yǎn，yòu bùyǐwéirán de huá • qǐ jiǎng • lái.

“Yuǎnzhe ne!”

Wǒ bù xiāngxìn tā de huà，yīn • wèi huǒguāng chōngpò ménglóng de yèsè，míngmíng zài nàr shǎnshuò. Bùguò chuánfū shì duì de，shìshí • shàng，huǒguāng díquè hái yuǎnzhe ne.

Zhèxiē hēiyè de huǒguāng de tèdiǎn shì：Qū sàn hēi'àn，shǎnshǎn fāliàng，jìn zài yǎnqián，lìngrén shénwǎng. Zhà yī kàn，zài huá jǐ xià jiù dào le……Qíshí què hái yuǎnzhe ne! ……

Wǒmen zài qīhēi rú mò de hé • shàng yòu huále hěn jiǔ. Yīgègè xiágǔ hé xuányá，yíngmiàn shǐ • lái，yòu xiàng hòu yí • qù，fǎng fú xiāoshī zài mángmáng de yuǎnfāng，ér huǒguāng què yīrán tíng zài qiántou，shǎnshǎn fāliàng，lìng rén shénwǎng——yīrán shì zhème jìn，yòu yīrán shì nàme yuǎn……

Xiànzài，wúlùn shì zhè tiáo bèi xuányá qiàobì de yīnyǐng lǒngzhào de qīhēi de héliú，háishì nà yī xīng míngliàng de huǒguāng，dōu jīngcháng fúxiàn zài wǒ de nǎojì，zài zhè yǐqián hé zài zhè yǐhòu，céng yǒu xǔduō huǒguāng，sìhū jìn zài zhǐchǐ，bùzhǐ shǐ wǒ yī rén xīnchí-shénwǎng. Kěshì shēnghuó zhī hé què réngrán zài nà yīnsēnsēn de liǎng'àn zhījiān liúzhe，ér huǒguāng yě yījiù fēicháng yáoyuǎn. Yīncǐ，bìxū jiājìn huá jiǎng……

Rán'ér，huǒguāng a……bìjìng……bìjìng jiù//zài qiántou! ……

(Xuǎn zì《Pǔtōnghuà Shuǐpíng Cèshì Shíshī Gāngyào 》Zuòpǐn 16 Hào)

作品 17 号——《济南的冬天》

对于一个在北平住惯的人，像我，冬天要是不刮风，便觉得是奇迹；济南的冬天是没有风声的。对于一个刚由伦敦回来的人，像我，冬天要能看得见日光，便觉得是怪事；济南的冬天是响晴的。自然，在热带的地方，日光永远是那么毒，响亮的天气，反有点儿叫人害怕。可是，在北方的冬天，而能有温晴的天气，济南真得算个宝地。

设若单单是有阳光，那有算不了出奇。请闭上眼睛想：一个老城，有山有水，全在天底下晒着阳光，暖和安适地睡着，只等春风来把它们唤醒，这是不是理想的境界？小山整把济南围了个圈儿，只有北边缺着点口儿。这一圈小山在冬天特别可爱，好像是把济南放在一个小摇篮里，它们安静不动地低声地说：“你们放心吧，这儿准保暖和。”真的，济南的人们在冬天是面上含笑的。他们一看那些小山，心中便觉得有了着落，有了依靠。他们由天上看到山上，便不知不觉地想起：明天也许就是春天了吧？这样的温暖，今天夜里山草也许就绿起来了吧？就是这点儿幻想不能一时实现，他们也并不着急，因为这样慈善的冬天，干什么还希望别的呢！

最妙的是下点小雪呀。看吧，山上的矮松越发的青黑，树尖儿上顶 // 着一髻儿白花，好像日本看护妇。山尖儿全白了，给蓝天镶上一道银边。山坡上，有的地方雪厚点儿，有的地方草色还露着；这样，一道儿白，一道儿暗黄，给山们穿上一件带水纹儿的花衣；看着看着，这件花衣好像被风儿吹动，叫你希望看见一点儿更美的山的肌肤。等到快日落的时候，微黄的阳光斜射在山腰上，那点儿薄雪好像忽然害羞，微微露出点儿粉色。就是下小雪吧，济南是受不住大雪的，那些小山太秀气。

（选自《普通话水平测试实施纲要》作品 17 号）

Zuòpǐn 17 Hào Jǐnán de Dōngtiān

Duìyú yī gè zài Běipíng zhùguàn de rén，xiàng wǒ，dōngtiān yàoshì bù guāfēng，biàn jué · dé shì qíjì；jǐnán de dōngtiān shì méi · yǒu fēngshēng de. Duìyú yī gè gāng yóu Lúndūn huí · lái de rén，xiàng wǒ，dōngtiān yào néng kàn de jiàn rìguāng，biàn jué · dé shì guàishì；Jǐnán de dōngtiān shì xiǎngqíng de. Zìrán，zài rèdài de dìfang，rìguāng yǒngyuǎn shì nàme dú，xiǎngliàng de tiānqì，fǎn yǒudiǎnr jiào rén hàipà. Kěshì，zài běifāng de dōngtiān，ér néng yǒu wēnqíng de tiānqì，Jǐnán zhēn děi suàn gè bǎodì.

Shèruò dāndān shì yǒu yángguāng，nà yě suàn · bùliǎo chūqí. Qǐng bì · shàng yǎnjing xiǎng：Yī gè lǎochéng，yǒu shān yǒu shuǐ，quán zài tiān dǐ · xià shàizhe yángguāng，nuǎnhuo ānshì de shuìzhe，zhǐ děng chūnfēng lái bǎ tāmen huànxǐng，zhè shì · bùshì lǐxiǎng de jìngjiè? Xiǎoshān zhěng bǎ Jǐnán wéile gè quānr，zhǐyǒu běi · biān quēzhe diǎnr kǒur. Zhè yī quān xiǎoshān zài dōngtiān tèbié kě'ài，hǎoxiàng shì bǎ Jǐnán fàng zài yī gè xiǎo yáolán · lǐ，tāmen ānjìng bù dòng de dīshēng de shuō：“Nǐmen fàngxīn ba，zhèr zhǔnbǎo nuǎnhuo.”Zhēn de Jǐnán de rénmen zài dōngtiān shì miàn · shàng hánxiào de. Tāmen yī kàn nàxiē xiǎoshān，xīnzhōng biàn jué · dé yǒule zhuóluò，yǒule yīkào. Tāmen yóu tiān · shàng kàndào shān · shàng，biàn bùzhī-bùjué de xiǎngqǐ：Míngtiān yěxǔ jiùshì chūntiān le ba? Zhèyàng de wēnnuǎn，jīntiān yè · lǐ shāncǎo yěxǔ jiù lǜqǐ · lái le ba? Jiùshì zhè diǎnr huànxiǎng bùnéng yīshí shíxiàn，tāmen yě bìng bù zháojí，yīn · wèi zhè yàng císhàn de dōngtiān，gànshénme hái xīwàng biéde ne!

Zuì miào de shì xià diǎnr xiǎoxuě ya. Kàn ba，shān · shàng de ǎisōng yuèfā de qīnghēi shùjiānr · shàng//dǐngzhe yī jìr báihuā，hǎoxiàng Rìběn kānhùfù. Shānjiānr quán bái le，gěi lántiān xiāng · shàng yī dào yínbiānr. Shānpō · shàng，yǒude dìfang xuě hòu diǎnr yǒude dìfang cǎosè hái lòuzhe；zhèyàng，yī dàor bái，yī dàor ànhuáng， gěi shānmen chuān • shàng yī jiàn dài shuǐwénr de huāyī；kànzhe kànzhe，zhè jiàn huāyī hǎoxiàng bèi fēng’ • ér chuīdòng，jiào nǐ xīwàng kàn • jiàn yīdiǎnr gèng měi de shān de jīfū. Děngdào kuài rìluò de shíhou，wēihuáng de yángguāng xié shè zài shānyāo • shàng，nà diǎnr báo xuě hǎoxiàng hūrán hàixiū，wēiwēi lòuchū diǎnr fěnsè. Jiùshì xià xiǎoxuě ba，Jǐnán shì shòu • bùzhù dàxuě de，nàxiē xiǎoshān tài xiùqì.

（Xuǎn zì《Pǔtōnghuà Shuǐpíng Cèshì Shíshī Gāngyào》Zuòpǐn 17 Hào）

作品 18 号——《家乡的桥》

纯朴的家乡村边有一条河，曲曲弯弯，河中架一弯石桥，弓样的小桥横跨两岸。

每天，不管是鸡鸣晓月，日丽中天，还是月华泻地，小桥都印下串串足迹，洒落串串汗珠。那是乡亲为了追求多棱的希望，兑现美好的遐想。弯弯小桥，不时荡过轻吟低唱，不时露出舒心的笑容。

因而，我稚小的心灵，曾将心声献给小桥：你是一弯银色的新月，给人间普照光辉；你是一把闪亮的镰刀，割刈着欢笑的花果；你是一根晃悠悠的扁担，挑起了彩色的明天！哦，小桥走进我的梦中。

我在飘泊他乡的岁月，心中总涌动着故乡的河水，梦中总看到弓样的小桥。当我访南疆探北国，眼帘闯进座座雄伟的长桥时，我的梦变得丰满了，增添了赤橙黄绿青蓝紫。

三十多年过去，我带着满头霜花回到故乡，第一紧要的便是去看望小桥。

啊！小桥呢？它躲起来了？河中一道长虹，浴着朝霞熠熠闪光。哦，雄浑的大桥敞开胸怀，汽车的呼啸、摩托的笛音、自行车的叮铃，合奏着进行交响乐；南来的钢筋、花布，北往的柑橙、家禽，绘出交流欢悦图……

啊！蜕变的桥，传递了家乡进步的消息，透露了家乡富裕的声音。时代的春风，美好的追求，我蓦地记起儿时唱 // 给小桥的歌，哦，明艳艳的太阳照耀了，芳香甜蜜的花果捧来了，五彩斑斓的岁月拉开了！

我心中涌动的河水，激荡起甜美的浪花。我仰望一碧蓝天，心底轻声呼喊：家乡的桥啊，我梦中的桥！

（选自《普通话水平测试实施纲要》作品 18 号）

Zuòpǐn 18 Hào Jiāxiāng de Qiáo

Chúnpǔ de jiāxiāng cūnbiān yǒu yī tiáo hé，qūqū-wānwān，hé zhōng jià yī wān shíqiáo，gōng yàng de xiǎoqiáo héngkuà liǎng’àn.

Měi tiān，bùguǎn shì jī míng xiǎo yuè，rì lì zhōng tiān，háishì yuè huá xiè dì，xiǎoqiáo dōu yìnxià chuànchuàn zújì，sǎluò chuànchuàn hànzhū. Nà shì xiāngqīn wèile zhuīqiú duōléng de xīwàng，duìxiàn měihǎo de xiáxiǎng. Wānwān xiǎoqiáo，bùshí dàngguò qīngyín-dīchàng，bùshí lùchū shūxīn de xiàoróng.

Yīn’ér，wǒ zhìxiǎo de xīnlíng，céng jiāng xīnshēng xiàngěi xiǎoqiáo：Nǐ shì yī wān yínsè de xīnyuè，gěi rénjiān pǔzhào guānghuī；nǐ shì yī bǎ shǎnliàng de liándāo，gēyìzhe huānxiào de huāguǒ；nǐ shì yī gēn huàngyōuyōu de biǎndan，tiǎoqǐle cǎisè de míngtiān！Ò，xiǎoqiáo zǒujìn wǒ de mèng zhōng.

Wǒ zài piāobó tāxiāng de suìyuè，xīnzhōng zǒng yǒngdòngzhe gùxiāng de héshuǐ，mèngzhōng zǒng kàndào gōng yàng de xiǎoqiáo. Dāng wǒ fǎng nánjiāng tàn běiguó，yǎnlián chuǎngjìn zuòzuò xióngwěi de chángqiáo shí，wǒ de mèng biàn de fēngmǎn le zēngtiānle chì-chéng-huáng-lǜ-qīng-lán-zǐ.

Sānshí duō nián guò · qù，wǒ dàizhe mǎntóu shuānghuā huídào gùxiāng，dì-yī jǐnyào de biànshì qù kànwàng xiǎoqiáo.

À！Xiǎo qiáo ne？tā duǒ qǐ · lái le？Hé zhōng yī dào chánghóng，yùzhe zhāoxiá yìyì shǎnguāng. Ò，xiónghún de dàqiáo chǎngkāi xiōnghuái，qìchē de hūxiào、mótuō de díyīn、zìxíngchē de dīnglíng，hézòuzhe jìnxíng jiāoxiǎngyuè；nán lái de gāngjīn、huā bù，běi wǎng de gānchéng、jiāqín，huìchū jiāoliú huānyuètú……

À！Tuìbiàn de qiáo，chuándìle jiāxiāng jìnbù de xiāoxi，tòulùle jiāxiāng fùyù de shēngyīn. Shídài de chūnfēng，měihǎo de zhuīqiú，wǒ mòde jìqǐ érshí chàng //gěi xiǎoqiáo de gē，ò，míngyànyàn de tài · yáng zhàoyào le，fāngxiāng tiánmì de huāguǒ pěnglái le，wǔcǎi bānlán de suìyuè lākāi le！

Wǒ xīnzhōng yǒngdòng de héshuǐ，jīdàng qǐ tiánměi de lànghuā. Wǒ yǎngwàng yī bì lántiān，xīndǐ qīngshēng hūhǎn：Jiāxiāng de qiáo a ，wǒ mèng zhōng de qiáo！

(Xuǎn zì《Pǔtōnghuà Shuǐpíng Cèshì Shíshī Gāngyào》Zuòpǐn 18 Hào)

作品 19 号——《坚守你的高贵》

三百多年前，建筑设计师莱伊恩受命设计了英国温泽市政府大厅。他运用工程力学的知识，依据自己多年的实践，巧妙地设计了只用一根柱子支撑的大厅天花板。一年以后，市政府权威人士进行工程验收时，却说只用一根柱子支撑天花板太危险，要求莱伊恩再多加几根柱子。

莱伊恩自信只要一根坚固的柱子足以保证大厅安全，他的“固执”惹恼了市政官员，险些被送上法庭。他非常苦恼；坚持自己原先的主张吧，市政官员肯定会另找人修改设计；不坚持吧，又有悖自己为人的准则。矛盾了很长一段时间，莱伊恩终于想出了一条妙计，他在大厅里增加了四根柱子，不过这些柱子并未与天花板接触，只不过是装装样子。

三百多年过去了，这个秘密始终没有被人发现。直到前两年，市政府准备修缮大厅的天花板，才发现莱伊恩当年的“弄虚作假”。消息传出后，世界各国的建筑专家和游客云集，当地政府对此也不加掩饰，在新世纪到来之际，特意将大厅作为一个旅游景点对外开放，旨在引导人们崇尚和相信科学。

作为一名建筑师，莱伊恩并不是最出色的。但作为一个人，他无疑非常伟大。这种//伟大表现在他始终恪守着自己的原则，给高贵的心灵一个美丽的住所，哪怕是遭遇到最大的阻力，也要想办法抵达胜利。

（选自《普通话水平测试实施纲要》作品 19 号）

Zuòpǐn 19 Hào Jiānshǒu Nǐ de Gāoguì

Sānbǎi duō nián qián，jiànzhù shèjìshī Láiyī'ēn shòumìng shèjìle Yīngguó Wēnzé shìzhèngfǔ dàtīng. Tā yùnyòng gōngchéng lìxué de zhīshi，yījù zìjǐ duōnián de shíjiàn，qiǎomiào de shèjìle zhǐ yòng yī gēn zhùzi zhīchēng de dàtīng tiānhuābǎn. Yī nián yǐhòu，shìzhèngfǔ quánwēi rénshì jìnxíng gōngchéng yànshōu shí，què shuō zhǐ yòng yī gēn zhùzi zhīchēng tiānhuābǎn tài wēixiǎn，yāoqiú Láiyī'ēn zài duō jiā jǐ gēn zhùzi.

Láiyī'ēn zìxìn zhǐyào yī gēn jiāngù de zhùzi zúyǐ bǎozhèng dàtīng ānquán，tā de "gù · zhi" rěnǎole shìzhèng guānyuán，xiǎnxiē bèi sòng · shàng fǎtíng. Tā fēicháng kǔnǎo；jiānchí zìjǐ yuánxiān de zhǔzhāng ba，shìzhèng guānyuán kěndìng huì lìng zhǎo rén xiūgǎi shèjì；bù jiānchí ba，yòu yǒu bèi zìjǐ wèirén de zhǔnzé. Máodùnle hěn cháng yīduàn shíjiān，Láiyī'ēn zhōngyú xiǎngchūle yī tiáo miàojì，tā zài dàtīng · lǐ zēngjiāle sì gēn zhùzi，bùguò zhèxiē zhùzi bìng wèi yǔ tiānhuābǎn jiēchù，zhǐ · bùguò shì zhuāngzhuang yàngzi.

Sānbǎi duō nián guò · qù le，zhège mìmì shǐzhōng méi · yǒu bèi rén fāxiàn. Zhídào qián liǎng nián，shìzhèngfǔ zhǔnbèi xiūshàn dàtīng de tiānhuābǎn，cái fāxiàn Láiyī'ēn dāngnián de "nòngxū-zuòjiǎ". Xiāoxi chuánchū hòu，shìjiè gè guó de jiànzhù zhuānjiā hé yóukè yúnjí，dāngdì zhèngfǔ duìcǐ yě bù jiā yǎnshì，zài xīn shìjì dàolái zhī jì，tèyì jiāng dàtīng zuòwéi yī gè lǚyóu jǐngdiǎn duìwài kāifàng，zhǐ zài yǐndǎo rénmen chóngshàng hé xiāngxìn kēxué.

Zuòwéi yī míng jiànzhùshī，Láiyī'ēn bìng bù shì zuì chūsè de. Dàn zuòwéi yī gè rén，tā wúyí fēicháng wěidà. Zhè zhǒng //wěidà biǎoxiàn zài tā shǐzhōng kèshǒuzhe zìjǐ de yuánzé，gěi gāoguì de xīnlíng yī gè měilì de zhùsuǒ，nǎpà shì zāoyù dào zuì dà de zǔlì，yě yào xiǎng bànfǎ dǐdá shènglì.

（Xuǎn zì《Pǔtōnghuà Shuǐpíng Cèshì Shíshī Gāngyào》Zuòpǐn 19 Hào）

作品 20 号——《金子》

自从传言有人在萨文河畔散步时无意发现了金子后，这里便常有来自四面八方的淘金者。他们都想成为富翁，于是寻遍了整个河床，还在河床上挖出很多大坑，希望借助它们找到更多的金子。的确，有一些人找到了，但另外一些人因为一无所得而只好扫兴归去。

也有不甘心落空的，便驻扎在这里，继续寻找。彼得·弗雷特就是其中一员。他在河床附近买了一块没人要的土地，一个人默默地工作。他为了找金子，已把所有的钱都押在这块土地上。他埋头苦干了几个月，直到土地全变成了坑坑洼洼，他失望了——他翻遍了整块土地，但连一丁点儿金子都没看见。

六个月后，他连买面包的钱都没有了。于是他准备离开这儿到别处去谋生。

就在他即将离去的前一个晚上，天下起了倾盆大雨，并且一下就是三天三夜。雨终于停了，彼得走出小木屋，发现眼前的土地看上去好像和以前不一样：坑坑洼洼已被大水冲刷平整，松软的土地上长出一层绿茸茸的小草。

“这里没找到金子，”彼得忽有所悟地说，“但这土地很肥沃，我可以用来种花，并且拿到镇上去卖给那些富人，他们一定会买些花装扮他们华丽的客厅。//如果真是这样的话，那么我一定会赚许多钱。有朝一日我也会成为富人……”

于是他留了下来。彼得花了不少精力培育花苗，不久田地里长满了美丽鲜艳的各色鲜花。

五年以后，彼得终于实现了他的梦想——成了一个富翁。“我是唯一的一个找到真金的人！”他时常不无骄傲地告诉别人，“别人在这儿找不到金子后便远远地离开，而我的‘金子’是在这块土地里，只有诚实的人用勤劳才能采集到。”

（选自《普通话水平测试实施纲要》作品 20 号）

Zuòpǐn 20 Hào Jīnzi

Zìcóng chuányán yǒu rén zài Sàwén hépàn sànbù shí wúyì fāxiànle jīnzi hòu，zhè • lǐ biàn cháng yǒu láizì sìmiàn -bāfāng de táojīnzhě. Tāmen dōu xiǎng chéngwéi fùwēng，yúshì xúnbiànle zhěnggè héchuáng，hái zài héchuáng • shàng wāchū hěnduō dàkēng，xīwàng jièzhù tāmen zhǎodào gèng duō de jīnzi. Díquè，yǒu yīxiē rén zhǎodào le，dàn lìngwài yīxiē rén yīn • wèi yīwú-suǒdé ér zhǐhǎo sǎoxìng guīqù.

Yě yǒu bù gānxīn luòkōng de，biàn zhùzhā zài zhè • lǐ，jìxù xúnzhǎo. BǐdéFúléitè jiùshì qízhōng yī yuán。Tā zài héchuáng fùjìn mǎile yī kuài méi rén yào de tǔdì，yī gè rén mòmò de gōngzuò. Tā wèile zhǎo jīnzi，yǐ bǎ suǒyǒu de qián dōu yā zài zhè kuài tǔdì • shàng. Tā máitóu-kǔgànle jǐ gè yuè，zhídào tǔdì quán biànchéngle kēngkēng-wāwā，tā shīwàng le—tā fānbiànle zhěngkuài tǔdì，dàn lián yī dīngdiǎnr jīnzi dōu méi kàn • jiàn.

Liù gè yuè hòu，tā lián mǎi miànbāo de qián dōu méi • yǒu le. Yúshì tā zhǔnbèi líkāi zhèr dào biéchù qù móushēng.

Jiù zài tā jíjiāng líqù de qián yī gè wǎnshang，tiān xiàqǐle qīngpén-dàyǔ，bìngqiě yīxià jiùshì sān tiān sān yè. Yǔ zhōngyú tíng le，Bǐdé zǒuchū xiǎo mùwū，fāxiàn yǎnqián de tǔdì kàn shàng • qù hǎoxiàng hé yǐqián bù yīyàng：Kēngkeng-wāwā yǐ bèi dàshuǐ chōngshuā píngzhěng，sōngruǎn de tǔdì • shàng zhǎngchū yī céng lǜróngróng de xiǎocǎo.

“Zhè • lǐ méi zhǎodào jīnzi，” Bǐdé hū yǒu suǒ wù de shuō，“Dàn zhè tǔdì hěn féiwò，wǒ kěyǐ yònglái zhòng huā，bìngqiě nádào zhèn • shàng qù màigěi nàxiē fùrén，tāmen yīdìng huì mǎi xiē huā zhuāngbàn tāmen huálì de kètīng. //Rúguǒ zhēn shì zhèyàng de huà，nàme wǒ yīdìng huì zhuàn xǔduō qián，yǒuzhāo-yīrì wǒ yě huì chéngwéi fùrén……”

Yúshì tā liú le xià • lái. Bǐdé huā le bù shǎo jīnglì péi yù huāmiáo，bùjiǔ tiándì • lǐ zhǎngmǎnle měilì jiāoyàn de gè sè xiānhuā.

Wǔ nián yǐhòu，Bǐdé zhōngyú shíxiànle tā de mèngxiǎng——chéngle yī gè fùwēng. “Wǒ shì wéiyī de yī gè zhǎodào zhēnjīn de rén!” Tā shícháng bùwú jiāo’ào de gàosù bié • rén，“Bié • rén zài zhèr zhǎo • bùdào jīnzi hòu biàn yuǎnyuǎn de líkāi，ér wǒ de‘jīnzi’shì zài zhè kuài tǔdì • lǐ，zhǐyǒu chéng • shí de rén yòng qínláo cáinéng cǎijí dào.”

（Xuǎn zì《Pǔtōnghuà Shuǐpíng Cèshì Shíshī Gāngyào》Zuòpǐn 20 Hào）

作品 21 号——《捐诚》

我在加拿大学习期间遇到过两次募捐，那情景至今使我难以忘怀。

一天，我在渥太华的街上被两个男孩子拦住去路。他们十来岁，穿得整整齐齐，每人头上戴着个做工精巧、色彩鲜艳的纸帽，上面写着“为帮助患小儿麻痹的伙伴募捐。”其中的一个，不由分说就坐在小凳上给我擦起皮鞋来，另一个则彬彬有礼地发问：“小姐，您是哪国人？喜欢渥太华吗？”“小姐，在你们国家有没有小孩儿患小儿麻痹？谁给他们医疗费？”一连串的问题，使我这个有生以来头一次在众目睽睽之下让别人擦鞋的异乡人，从近乎狼狈的窘态中解脱出来。我们像朋友一样聊起天儿来……

几个月之后，也是在街上。一些十字路口处或车站坐着几位老人。他们满头银发，身穿各种老式军装，上面布满了大大小小形形色色的徽章、奖章，每人手捧一大束鲜花，有水仙、石竹、玫瑰及叫不出名字的，一色雪白。匆匆过往的行人纷纷止步，把钱投进这些老人身旁的白色木箱内，然后向他们微微鞠躬，从他们手中接过一朵花。我看了一会儿，有人投一两元，有人投几百元，还有人掏出支票填好后投进木箱。那些老军人毫不注意人们捐多少钱，一直不 // 停地向人们低声道谢。同行的朋友告诉我，这是为纪念二次大战中参战的勇士，募捐救济残废军人和烈士遗孀，每年一次；认捐的人可谓踊跃，而且秩序井然，气氛庄严。有些地方，人们还耐心地排着队。我想，这是因为他们都知道：正是这些老人们的流血牺牲换来了包括他们信仰自由在内的许许多多。

我两次把那微不足道的一点儿钱捧给他们，只想对他们说声“谢谢”。

（选自《普通话水平测试实施纲要》作品 21 号）

Zuòpǐn 21 Hào Juān Chéng

Wǒ zài jiānádà xuéxí qījiān yùdàoguo liǎng cì mùjuān，nà qíngjǐng zhìjīn shǐ wǒ nányǐ-wànghuái.

Yī tiān，wǒ zài Wòtàihuá de jiē • shàng bèi liǎng gè nánháizi lánzhù qùlù. Tāmen shí lái suì，chuān de zhěngzhěng-qíqí，měi rén tóu • shàng dàizhe gè zuògōng jīngqiǎo、sècǎi xiānyàn de zhǐmào，shàng • miàn xiězhe“Wèi bāngzhù huàn xiǎo’ér mábì de huǒbàn mùjuān.”Qízhōng de yī gè，bùyóu-fēnshuō jiù zuò zài xiǎodèng • shàng gěi wǒ cā • qǐ píxié • lái，lìng yī gè zé bīnbīn-yǒulǐ de fāwèn：“Xiǎo • jiě，nín shì nǎ guó rén？Xǐhuan Wòtàihuá ma？”“Xiǎo • jiě，zài nǐmen guójiā yǒu méi • yǒu xiǎoháir huàn xiǎo’ér mábì？Shéi gěi tāmen yīliáofèi？”Yīliánchuàn de wèntí，shǐ wǒ zhège yǒushēng-yǐlái tóu yī cì zài zhòngmù-kuíkuí zhīxià ràng bié • rén cā xié de yìxiāngrén，cóng jìnhū lángbèi de jiǒngtài zhōng jiětuō chū • lái. Wǒmen xiàng péngyou yīyàng liáo • qǐ tiānr • lái……

Jǐ gè yuè zhīhòu，yě shì zài jiē • shàng. Yīxiē shízì lùkǒuchù huò chēzhàn zuòzhe jǐ wèi lǎorén. Tāmen mǎntóu yínfà，shēn chuān gè zhǒng lǎoshì jūnzhuāng，shàng • miàn bùmǎnle dàdà-xiǎoxiǎo xíngxíng-sèsè de huīzhāng、jiǎngzhāng，měi rén shǒu pěng yī dà shù xiānhuā，Yǒu shuǐxiān、shízhú、méi • guī jí jiào • bùchū míngzi de，yīsè xuěbái. Cōngcōng guòwǎng de xíngrén fēnfēn zhǐbù，bǎ qián tóujìn zhèxiē lǎorén shēnpáng de báisè mùxiāng nèi，ránhòu xiàng tāmen wēiwēi jūgōng，cóng tāmen shǒu zhōng jiēguo yī duǒ huā. Wǒ kànle yīhuìr，yǒu rén tóu yī-liǎng yuán，yǒu rén tóu jǐbǎi yuán，hái yǒu rén tāochū zhīpiào tiánhǎo hòu tóujìn mùxiāng. Nàxiē lǎojūnrén háobù zhùyì rénmen juān duō • shǎo qián，yīzhí bù//tíng de xiàng rénmen dīshēng dàoxiè. Tóngxíng de péngyou gàosu wǒ，zhè shì wéi jìniàn Èr Cì Dàzhàn zhōng cānzhàn de yǒngshì，mùjuān jiùjì cánfèi jūnrén hé lièshì yíshuāng，měinián yī cì；rèn juān de rén kěwèi yǒngyuè，érqiě zhìxù jǐngrán，qì • fēn zhuāngyán. Yǒuxiē dìfang，rénmen hái nàixīn de páizhe duì. Wǒ xiǎng，zhè shì yīn • wèi tāmen dōu zhī • dào：Zhèng shì zhèxiē lǎorénmen de liúxiě xīshēng huànláile bāokuò tāmen xìnyǎng zìyóu zài nèi de xǔxǔ-duōduō.

Wǒ liǎng cì bǎ nà wēibùzúdào de yīdiǎnr qián pěnggěi tāmen，zhǐ xiǎng duì tāmen shuō shēng“xièxie”.

(Xuǎn zì《Pǔtōnghuà Shuǐpíng Cèshì Shíshī Gāngyào》Zuòpǐn 21 Hào)

作品 22 号——《可爱的小鸟》

没有一片绿叶，没有一缕炊烟，没有一粒泥土，没有一丝花香，只有水的世界，云的海洋。

一阵台风袭过，一只孤单的小鸟无家可归，落到被卷到洋里的木板上，乘流而下，姗姗而来，近了，近了！……

忽然，小鸟张开翅膀，在人们头顶盘旋了几圈儿，“噗啦”一声落到了船上。许是累了？还是发现了“新大陆”？水手撵它它不走，抓它，它乖乖地落在掌心。可爱的小鸟和善良的水手结成了朋友。

瞧，它多美丽，娇巧的小嘴，啄理着绿色的羽毛，鸭子样的扁脚，呈现出春草的鹅黄。水手们把它带到舱里，给它“搭铺”，让它在船上安家落户，每天，把分到的一塑料筒淡水匀给它喝，把从祖国带来的鲜美的鱼肉分给它吃，天长日久，小鸟和水手的感情日趋笃厚。清晨，当第一束阳光射进舷窗时，它便敞开美丽的歌喉，唱啊唱，嘤嘤有韵，宛如春水淙淙。人类给它以生命，它毫不悭吝地把自己的艺术青春奉献给了哺育它的人。可能都是这样？艺术家们的青春只会献给尊敬他们的人。

小鸟给远航生活蒙上了一层浪漫色调。返航时，人们爱不释手，恋恋不舍地想把它带到异乡。可小鸟憔悴了，给水，不喝！喂肉，不吃！油亮的羽毛失去了光泽。是啊，我 // 们有自己的祖国，小鸟也有它的归宿，人和动物都是一样啊，哪儿也不如故乡好！

慈爱的水手们决定放开它，让它回到大海的摇篮去，回到蓝色的故乡去。离别前，这个大自然的朋友与水手们留影纪念。它站在许多人的头上，肩上，掌上，胳膊上，与喂养过它的人们，一起融进那蓝色的画面……

（选自《普通话水平测试实施纲要》作品 22 号）

Zuòpǐn 22 Hào Kě'ài de Xiǎoniǎo

Méi • yǒu yī piàn lǜyè，méi • yǒu yī lǚ chuīyān，méi • yǒu yī lì nítǔ，méi • yǒu yī sī huāxiāng，zhǐyǒu shuǐ de shìjiè，yún de hǎiyáng.

Yī zhèn táifēng xíguò，yī zhī gūdān de xiǎoniǎo wújiā-kěguī，luòdào bèi juǎndào yáng • lǐ de mùbǎn • shàng，chéng liú ér xià，shānshān ér lái，jìn le，jìn le! ……

Hūrán，xiǎoniǎo zhāngkāi chìbǎng，zài rénmen tóudǐng pánxuánle jǐ quānr，“pūlā” yī shēng luòdàole chuán • shàng. Xǔ shì lèi le? Háishì fāxiànle “xīn dàlù”? Shuǐshǒu niǎn tā tā bù zǒu，zhuā tā，tā guāiguāi de luò zài zhǎngxīn. Kě'ài de xiǎoniǎo hé shànliáng de shuǐshǒu jiéchéngle péngyou.

Qiáo，tā duō měilì，jiāoqiǎo de xiǎozuǐ，zhuólǐzhe lǜsè de yǔmáo，yāzi yàng de biǎnjiǎo，chéngxiàn chū chūncǎo de éhuáng. Shuǐshǒumen bǎ tā dàidào cāng • lǐ，gěi tā “dā pù”，ràng tā zài chuán • shàng ānjiā-luòhù，měi tiān，bǎ fēndào de yī sùliàotǒng dànshuǐ yúngěi tā hē，bǎ cóng zǔguó dài • lái de xiānměi de yúròu fēngěi tā chī，tiāncháng-rìjiǔ，xiǎoniǎo hé shuǐshǒu de gǎnqíng rìqū dǔhòu. Qīngchén，dāng dì-yī shù yángguāng shèjìn xiánchuāng shí，tā biàn chǎngkāi měilì de gēhóu，chàng a chàng，yīngyīng-yǒuyùn，wǎnrú chūnshuǐ cóngcóng. Rénlèi gěi tā yǐ shēngmìng，tā háobù qiānlìn de bǎ zìjǐ de yìshù qīngchūn fèngxiàn gěile bǔyù tā de rén. Kěnéng dōu shì zhèyàng? Yìshùjiāmen de qīngchūn zhǐ huì xiàngěi zūnjìng tāmen de rén.

Xiǎoniǎo gěi yuǎnháng shēnghuó méng • shàngle yī céng làngmàn sèdiào. Fǎnháng shí，rénmen àibùshìshǒu，liànliàn-bùshě de xiǎng bǎ tā dàidào yìxiāng. Kě xiǎoniǎo qiáocuì le，gěi shuǐ，bù hē! Wèi ròu，bù chī! Yóuliàng de yǔmáo shīqùle guāngzé. Shì a，wǒ//men yǒu zìjǐ de zǔguó，xiǎoniǎo yě yǒu tā de guīsù，rén hé dòngwù dōu shì yīyàng a，nǎr yě bùrú gùxiāng hǎo!

Cí'ài de shuǐshǒumen juédìng fàngkāi tā，ràng tā huídào dàhǎi de yáolán • qù huídào lánsè de gùxiāng • qù. Líbié qián，zhège dàzìrán de péngyou yǔ shuǐshǒumen liúyǐng jìniàn. Tā zhàn zài xǔduō rén de tóu • shàng，jiān • shàng，zhǎng • shàng，gēbo • shàng，yǔ wèiyǎngguo tā de rénmen，yīqǐ róngjìn nà lánsè de huàmiàn……

（Xuǎn zì《Pǔtōnghuà Shuǐpíng Cèshì Shíshī Gāngyào》Zuòpǐn 22 Hào）

作品 23 号——《课不能停》

纽约的冬天常有大风雪，扑面的雪花不但令人难以睁开眼睛，甚至呼吸都会吸入冰冷的雪花。有时前一天晚上还是一片晴朗，第二天拉开窗帘，却已经积雪盈尺，连门都推不开了。

遇到这样的情况，公司、商店常会停止上班，学校也通过广播，宣布停课。但令人不解的是，惟有公立小学，仍然开放。只见黄色的校车，艰难地在路边接孩子，老师则一大早就口中喷着热气，铲去车子前后的积雪，小心翼翼地开车去学校。

据统计，十年来纽约的公立小学只因为超级暴风雪停过七次课。这是多么令人惊讶的事。犯得着在大人都无须上班的时候让孩子去学校吗？小学的老师也太倒霉了吧？

于是，每逢大雪而小学不停课时，都有家长打电话去骂。妙的是，每个打电话的人，反应全一样——先是怒气冲冲地责问，然后满口道歉，最后笑容满面地挂上电话。原因是，学校告诉家长：

在纽约有许多百万富翁，但也有不少贫困的家庭。后者白天开不起暖气，供不起午餐，孩子的营养全靠学校里免费的中饭，甚至可以多拿些回家当晚餐。学校停课一天，穷孩子就受一天冻，挨一天饿，所以老师们宁愿自己苦一点儿，也不能停//课。

或许有家长会说：何不让富裕的孩子在家里，让贫穷的孩子去学校享受暖气和营养午餐呢？

学校的答复是：我们不愿让那些穷苦的孩子感到他们是在接受救济，因为施舍的最高原则是保持受施者的尊严。

（选自《普通话水平测试实施纲要》作品 23 号）

Zuòpǐn 23 Hào Kè Bùnéng Tíng

Niǔyuē de dōngtiān cháng yǒu dà fēngxuě，pūmiàn de xuěhuā bùdàn lìng rén nányǐ zhèngkāi yǎnjing，shènzhì hūxī dōu huì xīrù bīnglěng de xuěhuā. Yǒushí qián yī tiān wǎnshang háishì yī piàn qínglǎng，dì-èr tiān lākāi chuānglián，què yǐ • jīng jīxuě yíng chǐ，lián mén dōu tuī • bùkāi le.

Yùdào zhèyàng de qíngkuàng，gōngsī、shāngdiàn cháng huì tíngzhǐ shàngbān，xuéxiào yě tōngguò guǎngbō，xuān bù tīng kè. Dàn lìng rén bùjiě de shì，wéi yǒu gōnglì xiǎoxué，réngrán kāifàng. Zhǐ jiàn huángsè de xiàochē，jiānnán de zài lùbiān jiē háizi，lǎoshī zé yīdàzǎo jiù kǒuzhōng pēnzhe rèqì，chǎnqù chēzi qiánhòu de jīxuě，xiǎoxīn-yìyì de kāichē qù xuéxiào.

Jù tǒngjì，shí nián lái Niǔyuē de gōnglì xiǎoxué zhǐ yīn • wèi chāojí bàofēngxuě tíngguo qī cì kè. Zhè shì duōme lìng rén jīngyà de shì. Fàndezháo zài dàrén dōu wúxū shàngbān de shíhou ràng háizi qù xuéxiào ma? Xiǎoxué de lǎoshī yě tài dǎoméile ba?

Yúshì，měiféng dàxuě ér xiǎoxué bù tíngkè shí，dōu yǒu jiāzhǎng dǎ diànhuà qù mà. Miào de shì，měi gè dǎ diànhuà de rén，fǎnyìng quán yī yàng——xiān shì nùqìchōngchōng de zéwèn，ránhòu mǎnkǒu dàoqiàn，zuìhòu xiàoróng mǎnmiàn de guà • shàng diànhuà. Yuányīn shì，xuéxiào gàosu jiāzhǎng：

Zài Niǔyuē yǒu xǔduō bǎiwàn fùwēng，dàn yě yǒu bùshǎo pínkùn de jiātíng. Hòuzhě bái • tiān kāi • bùqǐ nuǎnqì，gōng • bùqǐ wǔcān，háizi de yíngyǎng quán kào xuéxiào • lǐ miǎnfèi de zhōngfàn，shènzhì kěyǐ duō ná xiē huíjiā dàng wǎncān. xuéxiào tíngkè yī tiān，qióng háizi jiù shòu yī tiān dòng，ái yī tiān è，suǒyǐ lǎoshīmen nìngyuàn zìjǐ kǔ yīdiǎnr，yě bù néng tíng//kè.

Huòxǔ yǒu jiāzhǎng huì shuō：Hé bù ràng fùyù de háizi zài jiā • lǐ，ràng pínqióng de háizi qù xuéxiào xiǎngshòu nuǎnqì hé yíngyǎng wǔcān ne?

Xuéxiào de dá • fù shì：Wǒmen bùyuàn ràng nàxiē qióngkǔ de háizi gǎndào tāmen shì zài jiēshòu jiùjì，yīn • wèi shīshě de zuìgāo yuánzé shì bǎochí shòushīzhě de zūnyán.

(Xuǎn zì《Pǔtōnghuà Shuǐpíng Cèshì Shíshī Gāngyào》Zuòpǐn 23 Hào)

作品 24 号——《莲花和樱花》

十年，在历史上不过是一瞬间。只要稍加注意，人们就会发现：在这一瞬间里，各种事物都悄悄经历了自己的千变万化。

这次重新访日，我处处感到亲切和熟悉，也在许多方面发觉了日本的变化。就拿奈良的一个角落来说吧，我重游了为之感受很深的唐招提寺，在寺内各处匆匆走了一遍，庭院依旧，但意想不到还看到了一些新的东西。其中之一，就是近几年从中国移植来的“友谊之莲”。

在存放鉴真遗像的那个院子里，几株中国莲昂然挺立，翠绿的宽大荷叶正迎风而舞，显得十分愉快。开花的季节已过，荷花朵朵已变为莲蓬累累。莲子的颜色正在由青转紫，看来已经成熟了。

我禁不住想：“因”已转化为“果”。

中国的莲花开在日本，日本的樱花开在中国，这不是偶然。我希望这样一种盛况延续不衰。可能有人不欣赏花，但决不会有人欣赏落在自己面前的炮弹。

在这些日子里，我看到了不少多年不见的老朋友，又结识了一些新朋友。大家喜欢涉及的话题之一，就是古长安和古奈良。那还用得着问吗，朋友们缅怀过去，正是瞩望未来。瞩目于未来的人们必将获得未来。

我不例外，也希望一个美好的未来。

为 // 了中日人民之间的友谊，我将不浪费今后生命的每一瞬间。

（选自《普通话水平测试实施纲要》作品 24 号）

Zuòpǐn 24 Hào Liánhuā hé Yīnghuā

Shí nián，zài lìshǐ • shàng bùguò shì yī shùnjiān. Zhǐyào shāo jiā zhùyì，rénmen jiù huì fāxiàn：Zài zhè yī shùnjiān • lǐ，gè zhǒng shìwù dōu qiāoqiāo jīnglìle zìjǐ de qiānbiàn-wànhuà.

Zhè cì chóngxīn fǎng Rì, wǒ chùchù gǎndào qīnqiè hé shú • xī, yě zài xǔduō fāngmiàn fājuéle Rìběn de biànhuà. Jiù ná Nàiliáng de yī gè jiǎoluò lái shuō ba, wǒ chóngyóule wéi zhī gǎnshòu hěn shēn de Táng Zhāotísì, zài sìnèi gè chù cōngcōng zǒule yī biàn, tíngyuàn yījiù, dàn yìxiǎngbùdào hái kàndàole yīxiē xīn de dōngxi. Qízhōng zhīyī, jiùshì jìn jǐ nián cóng Zhōngguó yízhí lái de“yǒuyì zhī lián”.

Zài cúnfàng Jiànzhēn yíxiàng de nàge yuànzi • lǐ, jǐ zhū Zhōngguó lián ángrán tǐnglì, cuìlǜ de kuāndà héyè zhèng yíngfēng ér wǔ, xiǎn • dé shífēn yúkuài. Kāihuā de jìjié yǐ guò, héhuā duǒduǒ yǐ biànwéi liánpéng léiléi. Liánzǐ de yánsè zhèngzài yóu qīng zhuǎn zǐ, kàn • lái yǐ • jīng chéngshú le.

Wǒ jīn • bùzhù xiǎng:“Yīn”yǐ zhuǎnhuà wéi“guǒ”.

Zhōngguó de liánhuā kāi zài Rìběn, Rìběn de yīnghuā kāi zài Zhōngguó, zhè bù shì ǒurán. Wǒ xīwàng zhèyàng yī zhǒng shèngkuàng yánxù bù shuāi. Kěnéng yǒu rén bù xīnshǎng huā, dàn jué bùhuì yǒu rén xīnshǎng luò zài zìjǐ miànqián de pàodàn.

Zài zhèxiē rìzi • lǐ, wǒ kàndàole bùshǎo duō nián bù jiàn de lǎopéngyou, yòu jiéshíle yīxiē xīn péngyou. Dàjiā xǐhuān shèjí de huàtí zhīyī, jiùshì gǔ Cháng’ān hé gǔ Nàiliáng. Nà hái yòngdezháo wèn ma, péngyoumen miǎnhuái guòqù, zhèngshì zhǔwàng wèilái. Zhǔmù yú wèilái de rénmen bìjiāng huòdé wèilái.

Wǒ bù lìwài, yě xīwàng yī gè měihǎo de wèilái.

Wèi//le Zhōng-Rì rénmín zhījiān de yǒuyì, wǒ jiāng bù làngfèi jīnhòu shēngmìng de měi yī shùnjiān.

(Xuǎn zì《Pǔtōnghuà Shuǐpíng Cèshì Shíshī Gāngyào》Zuòpǐn 24 Hào)

作品 25 号——《绿》

梅雨潭闪闪的绿色招引着我们，我们开始追捉她那离合的神光了。揪着草，攀着乱石，小心探身下去，又鞠躬过了一个石穹门，便到了汪汪一碧的潭边了。

瀑布在襟袖之间，但是我的心中已没有瀑布了。我的心随潭水的绿而摇荡。那醉人的绿呀！仿佛一张极大极大的荷叶铺着，满是奇异的绿呀。我想张开两臂抱住她，但这是怎样一个妄想啊。

站在水边，望到那面，居然觉着有些远呢！这平铺着、厚积着的绿，着实可爱。她松松地皱缬着，像少妇拖着的裙幅；她滑滑的明亮着，像涂了“明油”一般，有鸡蛋清那样软，那样嫩；她又不杂些尘滓，宛然一块温润的碧玉，只清清的一色——但你却看不透她！

我曾见过北京什刹海拂地的绿杨，脱不了鹅黄的底子，似乎太淡了。我又曾见过杭州虎跑寺近旁高峻而深密的“绿壁”，丛叠着无穷的碧草与绿叶的，那又似乎太浓了。其余呢，西湖的波太明了，秦淮河的也太暗了。可爱的，我将什么来比拟你呢？我怎么比拟得出呢？大约潭是很深的，故能蕴蓄着这样奇异的绿；仿佛蔚蓝的天融了一块在里面似的，这才这般的鲜润啊。

那醉人的绿呀！我若能裁你以为带，我将赠给那轻盈的 // 舞女，她必能临风飘举了。我若能挹你以为眼，我将赠给那善歌的盲妹，她必明眸善睐了。我舍不得你，我怎舍得你呢？我用手拍着你，抚摩着你，如同一个十二三岁的小姑娘。我又掬你入口，便是吻着她了。我送你一个名字，我从此叫你"女儿绿"，好吗？

第二次到仙岩的时候，我不禁惊诧于梅雨潭的绿了。

（选自《普通话水平测试实施纲要》作品 25 号）

Zuòpǐn 25 Hào Lǜ

Méiyǔtán shǎnshǎn de lǜsè zhāoyǐnzhe wǒmen，wǒmen kāishǐ zhuīzhuō tā nà líhé de shénguāng le. Jiūzhe cǎo，pānzhe luànshí，xiǎo • xīn tànshēn xià • qù，yòu jūgōng guòle yī gè shíqióngmén，biàn dàole wāngwāng yī bì de tán biān le.

Pùbù zài jīnxiù zhījiān，dànshì wǒ de xīnzhōng yǐ méi • yǒu pùbù le. Wǒ de xīn suí tánshuǐ de lǜ ér yáodàng. Nà zuìrén de lǜ ya! Fǎngfú yī zhāng jí dà jí dà de héyè pū zhe，mǎnshì qíyì de lǜ ya. Wǒ xiǎng zhāngkāi liǎngbì bàozhù tā，dàn zhè shì zěnyàng yī gè wàngxiǎng a.

Zhàn zài shuǐbiān，wàngdào nà • miàn，jūrán juézhe yǒu xiē yuǎn ne! Zhè píngpūzhe、hòujīzhe de lǜ，zhuóshí kě’ài. Tā sōngsōng de zhòuxiézhe，xiàng shǎofù tuōzhe de qúnfú；tā huáhuá de míngliàngzhe，xiàng túle "míngyóu" yībān，yǒu jīdànqīng nàyàng ruǎn，nàyàng nèn；tā yòu bù zá xiē chénzǐ，wǎnrán yī kuài wēnrùn de bìyù，zhǐ qīngqīng de yī sè——dàn nǐ què kàn • bùtòu tā!

Wǒ céng jiànguo Běijīng Shíchàhǎi fúdì de lǜyáng，tuō • bùliǎo éhuáng de dǐzi，sìhū tài dàn le. Wǒ yòu céng jiànguo Hángzhōu Hǔpáosì jìnpáng gāojùn ér shēnmì de "lǜbì"，cóngdiézhe wúqióng de bìcǎo yǔ lǜyè de，nà yòu sìhū tài nóng le. Qíyú ne，Xīhú de bō tài míng le，Qínhuái Hé de yě tài àn le. Kě'ài de，wǒ jiāng shénme lái bǐnǐ nǐ ne? Wǒ zěnme bǐnǐ de chū ne? Dàyuē tán shì hěn shēn de，gù néng yùnxùzhe zhèyàng qíyì de lǜ；fǎngfú wèilán de tiān róngle yī kuài zài lǐ • miàn shìde，zhè cái zhèbān de xiānrùn a.

Nà zuìrén de lǜ ya! Wǒ ruò néng cái nǐ yǐ wéi dài，wǒ jiāng zènggěi nà qīngyíng de// wǔnǚ，tā bìnéng línfēng piāojǔ le. Wǒ ruò néng yì nǐ yǐ wéi yǎn，wǒ jiāng zènggěi nà shàn gē de mángmèi，tā bì míngmóu-shànlài le. Wǒ shě • bù • dé nǐ. wǒ zěn shě • dé nǐ ne? Wǒ yòng shǒu pāizhe nǐ，fǔmózhe nǐ，rútóng yī gè shí’èr-sān suì de xiǎogūniang. Wǒ yòu jū nǐ rùkǒu，biànshì wěnzhe tā le. Wǒ sòng nǐ yī gè míngzi，wǒ cóngcǐ jiào nǐ"nǚ’érlǜ"，hǎo ma?

Dì-èr cì dào Xiānyán de shíhou，wǒ bùjīn jīngchà yú Méiyǔtán de lǜ le.

（Xuǎn zì《Pǔtōnghuà Shuǐpíng Cèshì Shíshī Gāngyào》Zuòpǐn 25 Hào）

作品 26 号——《落花生》

我们家的后园有半亩空地，母亲说："让它荒着怪可惜的，你们那么爱吃花生，就开辟出来种花生吧。"我们姐弟几个都很高兴，买种，翻地，播种，浇水，没过几个月，居然收获了。

母亲说："今晚我们过一个收获节，请你们父亲也来尝尝我们的新花生，好不好?"我们都说好。母亲把花生做成了好几样食品，还吩咐就在后园的茅亭里过这个节。

晚上天色不太好，可是父亲也来了，实在很难得。

父亲说："你们爱吃花生吗?"

我们争着答应："爱!"

"谁能把花生的好处说出来?"

姐姐说："花生的味美。"

哥哥说："花生可以榨油。"

我说："花生的价钱便宜，谁都可以买来吃，都喜欢吃。这就是它的好处。"

父亲说："花生的好处很多，有一样最可贵：它的果实埋在地里，不像桃子、石榴、苹果那样，把鲜红嫩绿的果实高高地挂在枝头上，使人一见就生爱慕之心。你们看它矮矮地长在地上，等到成熟了，也不能立刻分辨出来它有没有果实，必须挖出来才知道。"

我们都说是，母亲也点点头。

父亲接下去说："所以你们要像花生，它虽然不好看，可是很有用，不是外表好看而没有实用的东西。"

我说："那么，人要做有用的人，不要做只讲体面，而对别人没有好处的人了。"//

父亲说："对。这是我对你们的希望。"

我们谈到夜深才散。花生做的食品都吃完了，父亲的话却深深地印在我的心上。

（选自《普通话水平测试实施纲要》作品 26 号）

Zuòpǐn 26 Hào Luòhuāshēng

Wǒmen jiā de hòuyuán yǒu bàn mǔ kòngdì，mǔ • qīn shuō："Ràng tā huāngzhe guài kěxī de，nǐmen nàme ài chī huāshēng，jiù kāipì chū • lái zhòng huāshēng ba." Wǒmen jiě-dì jǐ gè dōu hěn gāoxìng，mǎizhǒng，fāndì，bōzhǒng，jiāoshuǐ，méi guò jǐ gè yuè，jūrán shōuhuò le.

Mǔ • qīn shuō："Jīnwǎn wǒmen guò yī gè shōuhuòjié，qǐng nǐmen fù • qīn yě lái chángchang wǒmen de xīn huāshēng，hǎo • bù hǎo?"Wǒmen dōu shuō hǎo. Mǔ • qīn bǎ huāshēng zuòchéngle hǎo jǐ yàng shípǐn，hái fēn • fù jiù zài hòuyuán de máotíng • lǐ guò zhège jié.

Wǎnshang tiānsè bù tài hǎo，kěshì fù • qīn yě lái le，shízài hěn nándé.

Fù • qīn shuō："Nǐmen ài chī huāshēng ma?"

Wǒmen zhēngzhe dāying："Aì!"

“Shéi néng bǎ huāshēng de hǎo • chù shuō chū • lái?”

Jiějie shuō：“Huāshēng de wèir měi.”

Gēge shuō：“Huāshēng kěyǐ zhàyóu.”

Wǒ shuō：“Huāshēng de jià • qián piányi，shéi dōu kěyǐ mǎi • lái chī，dōu xǐhuan chī. Zhè jiùshì tā de hǎo • chù.”

Fù • qīn shuō：“Huāshēng de hǎo • chù hěn duō，yǒu yī yàng zuì kěguì：Tā de guǒshí mái zài dì • lǐ，bù xiàng táozi、shíliu、píngguǒ nàyàng，bǎ xiānhóng nènlǜ de guǒshí gāogāo de guà zài zhītóu • shàng ，shǐ rén yī jiàn jiù shēng àimù zhī xīn. Nǐmen kàn tā ǎi'ǎi de zhǎng zài dì • shàng，děngdào chéngshú le，yě bùnéng lìkè fēnbiàn chū • lái tā yǒu méi • yǒu guǒshí，bìxū wā chū • lái cái zhī • dào.”

Wǒmen dōu shuō shì，mǔ • qīn yě diǎndiǎn tóu.

Fù • qīn jiē xià • qù shuō：“Suǒyǐ nǐmen yào xiàng huāshēng，tā suīrán bù hǎokàn，kěshì hěn yǒuyòng，bù shì wàibiǎo hǎokàn ér méi • yǒu shíyòng de dōngxi.”

Wǒ shuō：“Nàme，rén yào zuò yǒuyòng de rén，bùyào zuò zhǐ jiǎng tǐ • miàn，ér duì bié • rén méi • yǒu hǎo • chù de rén le.”//

Fù • qīn shuō：“Duì. Zhè shì wǒ duì nǐmen de xīwàng.”

Wǒmen tándào yè shēn cái sàn. Huāshēng zuò de shípǐn dōu chīwán le，fù • qīn de huà què shēnshēn de yìn zài wǒ de xīn • shàng.

(Xuǎn zì《Pǔtōnghuà Shuǐpíng Cèshì Shíshī Gāngyào》Zuòpǐn 26 Hào)

作品 27 号——《麻雀》

我打猎归来，沿着花园的林阴路走着。狗跑在我前边。

突然，狗放慢脚步，蹑足潜行，好像嗅到了前边有什么野物。

我顺着林阴路望去，看见了一只嘴边还带黄色、头上生着柔毛的小麻雀。风猛烈地吹打着林阴路上的白桦树，麻雀从巢里跌落下来，呆呆地伏在地上，孤立无援地张开两只羽毛还未丰满的小翅膀。

我的狗慢慢向它靠近。忽然，从附近一棵树上飞下一只黑胸脯的老麻雀，像一颗石子似的落到狗的跟前。老麻雀全身倒竖着羽毛，惊恐万状，发出绝望、凄惨的叫声，接着向露出牙齿、大张着的狗嘴扑去。

老麻雀是猛扑下来救护幼雀的。它用身体掩护着自己的幼儿……但它整个小小的身体因恐怖而战栗着，它小小的声音也变得粗暴嘶哑，它在牺牲自己！

在它看来，狗该是多么庞大的怪物啊！然而，它还是不能站在自己高高的、安全的树枝上……一种比它的理智更强烈的力量，使它从那儿扑下身来。

我的狗站住了，向后退了退……看来，它也感到了这种力量。

我赶紧唤住惊慌失措的狗，然后我怀着崇敬的心情，走开了。

是啊，请不要见笑。我崇敬那只小小的、英勇的鸟儿，我崇敬它那种爱的冲动和力量。

爱，//我想，比死和死的恐惧更强大。只有依靠它，依靠这种爱，生命才能维持下去，发展下去。

（选自《普通话水平测试实施纲要》作品 27 号）

Zuòpǐn 27 Hào Máquè

Wǒ dǎliè guīlái，yánzhe huāyuán de línyīnlù zǒuzhe. Gǒu pǎo zài wǒ qián • biān.

Tūrán，gǒu fàngmàn jiǎobù，nièzú-qiánxíng，hǎoxiàng xiùdàole qián • biān yǒu shénme yěwù.

Wǒ shùnzhe línyīnlù wàng • qù，kàn • jiànle yī zhī zuǐ biān hái dài huángsè、tóu • shàng shēngzhe róumáo de xiǎo máquè. Fēng měngliè de chuīdǎzhe línyīnlù • shàng de báihuàshù，máquè cóng cháo • lǐ diēluò xià • lái，dāidāi de fú zài dì • shàng，gūlì wúyuán de zhāngkāi liǎng zhī yǔmáo hái wèi fēngmǎn de xiǎo chìbǎng.

Wǒ de gǒu mànmàn xiàng tā kàojìn. Hūrán，cóng fùjìn yī kē shù • shàng fēi • xià yī zhī hēi xiōngpú de lǎo máquè，xiàng yī kē shízǐ shìde luòdào gǒu de gēn • qián. Lǎo máquè quánshēn dǎoshùzhe yǔmáo，jīngkǒng-wànzhuàng，fāchū juéwàng、qīcǎn de jiàoshēng，jiēzhe xiàng lòuchū yáchǐ、dà zhāngzhe de gǒuzuǐ pū • qù.

Lǎo máquè shì měng pū xià • lái jiùhù yòuquè de. Tā yòng shēntǐ yǎnhùzhe zìji de yòu'ér……Dàn tā zhěnggè xiǎoxiǎo de shēntǐ yīn kǒngbù ér zhànlìzhe，tā xiǎoxiǎo de shēngyīn yě biànde cūbào sīyǎ，tā zài xīshēng zìjǐ!

Zài tā kànlái，gǒu gāi shì duōme pángdà de guàiwu a! Rán'ér，tā háishì bùnéng zhàn zài zìjǐ gāogāo de、ānquán de shùzhī • shàng……Yī zhǒng bǐ tā de lǐzhì gèng qiángliè de lì • liàng，shǐ tā cóng nàr pū • xià shēn • lái.

Wǒ de gǒu zhànzhù le，xiàng hòu tuìle tuì……kànlái，tā yě gǎndàole zhè zhǒng lì • liàng.

Wǒ gǎnjǐn huànzhù jīnghuāng-shīcuò de gǒu，ránhòu wǒ huáizhe chóngjìng de xīnqíng，zǒukāi le.

Shì a，qǐng bùyào jiànxiào. Wǒ chóngjìng nà zhī xiǎoxiǎo de、yīngyǒng de niǎo' • er，wǒ chóngjìng tā nà zhǒng ài de chōngdòng hé lì • liàng.

Ài，//Wǒ xiǎng，bǐ sǐ hé sǐ de kǒngjù gèng qiángdà. Zhǐyǒu yīkào tā，yīkào zhè zhǒng ài，shēngmìng cái néng wéichí xià • qù，fāzhǎn xià • qù.

（Xuǎn zì《Pǔtōnghuà Shuǐpíng Cèshì Shíshī Gāngyào》Zuòpǐn 27 Hào）

作品 28 号——《迷途笛音》

那年我六岁。离我家仅一箭之遥的小山坡旁，有一个早已被废弃的采石场，双亲从来不准我去那儿，其实那儿风景十分迷人。

一个夏季的下午，我随着一群小伙伴偷偷上那儿去了。就在我们穿越了一条孤寂的小路后，他们却把我一个人留在原地，然后奔向“更危险的地带”了。

等他们走后，我惊慌失措地发现，再也找不到要回家的那条孤寂的小道了。像只无头的苍蝇，我到处乱钻，衣裤上挂满了芒刺。太阳已经落山，而此时此刻，家里一定开始吃晚餐了，双亲正盼着我回家……想着想着，我不由得背靠着一棵树，伤心地呜呜大哭起来……

突然，不远处传来了声声柳笛。我像找到了救星，急忙循声走去。一条小道边的树桩上坐着一位吹笛人，手里还正削着什么。走近细看，他不就是被大家称为"乡巴佬儿"的卡廷吗？

"你好，小家伙儿，"卡廷说，"看天气多美，你是出来散步的吧？"

我怯生生地点点头，答道："我要回家了。"

"请耐心等上几分钟，"卡廷说，"瞧，我正在削一支柳笛，差不多就要做好了，完工后就送给你吧！"

卡廷边削边不时把尚未成形的柳笛放在嘴里试吹一下。没过多久，一支柳笛便递到我手中。我俩在一阵阵清脆悦耳的笛音//中，踏上了归途……

当时，我心中只充满感激，而今天，当我自己也成了祖父时，却突然领悟到他用心之良苦！那天当他听到我的哭声时，便判定我一定迷了路，但他并不想在孩子面前扮演"救星"的角色，于是吹响柳笛以便让我能发现他，并跟着他走出困境！就这样，卡廷先生以乡下人的纯朴，保护了一个小男孩儿强烈的自尊。

（选自《普通话水平测试实施纲要》作品 28 号）

Zuòpǐn 28 Hào Mítú Díyīn

Nànián wǒ liù suì. Lí wǒ jiā jǐn yī jiàn zhī yáo de xiǎo shānpō páng，yǒu yī gè zǎo yǐ bèi fèiqì de cǎishíchǎng，shuāngqīn cónglái bùzhǔn wǒ qù nàr，qíshí nàr fēngjǐng shífēn mírén.

Yī gè xiàjì de xiàwǔ，wǒ suízhe yī qún xiǎohuǒbànr tōutōu shàng nàr qù le. Jiù zài wǒmen chuānyuèle yī tiáo gūjì de xiǎolù hòu，tāmen què bǎ wǒ yī gè rén liú zài yuán dì，ránhòu bēnxiàng"gèng wēixiǎn de dìdài" le.

Děng tāmen zǒuhòu，wǒ jīnghuāng-shīcuò de fāxiàn，zài yě zhǎo・bùdào yào huíjiā de nà tiáo gūjì de xiǎodào le. Xiàng zhī wú tóu de cāngying，wǒ dàochù luàn zhuān，yīkù・shàng guàmǎnle mángcì. Tài・yáng yǐ・jīng luò shān，ér cǐshí cǐkè，jiā・lǐ yīdìng kāishǐ chī wǎncān le，shuāngqīn zhèng pànzhe wǒ huíjiā…… Xiǎngzhe xiǎngzhe，wǒ bùyóudé bèi kàozhe yī kē shù，shāngxīn de wūwū dàkū qǐ・lái……

Tūrán，bù yuǎnchù chuán・láile shēngshēng liǔdí. Wǒ xiàng zhǎodàole jiùxīng，jímáng xúnshēng zǒuqù. Yī tiáo xiǎodào biān de shùzhuāng・shàng zuòzhe yī wèi chuīdí rén，shǒu・lǐ hái zhèng xiāozhe shénme. Zǒujìn xì kàn，tā bù jiùshì bèi dàjiā chēngwéi"xiāngbalǎor"de Kǎtíng ma?

“Nǐ hǎo，xiǎojiāhuor，”Kǎtíng shuō，“kàn tiānqì duō měi，nǐ shì chū • lái sànbù de ba?”

Wǒ qièshēngshēng de diǎndiǎn tóu，dádào：“Wǒ yào huíjiā le.”

“Qǐng nàixīn děng • shàng jǐ fēnzhōng，”Kǎtíng shuō，“Qiáo，wǒ zhèngzài xiāo yī zhī liǔdí，chà • bùduō jiù yào zuòhǎo le，wángōng hòu jiù sònggěi nǐ ba!”

Kǎtíng biān xiāo biān bùshí bǎ shàng wèi chéngxíng de liǔdí fàng zài zuǐ • lǐ shìchuī yīxià. Méi guò duōjiǔ，yī zhī liǔdí biàn dìdào wǒ shǒu zhōng. Wǒ liǎ zài yī zhènzhèn qīngcuì yuè'ěr de díyīn//zhōng，tà • shàng le guītú……

Dàngshí，wǒ xīnzhōng zhǐ chōngmǎn gǎn • jī，ér jīntiān，dāng wǒ zìjǐ yě chéngle zǔfù shí，què tūrán lǐngwù dào tā yòngxīn zhī liángkǔ! Nà tiān dāng tā tīngdào wǒ de kūshēng shí，biàn pàndìng wǒ yīdìng míle lù，dàn tā bìng bù xiǎng zài háizi miànqián bànyǎn“jiùxīng”de juésè，yúshì chuīxiǎng liǔdí yǐbiàn ràng wǒ néng fāxiàn tā，bìng gēnzhe tā zǒuchū kùnjìng! Kǎtíng xiānsheng yǐ xiāngxiàrén de chúnpǔ，bǎohùle yī gè xiǎonánháir qiángliè de zìzūn.

(Xuǎn zì《Pǔtōnghuà Shuǐpíng Cèshì Shíshī Gāngyào》Zuòpǐn 28 Hào)

作品 29 号——《莫高窟》

在浩瀚无垠的沙漠里，有一片美丽的绿洲，绿洲里藏着一颗闪光的珍珠。这颗珍珠就是敦煌莫高窟。它坐落在我国甘肃省敦煌市三危山和鸣沙山的怀抱中。

鸣沙山东麓是平均高度为十七米的崖壁。在一千六百多米长的崖壁上，凿有大小洞窟七百余个，形成了规模宏伟的石窟群。其中四百九十二个洞窟中，共有彩色塑像两千一百余尊，各种壁画共四万五千多平方米。莫高窟是我国古代无数艺术匠师留给人类的珍贵文化遗产。

莫高窟的彩塑，每一尊都是一件精美的艺术品。最大的有九层楼那么高，最小的还不如一个手掌大。这些彩塑个性鲜明，神态各异。有慈眉善目的菩萨，有威风凛凛的天王，还有强壮勇猛的力士……

莫高窟壁画的内容丰富多彩，有的是描绘古代劳动人民打猎、捕鱼、耕田、收割的情景，有的是描绘人们奏乐、舞蹈、演杂技的场面，还有的是描绘大自然的美丽风光。其中最引人注目的是飞天。壁画上的飞天，有的臂挎花篮，采摘鲜花；有的反弹琵琶，轻拨银弦；有的倒悬身子，自天而降；有的彩带飘拂，漫天遨游；有的舒展着双臂，翩翩起舞。看着这些精美动人的壁画，就像走进了 // 灿烂辉煌的艺术殿堂。

莫高窟里还有一个面积不大的洞窟——藏经洞。洞里曾藏有我国古代的各种经卷、文书、帛画、刺绣、铜像等共六万多件。由于清朝政府腐败无能，大量珍贵的文物被外国强盗掠走。仅存的部分经卷，现在陈列于北京故宫等处。

莫高窟是举世闻名的艺术宝库。这里的每一尊彩塑、每一幅壁画、每一件文物，都是中国古代人民智慧的结晶。

（选自《普通话水平测试实施纲要》作品 29 号）

Zuòpǐn 29 Hào Mògāokū

Zài hàohàn wúyín de shāmò · lǐ，yǒu yī piàn měilì de lǜzhōu，lǜzhōu · lǐ cángzhe yī kē shǎnguāng de zhēnzhū. Zhè kē zhēnzhū jiùshì Dūnhuáng Mògāokū. Tā zuòluò zài wǒguó Gānsù Shěng Dūnhuáng Shì Sānwēi Shān hé Míngshā Shān de huáibào zhōng.

Míngshā Shān dōnglù shì píngjūn gāodù wéi shíqī mǐ de yábì. Zài yīqiān liùbǎi duō mǐ cháng de yábì · shàng，záo yǒu dàxiǎo dòngkū qībǎi yú gè，xíngchéngle guīmó hóngwěi de shíkūqún. Qízhōng sìbǎi jiǔshí’èr gè dòngkū zhōng，gòng yǒu cǎisè sùxiàng liǎngqiān yībǎi yú zūn，gè zhǒng bìhuà gòng sìwàn wǔqiān duō píngfāngmǐ. Mògāokū shì wǒguó gǔdài wúshù yìshù jiàngshī liúgěi rénlèi de zhēnguì wénhuà yíchǎn.

Mògāokū de cǎisù，měi yī zūn dōu shì yī jiàn jīngměi de yìshùpǐn. Zuì dà de yǒu jiǔ céng lóu nàme gāo，zuì xiǎo de hái bùrú yī gè shǒuzhǎng dà. Zhèxiē cǎisù gèxìng xiānmíng，shéntài-gèyì. Yǒu címéi-shànmù de pú · sà，yǒu wēifēng-lǐnlǐn de tiānwáng，háiyǒu qiángzhuàng yǒngměng de lìshì……

Mògāokū bìhuà de nèiróng fēngfù-duōcǎi，yǒude shì miáohuì gǔdài láodòng rénmín dǎliè、bǔyú、gēngtián、shōugē de qíngjǐng，yǒude shì miáohuì rénmen zòuyuè、wǔdǎo、yǎn zájì de chǎngmiàn，háiyǒude shì miáohuì dàzìrán de měilì fēngguāng. Qízhōng zuì yǐnrén-zhùmù de shì fēitiān. Bìhuà · shàng de fēitiān，yǒude bì kuà huālán，cǎizhāi xiānhuā；yǒude fǎn tán pí · pá，qīng bō yínxián；yǒude dào xuán shēnzi，zì tiān ér jiàng；yǒude cǎidài piāofú，màntiān áo yóu；yǒude shūzhǎnzhe shuāngbì，piānpiān-qǐwǔ. Kànzhe zhèxiē jīngměi dòngrén de bìhuà，jiù xiàng zǒujìnle//cànlàn huīhuáng de yìshù diàntáng.

Mògāokū · lǐ háiyǒu yī gè miànjī bù dà de dòngkū——cángjīngdòng. Dòng · lǐ céng cángyǒu wǒguó gǔdài de gè zhǒng jīngjuàn、wénshū、bóhuà、cìxiù、tóngxiàng děng gòng liùwàn duō jiàn. Yóuyú Qīngcháo zhèngfǔ fǔbài wúnéng，dàliàng zhēnguì de wénwù bèi wàiguó qiángdào lüèzǒu. Jǐncún de bùfēn jīngjuàn，xiànzài chénliè yú Běijīng Gùgōng děng chù.

Mògāokū shì jǔshì-wénmíng de yìshù bǎokù. Zhè · lǐ de měi yī zūn cǎisù、měi yī fú bìhuà、měi yī jiàn wénwù，dōu shì Zhōngguó gǔdài rénmín zhìhuì de jiéjīng.

（Xuǎn zì《Pǔtōnghuà Shuǐpíng Cèshì Shíshī Gāngyào》Zuòpǐn 29 Hào）

作品 31 号——《“能吞能吐”的森林》

森林涵养水源，保持水土，防止水旱灾害的作用非常大。据专家测算，一片十万亩面积的森林，相当于一个两百万立方米的水库，这正如农谚所说的：“山上多栽树，等于修水库。雨多它能吞，雨少它能吐。”

说起森林的功劳，那还多得很。它除了为人类提供木材及许多种生产、生活的原料之外，在维护生态环境方面也是功劳卓著，它用另一种“能吞能吐”的特殊功能孕育了人类。因为地球在形成之初，大气中的二氧化碳含量很高，氧气很少，气温也高，生物是难以生存的。大约在四亿年之前，陆地才产生了森林。森林慢慢将大气中的二氧化碳吸收，同时吐出新鲜氧气，调节气温：这才具备了人类生存的条件，地球上才最终有了人类。

森林，是地球生态系统的主体，是大自然的总调度室，是地球的绿色之肺。森林维护地球生态环境的这种“能吞能吐”的特殊功能是其他任何物体都不能取代的。然而，由于地球上的燃烧物增多，二氧化碳的排放量急剧增加，使得地球生态环境急剧恶化，主要表现为全球气候变暖，水分蒸发加快，改变了气流的循环，使气候变化加剧，从而引发热浪、飓风、暴雨、洪涝及干旱。

为了 // 使地球的这个“能吞能吐”的绿色之肺恢复健壮，以改善生态环境，抑制全球变暖，减少水旱等自然灾害，我们应该大力造林、护林，使每一座荒山都绿起来。

（选自《普通话水平测试实施纲要》作品 31 号）

Zuòpǐn 31 Hào “Néngtūn-Néngtǔ”de Sēnlín

Sēnlín hányǎng shuǐyuán，bǎochí shuǐtǔ，fángzhǐ shuǐhàn zāihài de zuòyòng fēicháng dà. Jù zhuānjiā cèsuàn，yī piàn shíwàn mǔ miànjī de sēnlín，xiāngdāngyú yī gè liǎngbǎi wàn lìfāngmǐ de shuǐkù，zhè zhèng rú nóngyàn suǒ shuō de：“Shān • shàng duō zāi shù，děngyú xiū shuǐkù. Yǔ duō tā néng tūn，yǔ shǎo tā néng tǔ.”

Shuōqǐ sēnlín de gōng • láo，nà hái duō de hěn. Tā chúle wèi rénlèi tígōng mùcái jí xǔduō zhǒng shēngchǎn、shēnghuó de yuánliào zhīwài，zài wéihù shēngtài huánjìng fāngmiàn yě shì gōng • láo zhuózhù，tā yòng lìng yī zhǒng“néngtūn-néngtǔ”de tèshū gōngnéng yùnyùle rénlèi. Yīn • wèi dìqiú zài xíngchéng zhīchū，dàqì zhōng de èryǎnghuàtàn hánliàng hěn gāo，yǎngqì hěn shǎo，qìwēn yě gāo，shēngwù shì nányǐ shēngcún de. Dàyuē zài sìyì nián zhīqián，lùdì cái chǎnshēngle sēnlín. Sēnlín mànmàn jiāng dàqì zhōng de èryǎnghuàtàn xīshōu，tóngshí tǔ • chū xīn • xiān yǎngqì，tiáojié qìwēn：Zhè cái jùbèile rénlèi shēngcún de tiáojiàn，dìqiú • shàng cái zuìzhōng yǒule rénlèi.

Sēnlín，shì dìqiú shēngtài xìtǒng de zhǔtǐ，shì dàzìrán de zǒng diàodùshì，shì dìqiú de lǜsè zhī fèi. Sēnlín wéihù dìqiú shēngtài huánjìng de zhè zhǒng“néngtūn-néngtǔ”de tèshū gōngnéng shì qítā rènhé wùtǐ dōu bùnéng qǔdài de. Rán’ér，yóuyú dìqiú • shàng de ránshāowù zēngduō，èryǎnghuàtàn de páifàngliàng jíjù zēngjiā，shǐ • dé dìqiú shēngtài huánjìng jíjù èhuà，zhǔyào biǎoxiàn wéi quánqiú qìhòu biàn nuǎn，shuǐfèn zhēngfā jiākuài，gǎibiànle qìliú de xúnhuán，shǐ qìhòu biànhuà jiājù，cóng’ér yǐnfā rèlàng、jùfēng、bàoyǔ、hónglào jí gānhàn.

Wèile//shǐ dìqiú de zhège“néngtūn-néngtǔ”de lǜsè zhī fèi huīfù jiànzhuàng，yǐ gǎishàn shēngtài huánjìng，yìzhì quánqiú biàn nuǎn，jiǎnshǎo shuǐhàn děng zìrán zāihài，wǒmen yīnggāi dàlì zàolín、hùlín，shǐ měi yī zuò huāngshān dōu lǜqǐ • lái.

（Xuǎn zì《Pǔtōnghuà Shuǐpíng Cèshì Shíshī Gāngyào》Zuòpǐn 31 Hào）

作品 32 号——《朋友和其他》

朋友即将远行。

暮春时节，又邀了几位朋友在家小聚。虽然都是极熟的朋友，却是终年难得一见，偶尔电话里相遇，也无非是几句寻常话。一锅小米稀饭，一碟大头菜，一盘自家酿制的泡菜，一只巷口买回的烤鸭，简简单单，不像请客，倒像家人团聚。

其实，友情也好，爱情也好，久而久之都会转化为亲情。

说也奇怪，和新朋友会谈文学、谈哲学、谈人生道理等，和老朋友却只话家常，柴米油盐，细细碎碎，种种琐事。很多时候，心灵的契合已经不需要太多的言语来表达。

朋友新烫了个头，不敢回家见母亲，恐怕惊骇了老人家，却欢天喜地来见我们，老朋友颇能以一种趣味性的眼光欣赏这个改变。

年少的时候，我们差不多都在为别人而活，为苦口婆心的父母活，为循循善诱的师长活，为许多观念、许多传统的约束力而活。年岁逐增，渐渐挣脱外在的限制与束缚，开始懂得为自己活，照自己的方式做一些自己喜欢的事，不在乎别人的批评意见，不在乎别人的诋毁流言，只在乎那一份随心所欲的舒坦自然。偶尔，也能够纵容自己放浪一下，并且有一种恶作剧的窃喜。

就让生命顺其自然，水到渠成吧，犹如窗前的 // 乌桕，自生自落之间，自有一份圆融丰满的喜悦。春雨轻轻落着，没有诗，没有酒，有的只是一份相知相属的自在自得。

夜色在笑语中渐渐沉落，朋友起身告辞，没有挽留，没有送别，甚至也没有问归期。

已经过了大喜大悲的岁月，已经过了伤感流泪的年华，知道了聚散原来是这样的自然和顺理成章。懂得这点，便懂得珍惜每一次相聚的温馨，离别便也欢喜。

（选自《普通话水平测试实施纲要》作品 32 号，有改动）

Zuòpǐn 32 Hào Péngyǒu hé Qítā

Péngyou jíjiāng yuǎnxíng.

Mùchūn shíjié，yòu yāole jǐ wèi péngyou zài jiā xiǎojù. Suīrán dōu shì jí shú de péngyou，què shì zhōngnián nándé yī jiàn，ǒu'ěr diànhuà • lǐ xiāngyù，yě wúfēi shì jǐ jù xúnchánghuà. Yī guō xiǎomǐ xīfàn，yī dié dàtóucài，yī pán zìjiā niàngzhì de pàocài，yī zhī xiàngkǒu mǎihuí de kǎoyā，jiǎnjiǎn-dāndān，bù xiàng qǐngkè，dào xiàng jiārén tuánjù.

Qíshí，yǒuqíng yě hǎo，àiqíng yě hǎo，jiǔ'érjiǔzhī dōu huì zhuǎnhuà wéi qīnqíng.

Shuō yě qíguài，hé xīn péngyou huì tán wénxué、tán zhéxué、tán rénshēng dào • lǐ děngděng，hé lǎo péngyou què zhǐ huà jiācháng，chái-mǐ-yóu-yán，xìxì-suìsuì，zhǒngzhǒng suǒshì. Hěn duō shíhou，xīnlíng de qìhé yǐ • jīng bù xūyào tài duō de yán yǔ lái biǎodá.

Péngyou xīn tàngle gè tóu，bùgǎn huíjiā jiàn mǔ • qīn，kǒngpà jīnghàile lǎo • rén • jiā，què huāntiān-xǐdì lái jiàn wǒmen，lǎo péngyou pō néng yǐ yī zhǒng qùwèixìng de yǎnguāng xīnshǎng zhège gǎibiàn.

Niánshǎo de shíhou，wǒmen chà • bùduō dōu zài wèi bié • rén ér huó，wèi kǔkǒu-póxīn de fùmǔ huó，wèi xúnxún-shànyòu de zhīzhǎng huó，wèi xǔduō guānniàn、xǔduō chuántǒng de yuēshùlì ér huó. Niánsuì zhú zēng，jiànjiàn zhèngtuō wàizài de xiànzhì yǔ shùfù，kāishǐ dǒng • dé wèi zìjǐ huó，zhào zìjǐ de fāngshì zuò yīxiē zìjǐ xǐhuan de shì，bù zàihu bié • rén de pīpíng yì • jiàn，bù zàihu bié • rén de dǐhuǐ liúyán，zhī zàihu nà yī fēnr suíxīn-suǒyù de shūtan zìrán. Ou' ěr，yě nénggòu zòngróng zìjǐ fànglàng yīxià，bìngqiě yǒu yī zhǒng èzuòjù de qièxǐ.

Jiù ràng shēngmìng shùn qí zìrán，shuǐdào-qúchéng ba，yóurú chuāng qián de// wūjiù，zìshēng-zìluò zhījiān，zì yǒu yī fèn yuánróng fēngmǎn de xǐyuè. Chūnyǔ qīngqīng luòzhe，méi • yǒu shī，méi • yǒu jiǔ，yǒude zhǐshì yī fèn xiāng zhī xiāng shǔ de zìzài zìdé.

Yèsè zài xiàoyǔ zhōng jiànjiàn chénluò，péngyou qǐshēn gàocí，méi • yǒu wǎnliú，méi • yǒu sòngbié，shènzhì yě méi • yǒu wèn guīqī.

Yǐ • jīng guòle dàxǐ-dàbēi de suìyuè，yǐ • jīng guòle shānggǎn liúlèi de niánhuá，zhī • dàole jù-sàn yuánlái shì zhèyàng de zìrán hé shùnlǐ-chéngzhāng. dǒng • dé zhè diǎn，biàn dǒngdé zhēnxī měi yī cì xiāngjù de wēnxīn，líbié biàn yě huānxǐ.

（Xuǎn zì《Pǔtōnghuà Shuǐpíng Cèshì Shíshī Gāngyào》Zuòpǐn 31 Hào，yǒu gǎi dòng）

作品 33 号——《散步》

我们在田野散步：我，我的母亲，我的妻子和儿子。

母亲本不愿出来的。她老了，身体不好，走远一点儿就觉得很累。我说，正因为如此，才应该多走走。母亲信服地点点头，便去拿外套。她现在很听我的话，就像我小时候很听她的话一样。

这南方初春的田野，大块小块的新绿随意地铺着，有的浓，有的淡，树上的嫩芽也密了，田里的冬水也咕咕地起着水泡。这一切都使人想着一样东西——生命。

我和母亲走在前面，我的妻子和儿子走在后面。小家伙突然叫起来："前面是妈妈和儿子，后面也是妈妈和儿子。"我们都笑了。

后来发生了分歧：母亲要走大路，大路平顺；我的儿子要走小路，小路有意思。不过，一切都取决于我。我的母亲老了，她早已习惯听从她强壮的儿子；我的儿子还小，他还习惯听从他高大的父亲；妻子呢，在外面，她总是听我的。一霎时我感到了责任的重大。我想找一个两全的办法，找不出；我想拆散一家人，分成两路，各得其所，终不愿意。我决定委屈儿子，因为我伴同他的时日还长。我说："走大路。"

但是母亲摸摸孙儿的小脑瓜，变了主意："还是走小路吧。"她的眼随小路望去：那里有金色的菜花，两行整齐的桑树，// 尽头一口水波粼粼的鱼塘。"我走不过去的地方，你就背着我。"母亲对我说。

这样，我们在阳光下，向着那菜花、桑树和鱼塘走去。到了一处，我蹲下来，背起了母亲；妻子也蹲下来，背起了儿子。我和妻子都是慢慢地，稳稳地，走得很仔细，好像我背上的同她背上的加起来，就是整个世界。

（选自《普通话水平测试实施纲要》作品 33 号）

Zuòpǐn 33 Hào Sànbù

Wǒmen zài tiányě sànbù：Wǒ，wǒ de mǔ · qīn，wǒ de qī · zǐ hé érzi.

Mǔ · qīn běn bùyuàn chū · lái de. Tā lǎo le，shēntǐ bù hǎo，zǒu yuǎn yīdiǎnr jiù jué · dé hěn lèi. Wǒ shuō，zhèng yīn · wèi rúcǐ，cái yīnggāi duō zǒuzou. Mǔ · qīn xìnfú de diǎndiǎn tóu，biàn qù ná wàitào. Tā xiànzài hěn tīng wǒ de huà，jiù xiàng wǒ xiǎoshíhou hěn tīng tā de huà yīyàng.

Zhè nánfāng chūchūn de tiányě，dàkuài xiǎokuài de xīnlǜ suíyì de pūzhe，yǒude nóng，yǒude dàn，shù · shàng de nènyá yě mì le，tián · lǐ de dōngshuǐ yě gūgū de qǐzhe shuǐpào. Zhè yīqiè dōu shǐ rén xiǎngzhe yī yàng dōngxi——shēngmìng.

Wǒ hé mǔ · qīn zǒu zài qián · miàn，wǒ de qī · zǐ hé érzi zǒu zài hòu · miàn. Xiǎojiāhuo tūrán jiào qǐ · lái："qián · miàn shì māma hé érzi，hòu · miàn yě shì māma hé érzi."Wǒmen dōu xiào le.

Hòulái fāshēngle fēnqí：Mǔ · qīn yào zǒu dàlù，dàlù píngshùn；Wǒ de érzi yào zǒu xiǎolù，xiǎolù yǒu yìsi. Bùguò，yīqiè dōu qǔjuéyú wǒ. Wǒ de mǔ · qīn lǎo le，tā zǎoyǐ xíguàn tīngcóng tā qiángzhuàng de érzi；Wǒ de érzi hái xiǎo，tā hái xíguàn tīngcóng tā gāodà de fù · qīn；qī · zǐ ne，zài wài · miàn，tā zǒngshì tīng wǒ de. Yīshàshí wǒ gǎndàole zérèn de zhòngdà. Wǒ xiǎng zhǎo yī gè liǎngquán de bànfǎ，zhǎo bù chū；wǒ xiǎng chāisàn yī jiā rén，fēnchéng liǎng lù，gèdé-qísuǒ，zhōng bù yuàn · yì. Wǒ juédìng wěiqu érzi，yīn · wèi wǒ bàntóng tā de shírì hái cháng. Wǒ shuō："Zǒu dàlù."

Dànshì mǔ · qīn mōmo sūn'ér de xiǎo nǎoguār，biànle zhǔyi："háishì zǒu xiǎolù ba."Tā de yǎn suí xiǎolù wàng · qù：Nà · lǐ yǒu jīnsè de càihuā，liǎng háng zhěngqí de sāngshù，//jìntóu yī kǒu shuǐbō línlín de yútáng."Wǒ zǒu bù guò · qù de dìfang，nǐ jiù bèizhe wǒ."Mǔ · qīn duì wǒ shuō.

Zhèyàng，wǒmen zài yángguāng · xià，xiàngzhe nà càihuā、sāngshù hé yútáng zǒu · qù · Dàole yī chù，wǒ dūn xià · lái，bēiqǐle mǔ · qīn，qī · zǐ yě dūn xià · lái，bēiqǐle érzi. Wǒ hé qī · zǐ dōu shì mànmàn de，wěnwěn de，zǒu de hěn zǐxì，hǎoxiàng wǒ bèi · shàng de tóng tā bèi · shàng de jiā qǐ · lái，jiùshì zhěnggè shìjiè.

（Xuǎn zì《Pǔtōnghuà Shuǐpíng Cèshì Shíshī Gāngyào》Zuòpǐn 33 Hào）

作品 34 号——《神秘的“无底洞”》

地球上是否真的存在“无底洞”？按说地球是圆的，由地壳、地幔和地核三层组成，真正的“无底洞”是不应存在的，我们所看到的各种山洞、裂口、裂缝，甚至火山口也都只是地壳浅部的一种现象。然而中国一些古籍却多次提到海外有个深奥莫测的无底洞。事实上地球上确实有这样一个“无底洞”。

它位于希腊亚各斯古城的海滨。由于濒临大海，大涨潮时，汹涌的海水便会排山倒海般地涌入洞中，形成一股湍湍的急流。据测，每天流入洞内的海水量达三万多吨。奇怪的是，如此大量的海水灌入洞中，却从来没有把洞灌满。曾有人怀疑，这个“无底洞”，会不会就像石灰岩地区的漏斗、竖井、落水洞一类的地形。然而从 20 世纪 30 年代以来，人们就做了多种努力企图寻找它的出口，却都是枉费心机。

为了揭开这个秘密，1958 年美国地理学会派出一支考察队，他们把一种经久不变的带色染料溶解在海水中，观察染料是如何随着海水一起沉下去。接着又察看了附近海面以及岛上的各条河、湖，满怀希望地寻找这种带颜色的水，结果令人失望。难道是海水量太大把有色水稀释得太淡，以致无法发现？//

至今谁也不知道为什么这里的海水会没完没了地“漏”下去，这个“无底洞”的出口又在哪里，每天大量的海水究竟都流到哪里去了？

（选自《普通话水平测试实施纲要》作品 34 号，有改动）

Zuòpǐn 34 Hào Shénmì de “Wú dǐ dòng”

Dìqiú · shàng shìfǒu zhēn de cúnzài“wúdǐdòng”? Ànshuō dìqiú shì yuán de，yóu dìqiào、dìmàn hé dìhé sān céng zǔchéng，zhēnzhèng de“wúdǐdòng”shì bù yīng cúnzài de，wǒmen suǒ kàndào de gè zhǒng shāndòng、lièkǒu、lièfèng，shènzhì huǒshānkǒu yě dōu zhǐshì dìqiào qiǎnbù de yī zhǒng xiànxiàng. Rán’ér zhōngguó yīxiē gǔjí què duō cì tídào hǎiwài yǒu gè shēn’ào-mòcè de wúdǐdòng. Shìshí · shàng dìqiú · shàng quèshí yǒu zhèyàng yī gè “wúdǐdòng”.

Tā wèiyú Xīlà Yàgèsī gǔchéng de hǎibīn. Yóuyú bīnlín dàhǎi，dà zhǎngcháo shí，xiōngyǒng de hǎishuǐ biàn huì páishān-dǎohǎi bān de yǒngrù dòng zhōng，xíngchéng yī gǔ tuāntuān de jíliú. Jù cè，měi tiān liúrù dòng nèi de hǎishuǐliàng dá sānwàn duō dūn. Qíguài de shì，rúcǐ dàliàng de hǎishuǐ guànrù dòng zhōng，què cónglái méi · yǒu bǎ dòng guànmǎn. Céng yǒu rén huáiyí，zhège“wúdǐdòng”，huì · bùhuì jiù xiàng shíhuīyán dìqū de lòudǒu、shùjǐng、luòshuǐdòng yīlèi de dìxíng. Rán’ér cóng èrshí shìjì sānshí niándài yǐlái，rénmen jiù zuòle duō zhǒng nǔlì qǐtú xúnzhǎo tā de chūkǒu，què dōu shì wǎngfèi-xīnjī.

Wèile jiēkāi zhège mìmì，yī jiǔ wǔ bā nián Měiguó Dìlǐ Xuéhuì pàichū yī zhī kǎochádui，tāmen bǎ yī zhǒng jīngjiǔ-bùbiàn de dài sè rǎnliào róngjiě zài hǎishuǐ zhōng，guānchá rǎnliào shì rúhé suízhe hǎishuǐ yīqǐ chén xià · qù. Jiēzhe yòu chákànle fùjìn hǎimiàn yǐjí dǎo · shàng de gè tiáo hé、hú，mǎnhuái xīwàng de xúnzhǎo zhè zhǒng dài yánsè de shuǐ，jiéguǒ lìng rén shīwàng. Nándào shì hǎishuǐliàng tài dà bǎ yǒusèshuǐ xīshì de tài dàn，yǐ zhì wúfǎ fāxiàn? //

Zhìjīn shéi yě bù zhī · dào wèishénme zhè · lǐ de hǎishuǐ huì méiwán-méiliǎo de “lòu”xià · qù，zhège“wúdǐdòng”de chūkǒu yòu zài nǎ · lǐ，měi tiān dàliàng de hǎishuǐ jiūjìng dōu liúdào nǎ · lǐ qù le?

（Xuǎn zì《Pǔtōnghuà Shuǐpíng Cèshì Shíshī Gāngyào》Zuòpǐn 34 Hào，yǒu gǎi dòng）

作品 35 号——《世间最美的坟墓》

我在俄国见到的景物再没有比托尔斯泰墓更宏伟、更感人的。

完全按照托尔斯泰的愿望，他的坟墓成了世间最美的，给人印象最深刻的坟墓。它只是树林中的一个小小的长方形土丘，上面开满鲜花——没有十字架，没有墓碑，没有墓志铭，连托尔斯泰这个名字也没有。

这位比谁都感到受自己的声名所累的伟人，却像偶尔被发现的流浪汉，不为人知的士兵，不留名姓地被人埋葬了。谁都可以踏进他最后的安息地，围在四周稀疏的木栅栏是不关闭的——保护列夫 · 托尔斯泰得以安息的没有任何别的东西，惟有人们的敬意；而通常，人们却总是怀着好奇，去破坏伟人墓地的宁静。

这里，逼人的朴素禁锢住任何一种观赏的闲情，并且不容许你大声说话。风儿俯临，在这座无名者之墓的树木之间飒飒响着，和暖的阳光在坟头嬉戏；冬天，白雪温柔地覆盖这片幽暗的土地。无论你在夏天或冬天经过这儿，你都想象不到，这个小小的、隆起的长方体里安放着一位当代最伟大的人物。

然而，恰恰是这座不留姓名的坟墓，比所有挖空心思用大理石和奢华装饰建造的坟墓更扣人心弦。在今天这个特殊的日子里//，到他的安息地来的成百上千人中间，没有一个有勇气，哪怕仅仅从这幽暗的土丘上摘下一朵花留作纪念。人们重新感到，世界上再没有比托尔斯泰最后留下的、这座纪念碑式的朴素坟墓，更打动人心的了。

（选自《普通话水平测试实施纲要》作品 35 号）

Zuòpǐn 35 Hào Shìjiān Zuì Měi de Fénmù

Wǒ zài Éguó jiàndào de jǐngwù zài méi · yǒu bǐ Tuō’ěrsītài mù gèng hóngwěi、gèng gǎnrén de.

Wánquán ànzhào Tuō’ěrsītài de yuànwàng，tā de fénmù chéngle shìjiān zuì měi de、gěi rén yìnxiàng zuì shēnkè de fénmù. Tā zhǐshì shùlín zhōng de yī gè xiǎoxiǎo de chángfāngxíng tǔqiū，shàng · miàn kāimǎn xiānhuā——méi · yǒu shízìjià，méi · yǒu mùbēi，méi · yǒu mùzhìmíng，lián Tuō’ěrsītài zhègè míngzi yě méi · yǒu.

Zhè wèi bǐ shéi dōu gǎndào shòu zìjǐ de shēngmíng suǒ lèi de wěirén，què xiàng ǒu’ěr bèi fāxiàn de liúlànghàn，bù wéi rén zhī de shìbīng，bù liú míngxìng de bèi rén máizàng le. Shéi dōu kěyǐ tàjìn tā zuìhòu de ānxīdì，wéi zài sìzhōu xīshū de mù zhàlan shì bù guānbì de——bǎohù Lièfū Tuō’ěrsītài déyǐ ānxī de méi · yǒu rènhé biéde dōngxi，wéiyǒu rénmen de jìngyì；ér tōngcháng，rénmen què zǒngshì huáizhe hàoqí，qù pòhuài wěirén mùdì de níngjìng.

Zhè · lǐ，bīrén de pǔsù jìngù zhù rènhé yī zhǒng guānshǎng de xiánqíng，bìngqiě bù róngxǔ nǐ dàshēng shuōhuà. Fēng’ · ér fǔ lín，zài zhè zuò wúmíngzhě zhī mù de shùmù zhījiān sàsà xiǎngzhe，hénuǎn de yángguāng zài féntóur xīxì；dōngtiān，báixuě wēnróu de fùgài zhè piàn yōu’àn de tǔdì. Wúlùn nǐ zài xiàtiān huò dōngtiān jīngguò zhèr，nǐ dōu xiǎngxiàng bù dào，zhège xiǎoxiǎo de、lóngqǐ de chángfāngtǐ · lǐ ānfàngzhe yī wèi dāngdài zuì wěidà de rénwù.

Rán’ér，qiàqià shì zhè zuò bù liú xìngmíng de fénmù，bǐ suǒyǒu wākōng xīnsi yòng dàlǐshí hé shēhuá zhuāngshì jiànzào de fénmù gèng kòurénxīnxián. Zài jīntiān zhège tèshū de rìzi · lǐ，//dào tā de ānxīdì lái de chéng bǎi shàng qiān rén zhōngjiān，méi · yǒu yī gè yǒu yǒngqì，nǎpà jǐnjǐn cóng zhè yōu’àn de tǔqiū · shàng zhāixià yī duǒ huā liúzuò jìniàn. Rénmen chóngxīn gǎndào，shìjiè · shàng zài méi · yǒu bǐ Tuō’ěrsītài zuìhòu liúxià de、zhè zuò jìniànbēi shì de pǔsù fénmù，gèng dǎdòng rénxīn de le.

(Xuǎn zì《Pǔtōnghuà Shuǐpíng Cèshì Shíshī Gāngyào》Zuòpǐn 35 Hào)

作品 36 号——《苏州园林》

我国的建筑，从古代的宫殿到近代的一般住房，绝大部分是对称的，左边怎么样，右边怎么样。苏州园林可绝不讲究对称，好像故意避免似的。东边有了一个亭子或者一道回廊，西边决不会来一个同样的亭子或者一道同样的回廊。这是为什么？我想，用图画来比方，对称的建筑是图案画，不是美术画，而园林是美术画，美术画要求自然之趣，是不讲究对称的。

苏州园林里都有假山和池沼。

假山的堆叠，可以说是一项艺术而不仅是技术。或者是重峦叠嶂，或者是几座小山配合着竹子花木，全在乎设计者和匠师们生平多阅历，胸中有丘壑，才能使游览者攀登的时候忘却苏州城市，只觉得身在山间。

至于池沼，大多引用活水。有些园林池沼宽敞。就把池沼作为全园的中心，其他景物配合着布置。水面假如成河道模样，往往安排桥梁。假如安排两座以上的桥梁，那就一座一个样，决不雷同。

池沼或河道的边沿很少砌齐整的石岸，总是高低屈曲任其自然。还在那儿布置几块玲珑的石头，或者种些花草。这也是为了取得从各个角度看都成一幅画的效果。池沼里养着金鱼或各色鲤鱼，夏秋季节荷花或睡莲开 // 放，游览者看“鱼戏莲叶间”，又是入画的一景。

（选自《普通话水平测试实施纲要》作品 36 号）

Zuòpǐn 37 Hào Sūzhōu Yuánlín

Wǒguó de jiànzhù, cóng gǔdài de gōngdiàn dào jìndài de yībān zhùfáng, jué dà bùfen shì duìchèn de, zuǒ • biān zěnmeyàng, yòu • biān zěnmeyàng. Sūzhōu yuánlín kě juébù jiǎng • jiū duìchèn, hǎoxiàng gùyì bìmiǎn shìde. Dōng • biān yǒule yī gè tíngzi huòzhě yī dào huíláng, xī • biān jué bù huì lái yī gè tóngyàng de tíngzi huòzhě yī dào tóngyàng de huíláng. Zhè shì wèishénme? Wǒ xiǎng, yòng túhuà lái bǐfang, duìchèn de jiànzhù shì tú' ànhuà, bù shì měishùhuà, ér yuánlín shì měishùhuà, měishùhuà yāoqiú zìrán zhī qù, shì bù jiǎng • jiū duìchèn de.

Sūzhōu yuánlín • lǐ dōu yǒu jiǎshān hé chízhǎo.

Jiǎshān de duīdié, kěyǐ shuō shì yī xiàng yìshù ér bùjǐn shì jìzhù. Huòzhě shì chóngluán-diézhàng, huòzhě shì jǐ zuò xiǎoshān pèihézhe zhúzi huāmù, quán zàihu shèjìzhě hé jiàngshīmen shēngpíng duō yuèlì, xiōng zhōng yǒu qiūhè, cái néng shǐ yóulǎnzhě pāndēng de shíhou wàngquè Sūzhōu chéngshì, zhǐ juéde shēn zài shān jiān.

Zhìyú chízhǎo, dàduō yǐnyòng huóshuǐ. Yǒuxiē yuánlín chízhǎo kuān • chang, jiù bǎ chízhǎo zuòwéi quán yuán de zhōngxīn, qítā jǐngwù pèihézhe bùzhì. Shuǐmiàn jiǎrú chéng hédào múyàng, wǎngwǎng ānpái qiáoliáng. Jiǎrú ānpái liǎng zuò yǐshàng de qiáoliáng, nà jiù yī zuò yī gè yàng, jué bù léitóng.

Chízhǎo huò hédào de biānyán hěn shǎo qì qízhěng de shí'àn, zǒngshì gāodī qūqū rèn qí zìrán. Hái zài nàr bùzhì jǐ kuài línglóng de shítou, huòzhě zhòng xiē huācǎo. Zhè yě shì wèile qǔdé cóng gègè jiǎodù kàn dōu chéng yī fú huà de xiàoguǒ. Chízhǎo • lǐ yǎngzhe jīnyú huò gè sè lǐyú, xià-qiū jìjié héhuā huò shuìlián kāi//fàng, yóulǎnzhě kàn "yú xì lián yè jiān", yòu shì rù huà de yī jǐng.

(Xuǎn zì《Pǔtōnghuà Shuǐpíng Cèshì Shíshī Gāngyào》Zuòpǐn 36 Hào)

作品 37 号——《态度创造快乐》

一位访美中国女作家，在纽约遇到一位卖花的老太太。老太太穿着破旧，身体虚弱，但脸上的神情却是那样祥和兴奋。女作家挑了一朵花说："看起来，你很高兴。"老太太面带微笑地说："是的，一切都这么美好，我为什么不高兴呢？""对烦恼，你倒真能看得开。"女作家又说了一句。没料到，老太太的回答更令女作家大吃一惊："耶稣在星期五被钉上十字架时，是全世界最糟糕的一天，可三天后就是复活节。所以，当我遇到不幸时，就会等待三天，这样一切就恢复正常了。"

"等待三天"，多么富于哲理的话语，多么乐观的生活方式。它把烦恼和痛苦抛下，全力去收获快乐。

沈从文在"文革"期间，陷入了非人的境地。可他毫不在意，他在咸宁时给他的表侄、画家黄永玉写信说："这里的荷花真好，你若来……"身陷苦难却仍为荷花的盛开欣喜赞叹不已，这是一种趋于澄明的境界，一种旷达洒脱的胸襟，一种面临磨难坦荡从容的气度，一种对生活童子般的热爱和对美好事物无限向往的生命情感。

由此可见，影响一个人快乐的，有时并不是困境及磨难，而是一个人的心态。如果把自己浸泡在积极、乐观、向上的心态中，快乐必然会 // 占据你的每一天。

（选自《普通话水平测试实施纲要》作品 37 号）

Zuòpǐn 37 Hào Tài • dù Chuàngzào Kuàilè

Yī wèi fǎng Měi Zhōngguó nǚzuòjiā，zài Niǔyuē yùdào yī wèi mài huā de lǎotàitai. Lǎotàitai chuānzhuó pòjiù，shēntǐ xūruò，dàn liǎn • shàng de shénqíng què shì nàyàng xiánghé xīngfèn. Nǚzuòjiā tiāole yī duǒ huā shuō：“Kàn qǐ • lái，nǐ hěn gāoxìng.” Lǎotàitai miàn dài wēixiào de shuō：“Shìde，yīqiè dōu zhème měihǎo，wǒ wèishénme bù gāoxìng ne?” “Duì fánnǎo，nǐ dào zhēn néng kàndekāi.” Nǚzuòjiā yòu shuōle yī jù. Méi liàodào，lǎotàitai de huídá gèng lìng nǚzuòjiā dàchī-yījīng：“Yēsū zài xīngqīwǔ bèi dìng • shàng shízìjià shí，shì quán shìjiè zuì zāogāo de yī tiān，kě sān tiān hòu jiùshì Fùhuójié. Suǒyǐ，dāng wǒ yùdào bùxìng shí，jiù huì děngdài sān tiān，zhèyàng yīqiè jiù huīfù zhèngcháng le.”

“Děngdài sān tiān”，duōme fùyú zhélǐ de huàyǔ，duōme lèguān de shēnghuó fāngshì. Tā bǎ fánnǎo hé tòngkǔ pāo • xià，quánlì qù shōuhuò kuàilè.

Shěn Cóngwén zài“wén-gé”qījiān，xiànrùle fēirén de jìngdì. Kě tā háobù zàiyì，tā zài Xiánníng shí gěi tā de biǎozhí、huàjiā Huáng Yǒngyù xiěxìn shuō：“Zhè • lǐ de héhuā zhēn hǎo，nǐ ruò lái……”Shěn xiàn kǔnán què réng wèi héhuā de shèngkāi xīnxǐ zàntàn bùyǐ，zhè shì yī zhǒng qūyú chéngmíng de jìngjiè，yī zhǒng kuàngdá sǎ • tuō de xiōngjīn，yī zhǒng miànlín mónán tǎndàng cóngróng de qìdù，yī zhǒng duì shēnghuó tóngzǐ bān de rè’ài hé duì měihǎo shìwù wúxiàn xiàngwǎng de shēngmìng qínggǎn.

Yóucǐ-kějiàn，yǐngxiǎng yī gè rén kuàilè de，yǒushí bìng bù shì kùnjìng jí mónàn，ér shì yī gè rén de xīntài. Rúguǒ bǎ zìjǐ jìn pào zài jījí、lèguān、xiàngshàng de xīntài zhōng，kuàilè bìrán huì//zhànjù nǐ de měi yī tiān.

（Xuǎn zì《Pǔtōnghuà Shuǐpíng Cèshì Shíshī Gāngyào》Zuòpǐn 37 Hào）

作品 38 号——《泰山极顶》

泰山极顶看日出，历来被描绘成十分壮观的奇景。有人说：登泰山而看不到日出，就像一出大戏没有戏眼，味儿终究有点寡淡。

我去爬山那天，正赶上个难得的好天，万里长空，云彩丝儿都不见。素常，烟雾腾腾的山头，显得眉目分明。同伴们都欣喜地说：“明天早晨准可以看见日出了。”我也是抱着这种想头，爬上山去。

一路从山脚往上爬，细看山景，我觉得挂在眼前的不是五岳独尊的泰山，却像一幅规模惊人的青绿山水画，从下面倒展开来。在画卷中最先露出的是山根底那座明朝建筑岱宗坊，慢慢地便现出王母池、斗母宫、经石峪。山是一层比一层深，一叠比一叠奇，层层叠叠，不知还会有多深多奇。万山丛中，时而点染着极其工细的人物。王母池旁的吕祖殿里有不少尊明塑，塑着吕洞宾等一些人，姿态神情是那样有生气，你看了，不禁会脱口赞叹说："活啦。"

画卷继续展开，绿阴森森的柏洞露面不太久，便来到对松山。两面奇峰对峙着，满山峰都是奇形怪状的老松，年纪怕都有上千岁了，颜色竟那么浓，浓得好像要流下来似的。来到这儿，你不妨权当一次画里的写意人物，坐在路旁的对松亭里，看看山色，听听流 // 水和松涛。

一时间，我又觉得自己不仅是在看画卷，却又像是在零零乱乱翻着一卷历史稿本。

（选自《普通话水平测试实施纲要》作品 38 号）

Zuòpǐn 38 Hào Tàishān Jí Dǐng

Tài Shān jí dǐng kàn rìchū，lìlái bèi miáohuì chéng shífēn zhuàngguān de qíjǐng. Yǒu rén shuō：Dēng Tài Shān ér kàn • bùdào rìchū，jiù xiàng yī chū dàxì méi • yǒu xìyǎn，wèir zhōngjiū yǒu diǎnr guǎdàn.

Wǒ qù páshān nà tiān，zhèng gǎn • shàng gè nándé de hǎotiān，wànlǐ chángkōng，yúncaisīr dōu bù jiàn. Sùcháng，yānwù téngténg de shāntóu，xiǎn • dé méi • mù fēnmíng. Tóngbànmen dōu xīnxǐ de shuō："Míngtiān zǎo • chén zhǔn kěyǐ kàn • jiàn rìchū le. "Wǒ yě shì bàozhe zhè zhǒng xiǎngtou，pá • shàng shān • qù.

Yīlù cóng shānjiǎo wǎngshàng pá，xì kàn shānjǐng，wǒ jué • dé guà zài yǎnqián de bù shì Wǔ Yuè dú zūn de Tài Shān，què xiàng yī fú guīmó jīngrén de qīnglǜ shānshuǐhuà，cóng xià • miàn dào zhǎn kāi • lái. Zài huàjuàn zhōng zuì xiān lòuchū de shì shāngēnr dǐ nà zuò Míngcháo jiànzhù Dàizōngfāng，mànmàn de biàn xiànchū Wángmǔchí、Dòumǔgōng、Jīngshíyù. Shān shì yī céng bǐ yī céng shēn，yī dié bǐ yī dié qí，céngcéng-diédié，bù zhī hái huì yǒu duō shēn duō qí. Wàn shān cóng zhōng，shí'ér diǎnrǎnzhe jíqí gōngxì de rénwù. Wángmǔchí páng de Lǚzǔdiàn • lǐ yǒu bùshǎo zūn míngsù，sùzhe Lǚ Dòngbīn děng yīxiē rén，zītài shénqíng shì nàyàng yǒu shēngqì，nǐ kàn le，bùjīn huì tuōkǒu zàntàn shuō："Huó la. "

Huàjuàn jìxù zhǎnkāi，lǜyīn sēnsēn de Bǎidòng lòumiàn bù tài jiǔ，biàn láidào Duìsōngshān. Liǎngmiàn qífēng duìzhìzhe，mǎn shānfēng dōu shì qíxíng-guàizhuàng de lǎosōng，niánjì pà dōu yǒu shàng qiān suì le，yánsè jìng nàme nóng，nóng de hǎoxiàng yào liú xià • lái shìde. Láidào zhèr，nǐ bùfáng quándāng yī cì huà • lǐ de xiěyì rénwù，zuò zài lùpáng de Duìsōngtíng • lǐ，kànkan shānsè，tīngting liú//shuǐ hé sōngtāo.

Yī shíjiān，wǒ yòu jué • dé zìjǐ bùjǐn shì zài kàn huàjuàn，què yòu xiàng shì zài línglíng-luànluàn fānzhe yī juàn lìshǐ gǎoběn.

（Xuǎn zì《Pǔtōnghuà Shuǐpíng Cèshì Shíshī Gāngyào 》Zuòpǐn 38 Hào）

作品 39 号——《陶行知的“四块糖果”》

育才小学校长陶行知在校园看到学生王友用泥块砸自己班上的同学，陶行知当即喝止了他，并令他放学后到校长室去。无疑，陶行知是要好好教育这个“顽皮”的学生。那么他是如何教育的呢？

放学后，陶行知来到校长室，王友已经等在门口准备挨训了。可一见面，陶行知却掏出一块糖果送给王友，并说：“这是奖给你的，因为你按时来到这里，而我却迟到了。”王友惊疑地接过糖果。

随后，陶行知又掏出一块糖果放到他手里，说：“这第二块糖果也是奖给你的，因为当我不让你再打人时，你立即就住手了，这说明你很尊重我，我应该奖你。”王友更惊疑了，他眼睛睁得大大的。

陶行知又掏出第三块糖果塞到王友手里，说：“我调查过了，你用泥块砸那些男生，是因为他们不守游戏规则，欺负女生；你砸他们，说明你很正直善良，且有批评不良行为的勇气，应该奖励你啊！”王友感动极了，他流着眼泪后悔地喊道：“陶……陶校长你打我两下吧！我砸的不是坏人，而是自己的同学啊……”

陶行知满意地笑了，他随即掏出第四块糖果递给王友，说：“为你正确地认识错误，我再奖给你一块糖果，只可惜我只有这一块糖果了。我的糖果 // 没有了，我看我们的谈话也该结束了吧！”说完，就走出了校长室。

（选自《普通话水平测试实施纲要》作品 39 号）

Zuòpǐn 39 Hào Táo Xíngzhī de “Sì Kuài Tángguǒ”

Yùcái Xiǎoxué xiàozhǎng Táo Xíngzhī zài xiàoyuán kàndào xuéshēng Wáng Yǒu yòng níkuài zá zìjǐ bān • shàng de tóngxué，Táo Xíngzhī dāngjí hèzhǐle tā，bìng lìng tā fàngxué hòu dào xiàozhǎngshì qù. Wúyí，Táo Xíngzhī shì yào hǎohǎo jiàoyù zhège “wánpí”de xuésheng. Nàme tā shì rúhé jiàoyù de ne?

Fàngxué hòu，Táo Xíngzhī láidào xiàozhǎngshì，Wáng Yǒu yǐ • jīng děng zài ménkǒu zhǔnbèi āi xùn le. Kě yī jiànmiàn，Táo Xíngzhī què tāochū yī kuài tángguǒ sònggěi Wáng Yǒu，bìng shuō：“Zhè shì jiǎnggěi nǐ de，yīn • wèi nǐ ànshí láidào zhè • lǐ，ér wǒ què chídào le. ”Wáng Yǒu jīngyí de jiēguo tángguǒ.

Suíhòu，Táo Xíngzhī yòu tāochū yī kuài tángguǒ fàngdào tā shǒu • lǐ，shuō：“Zhè dì-èr kuài tángguǒ yě shì jiǎnggěi nǐ de，yīn • wèi dāng wǒ bùràng nǐ zài dǎrén shí，nǐ lìjí jiù zhùshǒu le，zhè shuōmíng nǐ hěn zūnzhòng wǒ，wǒ yīnggāi jiǎng nǐ. ”Wáng Yǒu gèng jīngyí le，tā yǎnjīng zhēng de dàdà de.

Táo Xíngzhī yòu tāochū dì-sān kuài tángguǒ sāidào Wáng Yǒu shǒu • lǐ，shuō：“Wǒ diàocháguo le，nǐ yòng níkuài zá nàxiē nánshēng，shì yīn • wèi tāmen bù shǒu yóuxì guīzé，qīfu nǚshēng；nǐ zá tāmen，shuōmíng nǐ hěn zhèngzhí shànliáng，qiě yǒu pīpíng bùliáng xíngwéi de yǒngqì，yīnggāi jiǎnglì nǐ a!”Wáng Yǒu gǎndòng jí le，tā liúzhe yǎnlèi hòuhuǐ de hǎndào："Táo……Táo xiàozhǎng nǐ dǎ wǒ liǎng xià ba! Wǒ zá de bù shì huàirén，ér shì zìjǐ de tóngxué a……"

Táo Xíngzhī mǎnyì de xiào le，tā suíjí tāochū dì-sì kuài tángguǒ dìgěi Wáng Yǒu，shuō ："Wèi nǐ zhèngquè de rènshi cuò • wù，wǒ zài jiǎnggěi nǐ yī kuài tángguǒ，zhǐ kěxī wǒ zhǐyǒu zhè yī kuài tángguǒ le. Wǒ de tángguǒ//méi • yǒu le，wǒ kàn wǒmen de tánhuà yě gāi jiéshù le ba!"Shuōwán，jiù zǒuchūle xiàozhǎngshì.

（Xuǎn zì《Pǔtōnghuà Shuǐpíng Cèshì Shíshī Gāngyào》Zuòpǐn 39 Hào）

作品 40 号——《提醒幸福》

享受幸福是需要学习的，当它即将来临的时刻需要提醒。人可以自然而然地学会感官的享乐，却无法天生地掌握幸福的韵律。灵魂的快意同器官的舒适像一对孪生兄弟，时而相傍相依，时而南辕北辙。

幸福是一种心灵的震颤。它像会倾听音乐的耳朵一样，需要不断地训练。

简而言之，幸福就是没有痛苦的时刻。它出现的频率并不像我们想像的那样少。人们常常只是在幸福的金马车已经驶过去很远时，才拣起地上的金鬃毛说，原来我见过它。

人们喜爱回味幸福的标本，却忽略它披着露水散发清香的时刻。那时候我们往往步履匆匆，瞻前顾后不知在忙着什么。

世上有预报台风的，有预报蝗灾的，有预报瘟疫的，有预报地震的。没有人预报幸福。

其实幸福和世界万物一样，有它的征兆。

幸福常常是朦胧的，很有节制地向我们喷洒甘霖。你不要总希望轰轰烈烈的幸福，它多半只是悄悄地扑面而来。你也不要企图把水龙头拧得更大，那样它会很快地流失。你需要静静地以平和之心，体验它的真谛。

幸福绝大多数是朴素的。它不会像信号弹似的，在很高的天际闪烁红色的光芒。它披着本色的外衣，亲 // 切温暖地包裹起我们。

幸福不喜欢喧嚣浮华，它常常在暗淡中降临。贫困中相濡以沫的一块糕饼，患难中心心相印的一个眼神，父亲一次粗糙的抚摸，女友一张温馨的字条……这都是千金难买的幸福啊。像一粒粒缀在旧绸子上的红宝石，在凄凉中愈发熠熠夺目。

（选自《普通话水平测试实施纲要》作品 40 号）

Zuòpǐn 40 Hào Tíxǐng Xìngfú

Xiǎngshòu xìngfú shì xūyào xuéxí de，dāng tā jíjiāng láilín de shíkè xūyào tíxǐng. Rén kěyǐ zìrán'érrán de xuéhuì gǎnguān de xiǎnglè，què wúfǎ tiānshēng de zhǎngwò xìngfú de yùnlǜ. Línghún de kuàiyì tóng qìguān de shūshì xiàng yī duì luánshēng xiōngdì，shí'ér xiāngbàng-xiāngyī，shí'ér nányuán-běizhé.

Xìngfú shì yī zhǒng xīnlíng de zhènchàn. Tā xiàng huì qīngtīng yīnyuè de ěrduo yīyàng，xūyào bùduàn de xùnliàn.

Jiǎn'éryánzhī, xìngfú jiùshì méi • yǒu tòngkǔ de shíkè. Tā chūxiàn de pínlǜ bìng bù xiàng wǒmen xiǎngxiàng de nàyàng shǎo. Rénmen chángcháng zhǐshì zài xìngfú de jīn mǎchē yǐ • jīng shǐ guò • qù hěn yuǎn shí, cái jiǎnqǐ dì • shàng de jīn zōngmáo shuō, yuánlái wǒ jiànguò tā.

Rénmen xǐ' ài huíwèi xìngfú de biāoběn, què hūlüè tā pīzhe lù • shuǐ sànfā qīngxiāng de shíkè. Nà shíhou wǒmen wǎngwǎng bùlǚ cōngcōng, zhānqián-gùhòu bù zhī zài mángzhe shénme.

Shì • shàng yǒu yù bào táifēng de, yǒu yùbào huángzāi de, yǒu yùbào wēnyì de, yǒu yùbào dìzhèn de. Méi • yǒu rén yùbào xìngfú.

Qíshí xìngfú hé shìjiè wànwù yīyàng, yǒu tā de zhēngzhào.

Xìngfú chángcháng shì ménglóng de, hěn yǒu jiézhì de xiàng wǒmen pēnsǎ gānlín. Nǐ bùyào zǒng xīwàng hōnghōng-lièliè de xìngfú, tā duōbàn zhǐshì qiāoqiāo de pūmiàn ér lái. Nǐ yě bùyào qǐtú bǎ shuǐlóngtóu nǐng dé gèng dà, nàyàng tā huì hěn kuài de liúshī. Nǐ xūyào jìngjìng de yǐ pínghé zhī xīn, tǐyàn tā de zhēn dì.

Xìngfú jué dà duōshù shì pǔsù de. Tā bù huì xiàng xìnhàodàn shìde, zài hěn gāo de tiānjì shǎnshuò hóngsè de guāngmáng. Tā pīzhe běnsè de wài//yī, qīnqiè wēnnuǎn de bāoguǒqǐ wǒmen.

Xìng fú bù xǐhuan xuānxiāo fúhuá, tā chángcháng zài àndàn zhōng jiànglín. Pínkùn zhōng xiāngrúyǐmò de yī kuài gāobǐng, huànnàn zhōng xīnxīn-xiāngyìn de yī gè yǎnshén, fù • qīn yī cì cūcāo de fǔmō, nǚyǒu yī zhāng wēnxīn de zìtiáo……Zhè dōu shì qiānjīn nán mǎi de xìngfú a. Xiàng yī lìlì zhuì zài jiù chóuzì • shàng de hóngbǎoshí, zài qīliáng zhōng yùfā yìyì duómù.

(Xuǎn zì《Pǔtōnghuà Shuǐpíng Cèshì Shíshī Gāngyào》Zuòpǐn 40 Hào)

作品 41 号——《天才的造就》

在里约热内卢的一个贫民窟里，有一个男孩子，他非常喜欢足球，可是又买不起，于是就踢塑料盒，踢汽水瓶，踢从垃圾箱里拣来的椰子壳。他在胡同里踢，在能找到的任何一片空地上踢。

有一天，当他在一处干涸的水塘里猛踢一个猪膀胱时，被一位足球教练看见了。他发现这个男孩儿踢得很像是那么回事，就主动提出要送给他一个足球。小男孩儿得到足球后踢得更卖劲了。不久，他就能准确地把球踢进远处随意摆放的一个水桶里。

圣诞节到了，孩子的妈妈说："我们没有钱买圣诞礼物送给我们的恩人，就让我们为他祈祷吧。"

小男孩儿跟随妈妈祈祷完毕，向妈妈要了一把铲子便跑了出去。他来到一座别墅前的花园里，开始挖坑。

就在他快要挖好坑的时候，从别墅里走出一个人来，问小孩儿在干什么，孩子抬起满是汗珠的脸蛋儿，说："教练，圣诞节到了，我没有礼物送给您，我愿给您的圣诞树挖一个树坑。"

教练把小男孩儿从树坑里拉上来，说，我今天得到了世界上最好的礼物。明天你就到我的训练场去吧。

三年后，这位十七岁的男孩儿在第六届足球锦标赛上独进二十一球，为巴西第一次捧回了金杯。一个原来//不为世人所知的名字——贝利，随之传遍世界。

（选自《普通话水平测试实施纲要》作品 41 号）

Zuòpǐn 41 Hào Tiāncái de Zàojiù

Zài Lǐyuērènèilú de yī gè pínmínkū • lǐ，yǒu yī gè nánháizi，tā fēicháng xǐhuan zúqiú，kěshì yòu mǎi • bùqǐ，yúshì jiù tī sùliàohé，tī qìshuǐpíng，tī cóng lājīxiāng • lǐ jiǎnlái de yēzikér. Tā zài hútòng • lǐ tī，zài néng zhǎodào de rènhé yī piàn kòngdì • shàng tī.

Yǒu yī tiān，dāng tā zài yī chù gānhé de shuǐtáng • lǐ měng tī yī gè zhū pángguāng shí，bèi yī wèi zúqiú jiàoliàn kàn • jiàn le. Tā fāxiàn zhège nánháir tī de hěn xiàng nàme huí shì，jiù zhǔdòng tíchū sònggěi tā yī gè zúqiú. Xiǎonánháir dédào zúqiú hòu tī de gèng màijìnr le. Bùjiǔ，tā jiù néng zhǔnquè de bǎ qiú tījìn yuǎnchù suíyì bǎifàng de yī gè shuǐtǒng • lǐ.

Shèngdànjié dào le，háizi de māma shuō："Wǒmen méi • yǒu qián mǎi shèngdàn lǐwù sònggěi wǒmen de ēnrén，jiù ràng wǒmen wèi tā qídǎo ba."

Xiǎonánháir gēnsuí māma qídǎo wánbì，xiàng māma yàole yī bǎ chǎnzi biàn pǎole chū • qù. Tā láidào yī zuò biéshù qián de huāyuán • lǐ，kāishǐ wā kēng.

Jiù zài tā kuài yào wāhǎo de shíhou，cóng biéshù • lǐ zǒuchū yī gè rén • lái，wèn xiǎoháir zài gàn shénme，háizi táiqǐ mǎn shì hànzhū de liǎndànr，shuō："Jiàoliàn，Shèngdànjié dào le，wǒ méi • yǒu lǐwù sònggěi nín，wǒ yuàn gěi nín de shèngdànshù wā yī gè shùkēng."

Jiàoliàn bǎ xiǎonánháir cóng shùkēng • lǐ lā shàng • lái，shuō，wǒ jīntiān dédàole shìjiè • shàng zuìhǎo de lǐwù. Míngtiān nǐ jiù dào wǒ de xùnliànchǎng qù ba.

Sān nián hòu，zhè wèi shíqī suì de nánháir zài dì-liù jiè zúqiú jǐnbiāosài • shàng dú jìn èrshíyī qiú，wèi Bāxī dì-yī cì pěnghuí le jīnbēi. Yī gè yuán//lái bùwéi shìrén suǒ zhī de míngzi——Bèilì，suí zhī chuánbiàn shìjiè.

（Xuǎn zì《Pǔtōnghuà Shuǐpíng Cèshì Shíshī Gāngyào》Zuòpǐn 41 Hào）

作品 42 号——《我的母亲独一无二》

记得我十三岁时，和母亲住在法国东南部的耐斯城。母亲没有丈夫，也没有亲戚，够清苦的，但她经常能拿出令人吃惊的东西，摆在我面前。她从来不吃肉，一再说自己是素食者。然而有一天，我发现母亲正仔细地用一小块碎面包擦那给我煎牛排用的油锅。我明白了她称自己为素食者的真正原因。

我十六岁时，母亲成了耐斯市美蒙旅馆的女经理。这时，她更忙碌了。一天，她瘫在椅子上，脸色苍白，嘴唇发灰。马上找来医生，做出诊断：她摄取了过多的胰岛素。直到这时我才知道母亲多年一直对我隐瞒的疾痛——糖尿病。

她的头歪向枕头一边，痛苦地用手抓挠胸口。床架上方，则挂着一枚我一九三二年赢得耐斯市少年乒乓球冠军的银质奖章。

啊，是对我的美好前途的憧憬支撑着她活下去，为了给她那荒唐的梦至少加一点真实的色彩，我只能继续努力，与时间竞争，直至一九三八年我被征入空军。巴黎很快失陷，我辗转调到英国皇家空军。刚到英国就接到了母亲的来信。这些信是由在瑞士的一个朋友秘密地转到伦敦，送到我手中的。

现在我要回家了，胸前佩戴着醒目的绿黑两色的解放十字绶 // 带，上面挂着五六枚我终身难忘的勋章，肩上还佩戴着军官肩章。到达旅馆时，没有一个人跟我打招呼。原来，我母亲在三年半以前就已经离开人间了。

在她死前的几天中，她写了近二百五十封信，把这些信交给她在瑞士的朋友，请这个朋友定时寄给我。就这样，在母亲死后的三年半的时间里，我一直从她身上吸取着力量和勇气——这使我能够继续战斗到胜利那一天。

（选自《普通话水平测试实施纲要》作品 42 号）

Zuòpǐn 42 Hào Wǒ de Mǔqīn Dúyīwú'èr

Jì • dé wǒ shísān suì shí，hé mǔ • qīn zhù zài Fǎguó dōngnánbù de Nàisī Chéng. Mǔ • qīn méi • yǒu zhàng • fu，yě méi • yǒu qīnqi，gòu qīngkǔ de，dàn tā jīngcháng néng ná • chū lìng rén chījīng de dōngxi，bǎi zài wǒ miànqián. Tā cónglái bù chīròu，yīzài shuō zìjǐ shì sùshízhě. Rán'ér yǒu yī tiān，wǒ fāxiàn mǔ • qīn zhèng zǐxì de yòng yī xiǎo kuàir suì miànbāo cā nà gěi wǒ jiān niúpái yòng de yóuguō. Wǒ míngbaile tā chēng zìjǐ wéi sùshízhě de zhēnzhèng yuányīn.

Wǒ shíliù suì shí，mǔ • qīn chéngle Nàisī Shì Měiméng lǚguǎn de nǚ jīnglǐ. Zhèshí，tā gèng mánglù le. Yī tiān，tā tān zài yǐzi • shàng，liǎnsè cāngbái，zuǐchún fā huī. Mǎshàng zhǎolái yīshēng，zuò • chū zhěnduàn：Tā shèqǔle guòduō de yídǎosù. Zhídào zhèshí wǒ cái zhī • dào mǔ • qīn duōnián yīzhí duì wǒ yǐnmán de jítòng——tángniàobìng.

Tā de tóu wāixiàng zhěntou yībiān，tòngkǔ de yòng shǒu zhuānao xiōngkǒu. Chuángjià shàngfāng，zé guàzhe yī méi wǒ yī jiǔ sān èr nián yíngdé Nàisī Shì shàonián pīngpāngqiú guànjūn de yínzhì jiǎngzhāng.

À，shì duì wǒ de měihǎo qiántú de chōngjǐng zhīchēngzhe tā huó xià • qù，wèile gěi tā nà huāng • táng de mèng zhìshǎo jiā yīdiǎnr zhēnshí de sècǎi，wǒ zhǐnéng jìxù nǔlì，yǔ shíjiān jìngzhēng，zhízhì yī jiǔ sān bā nián wǒ bèi zhēng rù kōngjūn. Bālí hěn kuài shīxiàn，wǒ zhǎnzhuǎn diàodào Yīngguó Huángjiā Kōngjūn. Gāng dào Yīngguó jiù jiēdàole mǔ • qīn de láixìn. Zhèxiē xìn shì yóu zài Ruìshì de yī gè péngyou mìmì de zhuǎndào Lúndūn sòngdào wǒ shǒuzhōng de.

Xiànzài wǒ yào huíjiā le，xiōngqián pèidàizhe xǐngmù de lǜ-hēi liǎng sè de jiěfàng shízì shòu//dài，shàng • miàn guàzhe wǔ-liù méi wǒ zhōngshēn nánwàng de xūnzhāng，jiān • shàng hái pèidàizhe jūnguān jiānzhāng. Dàodá lǚguǎn shí，méi • yǒu yī gè rén gēn wǒ dǎ zhāohu. Yuánlái，wǒ mǔ • qīn zài sān nián bàn yǐqián jiù yǐ • jīng líkāi rénjiān le.

Zài tā sǐ qián de jǐ tiān zhōng，tā xiěle jìn èrbǎi wǔshí fēng xìn，bǎ zhèxiē xìn jiāogěi tā zài Ruìshì de péngyou，qǐng zhège péngyou dìngshí jì gěi wǒ. Jiù zhèyàng，zài mǔ • qīn sǐ hòu de sān nián bàn de shíjiān • lǐ，wǒ yīzhí cóng tā shēn • shàng xīqǔzhe lì • liàng hé yǒngqì——zhè shì wǒ nénggòu jìxù zhàndòu dào shènglì nà yī tiān.

（Xuǎn zì《Pǔtōnghuà Shuǐpíng Cèshì Shíshī Gāngyào》Zuòpǐn 42 Hào）

作品 43 号——《我的信念》

生活对于任何人都非易事，我们必须有坚韧不拔的精神。最要紧的，还是我们自己要有信心。我们必须相信，我们对每一件事情都具有天赋的才能，并且，无论付出任何代价，都要把这件事完成。当事情结束的时候，你要能问心无愧地说：“我已经尽我所能了。”

有一年的春天，我因病被迫在家里休息数周。我注视着我的女儿们所养的蚕正在结茧，这使我很感兴趣。望着这些蚕执着地、勤奋地工作，我感到我和它们非常相似。像它们一样，我总是耐心地把自己的努力集中在一个目标上。我之所以如此，或许是因为有某种力量在鞭策着我——正如蚕被鞭策着去结茧一般。

近五十年来，我致力于科学研究，而研究，就是对真理的探讨。我有许多美好快乐的记忆。少女时期我在巴黎大学，孤独地过着求学的岁月；在后来献身科学的整个时期，我丈夫和我专心致志，像在梦幻中一般，坐在简陋的书房里艰辛地研究，后来我们就在那里发现了镭。

我永远追求安静的工作和简单的家庭生活。为了实现这个理想，我竭力保持宁静的环境，以免受人事的干扰和盛名的拖累。

我深信，在科学方面我们有对事业而不 // 是对财富的兴趣。我的唯一奢望是在一个自由国家中，以一个自由学者的身份从事研究工作。

我一直沉醉于世界的优美之中，我所热爱的科学也不断增加它崭新的远景。我认定科学本身就具有伟大的美。

（选自《普通话水平测试实施纲要》作品 43 号）

Zuòpǐn 43 Hào Wǒ de Xìnniàn

Shēnghuó duìyú rènhé rén dōu fēi yì shì，wǒmen bìxū yǒu jiānrèn-bùbá de jīngshén. Zuì yàojǐn de，háishì wǒmen zìjǐ yào yǒu xìnxīn. Wǒmen bìxū xiāngxìn， wǒmen duì měi yī jiàn shìqing dōu jùyǒu tiānfù de cáinéng, bìngqiě, wúlùn fùchū rènhé dàijià, dōu yào bǎ zhè jiàn shì wánchéng. Dāng shìqing jiéshù de shíhou, nǐ yào néng wènxīn-wúkuì de shuō: "Wǒ yǐ • jīng jìn wǒ suǒ néng le."

Yǒu yī nián de chūntiān, wǒ yīn bìng bèipò zài jiā • lǐ xiūxi shù zhōu. Wǒ zhùshìzhe wǒ de nǚ' érmen suǒ yǎng de cán zhèngzài jié jiǎn, zhè shǐ wǒ hěn gǎn xìngqù. Wàngzhe zhèxiē cán zhízhuó de、qínfèn de gōngzuò, wǒ gǎndào wǒ hé tāmen fēicháng xiāngsì. Xiàng tāmen yīyàng, wǒ zǒngshì nàixīn de bǎ zìjǐ de nǔlì jízhōng zài yī gè mùbiāo • shàng. Wǒ zhīsuǒyǐ rúcǐ, huòxǔ shì yīn • wèi yǒu mǒu zhǒng lì • liàng zài biāncèzhe wǒ——zhèng rú cán bèi biāncèzhe qù jié jiǎn yībān.

Jìn wǔshí nián lái, wǒ zhìlìyú kēxué yánjiū, ér yánjiū, jiùshì duì zhēnlǐ de tàntǎo. Wǒ yǒu xǔduō měihǎo kuàilè de jìyì. Shàonǚ shíqī wǒ zài Bālí Dàxué, gūdú de guòzhe qiúxué de suìyuè; zài hòulái xiànshēn kēxué de zhěnggè shíqī, wǒ zhàngfu hé wǒ zhuānxīn-zhìzhì, xiàng zài mènghuàn zhōng yībān, zuò zài jiǎnlòu de shūfáng • lǐ jiānxīn de yánjiū, hòulái wǒmen jiù zài nà • lǐ fāxiàn le léi.

Wǒ yǒngyuǎn zhuīqiú ānjìng de gōngzuò hé jiǎndān de jiātíng shēnghuó. Wèile shíxiàn zhège lǐxiǎng, wǒ jiélì bǎochí níngjìng de huánjìng, yǐmiǎn shòu rénshì de gānrǎo hé shèngmíng de tuōlěi.

Wǒ shēnxìn, zài kēxué fāngmiàn wǒmen yǒu duì shìyè ér bù //shìduì cáifù de xìngqù. Wǒ de wéiyī shēwàng shì zài yī gè zìyóu guójiā zhōng, yǐ yī gè zìyóu xuézhě de shēn • fèn cóngshì yánjiū gōngzuò.

Wǒ yīzhí chénzuì yú shìjiè de yōuměi zhīzhōng, wǒ suǒ rè'ài de kēxué yě bùduàn zēngjiā tā zhǎnxīn de yuǎnjǐng. Wǒ rèndìng kēxué běnshēn jiù jùyǒu wěidà de měi.

(Xuǎn zì《Pǔtōnghuà Shuǐpíng Cèshì Shíshī Gāngyào》Zuòpǐn 43 Hào)

作品 44 号——《我为什么当教师》

我为什么非要教书不可？是因为我喜欢当教师的时间安排表和生活节奏。七、八、九三个月给我提供了进行回顾、研究、写作的良机，并将三者有机融合，而善于回顾、研究和总结正是优秀教师素质中不可缺少的成分。

干这行给了我多种多样的"甘泉"去品尝，找优秀的书籍去研读，到"象牙塔"和实际世界里去发现。教学工作给我提供了继续学习的时间保证，以及多种途径、机遇和挑战。

然而，我爱这一行的真正原因，是爱我的学生。学生们在我的眼前成长、变化。当教师意味着亲历"创造"过程的发生——恰似亲手赋予一团泥土以生命，没有什么比目睹它开始呼吸更激动人心的了。

权利我也有了：我有权利去启发诱导，去激发智慧的火花，去问费心思考的问题，去赞扬回答的尝试，去推荐书籍，去指点迷津。还有什么别的权利能与之相比呢？

而且，教书还给我金钱和权利之外的东西，那就是爱心。不仅有对学生的爱，对书籍的爱，对知识的爱，还有教师才能感受到的对“特别”学生的爱。这些学生，有如冥顽不灵的泥块，由于接受了老师的炽爱才勃发了生机。

所以，我爱教书，还因为，在那些勃发生机的“特别”学 // 生身上，我有时发现自己和他们呼吸相通，忧乐与共。

（选自《普通话水平测试实施纲要》作品 44 号）

Zuòpǐn 44 Hào WǒWèishénme Dāng Jiàoshī

Wǒ wèishénme fēi yào jiāoshū bùkě? Shì yīn・wèi wǒ xǐhuan dāng jiàoshī de shíjiān ānpáibiǎo hé shēnghuó jiézòu. Qī、bā、jiǔ sān gè yuè gěi wǒ tígōngle jìnxíng huígù、yánjiū、xiězuò de liángjī，bìng jiāng sānzhě yǒujī rónghé，ér shànyú huígù、yánjiū hé zǒngjié zhèngshì yōuxiù jiàoshī sùzhì zhōng bùkě quēshǎo de chéng・fèn.

Gàn zhè háng gěile wǒ duōzhǒng-duōyàng de“gānquán”qù pǐncháng，zhǎo yōuxiù de shūjí qù yándú，dào“xiàngyátǎ” hé shíjì shìjiè・lǐ qù fāxiàn. Jiàoxué gōngzuò gěi wǒ tígōngle jìxù xuéxí de shíjiān bǎozhèng，yǐjí duōzhǒng tújìng、jīyù hé tiǎozhàn.

Rán'ér，wǒ ài zhè yī háng de zhēnzhèng yuányīn，shì ài wǒ de xuésheng. Xuéshengmen zài wǒ de yǎnqián chéngzhǎng、biànhuà. Dāng jiàoshī yìwèizhe qīnlì “chuàngzào” guòchéng de fāshēng——qiàsì qīnshǒu fùyǔ yī tuán nítǔ yǐ shēngmìng，méi・yǒu shénme bǐ mùdǔ tā kāishǐ hūxī gèng jīdòng rénxīn de le.

Quánlì wǒ yě yǒu le：Wǒ yǒu quánlì qù qǐfā yòudǎo，qù jīfā zhìhuì de huǒhuā，qù wèn fèixīn sīkǎo de wèntí，qù zànyáng huídá de chángshì，qù tuījiàn shūjí，qù zhǐdiǎn míjīn. Háiyǒu shénme biéde quánlì néng yǔ zhī xiāng bǐ ne?

Érqiě，jiāoshū hái gěi wǒ jīnqián hé quánlì zhīwài de dōngxi，nà jiùshì àixīn. Bùjǐn yǒu duì xuésheng de ài，duì shūjí de ài，duì zhīshi de ài，háiyǒu jiàoshī cái néng gǎnshòudào de duì“tèbié”xuésheng de ài. Zhèxiē xuésheng，yǒurú míngwán-bùlíng de níkuài，yóuyú jiēshòule lǎoshī de chì'ài cái bófāle shēngjī.

Suǒyǐ，wǒ ài jiāoshū，hái yīn・wèi，zài nàxiē bófā shēngjī de“tèbié”xué//sheng shēn・shàng，wǒ yǒushí fāxiàn zìjǐ hé tāmen hūxī xiāngtōng，yōulè yǔ gòng.

（Xuǎn zì《Pǔtōnghuà Shuǐpíng Cèshì Shíshī Gāngyào》Zuòpǐn 44 Hào）

作品 45 号——《西部文化和西部开发》

中国西部我们通常是指黄河与秦岭相连一线以西，包括西北和西南的十二个省、市、自治区。这块广袤的土地面积为五百四十六万平方公里，占国土总面积的百分之五十七；人口二点八亿，占全国总人口的百分之二十三。

西部是华夏文明的源头。华夏祖先的脚步是顺着水边走的：长江上游出土过元谋人牙齿化石，距今约一百七十万年；黄河中游出土过蓝田人头盖骨，距今约七十万年。这两处古人类都比距今约五十万年的北京猿人资格更老。

西部地区是华夏文明的重要发源地，秦皇汉武以后，东西方文化在这里交汇融合，从而有了丝绸之路的驼铃声声，佛院深寺的暮鼓晨钟。敦煌莫高窟是世界文化史上的一个奇迹，它在继承汉晋艺术传统的基础上，形成了自己兼收并蓄的恢宏气度，展现出精美绝伦的艺术形式和博大精深的文化内涵。秦始皇兵马俑、西夏王陵、楼兰古国、布达拉宫、三星堆、大足石刻等历史文化遗产，同样为世界所瞩目，成为中华文化重要的象征。

西部地区又是少数民族及其文化的集萃地，几乎包括了我国所有的少数民族。在一些偏远的少数民族地区，仍保留 // 了一些久远时代的艺术品种，成为珍贵的“活化石”，如纳西古乐、戏曲、剪纸、刺绣、岩画等民间艺术和宗教艺术。特色鲜明、丰富多彩，犹如一个巨大的民族民间文化艺术宝库。

我们要充分重视和利用这些得天独厚的资源优势，建立良好的民族民间文化生态环境，为西部大开发做出贡献。

（选自《普通话水平测试实施纲要》作品 45 号）

Zuòpǐn 45 Hào Xībù Wénhuà hé Xībù Kāifā

Zhōngguó xībù wǒmen tōngcháng shì zhǐ Huánghé yǔ Qín Lǐng xiānglián yī xiàn yǐxī，bāokuò xīběi hé xīnán de shí’èr gè shěng、shì、zìzhìqū. Zhè kuài guǎngmào de tǔdì miànjī wéi wǔbǎi sìshíliù wàn píngfāng gōnglǐ，zhàn guótǔ zǒng miànjī de bǎi fēn zhī wǔshíqī；rénkǒu èr diǎn bā yì，zhàn quánguó zǒng rénkǒu de bǎi fēn zhī èrshísān.

Xībù shì Huáxià wénmíng de yuántóu. Huáxià zǔxiān de jiǎobù shì shùnzhe shuǐbiān zǒu de：Cháng Jiāng shàngyóu chūtǔguo Yuánmóurén yáchǐ huàshí，jù jīn yuē yībǎi qīshí wàn nián；Huáng Hé zhōngyóu chūtǔguo Lántiánrén tóugàigǔ，jù jīn yuē qīshí wàn nián. Zhè liǎng chù gǔ rénlèi dōu bǐ jù jīn yuē wǔshí wàn nián de Běijīng yuánrén zīgé gèng lǎo.

Xībù dìqū shì HuáXià wénmíng de zhòngyào fāyuándì，Qínhuáng Hànwǔ yǐhòu，dōng-xifāng wénhuà zài zhè • lǐ jiāohuì rónghé，cóng’ér yǒule sīchóu zhī lù de tuólíng shēngshēng，fó yuàn shēn sì de mùgǔ-chénzhōng. Dūnhuáng Mògāokū shì shìjiè wénhuàshǐ • shàng de yī gè qíjì，tā zài jìchéng Hàn Jìn yìshù chuántǒng de jīchǔ • shàng，xíngchéngle zìjǐ jiānshōu-bìngxù de huīhóng qìdù，zhǎnxiànchū jīngměi-juélún de yìshù xíngshì hé bódà-jīngshēn de wénhuà nèihán. Qínshǐhuáng Bīngmǎyǒng、Xīxià wánglíng、Lóulán gǔguó、Bùdálāgōng、Sānxīngduī、Dàzú shíkè děng lìshǐ wénhuà yíchǎn，tóngyàng wéi shìjiè suǒ zhǔmù，chéngwéi zhōnghuá wénhuà zhòngyào de xiàngzhēng.

Xībù dìqū yòu shì shǎoshù mínzú jíqí wénhuà de jícuìdì，jīhū bāokuòle wǒguó suǒyǒu de shǎoshù mínzú. Zài yīxiē piānyuǎn de shǎoshù mínzú dìqū，réng bǎoliú//le yīxiē jiǔyuǎn shídài de yìshù pǐnzhǒng，chéngwéi zhēnguì de “huó huàshí”，rú Nàxī gǔyuè、xìqǔ、jiǎnzhǐ、cìxiù、yánhuà děng mínjiān yìshù hé zōngjiào yìshù. Tèsè xiānmíng、fēngfù-duōcǎi，yóurú yī gè jùdà de mínzú mínjiān wénhuà yìshù bǎokù.

Wǒmen yào chōngfèn zhòngshì hé lìyòng zhèxiē détiān-dúhòu de zīyuán yōushì, jiànlì liánghǎo de mínzú mínjiān wénhuà shēngtài huánjìng, wèi xībù dà kāifā zuòchū gòngxiàn.

(Xuǎn zì《Pǔtōnghuà Shuǐpíng Cèshì Shíshī Gāngyào》Zuòpǐn 45 Hào)

作品 46 号——《喜悦》

高兴，这是一种具体的被看得到摸得着的事物所唤起的情绪。它是心理的，更是生理的。它容易来也容易去，谁也不应该对它视而不见失之交臂，谁也不应该总是做那些使自己不高兴也使旁人不高兴的事。让我们说一件最容易做也最令人高兴的事吧，尊重你自己，也尊重别人，这是每一个人的权利，我还要说这是每一个人的义务。

快乐，它是一种富有概括性的生存状态、工作状态。它几乎是先验的，它来自生命本身的活力，来自宇宙、地球和人间的吸引，它是世界的丰富、绚丽、阔大、悠久的体现。快乐还是一种力量，是埋在地下的根脉。消灭一个人的快乐比挖掘掉一棵大树的根要难得多。

欢欣，这是一种青春的、诗意的情感。它来自面向着未来伸开双臂奔跑的冲力，它来自一种轻松而又神秘、朦胧而又隐秘的激动，它是激情即将到来的预兆，它又是大雨过后的比下雨还要美妙得多也久远得多的回味……

喜悦，它是一种带有形而上色彩的修养和境界。与其说它是一种情绪，不如说它是一种智慧、一种超拔、一种悲天悯人的宽容和理解，一种饱经沧桑的充实和自信，一种光明的理性，一种坚定 // 的成熟，一种战胜了烦恼和庸俗的清明澄澈。它是一潭清水，它是一抹朝霞，它是无边的平原，它是沉默的地平线。多一点儿、再多一点儿喜悦吧，它是翅膀，也是归巢。它是一杯美酒，也是一朵永远开不败的莲花。

(选自《普通话水平测试实施纲要》作品 46 号)

Zuòpǐn 46 Hào Xǐyuè

Gāoxìng, zhè shì yī zhǒng jùtǐ de bèi kàndedào mōdezháo de shìwù suǒ huànqǐ de qíngxù. Tā shì xīnlǐ de, gèng shì shēnglǐ de. Tā róng • yì lái yě róng • yì qù, shéi yě bù yīnggāi duì tā shì'érbùjiàn shīzhījiāobì, shéi yě bù yīnggāi zǒngshì zuò nàxiē shǐ zìjǐ bù gāoxīng yě shǐ pángrén bù gāoxīng de shì. Ràng wǒmen shuō yī jiàn zuì róng • yì zuò yě zuì lìng rén gāoxīng de shì ba, zūnzhòng nǐ zìjǐ, yě zūnzhòng bié • rén, zhè shì měi yī gè rén de quánlì, wǒ háiyào shuō zhè shì měi yī gè rén de yìwù.

Kuàilè, tā shì yī zhǒng fùyǒu gàikuòxìng de shēngcún zhuàngtài、gōngzuò zhuàngtài. Tā jīhū shì xiānyàn de, tā láizì shēngmìng běnshēn de huólì, láizì yǔzhòu、dìqiú hé rénjiān de xīyǐn, tā shì shìjiè de fēngfù、xuànlì、kuòdà、yōujiǔ de tǐxiàn. Kuàilè háishì yī zhǒng lì • liàng, shì mái zài dìxià de gēnmài. Xiāomiè yī gè rén de kuàilè bǐ wā jué diào yī kē dàshù de gēn yào nán de duō.

Huānxīn, zhè shì yī zhǒng qīngchūn de、shīyì de qínggǎn. Tā láizì miànxiàngzhe wèilái shēnkāi shuāngbì bēnpǎo de chōnglì，tā láizì yī zhǒng qīngsōng ér yòu shénmì、ménglóng ér yòu yǐnmì de jīdòng，tā shì jīqíng jíjiāng dàolái de yùzhào，tā yòu shì dàyǔ guòhòu de bǐ xiàyǔ háiyào měimiào de duō yě jiǔyuǎn de duō de huíwèi……

Xǐyuè，tā shì yī zhǒng dàiyǒu xíng ér shàng sècǎi de xiūyǎng hé jìngjiè. Yǔqí shuō tā shì yī zhǒng qíng • xù，bùrú shuō tā shì yī zhǒng zhìhuì、yī zhǒng chāobá、yī zhǒng bēitiān-mǐnrén de kuānróng hé lǐjiě，yī zhǒng bǎojīng-cāngsāng de chōngshí hé zìxìn，yī zhǒng guāngmíng de lǐxìng，yī zhǒng jiāndìng//de chéngshú，yī zhǒng zhànshèngle fánnǎo hé yōngsú de qīngmíng chéngchè. Tā shì yī tán qīngshuǐ，tā shì yī mǒ zhāoxiá，tā shì wúbiān de píngyuán，tā shì chénmò de dìpíngxiàn. Duō yīdiǎnr，zài duō yīdiǎnr xǐyuè ba，tā shì chìbǎng，yě shì guīcháo. Tā shì yī bēi měijiǔ，yě shì yī duǒ yǒngyuǎn kāi bù bài de liánhuā.

（Xuǎn zì《Pǔtōnghuà Shuǐpíng Cèshì Shíshī Gāngyào》Zuòpǐn 46 Hào）

作品 47 号——《香港：最贵的一棵树》

在湾仔，香港最热闹的地方，有一棵榕树，它是最贵的一棵树，不光在香港，在全世界，都是最贵的。

树，活的树，又不卖何言其贵？只因它老，它粗，是香港百年沧桑的活见证，香港人不忍看着它被砍伐，或者被移走，便跟要占用这片山坡的建筑者谈条件：可以在这儿建大楼盖商厦，但一不准砍树，二不准挪树，必须把它原地精心养起来，成为香港闹市中的一景。太古大厦的建设者最后签了合同，占用这个大山坡建豪华商厦的先决条件是同意保护这棵老树。

树长在半山坡上，计划将树下面的成千上万吨山石全部掏空取走，腾出地方来盖楼，把树架在大楼上面，仿佛它原本是长在楼顶上似的。建设者就地造了一个直径十八米、深十米的大花盆，先固定好这棵老树，再在大花盆底下盖楼。光这一项就花了两千三百八十九万港币，堪称是最昂贵的保护措施了。

太古大厦落成之后，人们可以乘滚动扶梯一次到位，来到太古大厦的顶层，出后门，那儿是一片自然景色。一棵大树出现在人们面前，树干有一米半粗，树冠直径足有二十多米，独木成林，非常壮观，形成一座以它为中心的小公园，取名叫“榕圃”。树前面 // 插着铜牌，说明原由。此情此景，如不看铜牌的说明，绝对想不到巨树根底下还有一座宏伟的现代大楼。

（选自《普通话水平测试实施纲要》作品 47 号）

Zuòpǐn 47 Hào Xiānggǎng：Zuìguì de Yī Kē Shù

Zài Wānzǎi，Xiānggǎng zuì rènao de dìfang，yǒu yī kē róngshù，tā shì zuì guì de yī kē shù，bùguāng zài Xiānggǎng，zài quánshìjiè，dōu shì zuì guì de.

Shù，huó de shù，yòu bù mài hé yán qí guì? Zhǐ yīn tā lǎo，tā cū，shì Xiānggǎng bǎinián cāngsāng de huó jiànzhèng，Xiānggǎngrén bùrěn kànzhe tā bèi kǎnfá，huòzhě bèi yízǒu，biàn gēn yào zhànyòng zhè piàn shānpō de jiànzhùzhě tán tiáojiàn：Kěyǐ zài zhèr jiàn dàlóu gài shāngshà, dàn yī bùzhǔn kǎn shù, èr bùzhǔn nuó shù, bìxū bǎ tā yuándì jīngxīn yǎng qǐ • lái, chéngwéi Xiānggǎng nàoshì zhōng de yī jǐng. Tàigǔ Dàshà de jiànshèzhě zuìhòu qiānle hétong, zhànyòng zhège dà shānpō jiàn háohuá shāngshà de xiānjué tiáojiàn shì tóngyì bǎohù zhè kē lǎoshù.

Shù zhǎng zài bànshānpō • shàng, jìhuà jiāng shù xià • miàn de chéngqiān-shàngwàn dūn shānshí quánbù tāokōng qǔzǒu, téngchū dìfang • lái gài lóu, bǎ shù jià zài dàlóu shàng • miàn, fǎngfú tā yuánběn shì zhǎng zài lóudǐng • shàng shìde. Jiànshèzhě jiùdì zàole yī gè zhíjìng shíbā mǐ、shēn shí mǐ de dà huāpén, xiān gùdìng hǎo zhè kē lǎoshù, zài zài dà huāpén dǐ • xià gài lóu. Guāng zhè yī xiàng jiù huāle liǎngqiān sānbǎi bāshíjiǔ wàn gǎngbì, kānchēng shì zuì ángguì de bǎohù cuòshī le.

Tàigǔ Dàshà luòchéng zhīhòu, rénmen kěyǐ chéng gǔndòng fútī yī cì dàowèi, láidào Tàigǔ Dàshà de dǐngcéng, chū hòumén, nàr shì yī piàn zìrán jǐngsè. Yī kē dàshù chūxiàn zài rénmen miànqián, shùgàn yǒu yī mǐ bàn cū, shūguān zhíjìng zú yǒu èrshí duō mǐ, dúmù-chénglín, fēicháng zhuàngguān, xíngchéng yī zuò yǐ tā wéi zhōngxīn de xiǎo gōngyuán, qǔ míng jiào “róngpǔ”. Shù qián • miàn//chāzhe tóngpái, shuōmíng yuányóu. Cǐqíng cǐjǐng, rú bù kàn tóngpái de shuōmíng, juéduì xiǎng • bùdào jùshùgēn dǐ • xià háiyǒu yī zuò hóngwěi de xiàndài dàlóu.

(Xuǎn zì《Pǔtōnghuà Shuǐpíng Cèshì Shíshī Gāngyào》Zuòpǐn 47 Hào)

作品 48 号——《小鸟的天堂》

我们的船渐渐地逼近榕树了。我有机会看清它的真面目，真是一棵大树，有数不清的丫枝，枝上又生根，有许多根一直垂到地上，伸进泥土里。一部分树枝垂到水面，从远处看，就像一棵大树斜躺在水面上一样。

现在正是枝繁叶茂的时节。这棵榕树好像在把它的全部生命力展示给我们看。那么多的绿叶，一簇堆在另一簇的上面，不留一点儿缝隙。翠绿的颜色明亮地在我们的眼前闪耀，似乎每一片树叶上都有一个新的生命在颤动，这美丽的南国的树！

船在树下泊了片刻，岸上很湿，我们没有上去。朋友说这里是“鸟的天堂”，有许多鸟在这棵树上做窝，农民不许人去捉它们。我仿佛听见几只鸟扑翅的声音，但是等到我的眼睛注意地看那里时，我却看不见一只鸟的影子，只有无数的树根立在地上，像许多根木桩。地是湿的，大概涨潮时河水常常冲上岸去。“鸟的天堂”里没有一只鸟，我这样想到。船开了，一个朋友拨着船，缓缓地流到河中间去。

第二天，我们划着船到一个朋友的家乡去，就是那个有山有塔的地方。从学校出发，我们又经过那“鸟的天堂”。

这一次是在早晨，阳光照在水面上，也照在树梢上。一切都 // 显得非常光明。我们的船也在树下泊了片刻。

起初四周围非常清静。后来忽然起了一声鸟叫。我们把手一拍，便看见一只大鸟飞了起来，接着又看见第二只，第三只。我们继续拍掌，很快地这个树林就变得很热闹了。到处都是鸟声，到处都是鸟影。大的，小的，花的，黑的，有的站在枝上叫，有的飞起来，在扑翅膀。

（选自《普通话水平测试实施纲要》作品 48 号）

Zuòpǐn 48 Hào Xiǎoniǎo de Tiāntáng

Wǒmen de chuán jiànjiàn de bījìn róngshù le. Wǒ yǒu jī • huì kànqīng tā de zhēn miànmù，Shì yī kē dàshù，yǒu shǔ • bùqīng de yāzhī，zhī • shàng yòu shēnggēn，yǒu xǔduō gēn yīzhí chuídào dì • shàng，shēnjìn nítǔ • lǐ. Yī bùfēn shùzhī chuídào shuǐmiàn，cóng yuǎnchù kàn，jiù xiàng yī kē dàshù xié tǎng zài shuǐmiàn • shàng yīyàng.

Xiànzài zhèngshì zhīfán-yèmào de shíjié. Zhè kē róngshù hǎoxiàng zài bǎ tā de quánbù shēngmìnglì zhǎnshì gěi wǒmen kàn. Nàme duō de lǜ yè，yī cù duī zài lìng yī cù de shàng • miàn，bù liú yīdiǎnr fèngxì. Cuìlǜ de yánsè míngliàng de zài wǒmen de yǎnqián shǎnyào，sìhū měi yī piàn shùyè • shàng dōu yǒu yī gè xīn de shēngmìng zài chàndòng，zhè měilì de nánguó de shù!

Chuán zài shù • xià bóle piànkè，àn • shàng hěn shī，wǒmen méi • yǒu shàng • qù. Péngyou shuō zhèlǐ shì “niǎo de tiāntáng”，yǒu xǔduō niǎo zài zhè kē shù • shàng zuò wō，nóngmín bùxǔ rén qù zhuō tāmen. Wǒ fǎngfú tīng • jiàn jǐ zhī niǎo pū chì de shēngyīn，dànshì děngdào wǒ de yǎnjing zhùyì de kàn nà • lǐ shí，wǒ què kàn • bùjiàn yī zhī niǎo de yǐngzi，Zhǐyǒu wúshù de shùgēn lì zài dì • shàng，xiàng xǔduō gēn mùzhuāng. Dì shì shī de，dàgài zhǎngcháo shí héshuǐ chángcháng chōng • shàng àn • qù. “Niǎo de tiāntáng” • lǐ méi • yǒu yī zhī niǎo，wǒ zhèyàng xiǎngdào. Chuán kāi le，yī gè péngyou bōzhe chuán，huǎnhuǎn de liúdào hé zhōngjiān qù.

Dì-èr tiān，wǒmen huázhe chuán dào yī gè péngyou de jiāxiāng qù，jiùshì nàge yǒu shān yǒu tǎ de dìfang. Cóng xuéxiào chūfā，wǒmen yòu jīngguò nà “niǎo de tiāntáng”.

Zhè yī cì shì zài zǎo • chén，yángguāng zhào zài shuǐmiàn • shàng，yě zhào zài shùshāo • shàng. Yīqiè dōu//xiǎn • dé fēicháng guāngmíng. Wǒmen de chuán yě zài shù • xià bóle piànkè.

Qǐchū sì zhōuwéi fēicháng qīngjìng. Hòulái hūrán qǐle yī shēng niǎojiào. Wǒmen bǎ shǒu yī pāi，biàn kàn • jiàn yī zhī dàniǎo fēile qǐ • lái，jiēzhe yòu kàn • jiàn dì-èr zhī，dì-sān zhī. Wǒmen jìxù pāizhǎng，hěn kuài de zhège shùlín jiù biàn de hěn rènao le. Dàochù dōu shì niǎo shēng，dàochù dōu shì niǎo yǐng. Dà de，xiǎo de，huā de，hēi de，yǒude zhàn zài zhī • shàng jiào，yǒude fēi qǐ • lái，zài pū chìbǎng.

（Xuǎn zì《Pǔtōnghuà Shuǐpíng Cèshì Shíshī Gāngyào》Zuòpǐn 48 Hào）

作品 49 号——《野草》

有这样一个故事。

有人问：世界上什么东西的气力最大？回答纷纭得很，有的说“象”，有的说“狮”，有人开玩笑似的说：是“金刚”。金刚有多少气力，当然大家全不知道。

结果，这一切答案完全不对，世界上气力最大的，是植物的种子。一粒种子所可以显现出来的力，简直是超越一切。

人的头盖骨，结合得非常致密与坚固，生理学家和解剖学者用尽了一切的方法，要把它完整地分出来，都没有这种力气。后来忽然有人发明了一个方法，就是把一些植物的种子放在要剖析的头盖骨里，给它以温度与湿度，使它发芽。一发芽，这些种子便以可怕的力量，将一切机械力所不能分开的骨骼，完整地分开了。植物种子的力量之大，如此如此。

这，也许特殊了一点儿，常人不容易理解。那么，你看见过笋的成长吗？你看见过被压在瓦砾和石块下面的一棵小草的生长吗？它为着向往阳光，为着达成它的生之意志，不管上面的石块如何重，石与石之间如何狭，它必定要曲曲折折地，但是顽强不屈地透到地面上来。它的根往土壤钻，它的芽往地面挺，这是一种不可抗拒的力，阻止它的石块，结果也被它掀翻，一粒种子的力量之大，如//此如此。

没有一个人将小草叫做“大力士”，但是它的力量之大，的确是世界无比。这种力是一般人看不见的生命力。只要生命存在，这种力就要显现。上面的石块，丝毫不足以阻挡。因为它是一种“长期抗战”的力；有弹性，能屈能伸的力；有韧性，不达目的不止的力。

（选自《普通话水平测试实施纲要》作品 49 号）

Zuòpǐn 49 Hào Yěcǎo

Yǒu zhèyàng yī gè gùshì.

Yǒu rén wèn：Shìjiè • shàng shénme dōngxi de qìlì zuì dà? Huídá fēnyún de hěn，yǒude shuō “xiàng”，yǒude shuō “shī”，yǒu rén kāi wánxiào shìde shuō：shì “Jīngāng”. Jīngāng yǒu duō • shǎo qìlì，dāngrán dàjiā quán bù zhī • dào.

Jiéguǒ，zhè yīqiè dá’àn wánquán bù duì，shìjiè • shàng qìlì zuì dà de，shì zhíwù de zhǒngzi. Yī lì zhǒngzi suǒ kěyǐ xiǎnxiàn chū • lái de lì，jiǎnzhí shì chāoyuè yīqiē.

Rén de tóugàigǔ，jiéhé de fēicháng zhìmì yǔ jiāngù，shēnglǐxuéjiā hé jiěpōuxuézhě yòngjìnle yīqiè de fāngfǎ，yào bǎ tā wánzhěng de fēn chū • lái，dōu méi • yǒu zhè zhǒng lìqi. Hòulái hūrán yǒu rén fāmíngle yī gè fāngfǎ，jiùshì bǎ yīxiē zhíwù de zhǒngzi fàng zài yào pōuxī de tóugàigǔ • lǐ，gěi tā yǐ wēndù yǔ shīdù，shǐ tā fāyá. Yī fāyá，zhèxiē zhǒngzi biàn yǐ kěpà de lì • liàng，jiāng yīqiè jīxièlì suǒ bùnéng fēnkāi de gǔgé，wánzhěng de fēnkāi le. Zhíwù zhǒngzi de lìliàng zhī dà，rúcǐ rúcǐ.

Zhè，yěxǔ tèshūle yīdiǎnr，chángrén bù róng • yì lǐjiě. Nàme，nǐ kàn • jiànguo sǔn de chéngzhǎng ma? Nǐ kàn • jiànguo bèi yā zài wǎlì hé shíkuài xià • miàn de yī kē xiǎocǎo de shēngzhǎng ma? Tā wèizhe xiàngwǎng yángguāng, wèizhe dáchéng tā de shēng zhī yìzhì, bùguǎn shàng • miàn de shíkuài rúhé zhòng, shí yǔ shí zhījiān rúhé xiá, tā bìdìng yào qūqū-zhézhé de, dànshì wánqiáng-bùqū de tòudào dìmiàn shàng • lái. Tā de gēn wǎng tǔrǎng zuān, tā de yáwǎng dìmiàn tǐng, zhèshì yī zhǒng bùkě kàngjù de lì, zǔzhǐ tā de shíkuài, jiéguǒ yě bèi tā xiānfān, yī lì zhǒngzǐ de lì • liàng zhī dà, rú// cǐ rúcǐ.

Méi • yǒu yī gè rén jiāng xiǎo cǎo jiàozuò "dàlìshì", dànshì tā de lì • liàng zhī dà, díquè shì shìjiè wúbǐ. Zhè zhǒng lì shì yībān rén kàn • bùjiàn de shēngmìnglì. Zhǐyào shēngmìng cúnzài, zhè zhǒng lì jiù yào xiǎnxiàn. Shàng • miàn de shíkuài, sīháo bù zúyǐ zǔdǎng. Yīn • wèi tā shì yī zhǒng "chángqī kàngzhàn" de lì; yǒu tánxìng, néngqū-néngshēn de lì; yǒu rènxìng, bù dá mùdì bù zhǐ de lì.

(Xuǎn zì《Pǔtōnghuà Shuǐpíng Cèshì Shíshī Gāngyào》Zuòpǐn 49 Hào)

作品 50 号——《匆匆》

燕子去了，有再来的时候；杨柳枯了，有再青的时候；桃花谢了，有再开的时候。但是，聪明的，你告诉我，我们的日子为什么一去不复返呢？——是有人偷了他们罢：那是谁？又藏在何处呢？是他们自己逃走了罢：现在又到了哪里呢？

去的尽管去了，来的尽管来着；去来的中间，又怎样地匆匆呢？早上我起来的时候，小屋里射进两三方斜斜的太阳。太阳他有脚啊，轻轻悄悄地挪移了；我也茫茫然跟着旋转。于是——洗手的时候，日子从水盆里过去；吃饭的时候，日子从饭碗里过去；默默时，便从凝然的双眼前过去。我觉察他去的匆匆了，伸出手遮挽时，他又从遮挽着的手边过去；天黑时，我躺在床上，他便伶伶俐俐地从我身上跨过，从我脚边飞去了。等我睁开眼和太阳再见，这算又溜走了一日。我掩着面叹息。但是新来的日子的影儿又开始在叹息里闪过了。

在逃去如飞的日子里，在千门万户的世界里的我能做些什么呢？只有徘徊罢了，只有匆匆罢了；在八千多日的匆匆里，除徘徊外，又剩些什么呢？过去的日子如轻烟，被微风吹散了，如薄雾，被初阳蒸融了；我留着些什么痕迹呢？我何曾留着像游丝样的痕迹呢？我赤裸裸来//到这世界，转眼间也将赤裸裸的回去罢？但不能平的，为什么偏白白走这一遭啊？

你聪明的，告诉我，我们的日子为什么一去不复返呢？

节选自朱自清《匆匆》

Zuòpǐn 50 Hào Cōngcōng

Yànzi qùle, yǒu zài lái de shíhou; yángliǔ kūle, yǒu zài qīng de shíhou; táohuā xièle, yǒu zài kāi de shíhou. Dànshì, cōng • míng de, nǐ gàosu wǒ, wǒmen de rìzi wèishénme yī qù bù fùfǎn ne? ——Shì yǒu rén tōule tāmen ba: nà shì shéi? Yòu cáng zài héchù ne? Shì tāmen zìjǐ táozǒule ba: xiànzài yòu dàole nǎ • lǐ ne?

Qù de jǐnguǎn qùle, lái de jǐnguǎn láizhe; qù lái de zhōngjiān, yòu zěnyàng de cōngcōng ne? Zǎoshang wǒ qǐ • lái de shíhou, xiǎowū • lǐ shèjìn liǎng-sān fāng xiéxié de tài • yáng. Tài • yáng tā yǒu jiǎo a, qīngqīng-qiāoqiāo de nuóyí le; wǒ yě mángmángrán gēnzhe xuánzhuǎn. Yúshì——xǐshǒu de shíhou, rìzi cóng shuǐpén • lǐ guò • qù; chīfàn de shíhou, rìzi cóng fànwǎn • lǐ guò • qù; mòmò shí, biàn cóng níngrán de shuāngyǎn qián guò • qù. Wǒ juéchá tā qù de cōngcōng le, shēnchū shǒu zhēwǎn shí, tā yòu cóng zhēwǎnzhe de shǒu biān guò • qù; tiānhēi shí, wǒ tǎng zài chuáng • shàng, tā biàn línglíng-lìlì de cóng wǒ shēn • shàng kuàguò, cóng wǒ jiǎo biān fēiqù le. Děng wǒ zhēngkāi yǎn hé tài • yáng zàijiàn, zhè suàn yòu liūzǒule yī rì. Wǒ yǎnzhe miàn tànxī. Dànshì xīn lái de rìzi de yǐng' • ér yòu kāishǐ zài tànxī • lǐ shǎnguòle.

Zài táo qù rú fēi de rìzi • lǐ, zài qiānmén-wànhù de shìjiè • lǐ de wǒ néng zuò xiē shénme ne? Zhǐyǒu páihuái bàle, zhǐyǒu cōngcōng bàle; zài bāqiān duō rì de cōngcōng • lǐ, chú páihuái wài, yòu shèng xiē shénme ne? Guò • qù de rìzi rú qīngyān, bèi wēifēng chuīsànle, rú bówù, bèi chūyáng zhēngróngle; wǒ liúzhe xiē shénme hénjì ne? Wǒ hécéng liúzhe xiàng yóusī yàng de hénjì ne? Wǒ chìluǒluǒ lái //dào zhè shìjiè, zhuǎnyǎnjiān yě jiāng chìluǒluǒ de huí • qù ba? Dàn bù néng píng de, wèishénme piān báibái zǒu zhè yīzāo a?

Nǐ cōng • míng de, gàosu wǒ, wǒmen de rìzi wèishénme yī qù bù fùfǎn ne?

Jié xuǎn zì Zhū Zìqīng《Cōngcōng》

作品 51 号——《一个美丽的故事》

有个塌鼻子的小男孩儿，因为两岁时得过脑炎，智力受损，学习起来很吃力。打个比方，别人写作文能写二三百字，他却只能写三五行。但即便这样的作文，他同样能写得很动人。

那是一次作文课，题目是《愿望》。他极其认真地想了半天，然后极认真地写，那作文极短。只有三句话：我有两个愿望，第一个是，妈妈天天笑眯眯地看着我说："你真聪明，"第二个是，老师天天笑眯眯地看着我说："你一点儿也不笨。"

于是，就是这篇作文，深深地打动了他的老师，那位妈妈式的老师不仅给了他最高分，在班上带感情地朗读了这篇作文，还一笔一画地批道：你很聪明，你的作文写得非常感人，请放心，妈妈肯定会格外喜欢你的，老师肯定会格外喜欢你的，大家肯定会格外喜欢你的。

捧着作文本，他笑了，蹦蹦跳跳地回家了，像只喜鹊。但他并没有把作文本拿给妈妈看，他是在等待，等待着一个美好的时刻。

那个时刻终于到了，是妈妈的生日——一个阳光灿烂的星期天：那天，他起得特别早，把作文本装在一个亲手做的美丽的大信封里，等着妈妈醒来。妈妈刚刚睁眼醒来，他就笑眯眯地走到妈妈跟前说："妈妈，今天是您的生日，我要 // 送给您一件礼物。"

果然，看着这篇作文，妈妈甜甜地涌出了两行热泪，一把搂住小男孩儿，搂得很紧很紧。

是的，智力可以受损，但爱永远不会。

（选自《普通话水平测试实施纲要》作品 51 号）

Zuòpǐn 51 Hào Yī Gè Měilì de Gùshì

Yǒu gè tā bízi de xiǎonánháir，yīn · wèi liǎng suì shí déguo nǎoyán，zhìlì shòu sǔn，xuéxí qǐ · lái hěn chīlì. Dǎ gè bǐfang，bié · rén xiě zuòwén néng xiě èr-sān bǎi zì，tā què zhǐnéng xiě sān-wǔ háng. Dàn jíbiàn zhèyàng de zuòwén，tā tóngyàng néng xiě de dòngrén.

Nà shì yī cì zuòwénkè，tímù shì《Yuànwàng》. Tā jíqí rènzhēn de xiǎngle bàntiān，ránhòu jí rènzhēn de xiě，nà zuòwén jí duǎn. Zhǐyǒu sān jù huà：Wǒ yǒu liǎng gè yuànwàng，dì-yī gè shì，māma tiāntiān xiàomīmī de kànzhe wǒ shuō：“Nǐ zhēn cōng · míng，”dì-èr gè shì，lǎoshī tiāntiān xiàomīmī de kànzhe wǒ shuō：“Nǐ yīdiǎnr yě bù bèn.”

Yúshì，jiùshì zhè piān zuòwén，shēnshēn de dǎdòngle tā de lǎoshī，nà wèi māma shì de lǎoshī bùjǐn gěile tā zuì gāo fēn，zài bān · shàng dài gǎnqíng de lǎngdúle zhè piān zuòwén，hái yībǐ-yīhuà de pīdào：Nǐ hěn cōng · míng，nǐ de zuòwén xiě de fēicháng gǎnrén，qǐng fàngxīn，māma kěndìng huì géwài xǐhuan nǐ de，lǎoshī kěndìng huì géwài xǐhuan nǐ de，dàjiā kěndìng huì géwài xǐhuan nǐ de.

Pěngzhe zuòwénběn，tā xiào le，bèngbèng-tiàotiào de huí jiā le，xiàng zhī xǐ · què. Dàn tā bìng méi · yǒu bǎ zuòwénběn nágěi māma kàn，tā shì zài děngdài，děngdàizhe yī gè měihǎo de shíkè.

Nàge shíkè zhōngyú dào le，shì māma de shēng · rì——yī gè yángguāng cànlàn de xīngqītiān：Nà tiān，tā qǐ dé tèbié zǎo，bǎ zuòwénběn zhuāng zài yī gè qīnshǒu zuò de měilì de dà xìnfēng · lǐ，děngzhe māma xǐng · lái. Māma gānggāng zhēng yǎn xǐng · lái，tā jiù xiàomīmī de zǒudào māma gēn · qián shuō：“Māma，jīntiān shì nín de shēng · rì，wǒ yào//sònggěi nín yī jiàn lǐwù.”

Guǒrán，kànzhe zhè piān zuòwén，māma tiántián de yǒngchūle liǎng háng rèlèi，yī bǎ lǒuzhù xiǎonánháir，lǒude hěn jǐn hěn jǐn.

Shìde，zhìlì kěyǐ shòu sǔn，dàn ài yǒngyuǎn bù huì.

（Xuǎn zì《Pǔtōnghuà Shuǐpíng Cèshì Shíshī Gāngyào》Zuòpǐn 51 Hào）

作品 52 号——《永远的记忆》

小学的时候，有一次我们去海边远足，妈妈没有做便饭，给了我十块钱买午餐。好像走了很久，很久，终于到海边了，大家坐下来便吃饭，荒凉的海边没有商店，我一个人跑到防风林外面去，级任老师要大家把吃剩的饭菜分给我一点儿。有两三个男生留下一点儿给我，还有一个女生，她的米饭拌了酱油，很香。我吃完的时候，她笑眯眯地看着我，短头发，脸圆圆的。

她的名字叫翁香玉。

每天放学的时候，她走的是经过我们家的一条小路，带着一位比她小的男孩儿，可能是弟弟。小路边是一条清澈见底的小溪，两旁竹阴覆盖，我总是远远地跟在她后面，夏日的午后特别炎热，走到半路她会停下来，拿手帕在溪水里浸湿，为小男孩儿擦脸。我也在后面停下来，把肮脏的手帕弄湿了擦脸，再一路远远跟着她回家。

后来我们家搬到镇上去了，过几年我也上了中学。有一天放学回家，在火车上，看见斜对面一位短头发、圆圆脸的女孩儿，一身素净的白衣黑裙。我想她一定不认识我了。火车很快到站了，我随着人群挤向门口，她也走近了，叫我的名字。这是她第一次和我说话。

她笑眯眯的，和我一起走过月台。以后就没有再见过 // 她了。

这篇文章收在我出版的《少年心事》这本书里。

书出版后半年，有一天我忽然收到出版社转来的一封信，信封上是陌生的字迹，但清楚地写着我的本名。

信里面说她看到了这篇文章心里非常激动，没想到在离开家乡，漂泊异地这么久之后，会看见自己仍然在一个人的记忆里，她自己也深深记得这其中的每一幕，只是没想到越过遥远的时空，竟然另一个人也深深记得。

（选自《普通话水平测试实施纲要》作品 52 号）

Zuòpǐn 52 Hào Yǒngyuǎn de Jìyì

Xiǎoxué de shíhou，yǒu yī cì wǒmen qù hǎibiān yuǎnzú，māma méi • yǒu zuò biànfàn，gěile wǒ shí kuài qián mǎi wǔcān. Hǎoxiàng zǒule hěn jiǔ，hěn jiǔ，zhōngyú dào hǎibiān le，dàjiā zuò xià • lái biàn chīfàn，huāngliáng de hǎibiān méi • yǒu shāngdiàn，wǒ yī gè rén pǎodào fángfēnglín wài • miàn qù，jírèn lǎoshī yào dàjiā bǎ chīshèng de fàncài fēngěi wǒ yīdiǎnr. Yǒu liǎng-sān gè nánshēng liú • xià yīdiǎnr gěi wǒ，hái yǒu yī gè nǚshēng，tā de mǐfàn bànle jiàngyóu，hěn xiāng. Wǒ chīwán de shíhou，tā xiàomīmī de kànzhe wǒ，duǎn tóufa，liǎn yuányuán de.

Tā de míngzi jiào Wēng Xiāngyù.

Měi tiān fàngxué de shíhou，tā zǒu de shì jīngguò wǒmen jiā de yī tiáo xiǎolù，dàizhe yī wèi bǐ tā xiǎo de nánháir，kěnéng shì dìdi. Xiǎolù biān shì yī tiáo qīngchè jiàn dǐ de xiǎoxī，liǎngpáng zhúyīn fùgài，wǒ zǒngshì yuǎnyuǎn de gēn zài hòu • miàn，xiàrì de wǔhòu tèbié yánrè，zǒudào bànlù tā huì tíng xià • lái，ná shǒupà zài xīshuǐ • lǐ jìnshī，wèi xiǎonánháir cā liǎn. Wǒ yě zài hòu • miàn tíng xià • lái，bǎ āngzāng de shǒupà nòngshīle cā liǎn，zài yīlù yuǎnyuǎn gēnzhe tā huíjiā.

Hòulái wǒmen jiā bāndào zhèn • shàng qù le，guò jǐ nián wǒ yě shàngle zhōngxué. Yǒu yī tiān fàngxué huíjiā，zài huǒchē • shàng，kàn • jiàn xiéduìmiàn yī wèi duǎn tóufa、yuányuán liǎn de nǚhái，yī shēn sùjing de bái yī hēi qún. Wǒ xiǎng tā yīdìng bù rènshi wǒ le. Huǒchē hěn kuài dào zhàn le，wǒ suízhe rénqún jǐ xiàng ménkǒu，tā yě zǒujìnle，jiào wǒ de míngzi. Zhè shì tā dì-yī cì hé wǒ shuōhuà.

Tā xiàomīmī de，hé wǒ yīqǐ zǒuguò yuètái. Yǐhòu jiù méi • yǒu zài jiànguo//tā le.

Zhè piān wénzhāng shōu zài wǒ chūbǎn de《Shàonián Xīnshì》zhè běn shū • lǐ.

Shū chūbǎn hòu bàn nián，yǒu yī tiān wǒ hūrán shōudào chūbǎnshè zhuǎnlái de yī fēng xìn，xìnfēng • shàng shì mòshēng de zìjì，dàn qīngchu de xiězhe wǒ běnmíng.

Xìn lǐ • miàn shuō tā kàndàole zhè piān wénzhāng xīn • lǐ fēicháng jīdòng，méi xiǎngdào zài líkāi jiāxiāng，piāobó yìdì zhème jiǔ zhīhòu，huì kàn • jiàn zìjǐ réngrán zài yī gè rén de jìyì • lǐ，tā zìjǐ yě shēnshēn jì • dé zhè qízhōng de měi yī mù，zhǐshì méi xiǎngdào yuèguò yáoyuǎn de shíkōng，jìngrán lìng yī gè rén yě shēnshēn jì • dé.

（Xuǎn zì《Pǔtōnghuà Shuǐpíng Cèshì Shíshī Gāngyào》Zuòpǐn 52 Hào）

作品 53 号——《语言的魅力》

在繁华的巴黎大街的路旁，站着一个衣衫褴褛、头发斑白、双目失明的老人。他不像其他乞丐那样伸手向过路行人乞讨，而是在身旁立一块木牌，上面写着："我什么也看不见！"街上过往的行人很多，看了木牌上的字都无动于衷，有的还淡淡一笑，便姗姗而去了。

这天中午，法国著名诗人让 • 彼浩勒也经过这里。他看看木牌上的字，问盲老人："老人家，今天上午有人给你钱吗？"

盲老人叹息着回答："我，我什么也没有得到。"说着，脸上的神情非常悲伤。

让 • 彼浩勒听了，拿起笔悄悄地在那行字的前面添上了"春天到了，可是"几个字，就匆匆地离开了。

晚上，让 • 彼浩勒又经过这里，问那个盲老人下午的情况。盲老人笑着回答说："先生，不知为什么，下午给我钱的人多极了！"让 • 彼浩勒听了，摸着胡子满意地笑了。

"春天到了，可是我什么也看不见！"这富有诗意的语言，产生这么大的作用，就在于它有非常浓厚的感情色彩。是的，春天是美好的，那蓝天白云，那绿树红花，那莺歌燕舞，那流水人家，怎么不叫人陶醉呢？但这良辰美景，对于一个双目失明的人来说，只是一片漆黑。当人们想到这个盲老人，一生中竟连万紫千红的春天//都不曾看到，怎能不对他产生同情之心呢？

（选自《普通话水平测试实施纲要》作品 53 号）

Zuòpǐn 53 Hào Yǔyán de Mèilì

Zài fánhuá de Bālí dàjiē de lùpáng，zhànzhe yī gè yīshān lánlǚ、tóufa bānbái、shuāngmù shīmíng de lǎorén. Tā bù xiàng qítā qǐgài nàyàng shēnshǒu xiàng guòlù xíngrén qǐtǎo，ér shì zài shēnpáng lì yī kuài mùpái，shàng • miàn xiězhe："Wǒ shénme yě kàn • bùjiàn!"Jiē • shàng guòwǎng de xíngrén hěn duō，kànle mùpái • shàng de zì dōu wúdòngyúzhōng，yǒude hái dàndàn yī xiào，biàn shānshān ér qù le.

Zhè tiān zhōngwǔ，Fǎguó zhùmíng shīrén Ràng Bǐhàolè yě jīngguò zhè · lǐ. Tā kànkan mùpái · shàng de zì，wèn máng lǎorén：“Lǎo · rén · jiā，jīntiān shàngwǔ yǒu rén gěi nǐ qián ma?”

Máng lǎorén tànxīzhe huídá：“Wǒ，wǒ shénme yě méi · yǒu dédào.”Shuōzhe，liǎn · shàng de shénqíng fēicháng bēishāng.

Ràng Bǐhàolè tīng le，náqǐ bǐ qiāoqiāo de zài nà háng zì de qián · miàn tiān · shàngle“chūntiān dào le，kěshì”jǐ gè zì，jiù cōngcōng de líkāi le.

Wǎnshang，Ràng Bǐhàolè yòu jīngguò zhè · lǐ，wèn nàge máng lǎorén xiàwǔ de qíngkuàng. Máng lǎorén xiàozhe huídá shuō：“Xiānsheng，bù zhī wèishénme，xiàwǔ gěi wǒ qián de rén duō jí le!”Ràng Bǐhàolè tīng le，mōzhe húzi mǎnyì de xiào le.

“Chūntiān dào le，kěshì wǒ shénme yě kàn · bù jiàn!”Zhè fùyǒu shīyì de yǔyán，chǎnshēng zhème dà de zuòyòng，jiù zàiyú tā yǒu fēicháng nónghòu de gǎnqíng sècǎi. Shìde，chūntiān shì měihǎo de，nà lántiān báiyún，nà lǜshù hónghuā，nà yīnggē-yànwǔ，nà liúshuǐ rénjiā，zěnme bù jiào rén táozuì ne? Dàn zhè liángchén měijǐng，duìyú yī gè shuāngmù shīmíng de rén lái shuō，zhǐshì yī piàn qīhēi. Dāng rénmen xiǎngdào zhègè máng lǎorén，yīshēng zhōng jìng lián wànzǐ-qiānhóng de chūntiān//dōu bùcéng kàndào，zěn néng bù duì tā chǎnshēng tóngqíng zhī xīn ne?

(Xuǎn zì《Pǔtōnghuà Shuǐpíng Cèshì Shíshī Gāngyào》Zuòpǐn 53 Hào)

作品 54 号——《赠你四味长寿药》

有一次，苏东坡的朋友张鹗拿着一张宣纸来求他写一幅字，而且希望他写一点儿关于养生方面的内容。苏东坡思索了一会儿，点点头说：“我得到了一个养生长寿古方，药只有四味，今天就赠给你吧。”于是，东坡的狼毫在纸上挥洒起来，上面写着：“一曰无事以当贵，二曰早寝以当富，三曰安步以当车，四曰晚食以当肉。”

这哪里有药？张鹗一脸茫然地问。苏东坡笑着解释说，养生长寿的要诀，全在这四句里面。

所谓“无事以当贵”，是指人不要把功名利禄、荣辱过失考虑得太多，如能在情志上潇洒大度，随遇而安，无事以求，这比富贵更能使人终其天年。

“早寝以当富”，指吃好穿好、财货充足，并非就能使你长寿。对老年人来说，养成良好的起居习惯，尤其是早睡早起，比获得任何财富更加宝贵。

“安步以当车”，指人不要过于讲求安逸、肢体不劳，而应多以步行来替代骑马乘车，多运动才可以强健体魄，通畅气血。

“晚食以当肉”，意思是人应该用已饥方食、未饱先止代替对美味佳肴的贪吃无厌。他进一步解释，饿了以后才进食，虽然是粗茶淡饭，但其香甜可口会胜过山珍；如果饱了还要勉强吃，即使美味佳肴摆在眼前也难以 // 下咽。

苏东坡的四味“长寿药”，实际上是强调了情志、睡眠、运动、饮食四个方面对养生长寿的重要性，这种养生观点即使在今天仍然值得借鉴。

（选自《普通话水平测试实施纲要》作品 54 号）

Zuòpǐn 54 Hào Zèng Nǐ Sì Wèi Chángshòuyào

Yǒu yī cì，Sū Dōngpō de péngyou Zhāng È názhe yī zhāng xuānzhǐ lái qiú tā xiě yī fú zì，érqiě xīwàng tā xiě yīdiǎnr guānyú yǎngshēng fāngmiàn de nèiróng. Sū Dōngpō sīsuǒle yīhuìr，diǎndiǎn tóu shuō：“Wǒ dédàole yī gè yǎngshēng chángshòu gǔfāng，yào zhǐyǒu sì wèi，jīntiān jiù zènggěi nǐ ba. ”Yúshì，Dōngpō de lángháo zài zhǐ • shàng huīsǎ qǐ • lái，shàng • miàn xiězhe：“Yī yuē wú shì yǐ dàng guì，èr yuē zǎo qǐn yǐ dàng fù，sān yuē ān bù yǐ dàng chē，sì yuē wǎn shí yǐ dàng ròu. ”

Zhè nǎ • lǐ yǒu yào? Zhāng È yīliǎn mángrán de wèn. Sū Dōngpō xiàozhe jiěshì shuō，yǎngshēng chángshòu de yàojué，quán zài zhè sì jù lǐ • miàn.

Suǒwèi “wú shì yǐ dàng guì”，shì zhǐ rén bùyào bǎ gōngmíng lìlù、róngrǔ guòshī kǎolù de tài duō，rú néng zài qíngzhì • shàng xiāosǎ dàdù，suíyù'érān，wú shì yǐ qiú，zhè bǐ fùguì gèng néng shǐ rén zhōng qí tiānnián.

“Zǎo qǐn yǐ dàng fù”，zhǐ chīhǎo chuānhǎo、cáihuò chōngzú，bìngfēi jiù néng shǐ nǐ chángshòu. Duì lǎoniánrén lái shuō，yǎngchéng liánghǎo de qǐjū xíguàn，yóuqí shì zǎo shuì zǎo qǐ，bǐ huòdé rènhé cáifù gèngjiā fùguì.

“Ān bù yǐ dàng chē”，zhǐ rén bùyào guòyú jiǎngqiú ānyì、zhītǐ bù láo，ér yīng duō yǐ bùxíng lái tìdài qímǎ chéngchē，duō yùndòng cái kěyǐ qiángjiàn tǐpò，tōngchàng qìxuè.

“Wǎn shí yǐ dàng ròu”，yìsi shì rén yīnggāi yòng yǐ jī fāng shí、wèi bǎo xiān zhǐ dàitì duì měiwèi jiāyáo de tānchī wú yàn. Tā jìnyībù jiěshì，èle yǐhòu cái jìnshí，suīrán shì cūchá-dànfàn，dàn qí xiāngtián kěkǒu huì shèngguò shānzhēn；rúguǒ bǎole háiyào miǎnqiǎng chī，jíshǐ měiwèi jiāyáo bǎi zài yǎnqián yě nányǐ//xiàyān.

Sū Dōngpō de sì wèi “chángshòuyào”，shíjì • shàng shì qiángdiàole qíngzhì、shuìmián、yùndòng、yǐnshí sì gè fāngmiàn duì yǎngshēng chángshòu de zhòngyàoxìng，zhè zhǒng yǎngshēng guāndiǎn jíshǐ zài jīntiān réngrán zhí • dé jièjiàn.

（Xuǎn zì《Pǔtōnghuà Shuǐpíng Cèshì Shíshī Gāngyào 》Zuòpǐn 54 Hào）

作品 55 号——《站在历史的枝头微笑》

人活着，最要紧的是寻觅到那片代表着生命绿色和人类希望的丛林，然后选一高高的枝头站在那里观览人生，消化痛苦，孕育歌声，愉悦世界！

这可真是一种潇洒的人生态度，这可真是一种心境爽朗的情感风貌。

站在历史的枝头微笑，可以减免许多烦恼。在那里，你可以从众生相所包含的甜酸苦辣、百味人生中寻找你自己；你境遇中的那点儿苦痛，也许相比之下，再也难以占据一席之地；你会较容易地获得从不悦中解脱灵魂的力量，使之不致变得灰色。

人站得高些，不但能有幸早些领略到希望的曙光，还能有幸发现生命的立体的诗篇。每一个人的人生，都是这诗篇中的一个词、一个句子或者一个标点。你可能没有成为一个美丽的词，一个引人注目的句子，一个惊叹号，但你依然是这生命的立体诗篇中的一个音节、一个停顿、一个必不可少的组成部分。这足以使你放弃前嫌，萌生为人类孕育新的歌声的兴致，为世界带来更多的诗意。

最可怕的人生见解，是把多维的生存图景看成平面。因为那平面上刻下的大多是凝固了的历史——过去的遗迹；但活着的人们，活得却是充满着新生智慧的，由 // 不断逝去的“现在”组成的未来。人生不能像某些鱼类躺着游，人生也不能像某些兽类爬着走，而应该站着向前行，这才是人类应有的生存姿态。

（选自《普通话水平测试实施纲要》作品 55 号）

Zuòpǐn 55 Hào Zhàn Zài Lìshǐ de Zhītóu Wēixiào

Rén huózhe，zuì yàojǐn de shì xúnmì dào nà piàn dàibiǎozhe shēngmìng lǜsè hé rénlèi xīwàng de cónglín，ránhòu xuǎn yī gāogāo de zhītóu zhàn zài nà • lǐ guānlǎn rénshēng，xiāohuà tòngkǔ，yùnyù gēshēng，yúyuè shìjiè!

Zhè kě zhēn shì yī zhǒng xiāosǎ de rénshēng tài • dù，zhè kě zhēn shì yī zhǒng xīnjìng shuǎnglǎng de qínggǎn fēngmào.

Zhàn zài lìshǐ de zhītóu wēixiào，kěyǐ jiǎnmiǎn xǔduō fánnǎo. Zài nà • lǐ，nǐ kěyǐ cóng zhòngshēngxiàng suǒ bāohán de tián-suān-kǔ-là、bǎiwèi rénshēng zhōng xúnzhǎo nǐ zìjǐ；nǐ jìngyù zhōng de nà diǎnr kǔtòng，yěxǔ xiāngbǐ zhīxià，zài yě nányǐ zhànjù yī xí zhī dì；nǐ huì jiào róng • yì de huòdé cóng bùyuè zhōng jiětuō línghún de lì • liàng，shǐ zhī bùzhì biànde huīsè.

Rén zhàn de gāo xiē，bùdàn néng yǒuxìng zǎo xiē lǐnglüè dào xīwàng de shǔguāng，hái néng yǒuxìng fāxiàn shēngmìng de lìtǐ de shīpiān. Měi yī gè rén de rénshēng，dōu shì zhè shīpiān zhōng de yī gè cí、yī gè jùzi huòzhě yī gè biāodiǎn. Nǐ kěnéng méi • yǒu chéngwéi yī gè měilì de cí，yī gè yǐnrén-zhùmù de jùzi，yī gè jīngtànhào，dàn nǐ yīrán shì zhè shēngmìng de lìtǐ shīpiān zhōng de yī gè yīnjié、yī gè tíngdùn、yī gè bìbùkěshǎo de zǔchéng bùfen. Zhè zúyǐ shǐ nǐ fàngqì qiánxián，méngshēng wèi rénlèi yùnyù xīn de gēshēng de xìngzhì，wèi shìjiè dài • lái gèng duō de shīyì.

Zuì kěpà de rénshēng jiànjiě，shì bǎ duōwéi de shēngcún tújǐng kànchéng píngmiàn. Yīn • wèi nà píngmiàn • shàng kèxià de dàduō shì nínggùle de lìshǐ——guòqù de yíjì；dàn huózhe de rénmen，huó de què shì chōngmǎnzhe xīnshēng zhìhuì de，yóu//bùduàn shìqù de “xiànzài” zǔchéng de wèilái. Rénshēng bùnéng xiàng mǒu xiē yúlèi tǎngzhe yóu，rénshēng yě bùnéng xiàng mǒu xiē shòulèi pázhe zǒu，ér yīnggāi zhànzhe xiàngqián xíng，zhè cái shì rénlèi yīngyǒu de shēngcún zītài.

（Xuǎn zì《Pǔtōnghuà Shuǐpíng Cèshì Shíshī Gāngyào》Zuòpǐn 55 Hào）

作品 56 号——《中国的宝岛——台湾》

中国的第一大岛、台湾省的主岛台湾，位于中国大陆架的东南方，地处东海和南海之间，隔着台湾海峡和大陆相望。天气晴朗的时候，站在福建沿海较高的地方，就可以隐隐约约地望见岛上的高山和云朵。

台湾岛形状狭长，从东到西，最宽处只有一百四十多公里；由南至北，最长的地方约有三百九十多公里。地形像一个纺织用的梭子。

台湾岛上的山脉纵贯南北，中间的中央山脉犹如全岛的脊梁。西部为海拔近四千米的玉山山脉，是中国东部的最高峰。全岛约有三分之一的地方是平地，其余为山地。岛内有缎带般的瀑布，蓝宝石似的湖泊，四季常青的森林和果园，自然景色十分优美。西南部的阿里山和日月潭，台北市郊的大屯山风景区，都是闻名世界的游览胜地。

台湾岛地处热带和温带之间，四面环海，雨水充足，气温受到海洋的调剂，冬暖夏凉，四季如春，这给水稻和果木生长提供了优越的条件。水稻、甘蔗、樟脑是台湾的"三宝"。岛上还盛产鲜果和鱼虾。

台湾岛还是一个闻名世界的"蝴蝶王国"。岛上的蝴蝶共有四百多个品种，其中有不少是世界稀有的珍贵品种。岛上还有不少鸟语花香的蝴 // 蝶谷，岛上居民利用蝴蝶制作的标本和艺术品，远销许多国家。

（选自《普通话水平测试实施纲要》作品 56 号）

Zuòpǐn 56 Hào Zhōngguó de Bǎodǎo——Táiwān

Zhōngguó de dì-yī dàdǎo、Táiwān shěng de zhǔdǎo Táiwān，wèiyú Zhōngguó dàlùjià de dōngnánfāng，dìchǔ Dōng Hǎi hé Nán Hǎi zhījiān，gézhe Táiwān Hǎixiá hé Dàlù xiāngwàng. Tiānqì qínglǎng de shíhou，zhàn zài Fújiàn yánhǎi jiào gāo de dìfang，jiù kěyǐ yǐnyǐn-yuēyuē de wàng • jiàn dǎo • shàng de gāoshān hé yúnduǒ.

Táiwān Dǎo xíngzhuàng xiácháng，cóng dōng dào xī，zuì kuān chù zhǐyǒu yībǎi sìshí duō gōnglǐ；yóu nán zhì běi，zuì cháng de dìfang yuē yǒu sānbǎi jiǔshí duō gōnglǐ. Dìxíng xiàng yī gè fǎngzhī yòng de suōzi.

Táiwān Dǎo • shàng de shānmài zòngguàn nánběi，zhōngjiān de zhōngyāng shānmài yóurú quándǎo de jǐliang. Xībù wéi hǎibá jì sìqiān mǐ de Yù Shān shānmài，shì Zhōngguó dōngbù de zuì gāo fēng. Quándǎo yuē yǒu sān fēn zhī yī de dìfang shì píngdì，qíyú wéi shāndì. Dǎonèi yǒu duàndài bān de pùbù，lánbǎoshí shìde húpō，sìjì chángqīng de sēnlín hé guǒyuán，zìrán jǐngsè shífēn yōuměi. Xīnánbù de Ālǐ Shān hé Rìyuè Tán，Táiběi shìjiāo de Dàtúnshān fēngjǐngqū，dōu shì wénmíng shìjiè de yóulǎn shèngdì.

Táiwān Dǎo dìchǔ rèdài hé wēndài zhījiān，sìmiàn huán hǎi，yǔshuǐ chōngzú， qìwēn shòudào hǎiyáng de tiáojì, dōng nuǎn xià liáng, sìjì rú chūn, zhè gěi shuǐdào hé guǒmù shēngzhǎng tígōngle yōuyuè de tiáojiàn. Shuǐdào、gānzhe、zhāngnǎo shì Táiwān de “sān bǎo”. Dǎo • shàng hái shèngchǎn xiānguǒ hé yúxiā.

Táiwān Dǎo háishì yī gè wénmíng shìjiè de “húdié wángguó”. Dǎo • shàng de húdié gòng yǒu sìbǎi duō gè pǐnzhǒng, qízhōng yǒu bùshǎo shì shìjiè xīyǒu de zhēnguì pǐnzhǒng. Dǎo • shàng háiyǒu bùshǎo niǎoyǔ-huāxiāng de hú//dié gǔ, dǎo • shàng jūmín lìyòng húdié zhìzuò de biāoběn hé yìshùpǐn, yuǎnxiāo xǔduō guójiā.

（Xuǎn zì《Pǔtōnghuà Shuǐpíng Cèshì Shíshī Gāngyào》Zuòpǐn 56 Hào）

作品 57 号——《中国的牛》

对于中国的牛，我有着一种特别尊敬的感情。

留给我印象最深的，要算在田垄上的一次“相遇”。

一群朋友郊游，我领头在狭窄的阡陌上走，怎料迎面来了几头耕牛，狭道容不下人和牛，终有一方要让路。它们还没有走近，我们已经预计斗不过畜牲，恐怕难免踩到田地泥水里．弄得鞋袜又泥又湿了。正踟蹰的时候，带头的一头牛，在离我们不远的地方停下来，抬起头看看，稍迟疑一下，就自动走下田去。一队耕牛，全跟着它离开阡陌，从我们身边经过。

我们都呆了，回过头来，看着深褐色的牛队，在路的尽头消失，忽然觉得自己受了很大的恩惠。

中国的牛，永远沉默地为人做着沉重的工作。在大地上，在晨光或烈日下，它拖着沉重的犁，低头一步又一步，拖出了身后一列又一列松土，好让人们下种。等到满地金黄或农闲时候，它可能还得担当搬运负重的工作；或终日绕着石磨，朝同一方向，走不计程的路。

在它沉默的劳动中，人便得到应得的收成。

那时候，也许，它可以松一肩重担，站在树下，吃几口嫩草。偶尔摇摇尾巴，摆摆耳朵，赶走飞附身上的苍蝇，已经算是它最闲适的生活了。

中国的牛，没有成群奔跑的习 // 惯，永远沉沉实实的，默默地工作，平心静气。这就是中国的牛！

（选自《普通话水平测试实施纲要》作品 57 号）

Zuòpǐn 57 Hào Zhōngguó de Niú

Duìyú Zhōngguó de niú, wǒ yǒu zhe yī zhǒng tèbié de zūnjìng de gǎnqíng.

Liúgěi wǒ yìnxiàng zuì shēn de, yào suàn zài tián lǒng • shàng de yī cì “xiāngyù”.

Yī qún péngyou jiāoyóu, wǒ lǐngtóu zài xiázhǎi de qiānmò • shàng zǒu, zěnliào yíngmiàn láile jǐ tóu gēngniú, xiádào róng • bùxià rén hé niú, zhōng yǒu yīfāng yào rànglù. Tāmen hái méi • yǒu zǒujìn, wǒmen yǐ • jīng yùjì dòu • bù • guò chùsheng, kǒngpà nánmiǎn cǎidào tiándì níshuǐ • lǐ, nòng de xiéwà yòu ní yòu shī le. Zhèng chíchú de shíhou，dàitóu de yī tóu niú，zài lí wǒmen bùyuǎn de dìfang tíng xià • lái，táiqǐ tóu kànkan，shāo chíyí yīxià，jiù zìdòng zǒu • xià tián qù. Yī duì gēngniú，quán gēnzhe tā líkāi qiānmò，cóng wǒmen shēnbiān jīngguò.

Wǒmen dōu dāi le，huíguo tóu • lái，kànzhe shēnhèsè de niúduì，zài lù de jìntóu xiāoshī，hūrán jué • dé zìjǐ shòule hěn dà de ēnhuì.

Zhōngguó de niú，yǒngyuǎn chénmò de wèi rén zuòzhe chénzhòng de gōngzuò. Zài dàdì • shàng，zài chénguāng huò lièrì • xià，tā tuōzhe chénzhòng de lí，dītóu yī bù yòu yī bù，tuōchūle shēnhòu yī liè yòu yī liè sōngtǔ，hǎo ràng rénmen xià zhǒng. Děngdào mǎndì jīnhuáng huò nóngxián shíhou，tā kěnéng háiděi dāndāng bānyùn fùzhòng de gōngzuò；huò zhōngrì ràozhe shímó，cháo tóng yī fāngxiàng，zǒu bù jìchéng de lù.

Zài tā chénmò de láodòng zhōng，rén biàn dédào yīng dé de shōucheng.

Nà shíhou，yě xǔ，tā kěyǐ sōng yī jiān zhòngdàn，zhàn zài shù • xià，chī jǐ kǒu nèn cǎo. Ou'ěr yáoyao wěiba，bǎibai ěrduo，gǎnzǒu fēifù shēn • shàng de cāngying，yǐ • jīng suàn shì tā zuì xiánshì de shēnghuó le.

Zhōngguó de niú，méi • yǒu chéngqún bēnpǎo de xí//guàn，yǒngyuǎn chénchén-shíshí de mòmò de gōng zuò，píngxīn-jìngqì. Zhè jiùshì Zhōngguó de niú!

（Xuǎn zì《Pǔtōnghuà Shuǐpíng Cèshì Shíshī Gāngyào》Zuòpǐn 57 Hào）

作品 58 号——《住的梦》

不管我的梦想能否成为事实，说出来总是好玩儿的：

春天，我将要住在杭州。二十年前，旧历的二月初，在西湖我看见了嫩柳与菜花，碧浪与翠竹。由我看到的那点儿春光，已经可以断定，杭州的春天必定会教人整天生活在诗与图画之中。所以，春天我的家应当是在杭州。

夏天，我想青城山应当算作最理想的地方。在那里，我虽然只住过十天，可是它的幽静已拴住了我的心灵。在我所看见过的山水中，只有这里没有使我失望。到处都是绿，目之所及，那片淡而光润的绿色都在轻轻地颤动，仿佛要流入空中与心中似的。这个绿色会像音乐，涤清了心中的万虑。

秋天一定要住北平。天堂是什么样子，我不知道，但是从我的生活经验去判断，北平之秋便是天堂。论天气，不冷不热。论吃的，苹果、梨、柿子、枣儿、葡萄，每样都有若干种。论花草，菊花种类之多，花式之奇，可以甲天下。西山有红叶可见，北海可以划船——虽然荷花已残，荷叶可还有一片清香。衣食住行，在北平的秋天，是没有一项不使人满意的。

冬天，我还没有打好主意，成都或者相当得合适，虽然并不怎样和暖，可是为了水仙，素心腊梅，各色的茶花，仿佛就受一点儿寒 // 冷，也颇值得去了。昆明的花也多，而且天气比成都好，可是旧书铺与精美而便宜的小吃远不及成都那么多。好吧，就暂这么规定：冬天不住成都便住昆明吧。

在抗战中，我没能发国难财。我想，抗战胜利以后，我必能阔起来。那时候，假若飞机减价，一二百元就能买一架的话，我就自备一架，择黄道吉日慢慢地飞行。

（选自《普通话水平测试实施纲要》作品 58 号）

Zuòpǐn 58 Hào Zhù de Mèng

Bùguǎn wǒ de mèngxiǎng néngfǒu chéngwéi shìshí，shuō chū • lái zǒngshì hǎowánr de：

Chūntiān，wǒ jiāng yào zhù zài Hángzhōu. Èrshí nián qián，jiùlì de èryuè chū，zài Xīhú wǒ kàn • jiànle nènliǔ yǔ càihuā，bìlàng yǔ cuìzhú. Yóu wǒ kàndào de nà diǎnr chūnguāng，yǐ • jīng kěyǐ duàndìng，Hángzhōu de chūntiān bìdìng huì jiào rén zhěngtiān shēnghuó zài shī yǔ túhuà zīzhōng. Suǒyǐ，chūntiān wǒ de jiā yīngdāng shì zài Hángzhōu.

Xiàtiān，wǒ xiǎng Qīngchéng Shān yīngdāng suànzuò zuì lǐxiǎng de dìfang. Zài nà • lǐ，wǒ suīrán zhǐ zhùguo shí tiān，kěshì tā de yōujìng yǐ shuānzhùle wǒ de xīnlíng. Zài wǒ suǒ kàn • jiànguo de shānshuǐ zhōng，zhǐyǒu zhè • lǐ méi • yǒu shǐ wǒ shīwàng. Dàochù dōu shì lǜ，mù zhī suǒ jí，nà piàn dàn ér guāngrùn de lǜsè dōu zài qīngqīng de chàndòng，fǎngfú yào liúrù kōngzhōng yǔ xīnzhōng shìde. Zhège lǜsè huì xiàng yīnyuè，díqīngle xīnzhōng de wànlǜ.

Qiūtiān yīdìng yào zhù Běipíng. Tiāntáng shì shénme yàngzi，wǒ bù zhī • dào，dànshì cóng wǒ de shēnghuó jīngyàn qù pànduàn，Běipíng zhī qiū biàn shì tiāntáng. Lùn tiānqì，bù lěng bù rè. Lùn chīde，píngguǒ、lí、shìzi、zǎor、pú • táo，měi yàng dōu yǒu ruògān zhǒng. Lùn huācǎo，júhuā zhǒnglèi zhī duō，huā shì zhī qí，kěyǐ jiǎ tiānxià. Xīshān yǒu hóngyè kě jiàn，Běihǎi kěyǐ huáchuán——suīrán héhuā yǐ cán，héyè kě háiyǒu yī piàn qīngxiāng. Yī-shí-zhù-xíng，zài Běipíng de qiūtiān，shì méi • yǒu yī xiàng bù shǐ rén mǎnyì de.

Dōngtiān，wǒ hái méi • yǒu dǎhǎo zhǔyi，Chéngdū huòzhě xiāngdāng de héshì，suīrán bìng bù zěnyàng hénuǎn，kěshì wèile shuǐxiān，sù xīn làméi，gè sè de cháhuā，fǎngfú jiù shòu yīdiǎnr hán//lěng，yě pō zhí • dé qù le. Kūnmíng de huā yě duō，érqiě tiānqì bǐ Chéngdū hǎo，kěshì jiù shūpù yǔ jīngměi ér piányi de xiǎochī yuǎn • bùjí Chéngdū nàme duō. Hǎo ba，jiù zàn shí zhème guīdìng：Dōngtiān bù zhù Chéngdū biàn zhù Kūnmíng ba.

Zài kàngzhàn zhōng，wǒ méi néng fā guónán cái. Wǒ xiǎng，kàngzhàn shènglì yǐhòu，wǒ bì néng kuò qǐ • lái. Nà shíhou，jiǎruò fēijī jiǎnjià，yī-èrbǎi yuán jiù néng mǎi yī jià de huà，wǒ jiù zìbèi yī jià，zé huángdào-jírì mànmàn de fēixíng.

（Xuǎn zì《Pǔtōnghuà Shuǐpíng Cèshì Shíshī Gāngyào》Zuòpǐn 58 Hào）

作品 59 号——《紫藤萝瀑布》

我不由得停住了脚步。

从未见过开得这样盛的藤萝，只见一片辉煌的淡紫色，像一条瀑布，从空中垂下，不见其发端，也不见其终极，只是深深浅浅的紫，仿佛在流动，在欢笑，在不停地生长。紫色的大条幅上，泛着点点银光，就像迸溅的水花。仔细看时，才知那是每一朵紫花中的最浅淡的部分，在和阳光互相挑逗。

这里除了光彩，还有淡淡的芳香。香气似乎也是浅紫色的，梦幻一般轻轻地笼罩着我。忽然记起十多年前，家门外也曾有过一大株紫藤萝，它依傍一株枯槐爬得很高，但花朵从来都稀落，东一穗西一串伶仃地挂在树梢，好像在察颜观色，试探什么。后来索性连那稀零的花串也没有了。园中别的紫藤花架也都拆掉，改种了果树。那时的说法是，花和生活腐化有什么必然关系。我曾遗憾地想：这里再看不见藤萝花了。

过了这么多年，藤萝又开花了，而且开得这样盛，这样密，紫色的瀑布遮住了粗壮的盘虬卧龙般的枝干，不断地流着，流着，流向人的心底。

花和人都会遇到各种各样的不幸，但是生命的长河是无止境的。我抚摸了一下那小小的紫色的花舱，那里满装了生命的酒酿，它张满了帆，在这 // 闪光的花的河流上航行。它是万花中的一朵，也正是由每一个一朵，组成了万花灿烂的流动的瀑布。

在这浅紫色的光辉和浅紫色的芳香中，我不觉加快了脚步。

（选自《普通话水平测试实施纲要》作品 59 号）

Zuòpǐn 59 Hào Zǐténg luó Pùbù

Wǒ bùyóude tíngzhùle jiǎobù.

Cóngwèi jiànguo kāide zhèyàng shèng de téngluó，zhǐ jiàn yī piàn huīhuáng de dàn zǐsè，xiàng yī tiáo pùbù，cóng kōngzhōng chuíxià，bù jiàn qí fāduān，yě bù jiàn qí zhōngjí，zhǐshì shēnshēn-qiǎnqiǎn de zǐ，fǎngfú zài liúdòng，zài huānxiào，zài bùtíng de shēngzhǎng. Zǐsè de dà tiáofú • shàng，fànzhe diǎndiǎn yínguāng，jiù xiàng bèngjiàn de shuǐhuā. Zǐxì kàn shí，cái zhī nà shì měi yī duǒ zǐhuā zhōng de zuì qiǎndàn de bùfen，zài hé yángguāng hùxiāng tiǎodòu.

Zhè • lǐ chúle guāngcǎi，háiyǒu dàndàn de fāngxiāng. Xiāngqì sìhū yě shì qiǎn zǐsè de，mènghuàn yībān qīngqīng de lǒngzhàozhe wǒ. Hūrán jìqǐ shí duō nián qián，jiā mén wài yě céng yǒuguo yī dà zhū zǐténgluó，tā yībàng yī zhū kū huái pá de hěn gāo，dàn huāduǒ cónglái dōu xīluò，dōng yī suì xī yī chuàn língdīng de guà zài shùshāo，hǎoxiàng zài cháyán-guānsè，shìtàn shénme. Hòulái suǒxìng lián nà xīlíng de huāchuàn yě méi • yǒu le. Yuán zhōng biéde zǐténg huājià yě dōu chāidiào，gǎizhòngle guǒshù. Nàshí de shuōfǎ shì，huā hé shēnghuó fǔhuà yǒu shénme bìrán guānxi. Wǒ céng yíhàn de xiǎng：Zhè • lǐ zài kàn • bùjiàn téngluóhuā le.

Guòle zhème duō nián，téngluó yòu kāihuā le，érqiě kāi de zhèyàng shèng， zhèyàng mì，zǐsè de pùbù zhēzhùle cūzhuàng de pánqiú wòlóng bān de zhīgàn，bùduàn de liúzhe，liúzhe，liúxiàng rén de xīndǐ.

Huā hé rén dōu huì yùdào gèzhǒng-gèyàng de bùxìng，dànshì shēngmìng de chánghé shì wú zhǐjìng de. Wǒ fǔmōle yīxià nà xiǎoxiǎo de zǐsè de huācāng，nà • lǐ mǎn zhuāngle shēngmìng de jiǔniàng，tā zhāngmǎnle fān，zài zhè//shǎnguāng de huā de héliú • shàng hángxíng. Tā shì wàn huā zhōng de yī duǒ，yě zhèngshì yóu měi yī gè yī duǒ，zǔchéngle wàn huā cànlàn de liúdòng de pùbù.

Zài zhè qiǎn zǐsè de guānghuī hé qiǎn zǐsè de fāngxiāng zhōng，wǒ bùjué jiākuàile jiǎobù.

（Xuǎn zì《Pǔtōnghuà Shuǐpíng Cèshì Shíshī Gāngyào》Zuòpǐn 59 Hào）

作品 60 号——《最糟糕的发明》

在一次名人访问中，被问及上个世纪最重要的发明是什么时，有人说是电脑，有人说是汽车，等等。但新加坡的一位知名人士却说是冷气机。他解释，如果没有冷气，热带地区如东南亚国家，就不可能有很高的生产力，就不可能达到今天的生活水准。他的回答实事求是，有理有据。

看了上述报道，我突发奇想：为什么没有记者问："二十世纪最糟糕的发明是什么？"其实二〇〇二年十月中旬，英国的一家报纸就评出了"人类最糟糕的发明"。获此"殊荣"的，就是人们每天大量使用的塑料袋。

诞生于 20 世纪 30 年代的塑料袋，其家族包括用塑料制成的快餐饭盒、包装纸、餐用杯盘、饮料瓶、酸奶杯、雪糕杯等。这些废弃物形成的垃圾，数量多、体积大、重量轻、不降解，给治理工作带来很多技术难题和社会问题。

比如，散落在田间、路边及草丛中的塑料餐盒，一旦被牲畜吞食，就会危及健康甚至导致死亡。填埋废弃塑料袋、塑料餐盒的土地，不能生长庄稼和树木，造成土地板结，而焚烧处理这些塑料垃圾，则会释放出多种化学有毒气体，其中一种称为二噁英的化合物，毒性极大。

此外，在生产塑料袋、塑料餐盒的过 // 程中使用的氟利昂，对人体免疫系统和生态环境造成的破坏也极为严重。

（选自《普通话水平测试实施纲要》作品 60 号，有改动）

Zuòpǐn 60 Hào Zuì Zāogāo de Fāmíng

Zài yī cì míngrén fǎngwèn zhōng，bèi wèn jí shàng gè shìjì zuì zhòngyào de fāmíng shì shénme shí，yǒu rén shuō shì diànnǎo，yǒu rén shuō shì qìchē，děngděng. Dàn Xīnjiāpō de yī wèi zhīmíng rénshì què shuō shì lěngqìjī. Tā jiěshì，rúguǒ méi • yǒu lěngqì，rèdài dìqū rú Dōngnányà guójiā，jiù bù kěnéng yǒu hěn gāo de shēngchǎnlì，jiù bù kěnéng dádào jīntiān de shēnghuó shuǐzhǔn. Tā de huídá shíshì-qiúshì，yǒulǐ-yǒujù.

Kànle yǒu shàngshù bàodào，wǒ tūfā qí xiǎng：Wèi shénme méi • yǒu jìzhě wèn：

“Èrshí shìjì zuì zāogāo de fāmíng shì shénme?” Qíshí èr líng líng èr nián shíyuè zhōngxún，Yīngguó de yī jiā bàozhǐ jiù píngchūle “rénlèi zuì zāogāo de fāmíng”. Huò cǐ “shūróng”de，jiùshì rénmen měi tiān dàliàng shǐyòng de sùliàodài.

Dànshēng yú shàng gè shìjì sānshí niándài de sùliàodài，qí jiāzú bāokuò yòng sùliào zhìchéng de kuàicān fànhé、bāozhuāngzhǐ、cān yòng bēi pán、yǐnliàopíng、suānnǎibēi、xuěgāobēi děng. Zhèxiē fèiqìwù xíngchéng de lājī，shùliàng duō、tǐjī dà、zhòngliàng qīng、bù jiàngjiě，gěi zhìlǐ gōngzuò dàilái hěn duō jìshù nántí hé shèhuì wèntí.

Bǐrú，sànluò zài tiánjiān、lùbiān jí cǎocóng zhōng de sùliào cānhé，yīdàn bèi shēngchù tūnshí，jiù huì wēi jí jiànkāng shènzhì dǎozhì sǐwáng. Tiánmái fèiqì sùliàodài、sùliào cānhé de tǔdì，bùnéng shēngzhǎng zhuāngjia hé shùmù，zàochéng tǔdì bǎnjié，ér fénshāo chǔlǐ zhèxiē sùjiāo lājī，zé huì shìfàng chū duō zhǒng huàxué yǒudú qìtǐ，qízhōng yī zhǒng chēngwéi èr’èyīng de huàhéwù，dúxìng jí dà.

Cǐwài，zài shēngchǎn sùliàodài、sùliào cānhé de//guòchéng zhōng shǐyòng de fúlì’áng，duì réntǐ miǎnyì xìtǒng hé shēngtài huánjìng zàochéng de pòhuài yě jíwéi yánzhòng.

（Xuǎn zì《Pǔtōnghuà Shuǐpíng Cèshì Shíshī Gāngyào》Zuòpǐn 60 Hào，yǒu gǎi dòng）

附录四：59 篇朗读作品的易错字

（根据《普通话水平测试实施纲要》整理）

1 号作品《白杨礼赞》：似的 shìde 所有 suǒyǒu 丫枝 yāzhī 横斜逸出 héngxié yì chū 几乎 jīhū 晕圈 yùnquān 倔强 juéjiàng 不折不挠 bùzhé-bùnáo 婆娑 pósuō 屈曲 qūqū 虬枝 qiúzhī 女子 nǚzǐ 丈夫 zhàngfū 血 xuè

2 号作品《差别》：店铺 diànpù 薪水 xīnshuǐ 踏步 tàbù 那儿 nàr 牢骚 láo・sāo 盘算 pánsuan 差别 chābié 您 nín 什么 shénme 口袋 kǒudai 质量 zhìliàng 清楚 qīngchu 钟头 zhōngtóu 便宜 piányi 弄 nòng

3 号作品《丑石》：黑黝黝 hēiyǒuyǒu 模样 múyàng 供 gōng 浣纱 huànshā 庇覆 bìfù 花儿 huā’ér 繁衍 fányǎn 枝蔓 zhīmàn 绿苔 lǜtái 陨石 yǔnshí 天上的啊 tiān・shang de a 仰望 yǎngwàng 憧憬 chōngjǐng 细腻 xìnì 咒骂 zhòumà 立即 lìjí

4 号作品《达瑞的故事》：时候 shíhou 因为 yīn・wèi 挣钱 zhèngqián 汽水 qìshuǐr 偶然 ǒurán 篱笆 líba 舒舒服服 shūshū-fúfú 虽然 suīrán 麻烦 máfan 主意 zhǔyi 诞生 dànshēng 当天 dàngtiān 只需 zhǐ xū 调制 tiáozhì 事情 shìqing 塞 sāi

5 号作品《第一场雪》：一阵儿 yízhènr 只见 zhǐjiàn 彤云密布 tóngyúnmìbù 一会儿 yíhuìr 万籁俱寂 wànlài-jùjì 簌簌地 sùsùde 偶尔 ǒu’ěr 雪啊 xuě a 粉妆玉砌 fěnzhuāng-yùqì 毛茸茸 máoróngróng 柏树 bǎishù 沉甸甸 chéndiàndiàn 雪球儿 xuěqiúr 银条儿

yíntiáor 掷 zhì 玉屑 yùxiè 雪末儿 xuěmòr 供应 gōngyìng 庄稼 zhuāngjia 馒头 mántou

6 号作品《读书人是幸福人》：浩瀚 hàohàn 为读书人所独有 wéi dúshūrén suǒ dúyǒu 精神 jīngshén 上溯 shàngsù 陶冶 táoyě 执着 zhízhuó 获得 huòdé 睿智 ruìzhì

7 号作品《二十美金的价值》：有点儿 yǒudiǎnr 多少 duō · shǎo 玩儿 wánr 小孩子 xiǎoháizi 小孩儿 xiǎoháir 火儿 huǒr 慢慢地 mànmànde 枕头 zhěntou 儿子 érzi

8 号作品《繁星》：庭院 tíngyuàn 仿佛 fǎngfú 然而 rán'ér 模糊 móhu 地方 dìfang 认得 rènde 朋友 péngyou 熟 shú 认识 rènshi 清楚 qīngchu

9 号作品《风筝畅想曲》：假日 jiàrì 风筝 fēngzheng 系 jì 恍恍惚惚 huǎnghuǎng-hūhū 编扎 biānzā 削 xiāo 薄 báo 人儿 rénr 胡同 hútong 游弋 yóuyì 线头儿 xiàntóur

10 号作品《父亲的爱》：告诉 gàosu 妈妈 māma 明白 míngbai 孩子 háizi 爸爸 bàba 相称 xiàngchèn 照片 zhàopiàn 似乎 sìhū 结果 jiéguǒ 擤 xǐng

11 号作品《国家荣誉感》：脑袋 nǎodai 东西 dōngxi 血 xiě 因子 yīnzǐ 挚爱 zhì'ài 血缘 xuèyuán 血管 xuèguǎn 热血 rèxuè 好男儿 hǎo nán'ér

12 号作品《海淀仲夏夜》：围绕 wéirào 苍穹 cāngqióng 星斗 xīngdǒu 煞 shà 吹拂 chuīfú 混合 hùnhé 软绵绵 ruǎnmiánmián 炙晒 zhìshài 休憩 xiūqì

13 号作品《海洋与生命》：孕育 yùnyù 部分 bùfen 氯 lǜ 毫不费力 háobú fèilì 曝晒 pùshài 为生命所必需 wéi shēngmìng suǒ bìxū 扼杀 èshā 提供 tígōng

14 号作品《和时间赛跑》：一圈儿 yìquānr 日子 rìzi 睡着了 shuìzháole 这么 zhème 着急 zháojí 回来 huílai 心眼儿 xīnyǎnr 露着 lòuzhe 假若 jiǎruò

15 号作品《胡适的白话电报》：喜欢 xǐhuan 称赞 chēngzàn 学生 xuésheng 先生 xiānsheng 意思 yìsi 干不了 gànbuliǎo 谢谢 xièxie

16 号作品《火光》：黑黢黢 hēiqūqū 蓦地 mòdì 不以为然 búyǐwéirán 划起桨来 huá'qǐ jiǎng · lái 那儿 nàr 咫尺 zhǐchǐ 火光啊 huǒguāng a 前头 qiántou

17 号作品《济南的冬天》：济南 jǐnán 真得 zhēnděi 眼睛 yǎnjing 暖和 nuǎnhuo 口儿 kǒur 着落 zhuóluò 这点儿 zhèdiǎnr 着急 zháojí 尖儿 jiānr 一髻儿 yíjìr 看护妇 kānhùfù 露风儿 lòufēngr 秀气 xiùqi

18 号作品《家乡的桥》：多棱 duōléng 轻吟 qīngyín 露出 lùchū 割刈 gēyì 晃悠悠 huàngyōuyōu 扁担 biǎndan 熠熠 yìyì 透露 tòulù 消息 xiāoxi 桥啊 qiáo a

19 号作品《坚守你的高贵》：莱伊恩 Láiyī'ēn 知识 zhīshi 惹恼 rě'nǎo 固执 gù · zhi 悖 bèi 为人 wéirén 样子 yàngzi 修缮 xiūshàn 当地 dāngdì 崇尚 chóngshàng 恪守 kèshǒu

20 号作品《金子》：河畔 hépàn 金子 jīnzi 的确 díquè 一无所得 yīwú-suǒdé 驻扎 zhùzhā 默默 mòmò 坑坑洼洼 kēngkeng-wāwā 一丁点儿 yīdīngdiǎnr 绿茸茸 lùróngróng 这儿 zhèr 晚上 wǎnshang 那么 nàme

21 号作品《捐诚》：募捐 mùjuān 渥太华 Wòtàihuá 麻痹 mábì 彬彬有礼 bīnbīn-yǒulǐ 众目睽睽 zhòngmù-kuíkuí 玫瑰 méigui 天儿 tiānr 名字 míngzi 流血 liúxuè

22 号作品《可爱的小鸟》：炊烟 chuīyān 乘流而下 chéng liúér xià 噗啦 pūlā 结成 jiéchéng 啄理 zhuólǐ 匀给 yúngěi 笃厚 dǔhòu 唱啊唱 chàng a chàng 淙淙 cóngcóng 悭吝 qiānlìn 哺育 bǔyù 憔悴 qiáocuì 是啊 shì a 胳膊 gēbo

23 号作品《课不能停》：积雪盈尺 jīxuě yíng chǐ 小心翼翼 xiǎoxīn-yìyì 犯得着 fànde zháo 供不起 gōngbùqǐ 当晚餐 dàng wǎncān 挨一天饿 ái yī tiān è 宁愿 nìngyuàn

24 号作品《莲花和樱花》：瞬间 shùnjiān 奈良 nàiliáng 熟悉 shúxi 莲蓬累累 liánpeng léiléi 成熟 chéngshú 日子 rìzi 结识 jiéshí 用得着 yòngdezháo 缅怀 miǎnhuái 嘱望 zhǔwàng

25 号作品《绿》：揪着 jiūzhe 妄想啊 wàngxiǎng a 着实 zhuóshí 皱缬 zhòuxié 尘滓 chénzǐ 什刹海 Shíchàhǎi 蕴蓄 yùnxù 鲜润啊 xiānrùn a 挹 yì 明眸善睐 míngmóu-shànlài 抚摩 fǔmó 姑娘 gūniang 掬 jū

26 号作品《落花生》：后园 hòuyuán 播种 bōzhǒng 尝尝 chángchang 难得 nándé 姐姐 jiějie 哥哥 gēge 便宜 piányi 桃子 táozi 石榴 shíliu 枝头 zhītóu 答应 dāying 好处 hǎo · chù 味 wèir 价钱 jiàqian

27 号作品《麻雀》：前边 qián · biān 白桦树 báihuàshù 石子 shízǐr 怪物啊 guàiwu a 是啊 shì a 鸟儿 niǎo’ér

28 号作品《迷途笛音》：奔向 bēnxiàng 苍蝇 cāngying 削着 xiāozhe 小家伙儿 xiǎojiāhuor 乡下 xiāngxia 男孩儿 nánháir

29 号作品《莫高窟》：莫高窟 Mògāokū 东麓 dōnglù 威风凛凛 wēifēng-lǐnlǐn 琵琶 pípa 或 pípá 遨游 áoyóu 藏经洞 cángjīngdòng 帛画 bóhuà

31 号作品《“能吞能吐的”森林》：涵养 yányǎng 农谚 nóngyàn 卓著 zhuózhù 调度室 diàodùshì 飓风 jùfēng 洪涝 hónglào

32 号作品《朋友和其他》：极熟 jíshú 酿制 niàngzhì 巷口 xiàngkǒu 契合 qìhé 惊骇 jīnghài 束缚 shùfù 不在乎 bú zàihu 诋毁 dǐhuǐ 舒坦 shūtan 乌桕 wūjiù

33 号作品《散步》：妻子 qīzi 儿子 érzi 小家伙 xiǎojiāhuor 分歧 fēnqí 一霎时 yíshàshí 孙儿 sūn’ér 委屈 wěiqu 主意 zhǔyi

34 号作品《神秘的“无底洞”》：地壳 dìqiào 地幔 dìmàn 濒临 bīnlín 湍湍 tuāntuān 企图 qǐtú 枉费 wǎngfèi 没完没了 méiwánméiliǎo

35 号作品《世间最美的坟墓》：木栅栏 mùzhàlan 禁锢 jìngù 风儿 Fēng’ · ér 飒飒 sàsà 覆盖 fùgài 心思 xīnsi 圭 guī 奢华 shēhuá 安息地 ānxīdì

36 号作品《苏州园林》：对称 duìchèn 亭子 tíngzi 比方 bǐfang 池沼 chízhǎo 重峦叠嶂 chóngluándiézhàng 竹子 zhúzi 丘壑 qiūhè 觉得 juéde 宽敞 kuānchǎng 模样 múyàng 玲珑 línglóng

37 号作品《态度创造快乐》：花 huā 穿着 chuānzhuó 澄明 chéngmíng 旷达 kuàngdá 胸襟 xiōngjīn 浸泡 jìnpào

38 号作品《泰山极顶》：云彩丝儿 yúncaisīr 想头 xiǎngtou 山根 shāngēnr 岱宗坊 Dàizōngfāng 经石峪 Jīngshíyù 不禁 bùjīn 柏洞 bǎidòng 露面 lòumiàn 对峙 duìzhì 权当 quándàng 卷 juàn

39 号作品《陶行知的“四块糖果”》：学生 xuésheng 当即 dāngjí 喝止 hèzhǐ 挨训 áixùn 你啊 nǐ a 同学啊 tóngxué a

40 号作品《提醒幸福》：孪生 luánshēng 相傍相依 xiāngbàng-xiāngyī 南辕北辙 nányuán-běizhé 震颤 zhènchàn 金鬃毛 jīn zōngmáo 步履 bùlǚ 瘟疫 wēnyì 征兆 zhēngzhào 甘霖 gānlín 真谛 zhēndì 喧嚣 xuānxiāo 一块 yí kuàir 幸福啊 xìngfú a 熠熠夺目 yìyì duómù

41 号作品《天才的造就》：贫民窟 pínmínkū 塑料盒 sùliàohér 椰子壳 yēzikér 胡同 hútòngr 干涸 gànhé 卖劲 màijìnr 祈祷 qídǎo 别墅 biéshù 脸蛋儿 liǎndànr

42 号作品《我的母亲独一无二》：丈夫 zhàngfu 亲戚 qīnqi 明白 míngbai 隐瞒 yǐnmán 疾痛 jítòng 抓挠 zhuānao 一点 yīdiǎnr 招呼 zhāohu

43 号作品《我的信念》：坚韧不拔 jiānrèn-bùbá 事情 shìqing 天赋 tiānfù 休息 xiūxi 结茧 jiéjiǎn 执着 zhízhuó 鞭策 biāncè 镭 léi 竭力 jiélì 拖累 tuōlèi

44 号作品《我为什么当教师》：教书 jiāoshū 成分 chéngfèn 品尝 pǐncháng 赋予 fùyǔ 指点迷津 zhǐdiǎn míjīn 炽爱 chì ài 冥顽不灵 míngwánbùlíng

45 号作品《西部文化和西部开发》：广袤 guǎngmào 敦煌 Dūnhuáng 奇迹 qíjì 恢宏 huīhóng 兵马俑 bīngmǎyǒng 瞩目 zhǔmù 成为 chéngwéi 集萃地 jícuìdì

46 号作品《喜悦》：绚丽 xuànlì 挖掘 wājué 悲天悯人 bēitiān-mǐnrén 超拔 chāobá 饱经沧桑 bǎojīng-cāngsāng 澄澈 chéngchè 归巢 guīcháo

47 号作品《香港：最贵的一棵树》：湾仔 wānzǎi 热闹 rènao 合同 hétong 底下 dǐxia 堪称 kānchēng 树冠 shùguān 榕圃 róngpǔ

48 号作品《小鸟的天堂》：部分 bùfen 一簇 yícù 缝隙 féngxì 闪耀 shǎnyào 颤动 chàndòng 泊 bó 拨 bō 缓缓地 huǎnhuǎn de 树梢 shùshāo

49 号作品《野草》：故事 gùshi 种子 zhǒngzi 结合 jiéhé 纷纭 fēnyún 解剖 jiěpōu 机械力 jīxièlì 骨骼 gǔgé 笋 sǔn 瓦砾 wǎlì 曲曲折折 qūqū-zhézhé 结果 jiéguǒ 韧性 rènxìng 掀翻 xiānfān 的确 díquè 目的 mùdì

50 号作品《匆匆》：尽管 jǐnguǎn 挪移 nuóyí 旋转 xuánzhuǎn 凝然 níngrán 影儿 yǐng'·ér 薄雾 bówù 时候 shíhou 告诉 gàosu

51 号作品《一个美丽的故事》：鼻子 bízi 损 sǔn 即便 jíbiàn 聪明 cōngming 涌出 yǒngchū

52 号作品《永远的记忆》：翁 wēng 笑眯眯 xiàomīmī 头发 tóufa 弟弟 dìdi 素净 sùjìng 认识 rènshi 陌生 mòshēng 字迹 zìjì 漂泊 piāobó 仍然 réngrán

53 号作品《语言的魅力》：褴褛 lánlǚ 乞丐 qǐgài 无动于衷 wúdòngyúzhōng 姗姗

shānshān 老人家 lǎorénjiā 胡子 húzi 这个 zhège 莺歌燕舞 yīnggēyànwǔ 陶醉 táozuì 良辰美景 liángchén měijǐng

54 号作品《赠你四味长寿药》：鹗 è 一幅 yìfú 当 dàng 利禄 lìlù 气血 qìxuè 佳肴 jiāyáo 勉强 miǎnqiǎng 下咽 xiàyān 即使 jíshǐ

55 号作品《站在历史的枝头微笑》：寻觅 xúnmì 众生相 zhòngshēngxiàng 丛林 cónglín 境遇 jìngyù 领略 lǐnglüè 萌生 méngshēng 部分 bùfen 遗迹 yíjì 应有 yīngyǒu

56 号作品《中国的宝岛——台湾》：地处 dìchǔ 狭长 xiácháng 梭子 suōzi 脊梁 jǐliang 湖泊 húpō 调剂 tiáojì 甘蔗 gānzhe

57 号作品《中国的牛》：田垄 tiánlǒng 阡陌 qiānmò 畜牲 chù sheng 踟蹰 chíchú 褐色 hèsè 下种 xiàzhǒng 收成 shōucheng 嫩草 nèncǎo 附 fù 闲适 xiánshì 尾巴 wěiba 耳朵 ěrduo 苍蝇 cāngying

58 号作品《住的梦》：好玩儿 hǎowánr 成为 chéngwéi 教人 jiāo rén 光润 guāngrùn 涤清 díqīng 柿子 shìzi 主意 zhǔyi 或 zhúyi 书铺 shūpù 便宜 piányi 暂 zàn

59 号作品《紫藤萝瀑布》：不由得 bùyóude 条幅 tiáofú 迸溅 bèngjiàn 笼罩 lǒngzhào 依傍 yībàng 枯槐 kūhuái 伶仃 língdīng 盘虬 pánqiú 酒酿 jiǔniàng 帆 fān

60 号作品《最糟糕的发明》：降解 jiàngjiě 散落 sànluò 草丛 cǎocóng 牲畜 shēngchù 庄稼 zhuāngjia 板结 bǎnjié 焚烧 fénshāo 处理 chǔlǐ 称为 chēngwéi 二噁英 èr'èyīng 氟利昂 fúlì'áng 免疫 miǎnyì

附录五：普通话水平测试用话题

1. 我的愿望(或理想)
2. 我的学习生活
3. 我尊敬的人
4. 我喜爱的动物(或植物)
5. 童年的记忆
6. 我喜爱的职业
7. 难忘的旅行
8. 我的朋友
9. 我喜爱的文学(或其他)艺术形式
10. 谈谈卫生与健康
11. 我的业余生活
12. 我喜欢的季节(或天气)
13. 学习普通话的体会
14. 谈谈服饰

15. 我的假日生活
16. 我的成长之路
17. 谈谈科技发展与社会生活
18. 我知道的风俗
19. 我和体育
20. 我的家乡(或熟悉的地方)
21. 谈谈美食
22. 我喜欢的节日
23. 我所在集体(学校、机关、公司等)
24. 谈谈社会公德(或职业道德)
25. 谈谈个人修养
26. 我喜欢的明星(或其他知名人士)
27. 我喜爱的书刊
28. 谈谈对环境保护的认识
29. 我向往的地方
30. 购物(消费)的感受

参考书目

[1]张弘．演讲与口才[M]. 成都：电子科技大学出版社，2005.

[2]人民教育出版社中学语文室．听话和说话(第一册)[M]. 北京：人民教育出版社，2005.

[3]人民教育出版社中学语文室．听话和说话(第二册)[M]. 北京：人民教育出版社，2005.

[4]闻闸．播音主持训练 280 法[M]. 北京：北京广播学院出版社，1999.

[5]人民教育出版社中学语文室．现代汉语知识[M]. 北京：人民教育出版社，2004.

[6]周晓波．普通话与说话训练[M]. 重庆：重庆大学出版社，2009.

[7]程在伦．讲演与口才[M]. 北京：高等教育出版社，2007.

[8]张保志．普通话口语交际教程[M]. 北京：中国科学技术出版社，2007.

[9]吴雪青．幼儿教师口语[M]. 上海：华东师范大学出版社，2017.

[10]许洁．教师口语(学前教育专业)[M]. 北京：高等教育出版社，2014.

[11]国家语言文字工作委员会普通话培训测试中心．普通话水平测试实施纲要[M]. 北京：商务印书馆，2017.

[12]李缵仁．普通话(第三版)[M]. 重庆：重庆大学出版社，2005.

[13]金晓达，刘广徽．汉语普通话语音图解课本[M]. 北京：北京语言大学出版社，2016.

[14]周劼．口语表达能力训练[M]. 重庆：重庆大学出版社，2010.

[15]周劼．能说会道——语言表达能力训练[M]. 重庆：重庆大学出版社，2021.